行政書士／公務員試験／学部試験



国家試験受験のための

# よくわかる行政法

神余博史・著

行政法を「生き生きと」
学びたい人のために——

自由国民社

# はしがき

行政法は，公務員試験，行政書士試験等の必須かつ中心的科目として位置づけられ，試験の配点に占める割合も高く設定されています。したがって，これらの試験を突破するためには，どうしても一定程度の体系的理解に達したうえ，相当程度の得点力をつけなければならないといえます。しかし，受験者から寄せられる声の中には，「数ページ読んだだけで嫌気がさす」，「無味乾燥でさっぱり理解できず，テキストを丸覚えしている」といったものも見受けられます。

行政法が理解しにくい要因の一つとして，一般的な解説書には，耳慣れない専門用語と抽象的な記述があふれかえっているため，具体的なイメージをつかむのが困難ということがあります。そこで本書では，行政法の理論を抽象的に解説するにとどまらず，実際の制度の内容や現実の運用を織り込みながら，砂を噛むような行政法を身近な法律として感じとっていただけるように意を注ぎました。また，受験用解説書である以上，試験に必要かつ十分な内容を取り入れてあるのは当然ですが，難解な行政法を生きた知識として習得できるよう，随所にメリハリを利かせた記述を配置してあります。その結果本書は，受験用解説書としては，きわめてダイナミックな生気に満ちた内容をもつに至ったものと自負しています。

自由国民社の企画による「よくわかるシリーズ」は，いずれも初学者，独学者の方々が難解な法律科目を無理なく学べるよう，具体的な設例を通して徹底的にわかりやすく解説するというコンセプトで貫かれています。本書の執筆方針もまったく同様です。本書は初版刊行以来７回目の改訂となりますが，その間，法令改正への対応，重要判例の追加，収録問題の差替え，記述内容の増補等を通じて，受験用解説書としての完成度がより高まったものと確信しています。今回の改訂に当たっては，とくに行政書士試験を受験される方々の要望に応えるため，収録判例を大幅に増補しました。

行政法は，確かにとっつきやすい科目ではありませんが，一定程度の体系的理解に到達できれば，後は必要事項を正確に暗記するだけで得点力をつけることができますから，実は民法などよりも容易な科目であるともいえます。読者の皆様が，本書で行政法の苦手意識を克服され，目指す試験に合格していただけたら，著者としてこれに勝る喜びはありません。そしてまた，読者の方から寄せられる「勉強が楽しくなった」という声は，私にとって何物にも代えがたい励みになっています。

最後になりましたが，本書の今回の改訂に当たって尽力いただいた自由国民社編集担当の村上美千代さんにこの紙上を借りてお礼申し上げます。

令和５年６月

神 余 博 史

# 本書の特色

① 各頁の記述を２段組にし，本文では，行政法を理解するための「幹」となる部分をていねいに解説し，多少細かい事項であっても本文を理解するのに有益な事項，必須の法律用語などは右の段に記述してあります。まず，「幹」をしっかり把握したうえで，関連する知識を習得してください。

② 本書の記述の配列は，一般の解説書と同様オーソドックスな構成になっていますが，要所要所に配置した設例は，行政組織法，作用法，救済法を相互に関連づけて理解できるように工夫してあります。これによって，行政法全体について生きた知識の習得が可能になるでしょう。

③ 各講の末尾に，行政書士試験に出題された過去問および練習問題を収録してあります。単元終了ごとに力試しをしてみてください。間違えた問題は，解説および本文の記述に戻って確認しましょう。その反復継続により実力は必ず向上します。

## 凡　例

| | |
|---|---|
| Check | 本文の記述に関連する重要事項を解説します。 |
| 一歩前進 | 正確な理解に到達できるよう，理解しにくい部分をより分かりやすく説明します。 |
| ステップアップ | 多少レベルの高い事項ですが，出題可能性のある事項です。 |
| ここが狙われる | 試験で狙われやすい事項，ぜひ覚えておきたい事項などです。 |
| 閑話休題 | ちょっとしたコラムです。息抜きを兼ねて気軽に読んでください。 |
| 用語の説明 | 知っておかなければならない必須の法律用語を説明します。 |
| アドバイス | 学習上の指針や試験の出題傾向など，知っておいて役に立つ情報を提供します。 |
| * | 本文を理解するための参考となる事項についてのコメントです。 |

# ◆目　次◆

## 第1章　行政法の基礎



## 第2章　行政組織法

## 第3章　行政作用法

## 第5章　地方自治法

【第1章】

# 行政法の基礎

# 1 行政法って，どんな法律？

## 学習ナビゲーション

行政法は，多少アバウトな言い方をすれば，「行政に関する法」ということができます。近代国家においては，「行政は法に従って行われなければならない」という大原則の下，膨大な数の行政法が制定され国家が運営されています。といっても，「行政法」という名称をもった独立の法典が存在するわけではなく，それは行政に関する法の総称である，ということにまず留意しておきましょう。

行政法は，大きく分けて「誰が行政を行うのか」を定めた「行政組織法」，「どのように行政を行うのか」について定めた「行政作用法」，「行政の違法・不当な侵害からの救済」を定めた「行政救済法」の３つの分野に分類されるのが通常です。

本講では，これらの３つの分野の学習に入る前の「入り口」として，「行政法の基礎」を説明します。行政法を学ぶうえで，理解しておかなければならない必要最小限の総論的事項を説明してありますが，法律の学習においては入り口が最も難しいともいえますから，この部分を飛ばして組織法から救済法までを先に読み，その後にこの部分に目を通されても結構です。

## 1　行政とは何か――行政の実質的意義

**設例１**

「役所」はどんな仕事（事務）をしているか。

行政とは，形式的に定義すれば，「行政機関が行う一切の作用」ということになります。行政法学の対象とするのは，この意味の行政です。しかし，このような定義では，行政の実質的な内容は何ら明らかになっていません。そこで，**行政の実質的な意味**をその内容，性質からどのように定義すべきかが問題となります。

三権分立を前提に，立法の実質的意味は，「国民の権利義務に関する法規範の定立」または「一般的抽象的法規範の定立」，司法のそれは，「具体的な権利義務の存否に関する紛争に法を適用し裁定する国家作用」と定義されます。では，実質的意味における行政はどのように定義されるべきでしょうか。

用語の説明

**「三権分立」**

憲法で学ばれたと思いますが，「三権分立」あるいは「権力分立」とは，国家の3つの作用を立法，行政，司法に分離し，これらをそれぞれ異なった機関に分属させ，その間に抑制と均衡の関係を保たせることにより，権力の集中・濫用を防止し，国民の自由を擁護するための統治制度のことです。

ここで角度を変えて，行政というものを「役所のしている仕事」といった観点から考えてみましょう。思いつくままに，役所のしている仕事を挙げてみてください。

まずは，身近なところから，市町村の役所（役場）については，例えば，市町村税の徴収，住民票や戸籍謄・抄本の交付，国民健康保険や介護保険関係の事務，小中学校の設置・運営，市町村道の管理，ごみの収集などが思い浮かぶのではないでしょうか。

都道府県については，都道府県税の徴収，自動車の運転免許その他各種の許認可，高校の設置・運営，パスポートの発券等を思いつく方が多いのでは。

さらに，国には，法務省，財務省，国土交通省，外務省，厚生労働省その他多数の役所が設けられ，その担当する仕事をしています。国の役所の仕事の中には，各種許認可等の典型的な行政的事務のほかに，政令・省令といった一種の**法規範の定立**や行政審判のような**紛争裁定作用**のようなものも含まれます。

実質的意味の行政とは，要するに，これら役所の行っている仕事をすべてひっくるめた総称ということができます。そうすると，そこには，あまりに多種多様かつ膨大な内容が含まれているため，「行政とは○○である」との**積極的な定義を構成することが困難**です。そのようなわけで，実質的な意味における行政の定義としては，**「行政とは，国家作用のうち立法と司法を除いたものをいう」**とする消極的な定義が通説的な見解（最も有力な考え方）となっています。このような考え方を消極説あるいは**「控除説」**といいます。この考え方に対しては，当然，定義としてはあまりに無内容ではないかとの批判が加えられますが，この考え方は，その内容が空白であるために，**多種多様な行政作用を漏れなく包含することができる**という長所を有しています。

アドバイス

行政の実質的意味は何か，ということは純粋に理論的な問題でしかありませんから，どの説が妥当かなどと悩む必要はありません。このような議論もあるということを踏まえたうえで，控除説に従っておけばよいでしょう。

**一歩前進**

行政とは，「法の下に法の規制を受けながら，現実的具体的に国家目的の積極的実現を目指して行われる全体として統一性をもった継続的な形成的国家活動である」との有名な定義が提唱されたこともありますが，この定義も行政の実質的内容を余すところなくとらえているとはいい難く，通説的地位を獲得するには至っていません。

**Check**

**法律の「一般性・抽象性」と行政の「個別性・具体性」**

法律に「借りた金は返さなければならない」という規定があったとします。この規定は，例えば，Ａが友人Ｂから５千円借りた場合も，またＣ会社がＤ銀行から５億円借りた場合にも同じように適用されます。つまり，法律は具体的事実の個別性と関わりなく，その要件に該当する限り，誰に対しても，またどのような場合にも適用されるということです。このように，誰に対しても，またどのような場合にも適用し得る形で規定されている法規範を一般的・抽象的法規範といいます。これを多少難しく表現すると，一般的・抽象的法規範とは，名あて人を特定せず（一般性），またその適用される事項ないし場合も不特定である（抽象性）法規範であるということになります。一般的・抽象的な形で規定された法律が誰に対しても，またどのような場合にも公平に適用される保障があるからこそ，人は自分の行動の結果を予測することができ，法的安定性が保たれることになります。

行政は，個別具体的な事実に，一般的・抽象的な形で規定された法律を適用して行われるところから，「法の執行」といわれ，また行政権は「執行権」と呼ばれることがあります。司法権も法の適用を使命とする機関ですが，司法権が具体的な紛争を解決する限度で，訴えの提起をまって受動的に発動されるのに対し，行政権は，より能動的かつ積極的な法適用を行って行政目的の実現を目指すという点で，司法権と本質的な違いがあります。

用語の説明

「規範」

「決まり」あるいは「規律」のことです。社会生活において人が守るべき規範を「社会規範」といいます。社会規範には，法規範のほか道徳規範，宗教規範などもありますが，法規範には国家による強制力が伴うという点が他の規範との決定的な違いです。

# 2　行政法とは

**設例2**

「行政法」という名称の法律は存在するか。

国や地方公共団体の行う行政活動は，法律に従って行われなければならないのが原則です。税金の徴収は国税徴収法・地方税法，住民票や戸籍謄・抄本の交付はそれぞれ住民基本台帳法・戸籍法，介護保険や国民健康保険の保険料の徴収や保険給付はそれぞれ介護保険法・国民健康保険法，車の運転免許の交付・取消し等は道路交通法に基づくという具合です。

これは，見方を変えれば，法律が行政機関による執行（法律の適用）を通じて，国民の生活に密接に関わってくることを意味します。例えば，ある人が土地を買って家を建てるという事例１つをとっても，都市計画法や建築基準法の規制を受けることになります。さらにいえば，「道を歩く」という日常的な行為ですら，「右側通行」とか「信号は青になったら渡る」というように，道路交通法という法律の規制を受けることになります。その他，国家，地方公共団体の行う行政と国民との関係を規律する法律は膨大な数に上ります。我々は，これらの法律の網の目の中で生活しているといっても過言ではないでしょう。

これら諸々の法律は，「行政法」というカテゴリーに分類されます。つまり，行政法とは，行政組織や行政活動のあり方，さらには行政からの権利侵害に対する救済等を定めた法の総称なのであって，民法，商法，刑法などといった法律と並ぶ独立の法典としての「行政法」は存在しません。現実に存在するのは，都市計画法，建築基準法，道路交通法，生活保護法その他それぞれの行政分野を規律する個別の法律や行政手続法，行政不服審査法等の行政に関する一般法なのです。だからといって，膨大な数に上る行政法令のすべてをその対象として学習しなければならないというわけではありません。学問としての行政法とは，各種行政法令の共通した事項を探求し，その一般的理論を構築したものですから，それを学習の対象とすれば十分なのです。

## ３　行政法の基本原理――法律による行政

行政法の根幹となる原理は，**「法律による行政」**です。法律による行政とは，一言でいえば，**「行政は法律に従って行われなければならない」**ということです。**「法治主義」**という用語も「法律による行政」と同義です。この原理は，国民代表から成る議会の制定した法律によって行政活動に縛りをかけ，**国民の権利利益に対する行政からの侵害を阻止**しようとする意図をもつものです。

ルイ14世の「朕《ちん》は国家なり」(「我こそが国家の絶対権力者である」というような意味です）という言葉に象徴されるように，中世の絶対王政下では，１人または少数の権力者が意のままに権力を行使し，国民の権利や自由が踏みにじられてきたという歴史があります。このような歴史を克服して，民主的で国民の自由を尊重する方向での行政権の行使を実現するための原理が「法律による行政」なのです。いいかえると，この原理は，**民主主義および自由主義**を確保するための原理であるということができます。

このような沿革的意義をもつ近代行政法は，権力行使からの**「防御権の体系」**といわれることがあります。しかし，現代国家における給付行政の増大，二重効果的行政の多発等の現象から，行政の相手方の権利保護という直線的な思考だけでは割り切れない多面的な考慮を要する領域が増えつつあることに留意する必要があります。＊

＊「給付行政」や「二重効果的行政」の意味については，本講4で説明する「行政の分類」を参照してください。

この「法律による行政」の原理から，(1) 法律の法規創造力，(2) 法律の優位，(3) 法律の留保といった３つの原則が導かれます。

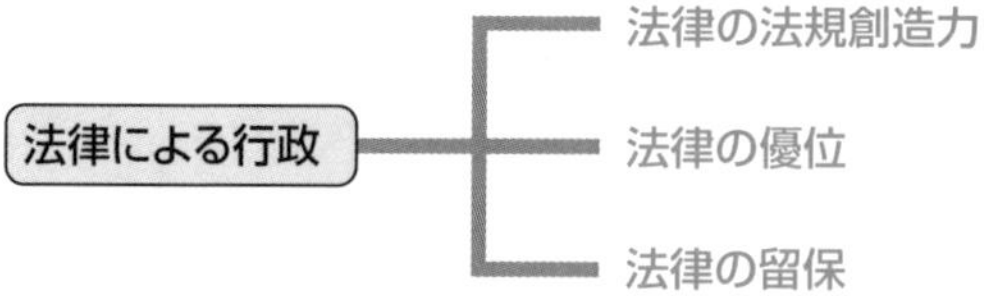


### (1) 法律の法規創造力

国民の権利を制限しまたは義務を課する一般的・抽象的法規範（これを**「法規」**といいます）は，議会の議決による**法律という**

形式で定立されなければならない，という民主主義的な原則です。国会をもって「唯一の立法機関」であると規定する憲法41条はこの原則を表すものです。つまり，国民の権利を制限し，あるいは義務を課する法規は，国会だけが制定できるということです。この原則を行政との関係に置き換えると，行政は，法律と離れて，独自に国民の権利義務に関わる法規範を作ってはならない，ということを意味します。

もっとも，憲法73条６号は，その例外として行政機関の制定する法規，すなわち命令の存在を予定した規定を置いています。行政需要が爆発的に増大した現代社会においては，行政機関に，一定範囲で法規範の定立を認めざるを得ない事情があるからです。この点については，第４講で詳述します。

### (2) 法律の優位

すべての行政活動は，法律に違反して行うことができないという原則です。この原則は，三権分立原則からの当然の帰結であるといえますが，国民の側からすると，法律を守りさえすれば行政からの不当な扱いを受けることはない，ということを意味しますから，国民はその範囲で自由を確保できることになります。そういう意味で行政法は，まさに「防御権の体系」なのです。

この原則により，法律に違反して行われた行政活動は取消しの対象となり，あるいは無効とされることになります。例えば，国民に所得税を賦課する（納税を義務づける）ためには，所得税法の規定に沿って行われることが必要です。したがって，税務署長が所得税法の規定に違反して行った賦課処分は違法となり，不服申立てあるいは取消訴訟による取消しの対象となるわけです。これについては，行政救済法の章（第４章）で詳述します。

### (3) 法律の留保

参照条文

**「憲法73条6号」**

内閣は，他の一般行政事務の外，左の事務を行う。

1～5号　略

6号　この憲法及び法律の規定を実施するために，政令を制定すること。但し，政令には，特にその法律の委任がある場合を除いては，罰則を設けることができない。

7号　略

用語の説明

**「政令」**

政令とは，内閣の制定する命令のことです。「命令」という用語は，「AがBに○○せよと命じる」というような意味に使われるのが一般的ですが，ここでの用法はそれと異なり，「法規範」という意味ですから注意してください。

**設例3**

ある都市で，集中豪雨による水害が発生し，相当数の家屋に床上浸水の被害が出た。市長は，被害者に対して一世帯あたり5万円の「見舞金」を交付した。

### ①　行政活動を行うには原則として法律の根拠を必要とする

法律の留保とは，行政機関が一定の行政活動を行うには，あらかじめ法律によってその権限が定められていなければならないという原則です。先にみた，法律の優位の原則は，行政活動を規律する法律が存在する場合には行政はそれに従わなければならない，という意味をもつに過ぎません。しかし，法律の留保は，一定の行政活動を行うにはその根拠となる法律を必要とするとのより積極的な内容をもつ原則です。＊1

例えば現在，自動車の所有者には自動車税が課せられますが，税務署長は，税法の規定を前提とし，その範囲・限度・手続を守らなければなりません（法律の優位）。一方，自転車を所有している人に対して，「自転車税」を課する法律や条例は存在しません。したがって，税務署長や都道府県知事・市町村長が独自の判断で自転車税を創設し，これを賦課するなどということはできないのです（法律の留保）。＊2

＊1つまり，「法律の優位」は法律が存在する場合のルール，「法律の留保」は法律が存在しない場合に問題となるものです。

＊2税務行政においては租税法律主義が貫徹されていますから（憲法84条），行政権の行使による税目や課税客体の創設は厳格に禁じられます。

**一歩前進**

現実の行政活動を行うためには，その活動の根拠となる法律（根拠規範）が必要ですが，その前提として当該行政組織の設置や所掌事務の範囲を定めた法律（組織規範）も必要です。例えば，地方公共団体の長が住民税を課するためには，長の所掌事務の範囲について定めた組織規範としての地方自治法のほか，課税の根拠規範としての地方税法が必要となります。

### ②　法律の根拠はどのような行政活動において必要か

このように，行政活動を行うには，そのための根拠となる規範を必要としますが，次に，どのような行政活動においてそれが必要となるのかが問題となります。

この点については，国民の自由や財産を侵害するような行政活動を行うときは，法律の根拠を必要とするが，それ以外の行政活動，例えば補助金の交付や生活保護などの給付行政を行うには，根拠となる法律の規定を要しないとするのが伝統的な考え方であり，行政実務もこの考え方に従っているといわれています。これを侵害留保説といいます。この考え方によれば，租税の賦課や建築物の除却命令，土地の収用等の行為を行うには法律の根拠を必要とします。このような行政活動は，国民の自由ないし財産を侵害する行政活動だからです。しかし，**設例3**のような災害見舞金の交付，住宅の耐震化や太陽光発電の普及のための補助金の交付等，国民の権利自由に対する侵害を伴わない行為については，法律や条例の根拠なく行うことができます。＊1

法律の留保の範囲については，上記の侵害留保説のほか，すべての行政活動に法律の根拠を必要とする**「全部留保説」**，行政が優越的立場から一方的に行う権力的行政活動については侵害的行政・授益的行政を問わず法律の根拠を要求する**「権力留保説」**，さらに国民の自由や平等に関わる重要事項に法律の根拠を必要とする**「重要事項留保説」**等の考え方が主張されています。

| | |
|---|---|
| 侵害留保説 | 国民の自由ないし財産を侵害する行政活動 |
| 全部留保説 | すべての行政活動 |
| 権力留保説 | 権力的行政活動 |
| 重要事項留保説 | 国民の自由や平等に関わる重要事項に関する行政活動 |

すべての行政活動について法律の根拠を必要とする全部留保説は，法律による行政の原理を徹底しようとする考え方であるといえます。一見するとこの考え方は，民主的な「筋を通した」ものといえるかもしれません。しかし，現代社会では，機敏な行政対応の要求される場面も多いのに，法律がなければ行政は何もできないというのでは現実的とはいえません。一方で，かつての通説であった侵害留保説も次第に学説の支持を失いつつあり，現在は侵害留保説と全部留保説の中間的な位置づけにある権力留保説あるいは重要事項留保説に支持が多いようですが，定説といったものはない状況です。＊2

＊1とはいっても，生活保護の給付や各種補助金の交付などは一般に法律や条例の根拠の下で実施されています。

＊2この問題についても単なる理論上の差異に過ぎませんから，試験対策上はあまり突き詰めて考える必要はありません。

**ステップアップ**

**「法治主義」と「法の支配」**

これまで説明してきた古典的な「法治主義」ないし「法律による行政」の原理は，行政は議会の制定した法律に従って行われなければならない，という形式的な意味をもつに過ぎず，法律の内容の正当性にまで立ち入るものではありません。そうすると，法律の内容が不当なものである場合，法律が権力支配の道具として利用されることになりかねません。ナチスドイツにおいては，このような危惧が現実のものとなってしまいました。すなわち，民主的なワイマール憲法の下で，議会多数派を占めたナチス（国家社会主義ドイツ労働者党）が自らの権力集中を可能とする全権委任法その他の「悪法」を制定したうえ暴走し，歴史的惨禍を招いたのはご承知のとおりです。

一方，憲法で学ばれたかと思いますが，日本国憲法が立脚する「法の支配」の原理は，上の意味における「法治主義」を当然の内容として含みつつ，法の内容の正当性も要求する原理です。法の支配の原理の下においては，法律は憲法に違反するものであってはならず，さらに司法裁判所が憲法の人権保障を最終的に確保するという役割を果たします。

Check

**「行政法の法源」**

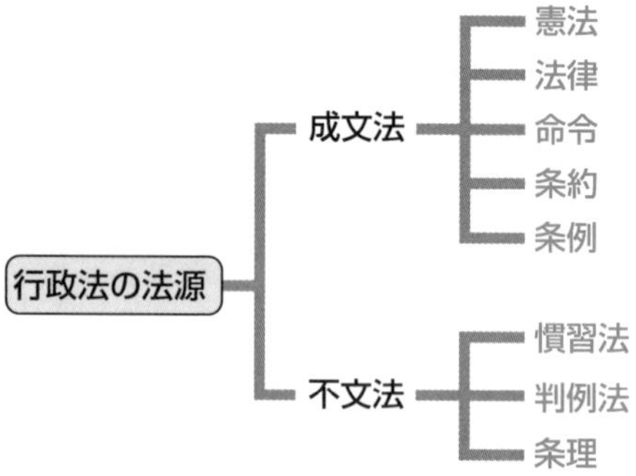


行政法の法源とは，行政の組織や作用，行政による侵害からの救済等を定めた法がどのような形式で存在しているか，言い換えると，裁判をするに当たって適用される行政法の規準にはどのようなものがあるか，という問題です。行政法の法源は，大きく分けて成文法源と不文法源に区別できます。その種類だけでも，頭に入れておいてください。

成文法源とは，制定法の形をとった法源であり，これには，国の最高法規である憲法，国会の制定する法律，行政機関の制定する政令・省令等の命令，国家間の文書による合意である条約および地方公共団体の自主法である条例等があります。なお，最高裁判所の定める規則や両議院の定める規則も行政法の法源となり得ます。

不文法源とは，制定法の形をとっていない法源であり，これには，慣習法，判例法および条理があります。慣習法とは，継続的に広く行われてきた慣習が，国民の法的確信に支えられて法的ルールにまで高められたものです。例えば，法令の公布の方法について定めた法律は存在しませんが，古くから官報への掲載による方法が行われ，これが慣習として定着し，慣習法として認められるに至っていると考えられています。判例，特に最高裁判所の判決は，事実上の強い拘束力をもつ（下級裁判所の判断に対する強い影響力をもつ）ことから，法源として認められます。条理とは，物事の道理，道筋のことです。国民には「裁判を受ける権利」が保障されていますから（憲法32条），事件に適用すべき成文法，慣習法，判例法が存在しない場合であっても，裁判所は裁判を拒否することはできません。条理はそのような場合に，法源として裁判官の最後のよりどころとなります。このように，成文法主義を採るわが国では，成文法が中心的な法源となりますが，慣習法や判例法も補充的な法源として重要な役割を果たしていることに留意する必要があります。

## 4　行政の分類

行政はさまざまな観点から分類することができますが，次のような分類は頭に入れておきましょう。別に暗記する必要はありませんが，これらの分類を頭の隅にでも置いておけば，これから行政法の学習を進めていくうえで役に立ちます。

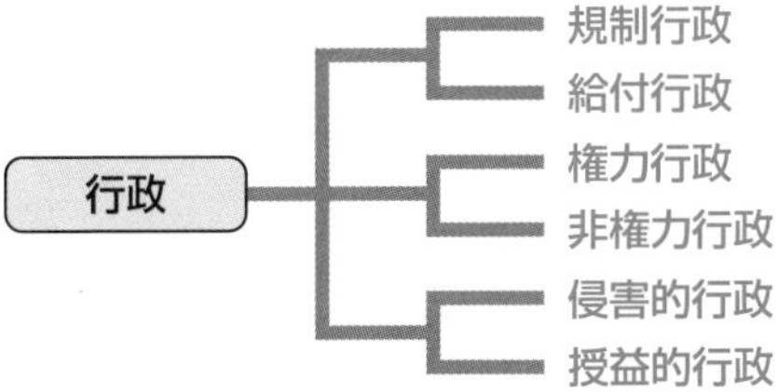


### (1) 規制行政と給付行政

営業上の規制，道路の通行規制，建築の規制等のように，私人の権利・自由を制限することによりその目的を達成する行政活動を規制行政といいます。一方，給付行政とは，生活保護や国民健康保険，介護保険関係等の福祉関係の給付，上下水道の整備・供給，道路，公園の整備等生活に不可欠のサービスを提供することを内容とする行政活動です。

**一歩前進**

「行政国家」あるいは「福祉国家」という言葉に象徴されるように，現代国家では，給付行政の割合が急激に膨張し，国民生活に占める国家・公共団体の役割が飛躍的に増大しています。以前から推進されてきた「行政改革」は，「官から民へ」という標語の下，肥大化した行政を民間に移行することを通じて行政を縮小し，民間の活力を増進することを主な目的としています。＊1

＊1一方で，「新自由主義」の流れに沿った規制緩和や構造改革等の政策によって生じた経済格差の拡大や行政サービスの低下といった「負の側面」については注視していく必要があるでしょう。

### (2) 権力行政と非権力行政

税金の賦課，各種免許の取消し，土地の収用，建物の除却命令などのように，行政機関が私人に対して命令・強制等の形式で優越的な立場から行う行政を権力行政といいます。

これに対して非権力行政とは，命令・強制といったハードな方法によるものではなく，行政主体が私人と対等の立場で土地の売買契約を締結したり（行政契約），勧告・指導・助言といった強制を伴わないソフトな方法（行政指導）で行政目的を実現しようとする行政活動のことです。

現代の民主国家では，いきなり権力行政を発動するのではなく，まずは非権力的な手法により行政目的の達成を試みることが多く見られます。＊2

＊2後に詳述しますが，例えば，公共事業を行うために土地を取得する場合，いきなり土地収用といった権力的手段を用いるのではなく，まずは土地所有者との売買契約による取得が試みられるのが通常です。

### (3) 侵害的行政と授益的行政

税金の賦課，各種免許の取消し，営業の停止，土地の収用など私人の権利利益を奪い，または制限することを内容とする行政を侵害的行政といいます。他方，国民健康保険，介護保険，生活保護等の給付，各種許認可の付与など，私人に対し何らかの権利利益を与える行政を授益的行政といいます。

社会生活が複雑化し利害の錯綜する現代社会では，ある人にとって授益的な効果をもつ行政であっても，他の人にとっては侵害的な意味をもつ行政もあります。例えば，ある建築会社に対してマンション建築のための建築確認がなされた場合，それによってマンションの建築が可能となるのですから，その建築会社にとっては授益的行政といえます。しかし，でかいマンションが建築されることによって日照・通風障害，混雑等の弊害を受ける周辺住民にとっては侵害的行政となるでしょう。このような行政を二重効果的行政あるいは複効的行政といいます。現代社会においては，このような二重効果を生ずる行政領域が著しく拡大しています。そのため，現在の行政法学においては，このような二重効果的行政をいかに適切に規律するかが，重要な課題となっています。＊

＊二重効果的行政処分がなされた場合，不利益を受ける第三者に，どの範囲で取消訴訟の原告適格を認めるべきかという問題が生じます。これについては，後述します（P260以下参照）。

二重効果的行政

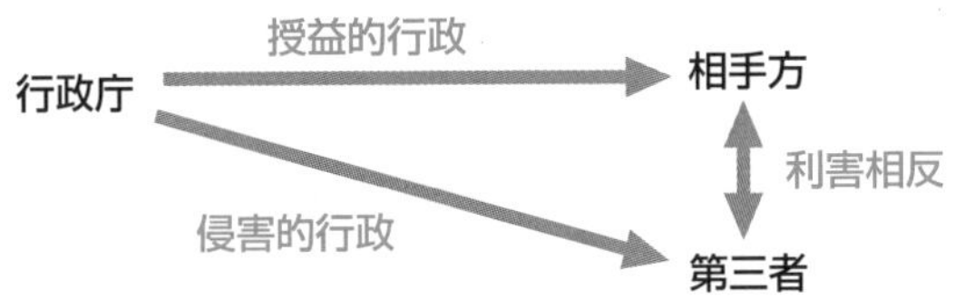


**閑話休題**

次の10の職種のうち，その営業を行うのに，許可または免許を必要とするものはいくつあるでしょうか。

「古本屋，酒屋，不動産屋，個人タクシー，リサイクルショップ，質屋，薬局，パチンコ屋，レストラン，建設業」

答えは10個です。つまり，ここに挙げたすべての職種について，それぞれの職種を規制する法律の規定により許可または免許を必要とします。酒屋，薬局，不動産屋，パチンコ屋などについてはご存知の方が多いかもしれませんが，古本屋，リサイクルショップなどについても免許を要するとは，意外に思われた方も多いのではないでしょうか。これらについては，古《こ》物《ぶつ》営業法という法律に基づき，警察署長からの古物商免許が必要となります。

かつて「規制緩和」が声高に叫ばれたこともありましたが，現在でも，行政活動のかなりの部分は，許認可権を前提とする規制行政であるということができます。なお，ここでは「許可または免許」といいましたが，これらは法令で使われている用語であり，後述する行政行為の種類としては，すべて「許可」ということになります。

# 5　行政上の法律関係と適用法規

## (1) 公法と私法

行政上の法律関係については，公法と私法がどのように適用されるのでしょうか。この点を考える前提として，まず公法と私法はどのような指標によって区別されるのかが問題となります。

これについては，主体説，権力説，利益説という考え方が主張されてきました。主体説とは，**当事者の一方または双方が国または公共団体である場合**を規律する法を公法，**私人相互の関係を規律する法**を私法とするものです。権力説は，当事者の一方に優越的な地位を与える権力関係に関する法を公法，対等な当事者間の関係に関する法を私法ととらえます。また，利益説は，公益を規律するための法を公法，私益を規律するための法を私法とする考え方です。

(2) で説明しますが，行政上の法関係に適用される法律を考えるに際し，現在では公法と私法の区別自体があまり重要な意味をもたなくなっていますから，このような議論に深入りするのは得策とはいえません。公法，私法の区別をあまりヘビーな意味をもつものとして捉える必要はなく，**法体系の全体像をとりあえず把握する**という意味合いにおいて，最もイメージしやすい主体説に従っておけばよいでしょう。

用語の説明
「私人」
私人という言葉をわかりやすく定義づけるのは案外難しいのですが，とりあえず，国や地方公共団体以外の法人や自然人とイメージしてください。

## (2) 行政上の法律関係に適用される法律

**設例4**

自衛隊員Aは，勤務中に生じた事故により死亡した。Aの両親は，事故が生じたことを知った時から7年後に，国の安全配慮義務違反に基づく債務不履行を理由として，国に対して損害賠償を求める訴えを提起した。

**設例4**のような事案においては，公法，私法のいずれが適用されるのでしょうか。この問題を考える前提として，まず公法と私法の関係に関する「二元論」の考え方を紹介しておきます。ただ，この二元論は，古色蒼然とした考え方であり，現在は学説の支持もありませんから，必ずしも十分な理解に努める必要はありません。現在は，引き続き説明する「公法私法一元論」の考え方が支配的となっています。

### ①　公法私法二元論――公法と私法は別個の法体系に属する

二元論は，戦前からの伝統的な考え方であり，公法と私法の区別に関しては権力説を基調とします。そのうえで，行政上の法律関係を**権力関係**と**非権力関係**に区別し，**権力関係については公法が適用**され，私法の適用は排除されると考えます。例えば，国が国民から税金を徴収するのは，命令・支配を内容とする権力関係であり，税法という典型的な公法が適用されます。非権力関係は，さらに**管理関係**と**私経済関係**に区別され，私経済関係については**私法が適用**されると解します。例えば，国がその庁舎を建設するための請負契約を締結したり，公園や道路を建設するための用地売買契約を締結する場合は，**国と私人が対等な立場に立つ私経済関係**として民法等の私法が適用されることになります。このあたりの法の適用関係は明確であって，二元論の考え方に依拠したとしてもあまり問題は生じません。＊

公法私法二元論

### ②　公法私法一元論――公法と私法は一元的な法体系を成す

しかし，このように，行政上の法律関係を図式的に割り切り，法律関係の形式的な区別によって機械的に公法と私法の適用領域を定めようとすると，問題の性質によっては硬直的で妥当性を欠く結論が導かれる場合があります。**設例4**では，国の債務不履行を理由とする損害賠償請求がなされています。この場合，二元論的な発想からすると，国の債務は公法上の金銭債務ですから，時効期間を５年と定めた会計法30条の規定が適用されることになるでしょう。そうすると，事故が生じたことを知った時から７年が経過しているのですから，原告に「時効の壁」が立ちはだかり，損害賠償請求は認められないことになります。しかし，仮に被害

＊管理関係とは，例えば，道路や公園の維持管理，福祉関係の給付などのように，命令強制の関係に立たない行政作用です。管理関係については原則として私法の適用を認めつつ，公益を実現するため，特別の公法規定（道路法，河川法，介護保険法等）により民法の規定の適用が排除される場合があると解します。

参照条文

「会計法30条」
金銭の給付を目的とする国の権利で，時効に関し他の法律に規定がないものは，5年間これを行わないときは，時効に因り消滅する。国に対する権利で，金銭の給付を目的とするものについても，また同様とする。

「民法旧167条1項」
債権は，10年間行使しないときは，消滅する。この規定は平成29年の民法改正により修正されていることに注意してください。

者が民間業者に雇用されていたとすると，債務不履行に基づく損害賠償請求権の消滅時効期間は，その当時は民法167条1項により10年とされていましたから，原告の損害賠償請求は認められることになります。

つまり，雇用主が国であるか私人であるかによって，正反対の結論が導かれることになりますが，このような差を認めるべき合理的理由はないのではないでしょうか。そこで，判例は，このような事案について，次のような判断をしています。

「会計法30条が金銭の給付を目的とする国の権利及び国に対する権利につき５年の消滅時効期間を定めたのは，国の権利義務を早期に決済する必要があるなど主として行政上の便宜を考慮したことに基づくものであるから，同条の５年の消滅時効期間の定めは，そのような**行政上の便宜を考慮する必要がある金銭債権であって他に時効期間につき特別の規定のないもの**について適用されるものと解すべきである」

以上の解釈を前提として，この判例は，本事案においては行政上の便宜を考慮する必要はなく，**私人相互間における損害賠償の関係と本質的に異なるところはない**から，民法167条１項の適用により時効期間を10年と解し，結論として原告の請求を認めています（最判昭50・２・25）。＊

＊この判決では，国の損害賠償責任を導く前提として，国と公務員の間に公務遂行上の安全配慮義務すなわち公務員の生命および健康等を危険から保護するよう配慮すべき信義則上の義務を認めている点も注目に値します。

この考え方（一元論）は，公法・私法という法律関係の形式的な区別にこだわらず，具体的な行政活動の事案ごとに**私法の適用を柔軟に認めていこうとするもの**といえます。現在は，行政事件だけを専門に扱う行政裁判所は廃止され，行政事件も民事事件と同様，司法裁判所で扱われますから，法制度上も私法と公法を区別する実益が失われたとする見解が支配的になっています。

民事事件
刑事事件　→　いずれも司法裁判所が扱う
行政事件

戦後間もなく出された判例には，二元論的な思考に立ち，行政上の法律関係について民法177条の適用を排斥したものもありました（最大判昭28・２・18）。しかし，その後の判例は，**設例４**の判決をはじめとして，形式的な公法と私法の区別にとらわれることなく法律関係の実質的な内容に応じて適用法規を判断していくという方向がとられるようになっています。

そのような流れにある判例をいくつか挙げておきます。事案の内容にまで立ち入る余裕はないので，結論だけでも覚えておいてください。試験対策としては，それで大体OKです。

① 国税滞納処分に基づく不動産の差押えについても，民法177条が適用される（最判昭31・4・24）。

② 公営住宅の使用関係についても，原則的に民法および借地借家法の規定が適用される（最判昭59・12・13）。もっとも，公営住宅の入居者が死亡した場合，その使用権の相続は否定されています（最判平2・10・18）。

③ 建築物の敷地の境界について，相隣関係の一般原則を定めた民法234条の規定よりも，その特則である建築基準法65条の規定が優先的に適用される（最判平元・9・19）。

④ 建築基準法に基づいて道路位置の指定がなされ，現実に開設されている私道を通行するについて，日常生活上不可欠の利益を有する者は，特別の事情のない限り，敷地所有者に対して通行妨害行為の排除および将来の妨害行為の禁止を求める人格的権利を有する（最判平9・12・18）。

⑤ 食品衛生法は行政上の単なる取締法規に過ぎないから，食肉販売業の許可を受けないでした売買契約は，私法上無効となるものではない（最判昭35・3・18）。

⑥ 普通地方公共団体の長が当該普通地方公共団体を代表して行なう契約の締結には，民法108条（双方代理の禁止）が類推適用されるが，議会が長の行為を追認したときは，民法116条の類推適用により地方公共団体に法律効果が帰属する（最判平16・7・13）

⑦ 公立病院における診療は，私立病院において行われる診療と本質的な差違はなく，診療に関する法律関係は本質的に私法関係であるから，診療債権の消滅時効期間は，地方自治法の規定ではなく，民法の規定に基づいて判断される（最判平17・11・21）。

⑧ 年金の受給権者が死亡した場合に，遺族が自己の名で未支給の年金の支給を請求することができるとする国民年金法19条1項の規定は，相続とは別の立場から支給を認めたものであり，

参照条文

「民法177条」
不動産に関する物権の得喪及び変更は，……その登記をしなければ，第三者に対抗することができない。

参照条文

「民法234条1項」
建物を築造するには，境界線から50センチメートル以上の距離を保たなければならない。

「建築基準法65条」
防火地域又は準防火地域内にある建築物で，外壁が耐火構造のものについては，その外壁を隣地境界線に接して設けることができる。

死亡した受給権者が有していた年金給付に係る請求権が同条の規定を離れて別途相続の対象となるものではない（最判平７・11・７）。

⑨　委任者の代理人である認定司法書士が裁判外の和解契約を締結した場合，非弁護士の法律事務を禁じる弁護士法72条に違反することとなるときでも，当該契約は，内容および締結に至る経緯等に照らし公序良俗違反の性質を帯びるような特段の事情がない限り無効にはならない（最判平29・７・24）。

参照条文

**「認定司法書士」**

登記手続，成年後見など一般の司法書士の業務に加えて，限定された範囲で簡易裁判所における訴訟代理人の業務も行うことのできる司法書士。

Check

**「特別権力関係論と部分社会の法理」**

本文で，公法関係を権力関係と非権力関係に二分する考え方を説明しましたが，公法私法二元論を基調とするこの見解は，権力関係をさらに「公権力と一般私人の関係」と「公権力と特別の関係に立つ私人との関係」に区別し，前者を一般権力関係，後者を特別権力関係として把握します。そして，特別権力関係においては，一般権力関係とは異なった規律が適用されるとします。

特別権力関係として扱われてきたのは，「公務員の勤務関係」「国公立学校の学生の在学関係」「刑務所における受刑者の収容関係」などです。このような関係に立つ者相互間においては，一般権力関係に妥当する法治主義の原則は排除され，その関係設定の目的達成に必要な範囲および限度において，個別・具体的な法律の根拠なく，一方的な命令強制が可能であり，この命令権限に基づいて規則を定めるほか，個別的な命令・処分を行い，さらにその秩序を乱す者に対しては懲戒処分を行うことができるとされていました。しかも，その内部においては，人権も必ずしも具体的な法律に基づくことなく制限することができ，内部規律保持のための懲戒処分については，司法審査が及ばないとされていました。以上のような内容をもつ特別権力関係論が適用された典型的な例は，明治憲法下で存在した軍隊です。かつて存在した陸軍，海軍内では，法律の規定によらずに日常的に暴行・脅迫等の人権侵害が行われ，それについての司法的救済もまったく認められず，かえって，陸軍，海軍では独自の軍刑法をもち，それに対する違反行為は，特別裁判所である「軍法会議」によって裁かれるという制度が採られていたのです。

この特別権力関係論は，徹底した法治主義に立ち，基本的人権を至上の価値として尊重する日本国憲法の精神に相反する要素を含みますから，現在では，ほとんど支持を失っています。確かに，国・公共団体と一定の関係に立つ私人については，私人相互の関係と異なった規律が妥当する場合もありますが，その場合でも，基本的人権の制約は必要最小限度に限られ，また，命令・強制には，原則として個別的な法律の根拠を必要とし，人権の侵害に対しては裁判所の司法審査が保障されるべきものと解されています。

最高裁は，もともと特別権力関係論を積極的に採用していたわけではありませんが，これに類した「部分社会の法理」を用いる傾向があります。これは，自律的な法規範をもつ一定の団体を部分社会と位置づけ，その内部の関係については，司法審査の対象とならないとする考え方です。例えば，大学内部の単位認定のような一般市民法秩序と関わりのない事項については，大学の学則等による自主的・自律的な解決に委ねられ，それに対して司法審査は及ばないとしています（富山大学単位不認定事件，最判昭52・3・15)。ただ，この考え方によっても，一般市民法秩序と関連する範囲，例えば，学生の退学処分や地方議会の議員の除名処分等については司法審査が及ぶとされます。さらに，普通地方公共団体の議会の議員に対する出席停止の懲罰については，従前は司法審査の対象とならないとされてきましたが，最近の判例変更により，司法審査の対象になるとされています（最大判令2・11・25)。

**閑話休題**

設例4の事件では，下級審の判決（東京高判昭48・1・31）は，特別権力関係論を援用して原告の請求を否定しています。昭和40年代後半に出された判決とはいえ，こんな判断をした裁判官は，よほど時代錯誤の頭しかもっていなかったのではないでしょうか。それに比べて，会計法30条ではなく民法167条1項を適用して解決した最高裁の判決は，「お見事！」と拍手を送りたくなるような名判決ではないでしょうか。さすがに，最近では，古典的な特別権力関係論をそのまま採用する判例は影を潜めています。

## 6　行政法の一般原則

ここでいう行政法の一般原則とは，多種多様な分野にわたる行政法令の立法指針となり，あるいは個々の行政法令の解釈のよりどころとなるものです。ここでは，その主要なものについて簡単に説明しておきますが，それらの内容を抽象的に覚えただけではあまり意味はありません。具体的にそれらの諸原則が問題となった事例・場面をあわせて指摘しておきますから，それらの原則がどのように具体化されているかといった観点から理解してください。

アドバイス
一般原則とか基本原理というものは，ある程度全体的な理解が行き届かないと十分に消化しきれるものでありません。ここでは一応の内容を把握しておき，理解が進んだ段階でもう一度読み返して理解を深めてください。

- 行政法の一般原則
  - 信義誠実の原則
  - 権利濫用の禁止
  - 比例原則
  - 平等原則
  - 適正手続･説明責任の原則

## (1) 信義誠実の原則（信義則）

この原則は，民法に明文の根拠をもっていますが（民法１条２項），現在では民法を中心とする私法一般のみならず，行政法も含めた法律関係全般に妥当する基本原則であることに異論はありません。行政法関係において，この原則が適用された判例は数多くあります。次の Check に挙げた「課税処分と信義則」に関する判例のほか，行政計画の変更によって生じた損害の賠償に関する判例（P75参照）を覚えておきましょう。

参照条文
「民法1条2項」
権利の行使及び義務の履行は，信義に従い誠実に行わなければならない。

Check

「課税処分と信義則（最判昭62・10・30）」

租税の賦課徴収に関しては，租税法律主義（憲法84条）の下で，納税者間の平等・公平を害しないよう税法で定められた租税は必ず課税し，徴収しなければならないという運用が求められます。

本件では，この租税法律主義に基づく課税処分を信義則の観点から修正ないし変更できるかが問題となりました。事案は次の通りです。

納税者Aは，数年にわたり，課税上の優遇措置を受けられる青色申告による納税をしてきました。ところが，青色申告をするには，税務署長の承認を要するところ，当該税務署はAに対する承認がないのを見落としたうえ，Aにその後数年間青色申告用紙を送付して課税し納税を促してきました。そのような経緯があるにもかかわらず，その後税務署は青色申告としての要件を欠くことを理由に，その効力を以前にさかのぼって否定し一般の場合と同様の課税処分（増額更正処分）をしました。この更正処分は，税法上は適法です。しかしAにしてみれば，税務署の言う通りの納税をしてきたのに，後になって「間違ってましたから，未払いの分支払ってください」などといわれても納得できないのも無理はないでしょう。そこでAは，更正処分の取消しを求めて訴えを提起し更正処分の信義則違反を主張しました。

このような事案について，最高裁は次のように判断しています。

「租税法規に適合する課税処分について，法の一般原理である信義則の法理の適用により，課税処分を違法なものとして取り消すことができる場合があるとしても，法律による行政の原理なかんずく租税法律主義の原則が貫かれるべき租税法律関係においては，同法理の適用については慎重でなければならず，租税法規の適用における納税者間の平等・公平という要請を犠牲にしてもなお当該課税処分に係る課税を免れしめて納税者の信頼を保護しなければ正義に反するといえるような特別の事情が存する場合に，初めて同法理の適用を考えるべきものである」との一般論を述べ，法律による行政が厳格に要請される課税処分にも信義則の適用があり得ることを認めています。ただ，その適用については厳格な基準を示し，本事案では信義則の適用を否定しています。

### (2) 権利濫用の禁止

この原則も，民法に明文をもって規定されていますが（民法1条3項），信義則と同様，法律関係全般に妥当する基本原則と解されています。行政法上は，特に裁量権の逸脱・濫用との関係で多くの問題を生じています。その具体例としては，個室付浴場の設置を妨害する目的で児童遊園を設置した県知事の行為を裁量権の濫用とした判例（最判昭53・6・16）等があります。これについては，P100 Check を参照してください。

参照条文
「民法1条3項」
権利の濫用は，これを許さない。

### (3) 比例原則

これは，いわゆる「警察比例の原則」に由来するものですが，現在では国民の権利·自由を制約するすべての行政活動について，その目的を達成するために採られる手段は，必要最小限度でなければならないとする原則と解されています。この原則の根拠を憲法13条後段に求める見解が有力です。同条によれば，「人権は最大の尊重を必要とする」のですから，やむなく人権を規制する場合も，その規制手段は必要最小限度にとどめられなければならな

参照条文
「憲法13条後段」
生命，自由及び幸福追求に対する国民の権利については，公共の福祉に反しない限り，立法その他の国政の上で，最大の尊重を必要とする。

いとの帰結が導かれることになります。この原則は，例えば，行政行為を行うに際して行政庁に裁量が認められる場合の**裁量の限界を画する基準**として機能します（P99参照）。

**一歩前進**

「警察」という言葉から，「おまわりさん」を連想される方が多いかと思いますが，行政法上の警察とは，それだけにとどまらず**社会公共の秩序を維持するすべての行政作用**を意味します。例えば，食品や医薬品の安全規制，建築物の安全性を確保するための規制もこれに含まれます。警察比例の原則とは，社会公共の秩序維持を目的とする行政活動は，**必要最小限度**にとどめられるべきとの原則です。なお，犯罪捜査を目的とする一般的用語としての警察は，「司法警察」といいます。

## (4) 平等原則

憲法14条１項を明文の根拠とする原則であり，行政法上は，**行政は国民を合理的な理由なく差別してはならない**という意味をもつことになります。この原則も権利濫用禁止原則や比例原則と同様，行政庁の**裁量の限界を画する**という機能を果たすことがあります。例えば，複数の公務員に対して同一の事情・理由で懲戒処分をする場合，特定の者に他と差別して重い処分を科することは平等原則違反となります。

参照条文
「憲法14条1項」
すべて国民は，法の下に平等であって，人種，信条，性別，社会的身分又は門地により，政治的，経済的又は社会的関係において，差別されない。

**一歩前進**

上記の諸原則のほか，行政法の一般原則として，**適正手続の原則，説明責任の原則**などを挙げる見解もみられます。

適正手続の原則は，アメリカ法の「デュープロセス」の考え方に淵源を有し日本国憲法31条に明文のある原則ですが，現在では人に刑罰を科する刑事手続のみならず，行政活動についてもその内容が正しいことに加えて，手続的にも**適正なプロセス**を経ていることを要求する原則であることが広く承認されています。平成５年に制定された行政手続法は，**適正**

参照条文
「憲法31条」
何人も，法律の定める手続によらなければ，その生命若しくは自由を奪われ，又はその他の刑罰を科せられない。

手続の要請が立法の面で結実したものということができるでしょう。

説明責任の原則は，国民主権（憲法前文第1段，1条参照）の理念から導かれるものであり，平成11年に制定された情報公開法は，政府の説明責任（アカウンタビリティ）という考え方を前提として，私人に政府の保有する行政情報の開示請求権を認めたものです。

## 閑話休題

### 「法諺」

平成14年度行政書士試験の基礎法学の文章問題に「法諺」という言葉が登場しています。問題文に振り仮名も振ってなかったので，面食らった方が多いようですが，これは「ほうげん」と読みます。法の諺（ことわざ）という意味です。「法格言」というのも同じ意味です。法諺には気の利いた示唆に富むものが多く，また法律学の素養を高めるのに役立ちます。「行政法の基礎」の章は，ここで終わりですから，ちょっと一休みして法諺について著名なものをいくつか味わってみてください。

### 「よき法律家は悪《あ》しき隣人」

物事をすべて法的思考で割り切ろうとすると，融通の利かない，ある意味で常識から離れた独善的傾向に陥ってしまうことがあります。この法諺は，法律家のこのような悪癖を揶揄するものです。

### 「悪法も法なり」

内容の不当な法であっても，法として制定され通用している以上，それに違反することは許されず，裁判官もその法の適用を回避することは許されない。これは，法の権威をあらわす法諺です。

### 「法は権利の上に眠る者を保護しない」

権利を有する者であっても，その権利を長期間行使しないで放置しているとその権利は時効により消滅し，もはやその権利を行使できなくなる。時効制度の存在理由をあらわす法諺です。

### 「緊急は法をもたない」

法治国家においては，国民の権利の救済は，国家の設営する裁判制度により行われなければならないのが原則であるが，国家による司法的救済のいとまのない緊急の事態においては，例外的に私人の実力による権利救済も認められる。いわゆる自力救済を正当化する法諺です。

**「疑わしきは被告人の利益に」**

　刑事裁判において被告人に有罪判決を下すためには，合理的な疑いをいれない程度に犯罪事実の存在が立証されなければならず，その立証ができないときは，被告人を無罪としなければならない。
「推定無罪」という言葉と同様，刑事裁判における被告人の人権保障をあらわす法諺です。有名な法諺ですから，聞かれたことのある方も多いでしょう。

**「法律なければ犯罪なし。法律なければ刑罰なし」**

　これは，法諺というよりも一種の標語（スローガン）ですが，近代刑法の大原則である「罪刑法定主義」をあらわすものです。一定の行為を犯罪とし，人に刑罰を科するためには，明文の法律が存在していなければならない，ということを意味するものです。罪刑法定主義は，国家による刑罰権の濫用を阻止するとともに，法律に規定されている以外の行為を行っても刑罰を科せられることはないということも意味しますから，国民の自由を保障するという機能を果たします。

## 実戦過去問　　行政書士　平成30年度

行政上の法律関係に関する次の記述のうち，最高裁判所の判例に照らし，妥当なものはどれか。

1　公営住宅の使用関係については，一般法である民法および借家法（当時）が，特別法である公営住宅法およびこれに基づく条例に優先して適用されることから，その契約関係を規律するについては，信頼関係の法理の適用があるものと解すべきである。

2　食品衛生法に基づく食肉販売の営業許可は，当該営業に関する一般的禁止を個別に解除する処分であり，同許可を受けない者は，売買契約の締結も含め，当該営業を行うことが禁止された状態にあるから，その者が行った食肉の買入契約は当然に無効である。

3　租税滞納処分は，国家が公権力を発動して財産所有者の意思いかんにかかわらず一方的に処分の効果を発生させる行為であるという点で，自作農創設特別措置法（当時）所定の農地買収処分に類似するものであるから，物権変動の対抗要件に関する民法の規定の適用はない。

4　建築基準法において，防火地域または準防火地域内にある建築物で外壁が耐火構造のものについては，その外壁を隣地境界線に接して設けることができるとされているところ，この規定が適用される場合，建物を築造するには，境界線から一定の距離を保たなければならないとする民法の規定は適用されない。

5　公営住宅を使用する権利は，入居者本人にのみ認められた一身専属の権利であるが，住宅に困窮する定額所得者に対して低廉な家賃で住宅を賃貸することにより，国民生活の安定と社会福祉の増進に寄与するという公営住宅法の目的にかんがみ，入居者が死亡した場合，その同居の相続人がその使用権を当然に承継する。

**解　説**

1　×　一般法が特別法に優先して適用されるとの記述は誤りです。

2　×　取締法規違反行為は，必ずしも私法上無効となることはありません。

3　×　租税滞納処分においても，民法177条の規定が適用されます。

4　○　建築基準法の隣地境界に関する規定は，民法234条の規定の特則として，民法の規定を排除するものとされています（最判平元・9・19）。

5　×　公営住宅の入居者死亡の場合，その使用権は原則として相続されません。

**正解　4**

## 実戦過去問

行政書士　平成25年度

公法と私法に関する次の記述のうち，法令または最高裁判所の判例に照らし，正しいものはどれか。

1　公立病院において行われる診療に関する法律関係は，本質上私法関係と解されるので，公立病院の診療に関する債権の消滅時効は，地方自治法の規定ではなく，民法の規定に基づいて判断される。
2　一般職の地方公務員については，その勤務関係が公法的規律に服する公法上の関係であるので，私法的規律である労働三法（労働基準法，労働組合法，労働関係調整法）はすべて適用されない。
3　地方公共団体が事業者との間で締結する公害防止協定については，公法上の契約に該当すると解されるので，根拠となる条例の定めがない限り，当該協定に法的拘束力は生じない。
4　公営住宅の使用関係については，原則として公法関係と解されるので，法令に特別の定めがない限り，民法の規定は適用されない。
5　国の金銭債権は，私法上のものであっても，その消滅時効については，法令に特別の定めがない限り，すべて会計法の規定に基づいて判断される。

**解　説**

1　○　判例は，公立病院の診療債権の消滅時効は，地方自治法の規定ではなく民法の規定に基づいて判断される，としています（最判平17・11・21）。
2　×　一般職の地方公務員については，労働組合法および労働関係調整法は適用されませんが（地方公務員法58条1項），労働基準法の規定は一部の規定を除いて適用されます（同条３項）。
3　×　公害防止協定については，根拠となる条例の定めがなくても法的拘束力が認められます（最判平21・7・10）。P76を参照してください。
4　×　公営住宅の使用関係については，法律および条例に特別の定めがない限り，原則として民法および借家法の規定が適用されます（最判昭59・12・13）。
5　×　国の金銭債権の消滅時効については，その法律関係の性質により，会計法または民法の規定のいずれかが適用されるのであって，全て会計法の規定に基づいて判断されるわけではありません（最判昭50・2・25）。　**正解　1**

2

【第2章】

# 行政組織法

# 2 行政主体と行政組織

## 学習ナビゲーション

行政組織法は，「誰が行政を行うのか」に関する法の総称です。つまり，国や地方公共団体その他の行政主体が設置する行政機関の名称，それぞれの任務と所掌事務の範囲，機関相互の関係などについて定める法のことです。「行政組織法」という名称の独立の法律が存在するわけではないので注意してください。組織法の分野は，特に興味をひかれるほどの話は少なく，多少退屈かもしれませんが，作用法や救済法を理解するための前提となりますから，手抜きせずに正確な知識を身につけましょう。

本講では，まず行政主体の概念およびその種類について説明し，続けて国の行政組織の概要を説明します。行政主体の概念は，次講で説明する行政機関の意味を理解する前提となりますから，ここでしっかり押さえておきましょう。なお，行政組織の物的要素である公物についても，ここで説明しておきます。

国の行政組織については，あまり細かく立ち入る必要はありません。基本事項を説明し，組織の概要を表で示しておきますので，大雑把にでも頭に入れておけば足りるでしょう。公務員法についても，たまに出題がみられますから，一応の知識を習得しておく必要があります。地方公共団体の行政組織については，地方自治法の章（第５章）で説明しますので，ここでは取り上げません。

## 1　行政主体

### (1) 行政主体とは

行政主体とは，行政を行う権利と義務をもち，**自己の名と責任で行政を行う団体（法人）**のことです。このように，法律的な定義にするといかめしい感じを受けますが，あまり難しく考えず，まずは国，さらに都道府県，市町村のような地方公共団体を思い浮かべてください。このような団体を会社に置き換えてみると，身近に感じられるでしょう。

会社は，営利を目的とする団体ですが，法人格を有していますから，会社はその名で取引行為を行い，取引により生じた権利や義務は会社自身に帰属します。行政主体は，営利活動を行うわけではなく，多種多様な行政活動を行うという点で，会社とは決定的な違いがあります。しかし，行政主体も法人ですから，そこに属する構成員（行政機関）が**行政主体の名で行った行為**についての権利義務およびその責任は，**行政主体に帰属する**という関係に立つという点で，共通したものがあります。

例えば，国の行政機関である税務署長が，Ａという人に対して課税処分をした場合，**行政主体である国が，Aから納税を受ける権利（Aにとっては納税義務）を取得**します。また，都道府県の行政機関である甲県知事が建設業者Ｂに公共工事を発注したときは，甲県とBとの間に請負契約が成立し，**行政主体である甲県がBに代金支払義務を負う**ことになります。この関係は，会社の代表取締役が会社の名で行った取引行為について，その権利義務が会社に帰属するのと同じことです。行政機関の意味と種類については，次講で説明します。

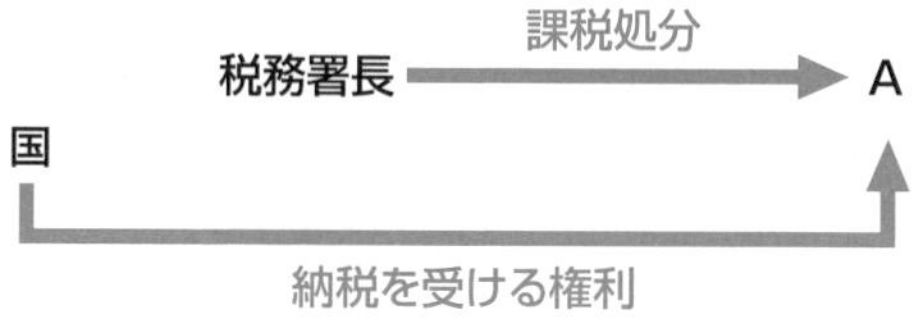


## (2) 行政主体の種類

### ① 国及び地方公共団体

#### (ⅰ) 国

国は，最も広範かつ強大な権限をもった行政主体です。国の統治制度は，国民主権原理に基づき，選挙で選出された議員によって組織される国会が**国権の最高機関**かつ**唯一の立法機関**として位置づけられ（憲法41条），内閣を頂点とする行政府が**議院内閣制**の下で行政を担う，という構造を採っています（憲法65条，同法66条３項）。その行政組織については，後に説明するように，国家行政組織法，内閣法，各省設置法その他の法律によって詳細に規定されています。

### （ii）地方公共団体

地方公共団体は，憲法に直接の根拠を置く統治団体です。地方公共団体の統治の仕組み（組織および運営）については，団体自治と住民自治という2つの原則を柱とする「地方自治の本旨」に基づき，地方自治法が定めています（憲法92条）。地方公共団体には，普通地方公共団体と特別地方公共団体があります。＊1

＊1団体自治とは，地方公共団体が国から独立した法人格を持ち自律的にその事務を処理するという原則であり，住民自治とは，その団体の住民の意思と責任に基づいてその事務を処理するという原則です。

近時，地方分権が推進され，国から権限や財源が大幅に地方公共団体に委譲されていますから，地方公共団体の行政主体としての地位・役割はより重要性を増しているといえるでしょう。

### ②　その他の行政主体――特別の法律により設けられる法人

国および地方公共団体のほかには，包括的な行政権限をもつ行政主体は存在しませんが，行政に属する一定の事業を実施するために，特別の法律に基づき設けられる独立の法人があり，これらの法人には，行政主体としての地位が認められます。

### （ｉ）独立行政法人・地方独立行政法人

独立行政法人という言葉は，最近よく耳にされると思います。これは，国が実施してきた行政のうち，試験研究，文教研修，医療厚生などの特定の部門に属する事務などを国の行政から分離し，独立して行わせるために設立される法人です。行政運営の効率化と行政組織のスリム化を目指す行政改革の一環として平成11年以降に制度化されたものです。その例として，独立行政法人通則法と個別法により，国立公文書館，大学入試センター，国立美術館等が独立行政法人とされています。＊2

＊2独立行政法人のなかには，その職員に国家公務員の地位を与えるとされているものもあります。そのような独立行政法人を特定独立行政法人といいます。

地方独立行政法人も，同様の趣旨によって，地方公共団体の行ってきた行政事務の一部を地方公共団体と切り離して運営させるために設立される法人です。その根拠法律は，地方独立行政法人法です。

### （ii）特殊法人

特殊法人とは，行政に属する特定の事業を実施するために，特別の法律に基づいて設けられる法人であり，これには営造物法人と公共組合があります。

### （イ）営造物法人

特定の法律に基づき，特定の公共的な事業を国や地方公共団体に代わって行うことを目的とし，公の資金の出資に基づき設置される財団的性格をもった法人です。その例として，日本中央競馬会，日本銀行，日本放送協会（NHK）などがあります。＊

＊「営造物」とは，簡単にいえば，特定の行政目的に供される「人」と「物」の組織体というほどの意味です。

**(ロ）公共組合**

特定の法律に基づき，公の行政に属する特定の事業を行うために設立される社団的性格を有する法人です。その例として，土地改良区，土地区画整理組合，健康保険組合，商工会，商工会議所，農業共済組合などがあります。

行政主体の種類

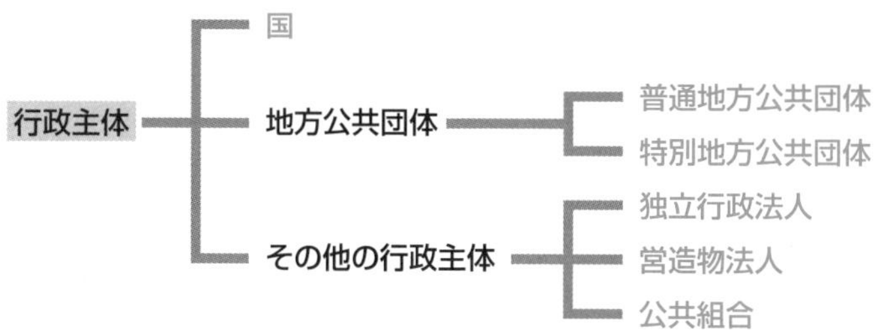


## 2　国の行政組織

### (1）内閣

憲法65条は，「行政権は，内閣に属する」と規定しています。この規定は，行政権が内閣に帰属することを表していますが，あらゆる行政を内閣が自ら行うということではありません。一般的には，行政権は行政各部の機関が行使し，内閣は行政各部を指揮監督し，その全体を総合調整し統轄する地位に立ちます。

内閣は，その首長たる内閣総理大臣および通常14人以内，最大17人以内の国務大臣で組織される合議体の機関です（内閣法２条)。国務大臣は，原則としていずれかの国家行政組織法上の行政機関の長となり，主任の大臣として行政事務を分担管理しますが，主任の国務大臣に事故のあるとき，または欠けたときは内閣総理大臣が臨時に主任の国務大臣としての職務を行うこともできます（同法10条)。また，行政事務を分担しない大臣（いわゆる無任所大臣)の存在も許されています(同法３条２項)。内閣には，その事務を補助する部局として内閣府・内閣官房・内閣法制局・安全保障会議が置かれ，一般の行政委員会よりもいっそう強い独立性が認められている人事院が置かれています。

用語の説明
「人事院」
国家公務員の人事に関し，その公正の確保および職員の利益の保護に関する事務をつかさどる中央人事行政機関。人事院は，人事院規則を定める権限をもち，また国家公務員の人事に関する紛争を裁定する権限を併せもっています。

**一歩前進**

内閣は，合議制の行政機関であり，その意思決定は内閣総理大臣の主宰する閣議により行われます。閣議の意思決定には，閣議決定と閣議了解とがありますが，いずれも**全員一致**によることが慣例となっています。

**ここが狙われる**

各省大臣は，主任の行政事務について，法律または政令の制定，改正または廃止を必要と認めるときは，案をそなえて，**内閣総理大臣に提出して，閣議**を求めなければなりません（国家行政組織法11条）。

## (2) 内閣の統轄下にある行政組織

### ①　内閣府

内閣には，内閣府が置かれ，内閣の重要政策に関わる事務を助け，多岐にわたる行政分野の連携の確保や行政事務の円滑な遂行を図ることとされています（内閣府設置法３条）。内閣府は，**国家行政組織法の適用を受けない**別格の行政機関（省よりも一段格上の行政機関）として位置づけられています。

内閣府の**長は，内閣総理大臣**です（同法６条）。＊

＊内閣府には，特に必要がある場合においては，内閣総理大臣が任命する国務大臣（特命担当大臣）を置くことができます（内閣府設置法9条）。

### ②　省，委員会，庁

国家行政組織法２条１項は，「国家行政組織は，内閣の統轄の下に，内閣府及びデジタル庁の組織とともに，任務及びこれを達成するため必要となる**明確な範囲の所掌事務を有する行政機関**の全体によって，系統的に構成されなければならない」と規定しています。

これを受けて，国家行政組織法は，国の行政機関として，**省**，**委員会**および**庁**を置き，それぞれの行政事務を分担管理させることとしています。これらの行政機関の設置および廃止は，**法律で定める**ことが要求され，政令で定めることはできません（同法３

条)。委員会と庁は，内閣府または省に外局として置かれる行政機関ですが，両者の存在理由は相当に異なっています。

### (ⅰ) 省

省は，内閣の統轄の下にそれぞれの行政事務をつかさどる機関として置かれます。各省の長（各省大臣）は，国務大臣のうちから，内閣総理大臣が任命するのが原則ですが，内閣総理大臣が自ら当たることもできます（国家行政組織法５条３項)。さらに，各省には，副大臣，大臣政務官および事務次官一人が置かれます（同法16条１項，17条１項，18条１項)。

各省の設置や所掌事務に関わる基本事項は，それぞれ各省設置法などの法律で規定されますが，官房，局，部，課（および室）などの内部部局の設置およびその所掌事務の範囲は政令で定められます（同法７条４項)。

**ここが狙われる**

各省大臣は，主任の行政事務について省令を発することができます（国家行政組織法12条1項)。省令はいわゆる法規命令の一種であり（P70参照)，一般に○○法施行規則という名称が付けられています。

**一歩前進**

次に説明する（ⅱ）委員会および（ⅲ）庁は，外局（外部部局）と呼ばれ，省の内部に置かれる官房，局，部等の内局（内部部局）と対置される用語です。外局は，一定の事務について，内閣府や省の内局から独立して設けられる組織です。内閣府や省の内部にありながら，それと並行するような関係になります。民間の会社でも，一定の事業部門を会社本体から切り離し「子会社」として独立させることが見られますが，省と外局の関係は，イメージとしては親会社と子会社の関係に近いかなと思います。

### (ⅱ) 委員会

委員会は，政治的に中立公正が特に必要とされる行政分野や専門的科学的な行政を進める必要のある分野に，各界の識者，権威者を集めて設置されます。その例として，内閣府に国家公安委員会，公正取引委員会等，厚生労働省に中央労働委員会が置かれています（その他の委員会については下記の表を参照してください）。委員会は，委員長と委員によって構成される**合議体**であり，合議により意思決定が行われます。委員会の委員は，**職務上の独立性**が保障され，主任の大臣の所管に属するとされていますが，その権限行使について大臣からの指揮に服することはありません。＊1

＊1公正取引委員会のように，法律で「独立して職権を行う」と明示されているものもあります。

なお，国家公安委員会の長は，**国務大臣**が務めるものとされています（警察法6条1項）。

### （ⅲ）庁

庁は，その事務量が膨大かつ定型的であったり，あるいは特殊な専門的扱いを必要とするために，**本省の内部部局で扱うのを適当としない事務**を，本省の大臣の統督の下である程度職務上独立して分担管理するために設けられます。例えば，税務については，膨大かつ定型的な事務を扱う必要があり，財務省の内部部局とするよりも，それを専門に扱う部署を独立して設けることが適当であるという考慮から国税庁が設置されています。特許関係の多数の事務を扱う特許庁についても，同様の考慮により経済産業省の外局として設置されているわけです。＊2

＊2左の表に挙げたもののほか，内閣に復興庁およびデジタル庁，内閣府には委員会として国家公安委員会，公正取引委員会，カジノ管理委員会および個人情報保護委員会，庁として宮内庁，警察庁，金融庁，消費者庁およびこども家庭庁が置かれます。

**省・委員会・庁**

| 省 | 委員会 | 庁 |
|---|---|---|
| 総務省 | 公害等調整委員会 | 消防庁 |
| 法務省 | 公安審査委員会 | 公安調査庁・出入国在留管理庁 |
| 外務省 | | |
| 財務省 | | 国税庁 |
| 文部科学省 | | 文化庁・スポーツ庁 |
| 厚生労働省 | 中央労働委員会 | |
| 農林水産省 | | 林野庁・水産庁 |
| 経済産業省 | | 資源エネルギー庁・特許庁・中小企業庁 |
| 国土交通省 | 運輸安全委員会 | 気象庁・海上保安庁・観光庁 |
| 環境省 | 原子力規制委員会 | |
| 防衛省 | | 防衛装備庁 |

**一歩前進**

省，委員会および庁には，学識経験者等によって構成される合議制の機関を置くことができます。この付属機関は，国家行政組織法８条に根拠を有するところから，「８条機関」と呼ばれることがあります。この付属機関は，○○審議会等の名称を持つことが多く，国家の行政機関としては，いわゆる諮問機関としての位置づけになります（P56参照）。＊

＊ちなみに省，委員会および庁は，国家行政組織法3条に根拠を有するところから，俗に「3条機関」と呼ばれます。

Check

「公務員」

公務員とは，ご存知のとおり，国または地方公共団体の組織にあって，その事務を担当している人のことです。ここでは，行政法の学習をする上で知っておかなければならない必要最小限の事項について説明しておきます。

①特別職公務員と一般職公務員

公務員は，国家公務員法上あるいは地方公務員法上，特別職と一般職に区別されます。特別職公務員は，国会議員，知事・副知事，市町村長・副市町村長，公正取引委員会の委員，教育委員会の委員，裁判官など選挙あるいは議会の同意を得てその職に就く者その他国家公務員法，地方公務員法に特に列挙された公務員です。一般職公務員は，特別職を除いたその他の公務員です。役所で仕事をしている人の大部分は，この種類に属する公務員です。国家公務員法，地方公務員法の規定は，一般職公務員にのみ適用され，特別職公務員には適用されません。

| 種類 | 意味 | 公務員法の適用 |
| --- | --- | --- |
| 特別職公務員 | 法律に列挙された公務員 | なし |
| 一般職公務員 | 特別職以外のすべての公務員 | あり |

②公務員の地位

一般の会社などでは，就職希望者は，会社との間の雇用契約により社員としての地位を取得することになりますが，一般職公務員は，任用権者の「任用」という行政行為によりその職に就きます。一般職公務員の任用は，公務員または公務員となろうとする者の能力に応じて行われます。これを能力主義または成績主義といいます。これは，「全体の奉仕者」である公務員（憲法15条２項）が不当な政治的圧力を受けることなく，公務を中立の立場で公正かつ効率的に遂行できるようにするためです。そのための人事管理を行う専門的な機関として，国家公務員については人事院，地方公務員については人事委員会または公平委員会が置かれています。国家公務員法，地方公務員法いずれにおいても，公務員の資格について日本国籍を有する者に限るとする旨のいわゆる国籍条項は設けられていません。そのため法律上は，一部の例外を除き，外国国籍を有する者を一般職公務員として採用することも可能となっています。しかし，地方公務員の昇任に関して日本国民と外国人に差を設けることが許されるかどうかについては，判例は，住民の権利義務の形成・確定，重要施策の決定等，公権力の行使に当たる行為を行う公務員について一体的な管理職の任用制度を構築し，日本国民である職員に限って管理職に昇任することができるとする措置をとることは，合理的な理由に基づいて日本国民である職員と在留外国人とを区別するものであり，法の下の平等を定めた憲法14条1項に違反しない，と判断しています（最大判平17・1・26）。

③公務員の権利とその制限

公務員は，行政組織法上は，国または公共団体の行政機関としての地位に立ちますが，国または公共団体との関係においては，一定の権利義務を有しています。ただ，その権利については，公務員という地位の特殊性に配慮して，法律上一定の制限が設けられています。例えば，民間労働者と異なり国家公務員，地方公務員ともに労働組合法の適用を受ける労働組合を結成することはできず，勤務条件の維持改善を図ることを目的とする職員団体を結成することが認められています（国公法108条の2，地公法52条）。ただし，国家公務員のうち，警察，海上保安庁，刑事施設に勤務する職員および地方公務員のうち，警察，消防職員は職員団体を組織し，または加入することができません。このように，労働基本権が制限されていることの代償措置として，給与，勤務時間・休日・休暇その他の勤務条件は法律，条例などによって法定されています（勤務条件法定主義）。また，公務員の政治活動については，国家公務員は国家公務員法および同法の委任を受けた人事院規則により一定範囲の制限を受け，地方公務員については地方公務員法および条例の定めにより制限されています。

④公務員の義務

一般職公務員の義務としては，服務宣誓の義務，職務に専念する義務，信用失墜行為をしない義務，秘密を守る義務その他の義務が国家公務員法，地方公務員法に規定されています。これらの義務に違反した場合や国民全体の奉仕者たるにふさわしくない非行のあった場合等には懲戒処分の対象となります。懲戒処分は，職務に属する行為はもちろんのこと，職務外の行為であっても，例えば，時間外で酒気帯び運転とか窃盗行為をしたというようなケースでも対象となり得ます。懲戒処分としては，免職，停職，減給または戒告の4種類があります。これらの懲戒処分をするかどうか，するとした場合にいかなる処分を選ぶかは，いずれも原則として**任命権者の裁量**によります。

懲戒手続と刑事手続は別個の手続ですから，例えば，職員が刑事事件を起こし当該事件が刑事裁判所に係属する間でも，任命権者は，同一事件について，適宜に，懲戒手続を進めることができます。

⑤公務員の身分保障

一般職公務員については，一定の**身分保障**がなされ，法律，条例または人事院規則に定める事由による場合でなければ，その意に反して分限（降給・降任・休職・免職），懲戒等の不利益な処分を受けることはありません。分限処分や懲戒処分により不当な不利益処分を受けた公務員は，国家公務員であれば人事院，地方公務員であれば人事委員会または公平委員会に対して**不服申立て**をすることができます。さらに，これらの救済手段でなされた判断に不服があるときは，裁判所に対して**処分の違法を理由として処分取消訴訟を提起**することもできます。

# 3　公物

## (1) 公物とは

公物とは，国または公共団体などの**行政主体**により，**直接に公の目的に供用される個々の有体物**をいいます。例えば，官公庁の庁舎，国公立学校の校舎，道路等です。これら不動産のほか，公の目的に供されている救急車，消防車等の動産も公物です。つまり，行政組織を構成する**人的要素が「公務員」，物的要素が「公物」**です。

公物は，「直接に公の目的に供用される」ことを要しますから，国有の有価証券その他の普通財産は含まれません。また，その所有権が行政主体に帰属している必要はありませんが，**行政主体により公の目的に供される**必要があります。したがって，私道は一般の道路交通の用に供されたとしても公物とはいえません。また，有体物であることが必要ですから，電気，光，熱などのエネルギーや著作権，特許権などの無体財産権は公物とはなりません。

用語の説明

**「行政財産」「普通財産」**

国有財産のうち，行政上の特定の用途・目的に供される財産が「行政財産」，それ以外の一切の財産が「普通財産」です。行政財産は，原則として貸付，交換，売払い等ができませんが，普通財産については，国有財産法の規定に従い，貸付，売払い等をすることも可能です。

## (2) 公物の分類

### ①　目的による分類

直接に一般公衆の共同使用に用いられる公物を公共用物，もっぱら国または公共団体の公用目的に使用される公物を公用物といいます。道路，河川，公園などが公共用物，官公庁の庁舎，国公立学校の校舎，公用車などが公用物にあたります。

### ②　成立過程からの分類

公物がどのように成立するかといった観点からは，自然のままの状態で存在し共同使用される自然公物と人工的に公の目的に使用するために造られる人工公物に分類できます。河川，海浜，湖沼などが自然公物，道路，公園，運河などは人工公物です。

人工公物として成立するためには，一般公衆が利用できる形態を備え，それをその目的に供する旨の行政主体による公用開始行為を必要とします。市道でいえば，道路として完成し，公用を開始する旨の市長の公示（意思表示）などを必要とするわけです。逆に，道路としての形態が失われるか，市長による公用廃止行為があれば公共用物ではなくなります。自然公物は，自然の状態において，公物としての性質を有するので，その成立には公用開始行為を必要としません。

**一歩前進**

公物の設置・管理に瑕疵があり，それによって私人が損害を被った場合，国家賠償法２条の規定に基づき国や地方公共団体が損害賠償責任を負いますが，自然公物である河川と人工公物である道路とで，その責任の範囲が異なることがあります。これは，本文で説明したような，公物としての性質の差異に由来するものです。これについては，第18講で詳述します（P327 ステップアップ 参照）。

### ③　公物の管理権と所有権の関係からの分類

国や公共団体が所有する公物を自有公物，私人が所有する公物を他有公物といいます。国や公共団体の所有地，国有の国宝などが自有公物，市町村が道路として管理する私有地，国立博物館に

展示中の私人所有の日本刀などが他有公物です。＊1

＊1公物の所有権の帰属主体を基準にすると，その所有権が国にある「国有公物」，公共団体にある「公有公物」，さらにその所有権が私人にある「私有公物」に分類できます。

| | | |
|---|---|---|
| 公共用物 | 直接一般公衆の共同使用に供される | 道路　公園等 |
| 公用物 | 国や地方公共団体の公用に使われる | 庁舎　校舎等 |
| 自然公物 | 自然の状態で公の用に使用できる | 河川　海岸等 |
| 人工公物 | 行政主体の工作により使用できる | 道路　公園等 |
| 自有公物 | 公物の管理者と所有者が一致する | 国有の国宝等 |
| 他有公物 | 管理者と所有者が一致しない | ＊2 |

＊2国立博物館に展示中の私人所有の重要文化財等

**ここが狙われる**

「公物の時効取得」

先に説明した公法私法二元論（P24参照）の立場を厳格に貫くなら，公物については，明示的な公用廃止がなされない限り，私法である民法の時効取得の規定は適用されない，との結論が導かれることになるでしょう。

しかし，最高裁は，国有地が古くから農地に作りかえられ，私人に占有されていた事案で，次のように判断しました。

「公共用財産が，長年の間事実上公の目的に使用されることなく放置され，公共用財産としての形態，機能をまったく喪失し，その物の上に他人の平穏かつ公然の占有が継続したが，そのため実際上公の目的が害されるようなこともなく，もはやその物を公共用財産として維持すべき理由がなくなった場合には，黙示的に公用が廃止されたものとして，これについて取得時効の成立を妨げない」（最判昭51・12・24）。つまり，公物についても，民法上の要件（一定期間の自主占有，平穏・公然の占有）に，明示または黙示の公用廃止という要件を付加して時効取得を認めています。

## (3) 公物の使用関係

### ①　一般使用・自由使用

道路，公園のような公共用物は，もともと一般の自由な使用が当然に予定されていますから，その使用関係は一般使用または自由使用といわれます。

### ②　特別使用・許可使用

例えば，道路でデモ行進をするように，通常の使い方と違う目的で一時的に使用するような場合です。このような場合は，一般

公衆の利益と衝突します。そこで，**許可**という行政行為により，使用できる地位が与えられます。＊1

*1この場合，公安委員会の許可を必要とします。

### ③　特許使用

電力会社が道路内に電柱を立てたり，ガス会社が道路の土中にガス管を埋設したりするなど，特定人に道路の用途または目的を妨げない範囲で使用権を認めて使用させるような場合です。**特許**という行政行為により，その地位が与えられます。＊2

*2この場合，道路管理者による道路占用許可を必要とします。「許可」とありますが，行政行為の分類上は，「特許」に該当します（P89参照）。

**一歩前進**

国有財産法，地方自治法には，**行政財産の目的外使用**の規定が設けられています。国有財産・公有財産は行政財産と普通財産に区別されます。行政財産とは，**特定の行政上の用に供せられる財産**です。つまり行政財産は，本来は行政目的に使われるものですが，「その用途または目的を妨げない限度において」私人の使用等を許可できることとされています。これを**行政財産の目的外使用**といいます。例えば，市役所の庁舎内に設けられている銀行の支所や売店などがこれにあたります。これは，**例外的な使用許可（特許使用）**ですから，「公用または公共用に供するため必要を生じたとき，または許可の条件に違反する行為があったと認めるとき」には，許可を取り消す（撤回する）ことができることとされています。ただ，この場合には，それによって相手方の受ける**損失を補償する必要**があるかどうかといった問題が生じます（P332 **ステップアップ** 参照）。

## 実戦過去問

行政書士　令和元年度

内閣法および国家行政組織法の規定に関する次の記述のうち，正しいものはどれか。

1　各省大臣は，国務大臣のうちから内閣総理大臣が命ずるが，内閣総理大臣が自ら各省大臣に当たることはできない。
2　各省大臣は，その機関の事務を統括し，職員の服務について，これを統督するが，その機関の所掌事務について，命令または示達をするため，所管の諸機関及び職員に対し，告示を発することができる。
3　各省大臣は，主任の行政事務について，法律または政令の制定，改正または廃止を必要と認めるときは，案をそなえて，内閣総理大臣に提出して，閣議を求めなければならない。
4　各省大臣は，主任の行政事務について，法律もしくは政令を施行するため，または法律もしくは政令の特別の委任に基づいて，それぞれその機関の命令として規則その他の特別の命令を発することができる。
5　各省大臣は，主任の大臣として，それぞれ行政事務を分担管理するものとされ，内閣総理大臣が行政各部を指揮監督することはできない。

**解　説**

1　×　各省大臣は，国務大臣のうちから内閣総理大臣が命ずるのが原則ですが（国家行政組織法５条３項本文），内閣総理大臣が自ら各省大臣に当たることは妨げられません（同条同項ただし書）。
2　×　各省大臣は，命令または示達をするため，所管の職員等に対し，訓令または通達を発することができます（国家行政組織法14条２項　P72参照）。
3　○　各省大臣は，主任の行政事務について，法律または政令の制定，改正または廃止を必要と認めるときは，案をそなえて，内閣総理大臣に提出して，閣議を求めなければなりません（国家行政組織法11条）。
4　×　各省大臣が，それぞれその機関の命令として発することができるのは，「省令」です（国家行政組織法12条１項　P43 ここが狙われる 参照）。
5　×　内閣総理大臣は，閣議にかけて決定した方針に基づいて，行政各部を指揮監督します（内閣法６条）。

**正解　3**

## 実戦過去問

行政書士　平成27年度

国の行政組織に関する次の記述のうち，正しいものの組合せはどれか。

ア　国家行政組織法によれば，行政組織のために置かれる国の行政機関には，省，庁および独立行政法人があり，その設置・廃止は別に法律の定めるところによる。
イ　国家行政組織法によれば，同法の定める国の行政機関には，審議会等，合議により処理することが適当な事務をつかさどるための合議制行政機関を置くことができる。
ウ　内閣府設置法によれば，内閣総理大臣は，内閣府の長として，内閣府の事務を統括し，職員の服務について統督する。
エ　国家行政組織法によれば，各省大臣は，主任の行政事務について，それぞれの機関の命令として規則を発することができる。
オ　内閣府設置法によれば，政令のうち，特に内閣府に係る主任の事務に関わるものを内閣府令と称し，内閣総理大臣がこれを制定する。

1　ア・ウ　　2　ア・オ　　3　イ・ウ　　4　イ・エ　　5　エ・オ

**解　説**

ア　×　行政組織のため置かれる国の行政機関は，省，委員会および庁です（国家行政組織法３条２項）。独立行政法人は「国の行政機関」ではありません。
イ　○　国の行政機関には，重要事項に関する調査審議，不服審査その他学識経験を有する者等の合議により処理することが適当な事務をつかさどらせるための合議制の機関を置くことができます（国家行政組織法８条）。
ウ　○　内閣府の長である内閣総理大臣は，内閣府の事務を統括し，職員の服務について統督します（内閣府設置法７条１項）。
エ　×　各省大臣は，主任の行政事務について，法律もしくは政令を施行するため，または法律もしくは政令の特別の委任に基づいて，それぞれの機関の命令として，規則ではなく「省令」を発することができます（国家行政組織法12条）。
オ　×　内閣総理大臣は，内閣府に係る主任の行政事務について，内閣府の命令として，内閣府令を発することができます（内閣府設置法７条３項）。しかし，政令は内閣が制定する命令です。つまり，政令と内閣府令は別個の命令です。
以上より，正しいものはイおよびウであり，３が正解となります。

**正解　３**

**実戦過去問**　　行政書士　平成26年度

国家公務員と地方公務員との相違について，妥当な記述はどれか。

1　国家公務員については，国家公務員法に，原則として日本国籍を有する者のみを任用する旨の規定があるが，地方公務員については，地方公務員法に，類似の明文規定は設けられていない。
2　国家公務員による争議行為は，一般的に禁止されているが，地方公務員による争議行為は，地方公務員法上，単純な労務に従事する職員について，一定の範囲で認められている。
3　国家公務員の政治活動に対する制限の範囲は，国家公務員法およびその委任を受けた人事院規則により定められるが，地方公務員については，地方公務員法および条例により定められる。
4　国家公務員の給与や勤務条件の基準は，法律によって定められることとされているが，地方公務員の給与や勤務条件の基準は，議会の同意を得て長によって定められることとされている。
5　国家公務員については，職員団体の結成のみが認められているが，地方公務員については，警察職員および消防職員を除き，労働組合法に基づく労働組合の結成が認められている。

**解　説**

1　×　国家公務員法，地方公務員法いずれにおいても，公務員の資格について日本国籍を有する者に限るとする規定は設けられていません。
2　×　国家公務員，地方公務員ともに，争議行為は，一般的に禁止されています（国家公務員法98条２項，地方公務員法37条１項）。
3　○　政治活動の制限は，国家公務員については国家公務員法および人事院規則，地方公務員については地方公務員法および条例で定められています。
4　×　地方公務員の給与，勤務時間その他の勤務条件は，条例で定めることとされています（地方公務員法24条５項）。
5　×　国家公務員と同様，地方公務員についても，職員の勤務条件の維持改善を図ることを目的として，職員団体の結成が認められています（地方公務員法52条１項）。

**正解　3**

# 3 行政機関の種類とその権限，権限の委任・代理

## 学習ナビゲーション

行政機関という概念には，「作用法的行政機関概念」および「事務配分的行政機関概念」という観点を異にする２つの用語法があります。このうち，作用法的行政機関の概念は，行政作用法（第３章），行政救済法（第４章）の分野を学習する際にも重要な意味をもちますから，各行政機関の種類とその意味を正確に押さえておくことが必要です。特に，行政庁の概念については，しっかり理解しておきましょう。行政機関の権限の委任・代理についても手抜きは禁物です。

## 1　行政機関とは

国や地方公共団体等の行政主体は法人格をもち，その名と責任において行政活動を行います。しかし，行政主体は法人であって抽象的な存在に過ぎませんから，現実の行政活動を行うためには，そのいわば手足となって行為する機関の存在が必要です。この行政主体の手足となって現実にその行政事務を担当する者の地位を行政機関といいます。

行政機関自体には法人格はなく，行政機関の行った行為の効果は，ことごとく行政主体に帰属します。

Check

**「作用法的行政機関概念」と「事務配分的行政機関概念」**

上記本文の行政機関という概念は，法令上付与された権限を前提に，当該機

関の行為によって行政主体と相手方との間にどのような法律関係が生じるかという外部関係に着目したものであり，多分に法技術的テクニックを用いた捉え方です。このような捉え方をすれば，例えば国の省庁であれば現実に権限を行使する各省大臣や各庁長官，地方公共団体であればその長が行政機関（行政庁）として把握されることになります。このような行政機関概念を「作用法的行政機関概念」といいます。

その一方で，国家行政組織法３条２項は，「行政組織のため置かれる国の行政機関は，省，委員会及び庁とし，・・・・」と規定しています。つまり，ここでは国の省庁や委員会そのものが行政機関とされ，各省大臣，委員会の委員長，各庁長官は，それぞれの行政機関の長として位置づけられています（同法５条１項，６条）。これは，現実にどの組織がどの事務を担当するかという行政事務の配分に着目した捉え方であって，「事務配分的行政機関概念」と呼ばれます。前講で説明したのは，この意味の行政機関です。

このように，行政機関という概念には観点を異にする２つの捉え方があり，感覚的には事務配分的な捉え方のほうがなじみやすいかと思いますが，行政法を学ぶ上で特に重要性を持つのは，前者の作用法的行政機関概念です。以下，この意味における行政機関概念について説明していきます。

## 2　行政機関の種類

行政機関は，作用法的行政機関概念を前提として，その権限に着目すると，次のように分類されるのが通常です。

### (1) 行政庁

行政庁とは，行政主体の意思または判断を決定し，これを外部に表示する権限を有する機関です。

行政「庁」という言葉からは，「国税庁」とか「特許庁」といった「役所」を連想される方が多いかと思います。しかし，ここでいう行政庁とは，法令によって一定の権限を付与され，現実にその権限を行使する行政機関という意味です。行政主体を会社に置き換えてみれば，行政庁は，社長（代表取締役）あるいは支店長といった役回りです。具体的にいうと，各省大臣，各庁長官，都道府県知事，市町村長，警察署長，税務署長，建築主事などが行政庁にあたります。

行政庁には，独任制と合議制があります。上に挙げた例は，いずれも独任制の行政庁ですが，合議制の行政庁の例としては，公正取引委員会，人事院，会計検査院，公安委員会，教育委員会などがあります。

用語の説明

**「独任制」「合議制」**

独任制とは，ある機関の意思決定を1人の人が行う制度のことです。合議制とは，複数の人の意見の交換（合議）を経て意思決定を行う制度です。

**一歩前進**

行政庁は，独任制であるのが原則です。これは，意思決定の機敏性を確保して行政需要に迅速に対応できるようにするとともに，行政責任の所在を明確にするためです。ただ，その判断に政治的中立性を保ち公正を確保する必要がある場合や専門的技術的な知見を要する判断をすべき必要があるときは，各界の識者から構成される合議制の行政庁が設置されるわけです。

### (2)　諮問《しもん》機関

行政庁の諮問に応じて調査・審議を行ったうえ答申し，または自発的に意見を述べる機関です。いわば，行政庁が一定の問題事項についてお伺いを立て，これに応じて拝聴すべき意見を与えるといった役どころです。会社でいえば，「相談役」といったところでしょうか。

用語の説明

**「諮問」**

意見を求めることです。

諮問機関は，審議会，調査会等の名称がつけられているのが通常です。例えば，財政制度等審議会は財務大臣，薬事・食品衛生審議会は厚生労働大臣，税制調査会は内閣総理大臣の諮問機関です。諮問機関の答申は，次の参与機関の場合と違って，法的には行政庁の意思決定を拘束しません。諮問機関の答申はいわば「参考意見」であって，行政庁は，諮問機関の答申に沿った意思決定をしなくても違法ではないのです。ただ，そうはいっても，実際上はほとんどの場合，諮問機関の答申どおりの決定がなされることになるでしょう。諮問手続が法律上義務づけられているのに，行政庁がその手続を経ることなく行った決定は，特段の事情のない限り手続上の瑕疵にあたり，決定そのものが違法となります（最判昭50・5・29）。

### (3) 参与機関

行政庁の**意思決定を拘束する議決を行う機関**です。つまり，参与機関の議決は，行政庁の意思決定を**法的に拘束**します。会社の「取締役会」に相当すると考えればわかりやすいでしょう。

行政庁は，参与機関の議決に反する意思決定はできません。行政庁が**参与機関の議決を経ずに行った行為は無効**となります（最判昭35・7・1）。参与機関の例としては，電波監理審議会，地方公共団体に設置される都市計画審議会などがあります。＊1

＊1電波監理審議会が行う電波の配分に関する議決は，総務大臣を拘束します。また，都道府県知事は都市計画を決定する権限をもっていますが，その決定内容は，都市計画審議会の議決に従わなければなりません。

### (4) 監査機関

行政機関の**事務や会計の処理を検査し，その適否を監査**する機関です。会社でいえば，「監査役」がこれに相当する存在といえるでしょう。

国の総務省や行政評価事務所，会計検査院，地方公共団体の監査委員などが監査機関にあたります。

### (5) 執行機関

行政目的を実現するために必要とされる**実力行使を行う機関**です。実力行使とは，行政上の義務を課せられた者が，任意にその義務を履行しない場合に行政上の**強制執行**をしたり，緊急の必要があるときに**即時強制**を行ったりすることです。

警察官，消防官，自衛官，徴税職員などがこれにあたります。

**一歩前進**

地方自治法でも執行機関という言葉が登場しますが，これは地方公共団体の議決機関である議会に対して，地方公共団体の**長や行政委員会などを執行機関と呼ぶ**ものです。当然のことながら，上記の執行機関とは意味が異なりますから，注意してください。＊2

＊2地方公共団体の執行機関については，P379以下で学習してください。

### (6) 補助機関

行政庁その他の行政機関の職務を補助するために，**日常的な事務を遂行する**機関です。副大臣，大臣政務官，局長，副知事，副市長，課長などのほか，一般職員もこれに含まれます。会社でいえば，取締役も管理職もヒラ社員もすべて含まれます。

**一歩前進**

例えば，租税の賦課（課税処分）は行政庁である税務署長の名で行なわれますが，税務資料を元に具体的な課税額を決定し，納税義務者に納付書を送付する等の手続は，税務署員（補助機関）がそれぞれの事務分担に基づき行なうことになります。つまり，「行政主体の意思や判断を決定し外部に表示する」といっても，行政庁は個別的な事案についていちいちその事務処理の内容を把握し，自ら意思決定しなければならないという意味ではありません。そんなことは実際上不可能です。個別的な事務処理については，後述の「代決」という仕組みにより補助機関が担当して意思決定を行い，行政庁はそれを元に**その名で行政主体の意思や判断として外部に表示する**という関係になることが多いのです。

**行政機関の種類**

行政機関
- 行政庁 ― 各省大臣,公正取引委員会等
- 諮問機関 ― 各種審議会,調査会等
- 参与機関 ― 電波監理審議会,退職手当・恩給審査会等
- 監査機関 ― 会計検査院,監査委員等
- 執行機関 ― 警察官,消防官,自衛官等
- 補助機関 ― 副大臣,大臣政務官,局長等

## 3　行政庁の権限とその委任・代理・代決

### (1)　行政庁の権限――その階層性と指揮監督権

**設例５**

国税庁長官，国税局長，税務署長の権限はどのような関係にあるか。

行政庁が，法令上行うことのできる行為の範囲を行政庁の権限といいます。つまり，行政庁は法令によって一定の事項，地域に限って行い得る範囲が明確に限界づけられ，その権限の範囲内で行政主体の意思を決定し，これを外部に（国民に対して）表示することができるのです。

ところがこの場合，行政庁ごとに，その表示する意思内容に矛盾があると，行政主体の意思が分裂することになります。そこで，このような行政意思の分裂を避け，その統一性を確保するために，行政庁は，ピラミッド型の階層構造をなし，上級の行政庁がその系列下にある下級の行政庁を指揮監督するという上命下服の仕組みが採られています。これによって，行政責任が最終的には最上級の行政庁に集中する構造となっています。

**設例5**では，税務署長の上級行政庁が国税局長，国税局長の上級行政庁が国税庁長官という階層構造をなし，それぞれ下級の行政庁に対して，指揮監督の権限が認められることになります。＊1

＊1国税の徴収事務を行うために財務省の外局として国税庁が設置され，その事務の効率化を目的として，全国11の地方都市に国税局が置かれ，さらに要所々々に税務署が配置されています。国税局および税務署は地方支分部局と呼ばれ，その設置は法律によることとされています。

なお，国税庁長官には，さらに上級行政庁として財務大臣がありますが，国税庁はいわゆる外局として財務省からの一定の独立性が認められています。

指揮監督権の具体的な内容は次のとおりです。

**①　監視権**

上級行政庁が下級行政庁の事務の執行状況を知るために，調査したり報告を求めることができる権限です。

**②　許認可権**

下級行政庁の事務遂行を事前にチェックするために，上級行政庁は下級行政庁に対して，その権限の行使についてあらかじめ許可・認可を求めることができます。許認可という言葉が使われていますが，これは，いわゆる行政行為の一種としての許認可ではなく，同意あるいは承認を意味する行政の内部的な行為です。＊2

＊2下級行政庁の側からみれば，上級行政庁の同意や承認を得ることによって，行政活動における意思の統一を図り得るということになります。

**③　訓令権**

上級行政庁は，下級行政庁の行政内容を指示するために，訓令・通達を発することができます。書面で訓令を示達する場合が通達です。税務行政については，国税庁長官から頻繁に通達が出され，これに従って税務事務が処理されています。

### ④　権限争議の決定権

上級行政庁は，下級行政庁の間で生じた**権限に関する争いを裁定**することができます。国務大臣の権限に関する疑義については，内閣総理大臣が閣議にかけてこれを裁定し（内閣法７条），地方公共団体の場合には，長によって調整されます（地方自治法138条の３第３項）。

**上級行政庁の下級行政庁に対する指揮監督権**

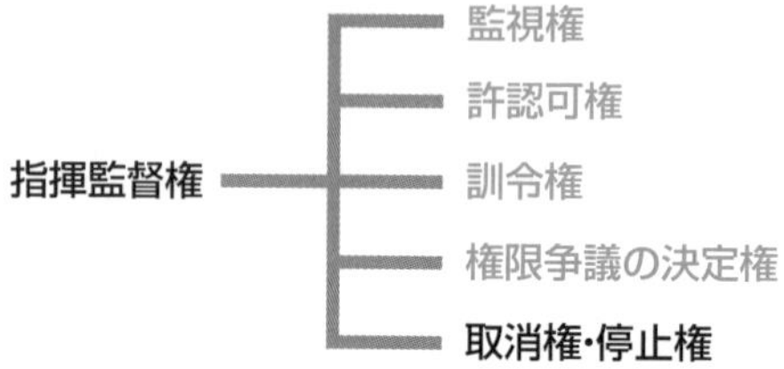


**Check**

「取消権・停止権」

上級行政庁の下級行政庁に対する指揮監督権の内容として，上級行政庁は，明文の規定がなくても下級行政庁の行った**違法または不当な処分を取り消し，または停止する権限**が認められるかについては，争いがあります。もっとも，上級行政庁は，訓令権に基づいて下級行政庁に対し違法・不当な処分の**取消しを要求できる**ので，独自の取消権・停止権が認められなくても，下級行政庁に対する行政上の監督に支障はないでしょう。

**一歩前進**

指揮監督関係に立たない行政庁相互の間では，特別の規定のある場合を除き，**相互にその権限を尊重**しなければなりません。例えば，甲税務署長と乙税務署長の関係のように，対等関係にある行政庁相互間では，他の行政庁がその権限に基づいてした決定は，それが**明白に権限を逸脱したものでない限り，行政庁はこれに従うべき**で，これと矛盾した行為をすることは許されません。対等の関係にある行政機関の間では，**協議によって意思統一を図る**のが原則です。

### (2) 行政庁の権限の委任・代理，代決

行政庁は，法令に基づき認められた権限を自ら行使するのが原則です。しかし，行政庁が，認められた権限を自ら行使せず，**権限の全部または一部を他の行政庁や補助機関に行わせる**場合があります。これを**権限の代行**といいます。権限の代行には，権限の委任，権限の代理，代決といった種類があります。＊

＊行政法上の権限の委任は，次の①で説明する通り，民法上の委任とは全く異なった内容の概念ですから注意してください。

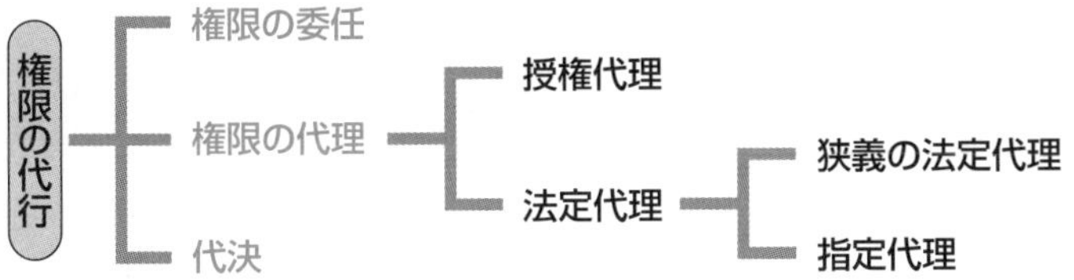


#### ① 権限の委任

**設例6**

甲市長は，その権限に属する生活保護関係の事務を甲市福祉事務所長に行わせている。これは，どのような仕組みによるものか。

権限の委任とは，行政庁が，法令上自己に与えられた**権限の一部を他の行政機関に委任して行わせる**ことです。「他の行政機関」とは，通常は自己の補助機関です。

権限が委任された場合，本来の行政機関に付与されていた権限が補助機関に移行することになります。つまり，**委任をした行政庁はその権限を失い**，委任を受けた行政機関が，その権限を自己の権限として，**自己の名と責任**において行使することになります。したがって，行使した権限の法律効果は**委任を受けた行政機関**に帰属します。そのため，権限の委任に際しては，**法の明示の根拠**が必要です。

用語の説明
「福祉事務所」
社会福祉法に基づき，生活保護，児童福祉，老人福祉等に関する事務を行うため，都道府県および市に設置が義務づけられている「福祉に関する事務所」の通称です。なお，町村は条例で福祉事務所を設置することができます。

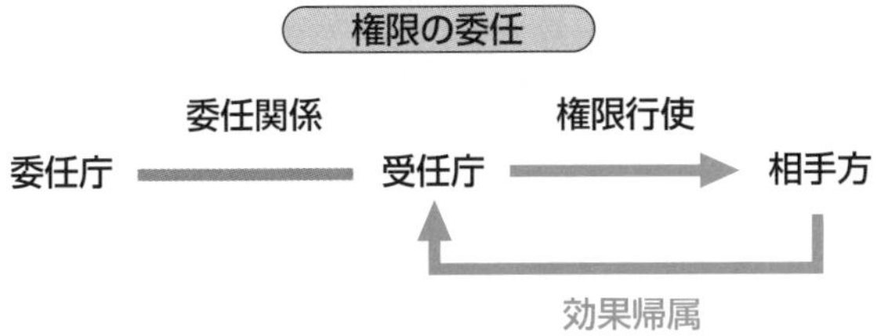

生活保護法19条４項は,「保護を行うべき者は, 保護の決定及び実施に関する事務の全部又は一部を, その管理に属する行政庁に限り, 委任することができる」と規定しています。**設例6**では, 甲市長は, この規定に基づき自己の権限に属する生活保護の決定および実施に関する事務を「その管理に属する行政庁」である福祉事務所長に委任しているわけです。その結果福祉事務所長が, 委任を受けた範囲内で生活保護関係の事務に関する権限を行使することになります。＊

＊市役所には, 福祉関係の部署が設けられ, 通常, 当該部署の長が福祉事務所長として市長から生活保護関係の事務の委任を受けることになります。この場合は, 市長の補助機関である福祉関係部署の長が福祉事務所長という行政庁の地位に立つわけです。

権限を委任した場合, 権限そのものが委任を受けた機関に移転しますから, 委任をした機関は委任を受けた機関を指揮監督することができないのが原則です。ただし, 委任を受けた機関が委任をした機関の下級行政機関あるいは補助機関であるときは, 指揮監督の関係は失われません。したがって, **設例6**では, 上級行政庁である甲市長は, 補助機関である甲市福祉事務所長に対する指揮監督の権限を失うことはありません。

その他, 法律の規定により権限の委任が認められている例は多数あります。

**ここが狙われる**

法令上認められた権限の全部またはその主要な部分を他の行政庁に委任することは, 法で定められた権限分配法規に反することになりますから, 許されません。

### ②　権限の代理

権限の代理とは, 行政庁の権限の全部または一部を, 他の行政機関が代わって行使し, それが本来の行政庁である被代理行政庁の行為として法律上の効果を生じる場合です。権限の代理は, 権限の委任の場合と異なり, 本来の権限の所在に変更は生じません。つまり, 代理行政庁の行った行為の効果は被代理行政庁に生じます。このように, 法効果の面においては, 行政法上の権限の代理は民法上の代理と異なりません。

権限の代理には,「授権代理」と「法定代理」の２つがあり, さらに法定代理は「狭義の法定代理」と「指定代理」に区別されます（P61「権限の代行」の図を確認してください）。

**権限の代理**

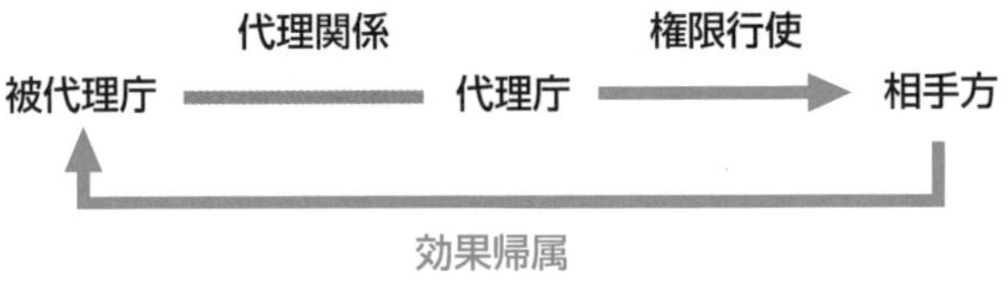


### (ⅰ) 授権代理

授権代理とは，権限のある行政庁が，**自己の意思により他の行政機関にその権限の一部を代理行使する権限を与える**ことにより，代理権が発生する場合です。この場合は，本来の行政庁の権限は代理機関に移動しませんから，**法律の根拠は必要でない**とするのが通説的な考え方です。

### (ⅱ) 法定代理

法定代理とは，行政庁が**欠けた**ときまたは**事故があった**ときに，法律の定めるところに従い他の行政機関が，**本来の行政庁の権限のすべてを代行する**ことです。先に述べたように，これには狭義の法定代理と指定代理の２つの種類があります。

狭義の法定代理とは，**法律の定める一定の機関が当然に代理権を行使**する場合です。例えば，地方公共団体の長に事故があるとき，または長が欠けたときに副知事または副市町村長などがその職務を代理する場合がこれにあたります（地方自治法152条１項）。

指定代理とは，あらかじめ**本来の行政庁が指定しておいた機関**が代理権をもつことになる場合です。例えば，前の例で，副知事や副市町村長にも事故があるとき，または欠けたときなどには，**長の指定する職員**がその職務を代理し，さらに長の指定する職員がないときは，**規則で定めた上席の職員**が代理することとされています（同条２項・３項）。＊

＊内閣総理大臣が事故等で欠けたときは，あらかじめ指定した国務大臣が，**臨時に**，その職務を代行します（内閣法９条）。これも指定代理ですが，一般に「**臨時代理**」といわれます。

### ③ 代決（専決）

代決とは，行政庁がその**補助機関に事務処理について決定あるいは決裁を委ねる**が，外部に対する関係では，**本来の行政庁の名で表示**することです。これは特殊な事務処理の形態ではなく，役所で日常的に行われている事務処理は，そのほとんどがこの代決によるものです。これには，法令の根拠は必要ではありません。

役所は膨大な事務を行っていますから，すべて行政庁が決定・決裁を行うことは実際上不可能です。そこで，一定の事項については，内部的に規程を設け，局長，部長，課長などの**補助機関に決定・決裁を行わせる**場合が多くみられます。例えば，市役所に行って住民票を取得する場面を思い浮かべてみてください。この場合，市長がわざわざ市民課の窓口に待機して市長印を押してくれるのではなく，通常は市民課の係長レベルの決裁で市長印の入った住民票が発行されることになります。また，それほど経費のかからない市役所の庁舎の補修などは，長の名義で発注したとしても，実際の決裁は契約課長などが行うことが多いのです。そうでもしないと，長は，一日中ハンコばかり押していなければならない破目に陥ってしまうでしょう。そのようなことから，多くの事務について代決が行われます。

### 一歩前進

その内容をあらかじめ示された条件で処理することを専決，行政庁が不在の場合の急施を要する（急いで処理する必要のある）案件について処理することを代決と呼ぶことがあります。つまり，本文で説明したような事務処理の方式を代決ではなく専決と呼ぶこともあります。このように，代決，専決という用語は統一的に使われていないことがあるので，多少注意が必要です。

### 権限の代行のまとめ

A行政庁 → B行政庁

| | 全部・一部 | 法令の根拠 | 責任の帰属主体 | 指揮監督 |
|---|---|---|---|---|
| 委任 | 一部 | 必要 | B | できない＊ |
| 授権代理 | 一部 | 不要 | A | できる |
| 法定代理 | 全部 | 必要 | B | できない |
| 代決 | 一部 | 不要 | A | できる |

＊ A行政庁がB行政庁の上級行政庁であれば，できる。

## 実戦過去問　　行政書士　平成21年度

行政機関に関する次の記述のうち，正しいものはいくつあるか。

ア　行政庁とは，行政主体の意思を決定し，これを外部に表示する権限を有する行政機関をいう。
イ　国家行政組織法には行政庁は独任制でなければならないとの規定があり，わが国には合議制の行政庁は存在しない。
ウ　上級行政庁は下級行政庁に対して監視権や取消権などの指揮監督権を有するが，訓令権については認められていない。
エ　行政庁がその権限の一部を他の行政機関に委任した場合であっても，権限の所在自体は，委任した行政庁から受任機関には移らない。
オ　法定の事実の発生に基づいて，法律上当然に行政機関の間に代理関係の生ずる場合を，授権代理という。

1　一つ　　2　二つ　　3　三つ　　4　四つ　　5　五つ

**解　説**

ア　○　行政庁の定義は，本肢記述のとおりです。各省大臣，都道府県知事，市町村長のほか，税務署長や警察署長も行政庁です。
イ　×　行政庁は，意思決定の機敏性を確保しまた行政責任の所在を明確にするため，独任制であるのが原則です。しかし，公正取引委員会や中央労働委員会など合議制の行政庁もあります。
ウ　×　上級行政庁の下級行政庁に対する指揮監督権として，一般的に認められているのは，監視権，訓令権，許認可権，権限争議の決定権などです。
エ　×　権限の委任によって，権限の所在は，委任行政庁から受任行政庁に移行します。委任を受けた行政庁（受任行政庁）は，その権限を自己の権限として，自己の名と責任において行使します。
オ　×　法定の事実の発生に基づいて，法律上当然に行政機関の間に代理関係の生ずる場合は，法定代理です。

以上より，正しいものはアだけであり，正解は肢１となります。

**正解　1**

## 練習問題

行政庁および行政庁の権限に関する次の記述のうち，妥当なものはどれか。

1　電波監理審議会のようないわゆる参与機関の議決については，行政庁は十分にこれを尊重しなければならないが，その議決が不適当と認めるときは，議決に反する決定をすることもできる。
2　上級行政庁は，下級行政庁の権限行使について監督する権限を有しているが，その手段としては，下級行政庁の事務を調査し報告させる監視権と権限行使を指揮する訓令権のみ認められている。
3　行政庁は，他の行政庁が行った決定を尊重すべきであり，いかなる場合でもこれに矛盾した行為をすることは許されない。
4　法定代理は，行政庁が欠けたときまたは行政庁に事故があったときに，法律に定めるところに従い他の行政機関が，本来の行政庁の権限のすべてを当然に代行することである。
5　対等の関係にある行政庁相互間においては，協議によって意思の統一が図られるが，法律で協議が義務付けられている場合であっても，当該協議を経ずになされた行政庁の行為は無効とならない。

**解　説**

1　×　参与機関の意思決定は，行政庁の意思を拘束します。したがって，行政庁は，参与機関の議決に反する意思決定はできません。
2　×　上級行政庁の下級行政庁に対する監督権として，監視権と訓令権のほか，許認可権，権限争議決定権なども認められています。
3　×　行政庁は，他の行政庁が行った決定については，原則としてその決定を尊重すべきですが，その決定に重大かつ明白な瑕疵があるときは，それに反した行為をすることも許されないわけではありません。
4　○　法定代理の意味内容に関する正しい記述です。
5　×　法律で協議が義務づけられているのに，協議を経ないで行った行政庁の行為は無効となります。

**正解　4**

【第3章】

# 行政作用法

# 4 行政の行為形式 ――行政はどのように活動するのか

## 学習ナビゲーション

「法律による行政」の原理に基づき，膨大な数の法律により行政の活動が規律されることになります。そのうち行政作用法とは，国や公共団体の行う行政の内容を規律する法の総称です。

ところで，「行政とは，国家の作用の中から立法と司法を除いた残余の作用である」という控除説の定義からわかるように，行政の活動には多種多様かつ膨大な内容が含まれますが，その活動の形式については，一定の分類が可能です。すなわち，行政の活動形式としては，大きく分けて行政立法，行政計画，行政行為，行政契約，行政指導および行政調査に分類できます。

本講では，行政立法，行政計画，行政契約および行政調査について説明し，行政指導については，行政手続法に規定が設けられていますから，そこで説明することとします（第８講２参照）。行政活動の中心的位置を占める行政行為については，次講以下で詳述します。

## 1　行政立法

**設例7**

「建築基準法」という法律には，「建築基準法施行令」および「建築基準法施行規則」という2つの法令が付属しているが，これはどういうものか。

### (1) 行政立法とは

実質的意味の「立法」とは，伝統的な理解に従えば，**「国民の権利を制限し，または国民に義務を課する成文の法規範（法規）**

**を定立する作用」**と定義されます。行政立法とは，行政機関がそのような規範を定めること，あるいは行政機関により定められた規範のことです。

憲法は，国会を「唯一の立法機関である」と定め（憲法41条後段），実質的意味の立法を国会の権限としています。その一方で，憲法は行政機関の制定する命令すなわち**行政立法**の存在を予定した規定を置いています(憲法73条６号参照)。つまり，行政立法は，**「国会中心立法の原則」の例外**として憲法上認められるわけです。「法律による行政」の原理からすると，行政機関自らが立法を行うのは多少矛盾するように思われるかもしれません。しかし，膨大かつ多様化し，しかも専門的・技術的判断の要求される現代国家の行政需要に国会が適時・適切に対応するには限界があり，**国会の立法能力の不足を行政機関が補う**必要があります。つまり，実際上，行政機関による立法の補完が不可欠といえる状況にあるため，やむにやまれぬ実際上の必要性から行政立法を認めざるを得ないのです。

用語の説明

**「国会中心立法の原則」**

実質的意味の立法は，憲法の特別の定めがある場合を除いて，国会だけがこれをなし得るとする原則です。つまり，**国会が立法権を独占する**との原則といえます。

このことを**設例7**で考えてみましょう。「建築基準法」は，建築物の敷地，構造，設備，用途に関する最低限の基準を定めた法律ですが，この法律には，相当に膨大な内容をもつ「建築基準法施行令」および「建築基準法施行規則」といった法令が付属しています。これらが，行政立法であり，建築基準法の定めを**より詳細かつ具体化したもの**です。＊

＊形式上は，建築基準法の個別の条文に「…政令で定める」とか「…国土交通省令で定める」という体裁で規定されています。このように法律と命令が一体化して，統一的な「法令」として通用するわけです。

本体である建築基準法は，当然国会の議決を経て制定されていますが，建築法規には，きわめて細かい専門的かつ技術的事項の定めが不可欠です。国会議員が全員建築士並みの専門知識を有していれば何とかなるのかもしれませんが，それは無理な注文でしょう。そこで，専門的技術的な部分の定めは，有能な行政官僚を多数擁する行政機関に委ねざるを得ないのです。これは何も，建築法規に限ったことではなく，あらゆる行政法規についていえることです。

### (2) 行政立法の種類

行政立法は，その性質を基準にした場合，大きく分けて**「法規命令」**と**「行政規則」**に分類できます。

**行政立法の種類**

- 行政立法
  - 法規命令
    - 執行命令
    - 委任命令
  - 告示
  - 行政規則
    - 訓令
    - 通達

### ①　法規命令――委任命令と執行命令の2種がある

法規命令は，本来法律で定められるべき事項を命令で定めさせるものです。この法規命令は，さらに，法律による委任を受けて国民に新たに権利義務を設定する委任命令と法律を実施するための具体的細目を定める執行命令とに区別できます。＊

建築基準法施行令は，建築基準法の定めをより具体化して国民に新たな制限を課すことを主な内容としていますからその大部分が委任命令に該当し，建築基準法施行規則は，主として申請書その他の各種書類の様式とその記載事項等建築基準法を施行するために必要な具体的細目を定めるものですから，その大部分が執行命令に該当します。

＊「法律による委任を受ける」とは，法律によって，一定事項を定める権限を授権されるということです。例えば，建築基準法により一定事項を定める権限が政令に委任されることにより，内閣が当該事項を政令（建築基準法施行令）で定めることが可能となるわけです。

なお，執行命令である建築基準法施行規則は，国土交通大臣の制定する国土交通省令です。

**一歩前進**

制定機関を基準に分類すると，法規命令には，次の表のような種類がありますから，頭に入れておいてください。

| 名　称 | 制定権者 |
|---|---|
| 政　　令 | 内　　閣 |
| 内閣府令 | 内閣総理大臣 |
| 省　　令 | 各省大臣 |
| 外局規則 | 外局の長 |
| 会計検査院規則 | 会計検査院 |
| 人事院規則 | 人　事　院 |

Check

**「委任命令の限界」**

法規命令のうち，法律の実施に必要な具体的細目的事項を定めるに過ぎない執行命令については，国家行政組織法等に基づく組織法上の根拠があれば，それに加えて個別的な委任は必要ないと解されています。一方，法律の委任を受けて国民の権利義務を新たに定める委任命令には，①法律は命令に白紙委任してはならない，②命令は法律による委任の趣旨を逸脱してはならない，という２つの側面からの限界があります。

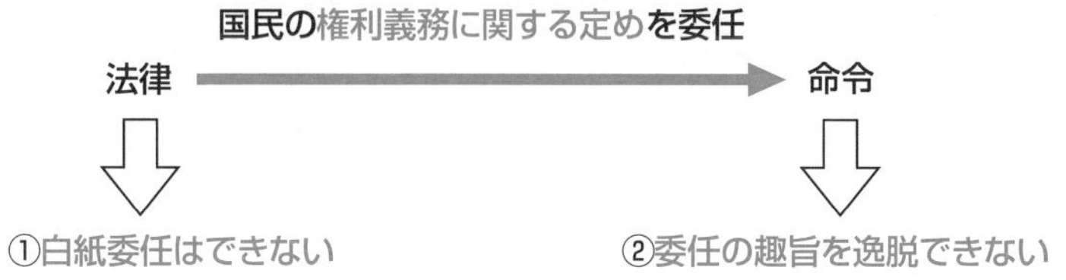


①まず，国会中心立法の原則から，行政機関への一般的・包括的な白紙委任は許されません。委任に際しては，その目的や委任事項を具体的に明示し，委任の範囲・程度を明確に限定する必要があります。また，罪刑法定主義の要請から，法律による個別的委任がなければ，法規命令に犯罪構成要件や罰則を設けることはできないと解されています。この点，国家公務員法102条１項は，国家公務員が行ってはならない政治的行為（犯罪構成要件）の指定を包括的に人事院規則に委ね，しかもその違反行為に刑罰を科していますが，最高裁は，これを合憲として強い批判を浴びています（最大判昭49・11・6）。なお，法律により政令に委任された事項の一部を省令に再委任することは許されると解されています。

②また，委任命令は，法律を実施するために法律の範囲内で制定されるものですから，法律に違反することはできず，法律を変更・廃止するような効力はもち得ません。法律の委任の範囲を超えるような規定や法律の内容そのものを変更するような規定は，委任の趣旨を逸脱したものとして無効となります。この点について判断し，命令の規定を違法・無効とした最高裁判例を２つ紹介しておきます。

（ⅰ）児童扶養手当法は，児童扶養手当の支給対象から除外される児童の定めを同法施行令に委ねていたところ，同法施行令は婚姻外懐胎児童（いわゆる婚外子）のうち父から認知された児童をその支給対象から除外していました（１条の２第３号かっこ書）。これは，児童扶養手当は父による現実の扶養を期待できない児童を支給対象とするものであり，父から認知された児童は父からの扶養を期待できるとする理由に基づくものです。しかし最高裁は，父から認知されたからといって必ずしも父による現実の扶養を期待できるわけではないから，父から認知された婚姻外懐胎児童を支給対象から除外することは，児童扶養手当の趣旨・目的に照らし，支給対象児童とされた者との間の均衡を欠き，**同法の委任の趣旨に反して違法・無効**であるとしています（最判平14・1・31）。
（ⅱ）監獄法は，監獄に勾留されている者と外部の者との接見について，一定の例外的場合を除いて，原則としてこれを許すとの建前を採り，監獄法50条は，在監者との接見に関する定めを監獄法施行規則（法務省令）に委ねています。ところが，監獄法施行規則120条は，被勾留者と14歳未満の者との接見を禁止していました。この規則の定めは，法律で規定する**「接見自由の原則」を規則で制限**するものです。このような規則の定めが許されるかについて，最高裁は，「監獄法施行規則120条の定めは，監獄法の容認する接見の自由を制限するものとして監獄法の**委任の範囲を超えた無効**のものである」と判断しています（最判平３・７・９）。なお，この最高裁判決を受けて監獄法施行規則120条は削除されています。＊

＊ちなみに，監獄法は明治41年に制定された法律ですが，平成15年5月，約100年ぶりに改正法が成立し，その名称も「刑事収容施設及び被収容者等の処遇に関する法律」に変更されています。

### ②　行政規則——行政機関の内部的取決め

行政規則とは，行政機関が定立する内部的規範であって，**法規としての性質を有しない**ものです。すなわち，行政規則は，**国民の権利義務に直接関わるものではない**ので，行政機関が法律の委任なく定めることができます。行政規則の主なものとして，**訓令**および**通達**があります。訓令とは，上級行政機関が行政の内部基準として下級行政機関を**指揮・監督するために発する命令**です。通達は，その**訓令が書面となっているもの**です。

通達には，所管の法律や命令の解釈の指針や裁量の基準などが定められるのが通常です。訓令・通達等の行政規則は，行政の内部基準として下級行政機関を拘束しますが，国民との関係では効力をもたない，つまり国民の法的利益に対して**直接の影響を及ぼすものではない**ので，通達そのものは，**取消訴訟の対象とはなりません**。下級行政機関が上級行政機関から発せられた通達の趣旨に反する処分をした場合でも，それを理由として当該処分の効力

参照条文
「国家行政組織法14条2項」
各省大臣，各委員会および各庁の長官は，その機関の所掌事務について，命令又は示達をするため，所管の諸機関及び職員に対し，**訓令又は通達を発すること**ができる。

が影響を受けることはありません。下級行政機関が通達に従った処分を行い，それによって不利益を受けた私人は，その処分について取消しを求める訴えを提起し，通達に基づく処分の違法を主張すべきことになります。この場合裁判所は，法令の解釈適用にあたっては，通達に示された法令の解釈とは異なる独自の解釈をすることができるとされています（最判昭43・12・24）。＊

＊通達と取消訴訟の関係については，P257（ⅱ）の記述を併せ参照してください。

**一歩前進**

訓令や通達のほか，後述する審査基準，処分基準および行政指導指針（行政手続法２条８号参照），地方公共団体の定める開発指導要綱（P150 Check 参照）なども行政規則として分類することができます。

**ステップアップ**

「通達課税」

税務行政については，「租税法律主義」（憲法84条）の下，課税物件や課税標準等の課税要件および課税手続も法律によって定められていなければならないのが原則です。ところが，現実の税務行政においては，従来非課税とされていた物件が，通達により新たに課税物件とされることがあり，これが通達による課税として租税法律主義に抵触するのではないかという疑義があります。この問題に関する有名な判例を紹介しておきましょう。

事案は，物品税法という古い法律が通用していた時代に，国税局長から所轄税務署長への通達により，それまで「非課税」とされていた「パチンコ台」が課税物品である「遊戯具」にあたるとして課税されることになったというものです。これに困惑したパチンコ業者が，このような課税方法は通達による課税であり租税法律主義に違反するとして課税処分の無効およびいったん納付した税金の返還を求めて訴えを提起し，争いは最高裁までもち込まれました。

最高裁は，「本件の課税がたまたま通達を機縁として行われたものであっても，通達の内容が法の正しい解釈に合致するものである以上，本件課税処分は法の根拠に基づく処分である」として，業者の訴えをニべもなく棄却しています（最判昭33・3・28）。この判決は，要するに「これまで払うべきものを払っていなかったわけだから，今後はきちんと払いなさいよ」といっているわけです。至極ごもっともで有効な反論は難しいのですが，ある日突然一片の通達で，それまで取られていなかった税金を取られるようになるのは，どこか割り切れなさが残るのも無理はないでしょう。

Check

「告示」

告示とは，行政機関がその所掌事務について決定したことを国民に公式に表示すること，またはその表示の形式のことです。国家行政組織法14条1項は，「各省大臣，各委員会及び各庁の長官は，その機関の所掌事務について，公示を必要とする場合においては，告示を発することができる」と規定しています。告示の中には，「不公正な取引方法」に関する公正取引委員会告示や生活保護法に基づく保護基準のように，法規命令の性質をもったもののほか，環境基準のような政策の達成目標を示したに過ぎないものや単に事実を告知するものもあり，その性格は一様ではありません。

## 2　行政計画

### (1) 行政計画とは

行政計画とは，行政機関が定める計画であって，一定の公の目的のために目標を設定し，それを実現するための手段・方策の総合的調整を図るものといえます。簡単にいえば，われわれが何かをするにあたってプランを練ったりすることがありますが，行政計画は，行政機関が行政活動を行うにあたってのプランということができます。「計画による行政」という言葉があるように，現代の行政においては，多種多様な計画が策定され，実施されています。この「計画による行政」が，「法律による行政」を形骸化させているのではないか，という問題性が指摘されることがありますが，この点に深入りする必要はありません。

### (2) 拘束的計画と非拘束的計画

行政計画は，さまざまな観点からの分類が可能ですが，拘束的計画と非拘束的計画の区別は，行政救済の可否との関係で重要な意味をもってきますから，その概略について一応頭に入れておいてください。

拘束的計画とは，国民に対する**法的拘束力をもった計画**であり，非拘束的計画とは，そのような拘束力をもたない計画のことです。非拘束的計画については，その策定に法律の根拠を必要としませんが，侵害留保の原則（P18参照）から**拘束的計画については法律の根拠が必要**です。

- **行政計画**
  - **拘束的計画** —— **法律の根拠を要する**
  - **非拘束的計画** —— **法律の根拠を要しない**

拘束的計画は，特定の個人に対して，一定程度の**権利制限的効果**を伴います。そこで，拘束的計画により権利制限を受ける個人に対して**争訟による救済を与えるべきではないか**，という形で問題となります。その具体例については，取消訴訟における処分性の問題として第15講で詳述します（P259 Check 参照）。

### (3) 行政計画と損害賠償

**設例8**

沖縄県のある村で，A製紙会社の新工場誘致計画を積極的に推進した結果，A社は，その村への工場進出を決定し，相当の資金を投入した。ところが，その後の村長選挙によって工場誘致反対派の村長が当選したため，その計画はご破算にされてしまい，A社は，投入した資金の回収のめどが立たなくなった。

行政計画は通常長期にわたるものですから，その間の事情の変更などによって計画自体の廃止・変更といった事態も起きてくることは当然想定されることであり，工場誘致計画を廃止した**村の行為自体は適法な行為**です。しかし，公にされた計画を信頼して事業を進めていたのに，計画が中止・変更されたりすると，それに関わった事業者が損害を受けることがあり得ます。**設例8**では，まさにそのような結果が生じています。

このような場合，A社は，村に対して損害賠償を請求できるでしょうか。最高裁は，A社は，村の計画の実現に信頼を寄せて行動してきたのであり，そのようなA社の信頼は法的保護に値し，計画の変更はA社に対する関係では違法であるとして，計画の変更により生じた損害の賠償を村に命じました（最判昭56・1・27)。つまり，計画の変更そのものは適法であるが，それによって損害を被った相手方との関係では相対的に違法となり，損害賠償請求の対象となる，と判断したわけです。

# 3　行政契約

## (1) 行政契約とは

民法を学習された方は，よくご存知かと思いますが，民法には，「法律行為」という概念があります。法律行為の典型は当事者間の意思表示の合致によって成立する契約です。私人間で締結される契約は私法契約と呼ばれ，その法律関係は，民法や商法等の私法によって規律されます。行政の活動にも行政契約というものがありますが，これは行政主体間で締結される契約および行政主体と私人間で締結される契約のことです。前者の例としては，国が国有財産を普通地方公共団体に払い下げる契約（売買契約)，後者の例としては，国や普通地方公共団体が民間業者と締結する公共事業の請負契約や公共用地取得のための売買契約，さらに普通地方公共団体と事業者の締結する公害防止協定もこの例に数えられます。*

行政主体と私人間で締結される契約も，本質的に私人間の契約と異なるわけではなく，両当事者間にその契約内容に応じた権利義務を生じます。したがって，公害防止協定も契約である以上，そこで合意された事項については法的拘束力が認められ，事業者が合意事項を遵守しない場合は裁判上の手段をもって義務の履行を求めることができます（最判平21・7・10)。

＊公害防止協定は，地方公共団体が，公害の防止を目的として，事業者と締結する協定であり，一般に排出物質のデータ公開や有害物質の排出量規制を事業者に課することを内容としています。

**一歩前進**

一般に，行政サービスなどの給付行政においては，規制行政の場合よりも契約の手法になじむことが多いといえます。例えば，市町村の行っている水道事業は，行政主体と利用者との間の給水契約によって実施されています。しかし，いわゆる補助金適正化法に基づく国の補助金の交付決定は，私人の申込みと国の承諾による契約ではなく，国の権力的決定に基づく行政行為と解されています。＊

＊行政行為の詳細については，第5講および第6講を参照してください。ここではとりあえず，行政が法律に基づき国民に対して一方的に行なう行為と理解しておきましょう。

### (2) 行政契約の特質——契約自由の原則との関係

行政契約は，権力的行政作用である行政行為と異なり，当事者間の意思表示の合致により成立する**非権力的な行政作用**といえます。例えば，公共事業のために用地を取得するような場合，相手方が売却に応じないときは，最後の切り札として土地収用裁決という行政行為により強制的に土地を取得するという手段がありますが，いきなり土地収用という伝家の宝刀を抜くわけではありません。通常は，土地所有者と交渉して任意に売却に応じてもらうという方法を採ります。その場合には，行政主体は私法上の契約の一方当事者の立場に立ち，その法律関係には原則として民法等の私法の規定が適用されることになります。このような場面では，行政契約といっても，私法契約と本質的な差異はありません。ただ，行政契約は私人間で締結される契約と異なり，公益の確保を目的としますから，私人間に妥当する契約自由の内容が**一定程度修正**される場合があります。

私人間においては，契約を締結するかどうかおよび契約の内容をどのように定めるかは当事者の自由であり，また債務不履行があったときは，所定の手続を踏んで契約を解除することができます。しかし，例えば，行政主体（原則として市町村）の行う水道の給水契約については，正当な理由がなければ，給水を拒否することができないという制限があり（水道法15条），またその利用料金を利用者との合意で自由に定めることはできません。同種の制限は，道路運送法（13条），鉄道営業法（6条），ガス事業法（16条）等にも設けられています。このように，生活必需サービスとして行政主体の行う契約については，契約締結の自由や契約内容の自由が公益目的から制限されることになります。

さらに，普通地方公共団体が締結する売買や請負等の契約については，原則として**一般競争入札**によるものとし，指名競争入札，随意契約等による契約方法は例外的なものとして位置づけられています（地方自治法234条１項・２項）。これは公平な受注機会の提供や公正な価格形成といった公益目的を達するために，契約締結方法の自由が制限されている例です。＊

＊一般競争入札，指名競争入札，随意契約等の意味についてはP410以下を参照してください。

**Check**

**「行政調査」**

行政調査とは，行政機関が情報収集を目的として行う調査活動のことです。この行政調査に関して定めた一般法は存在せず，また行政手続法の規律対象ともされていません。個別の法律には行政調査について定めている例がありますが，必ずしも明確でないことが多いため行政調査の許容される範囲・程度等について人権保障との関係で問題が生じます。この点については，警察官職務執行法に基づき警察官の行う所持品検査と自動車の一斉検問および国税通則法に基づき行われる税務調査に関する最高裁判例の考え方を理解しておきましょう。これらの判例は，行政調査の問題では必ずといっていいほど出題される重要な判例です。

①　警察官の職務質問に付随する所持品検査は，所持人の承諾を得てその限度でこれを行うのが原則であるが，所持人の承諾のない限り所持品検査は一切許容されないと解するのは相当でなく，強制にわたらない限り具体的状況の下で相当と認められる限度において許容される場合があると解すべきである（最判昭53・９・７）。

②　自動車の一斉検問については，それが相手方の任意の協力を求める形で行われ，自動車の利用者の自由を不当に制約することにならない方法，態様で行われる限り，適法なものと解すべきである（最決昭55・９・22）。

③　所得税法上の質問検査については，質問検査の範囲，程度，時期，場所など法律上特段の定めのない実施の細目については，質問検査の必要があり，かつ，これと相手方の私的利益とのバランスを考慮して社会通念上相当な程度にとどまる限り権限ある税務職員の合理的な選択に委ねられている。したがって，質問検査の範囲・程度・日時・場所等の細目を法律で定めておくことは，法律上一律の要件とされるものではない（最判昭48・７・10）。なお，税務調査と令状の要否については，P138 Check を参照してください。

## 実戦過去問　　行政書士　平成23年度

行政立法についての次の記述のうち，妥当なものはどれか。

1　省令は，各省大臣が発することとされているが，政令は，内閣総理大臣が閣議を経て発することとされている。
2　各省の外局として置かれる各庁の長や各委員会は，規則その他の特別の命令を発することができるが，これについては，それぞれの設置法などの法律に別の定めを要する。
3　内閣に置かれる内閣府の長である内閣官房長官は，内閣府の命令である内閣府令を発することができる。
4　各省大臣などは，その所掌事務について公示を必要とするときは，告示を発することができるが，これが法規としての性格を有することはない。
5　政令及び省令には，法律の委任があれば，罰則を設けることができるが，各庁の長や各委員会が発する規則などには，罰則を設けることは認められていない。

**解　説**

1　×　政令を発するのは，内閣総理大臣ではなく内閣です（憲法73条６号）。
2　○　各委員会および各庁の長官が，自ら特別の命令を発するには，その根拠となる法律の定めを必要とします（国家行政組織法13条１項）。
3　×　内閣府の長は，内閣官房長官ではなく内閣総理大臣であり，内閣府令は，内閣総理大臣が発します（内閣府設置法６条１項，７条３項）。
4　×　各省大臣が発する告示の中には，法的拘束力を有する法規としての性格をもつと解されるものもあります（P74 Check 参照）。判例は文部科学大臣の告示する学習指導要領にも法的拘束力を認めています（最判平２・１・18）。
5　×　各庁の長や各委員会が発する規則などにも，法律の委任があれば，罰則を設けることができます（国家行政組織法13条２項，12条３項）。

**正解　2**

**実戦過去問**（問題文の一部を変更してあります）　　行政書士　令和4年度

行政契約に関する次のア～オの記述のうち，法令または最高裁判所の判例に照らし，妥当なものの組合せはどれか。

ア　行政手続法は，行政契約につき定義規定を置いており，国は，それに該当する行政契約の締結及び履行にあたっては，行政契約に関して同法の定める手続に従わなければならない。

イ　地方公共団体が必要な物品を売買契約により調達する場合，当該契約は民法上の契約であり，専ら民法が適用されるため，地方自治法には契約の締結に関して特別な手続は規定されていない。

ウ　水道事業者たる地方公共団体は，給水契約の申込みが，適正かつ合理的な供給計画によっては対応することができないものである場合には，水道法の定める「正当の理由」があるものとして，給水契約を拒むことができる。

エ　公害防止協定など，地方公共団体が締結する規制行政にかかる契約は，法律に根拠のない権利制限として法律による行政の原理に抵触するため，法的拘束力を有しない。

オ　法令上，随意契約によることができない契約を地方公共団体が随意契約で行った場合であっても，当該契約の効力を無効としなければ法令の規定の趣旨を没却する結果となる特別の事情が損しない限り，当該契約は私法上有効なものとされる。

1　ア・イ　　2　ア・エ　　3　イ・ウ　　4　ウ・オ　　5　エ・オ

**解　説**

ア　×　行政手続法に行政契約の定義規定はありません（行政手続法1条）。

イ　×　地方自治法に契約の締結方法に関する定めがあります（同法234条）。

ウ　○　「正当の理由」があるときは，給水契約の締結を拒絶することも許されます（最判平11·1·21）。

エ　×　判例は，公害防止協定の法的拘束力を認めています（最判平21·7·10）。

オ　○　随意契約によることができないのに，随意契約の方法で締結した場合でも，その契約は私法上当然に無効とはなりません（最判昭62·5·19）。

以上より，妥当なものはウおよびオであり，4が正解となります。　**正解　4**

## 実戦過去問

行政書士　平成20年度

行政調査に関する次の記述のうち，最高裁判所の判例に照らし，正しいものはどれか。

1　保健所職員が行う飲食店に対する食品衛生法に基づく調査の手続は，行政手続法の定めるところに従って行われなければならない。
2　税務調査については，質問検査の範囲・程度・時期・場所等について法律に明らかに規定しておかなければならない。
3　警察官職務執行法２条１項の職務質問に付随して行う所持品検査は，検査の必要性・緊急性があれば，強制にわたることがあったとしても許される。
4　自動車検問は国民の自由の干渉にわたる可能性があるが，相手方の任意の協力を求める形で，運転手の自由を不当に制約するものでなければ，適法と解される。
5　税務調査の質問・検査権限は，犯罪の証拠資料の収集などの捜査のための手段として行使することも許される。

**解　説**

1　×　行政調査は，行政手続法の規律の対象とされていません（同法１条１項参照）。したがって，食品衛生法に基づく調査の手続が行政手続法の定めに従って行われなければならないとの記述は誤りです。
2　×　判例は，税務調査における質問検査の範囲・程度・時期・場所等については，社会通念上相当な範囲にとどまる限り，権限ある税務職員の合理的な選択に委ねられるとしています（最決昭48・７・10）。
3　×　判例は，職務質問に付随する所持品検査について，「強制にわたらない限り」行うことができる，としています（最判昭53・６・20）。
4　○　判例は，自動車検問について，それが相手方の任意の協力を求める形で行われ，自動車の利用者の自由を不当に制約することにならない方法・態様で行われる限り，適法であるとしています（最決昭55・９・22）。
5　×　判例は，税務調査の質問・検査権限は，犯罪の証拠資料の収集・保全等を目的として行うことは許されない，としています（最判平16・１・20）。

正解　4

# 5 行政行為の意義・特質，種類，裁量，附款

## 学習ナビゲーション

行政は，様々な形式で活動を行っていますが，本講および次講で扱う行政行為は，国民の権利義務にダイレクトに関わってくるという点で，行政法学上，きわめて重要な意味をもっています。当然，試験対策上も重要なポイントとなります。

「行政行為」などというと，なんだか堅苦しくて小難しそうな印象を受けますが，まずは，運転免許の付与や課税処分など役所が日常的に行っている各種の許認可などを念頭に置いてイメージしてください。

本講では，行政行為の意義・特質，種類，行政行為と裁量および行政行為の附款について説明し，行政行為の効力，瑕疵および取消しと撤回については次講で詳述します。全般について，正確な理解を心がけてください。

## 1　行政行為とは

**設例9**

甲県では，治水事業の一環として大規模なダム建設を計画し，事業予定地の土地所有者等と交渉して，必要な用地の確保に努めているが，土地所有者の一部がどうしても土地の売却に応じない。

行政行為は，**行政庁の一方的な行為によって私人の権利義務に変動を生じさせる行為**ですが，まずこれを私人相互間の権利義務の変動と対比して考えてみましょう。

私人間における権利義務の変動は，当事者の意思に基づく契約

によって行われるのが原則です。例えば，ＡがＢの土地を取得したいと思えば，Ｂに「売らないか（買う）」という売却の申込みをし，Ｂがこれに応じてＡに「売る」という承諾を与えることによって売買契約が成立し，Ａは，Ｂの土地を取得することができます。当然のことながら，Ｂが土地の売却を拒否すれば，Ａは，Ｂの土地を取得することはできません。私人Ａには，Ｂに対して「売渡命令」を発して強制的に土地を取得する権限はないからです。

しかし，行政庁には，その行政目的を達成するために，法令上認められた行政行為という手法により，私人である相手方に対して**一方的に権利変動を生じさせる**ことが認められています。**設例9**のように，一定の公共事業のために用地を確保する必要があるのに，相手方である私人がどうしても土地の売却に応じなければ，**土地収用法に基づく事業認定および収用裁決**という行政行為を経て**強制的に土地を取得する**こともできるのです。このように，行政庁の公権力の一方的な発動により，国民の権利義務に変動を生じさせる行為が行政行為といわれるものです。

**設例9**の場合は，私人に不利益を課するいわゆる侵害的行政ですが，各種の許認可を与えたり，生活保護決定をするといった授益的行政の場合にも，行政行為によることが多くみられます。＊

＊行政行為という用語は学問上のものであって，法令上はこの用語は使われていません。行政行為という用語は，法令上用いられている「処分」「行政処分」と同じ意味に理解してください。

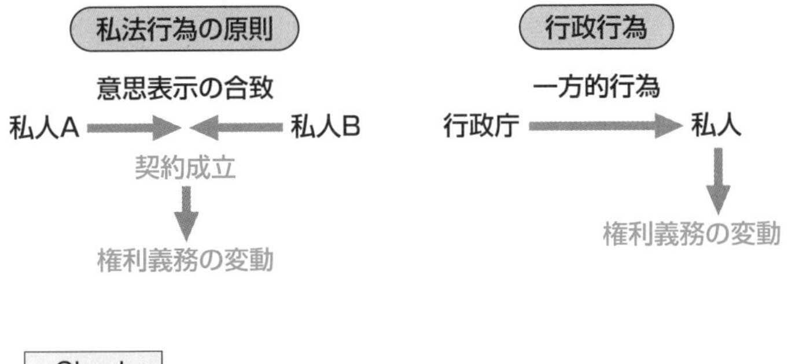


Check

**「土地収用における事業認定と収用裁決」**

上記のとおり，ダム建設や道路拡幅その他の公共事業用地を確保するためには，原則として土地所有者との交渉により，売買契約を締結して土地を取得することになります。しかし，土地収用法3条に列挙された公共事業を行う際に，一部の土地所有者がどうしても土地の売却に応じないようなときは，同法の定める手続により，私人の土地を強制的に取得することが認められています。この土地収用手続については，この後もいくつかの箇所で論点として登場してきますから，その手続の概要についてここで説明しておきましょう。

土地収用は，「事業認定」と「収用裁決」という２段階の手続を経て行われます。事業認定とは，国土交通大臣または都道府県知事が，その事業に収用を認めるに足りる公益性があるかどうか等の事項を審査するものであり，この事業認定がなされることを条件に次の収用裁決の手続に移行します。収用裁決は，都道府県に設置された収用委員会が行います。この手続においては，まず収用する土地の区域のほか，土地または土地に関する所有権以外の権利に関する損失補償と権利取得の時期に対する裁決（権利取得裁決）がなされ，さらに収用する土地の引渡し，物件の収去とこれに伴う損失補償についての裁決（明渡裁決）が行われます。事業を行う者（起業者）は，以上の手続を経た後補償金を支払って初めて土地を取得することになります。

## 2　行政行為の特質

**設例10**

税務署長甲は，Ａに対し，租税の賦課処分をした。

さて，行政行為というものをもう少し緻密に定義すれば，一般に「行政庁が，法に基づき，公権力の行使として，国民に対し，具体的事実に関し法的規制をする行為」となります。つまり，行政の行為であれば何でもかんでも行政行為というわけではなく，上のような特質を備えた行為が行政行為となるわけです。**設例10**に即してその特質をみていきましょう。

**①　行政庁が，公権力の行使として（一方的に）行う行為である。**

行政行為は，行政庁の行為です。すなわち，法令によって一定の権限を与えられた行政庁と認められる機関がその名で行った行為が行政行為となるのであり，行政庁以外の行政機関の行為は行政行為となりません。**設例10**の税務署長甲は行政庁としての地位を有しています。誰でも知っているように，税金を納付してもらうには，税務署が納税義務者と交渉して，その金額や納付時期を定めるわけではなく，税務署長による「租税賦課処分（課税処分)」という一方的な行為によるのです。甲のAに対する租税賦課処分は，後述する行政行為の分類からいうと，「命令」に該当します。これによって，Aは具体的な納税義務を負担する（させられる）ことになり，Aがその義務を履行しないとき，甲は，滞納処分という強制的手段によって税金を徴収することができます。＊1

＊1行政行為は，侵害的行政，授益的行政を問わず，すべて法に基づくものでなければならない，ということが大前提です。租税の賦課処分も，すべて税法の規定を根拠として，その所定の手続に従って行われなければなりません。

行政の活動には，行政契約や行政指導のような非権力的なものもありますが，行政行為はこれらと違って，法的強制力を伴う権力的行為ということになります。

**② 具体的事実に関して規制する行為である。**

この点で，一般的抽象的な規範を定める行政立法などと区別されます。「法律による行政」の原理から，行政行為は必ず法の根拠を必要とし，一般的抽象的な形で規定された法律を具体的事実に適用して法効果を生じさせる行為です。

**③ 相手方である私人の権利義務に変動を生じさせる行為である。**

**設例10**の税務署長甲の行った「賦課処分」は，Aという特定の私人に対して，一定金額の租税の納付義務を生じさせるという具体的な効果を生じさせる行為です。したがって，この要件を満たし「処分性」が認められます。この処分性という概念は，後述の行政行為の取消訴訟との関係で重要な意味をもってきますから，一応ここで覚えておいてください。

なお，不特定多数人に対して行なわれる行為であっても，その相手方に具体的な権利義務の変動を生じさせる一般処分，例えば，告示による道路の供用開始行為については，それによって不特定多数人に当該道路の通行が可能となるという具体的な法的効果を生じますから，行政行為となります。＊2

＊2建築基準法42条2項の規定に基づき行われる「みなし道路の一括指定」も名あて人の特定しない一般処分ですが，それによって「個人の権利義務に対し直接影響を与える」ことを理由として処分性が認められています（最判平14・1・17）。

租税の賦課処分をはじめとして，大多数の行政行為は相手方の同意なく行われますが，公務員の任用や帰化の許可といった行政行為は，それを行うのに相手方の同意を必要とします。これらは，講学上，「同意を要する行政行為」といわれます。

**ステップアップ**

行政行為は，原則として行政庁の行うべき行為ですが，近時私人に行政行為を行うことを認める法律も現れています。例えば，建築確認という行政行為は，通常地方公務員である建築主事が行政庁として行うこととされていましたが，国土交通大臣等の指定を受けた民間の指定確認検査機関の行った建築確認は，建築主事の行った確認とみなされることとされています（建築基準法６条の２第１項）。地方公共団体の「公の施設」について，民間の指定管理者の行う利用許可（地方自治法244条の２）もこの例です。また，弁護士会のように，法律で一定範囲の公権力の行使権限を委ねられた団体の行う行為，例えば，弁護士に対する懲戒処分も行政行為としての性格をもつと解されます。

## 3　行政行為の種類

**設例11**

国土交通大臣甲は，Ａに対し貨物運送事業の許可をした。

**設例12**

乙市長は，乙市の住民Ｂを選挙人名簿に登録した。

### (1) 法律行為的行政行為と準法律行為的行政行為

行政行為は，いくつかの観点からの分類が可能ですが，ここでは法律行為的行政行為と準法律行為的行政行為の区別を押さえておきましょう。この分類は，民法の「法律行為」「準法律行為」という分類の仕方をベースにしています。そこで，民法でいう法律行為および準法律行為の意義を簡単に確認しておきましょう。まず法律行為とは，当事者の内心の意思に基づき，その意思内容どおりの効果を生じさせる行為です。一方，準法律行為は，当事者の認識や判断の表示に法が一定の効果を与えるものです。

以下，これと対比して理解してください。

#### ①　法律行為的行政行為

法律行為的行政行為は，行政庁の意思表示を要素とし，法効果の内容が行政庁の意思によって定められる行政行為です。どういうことかというと，**設例11**で，国土交通大臣甲がＡに対して行った貨物運送事業の許可は，「Ａに貨物運送事業の営業可能な地位を与える」という国土交通大臣の意思を要素とするもので，許可がなされれば，その意思内容どおり，Aに貨物運送事業の営業をなし得る地位が付与されます。

**② 準法律行為的行政行為**

一方，準法律行為的行政行為は，行政庁の**認識・判断など意思表示以外の判断作用**を要素とし，行政庁の意思とは関係なく，**法の規定によって一定の効果が付与される**行政行為です。**設例12**では，乙市長は選挙人名簿への登録という**「公証」**と呼ばれる行政行為を行っています。この場合，Bを選挙人名簿に登録した乙市長の意識内容としては，「Bを選挙人名簿に登録する」という判断だけであって，Bに投票可能な地位を与えるという意思を有しているわけではありません。選挙人名簿への登録によってBは，選挙における投票をなし得る地位を取得しますが，これは，乙の意思表示に基づく効果ではなく，**公職選挙法の規定**によってそのような地位が与えられることになるわけです。

**③ 両者を区別することにどのような意味があるか**

なぜ，こんなややこしい区別をするかというと，法律行為的行政行為は，**意思表示を要素とする**ものだから**裁量の余地**があり，かつ**附款《ふかん》も付し得る**が，意思表示を要素としない準法律行為的行政行為には**裁量の余地がなく**，また**附款を付す余地もない**ことを明らかにするためです。＊

アドバイス
本文で説明した法律行為的行政行為と準法律行為的行政行為の理論的区別は，あまりに観念的過ぎて，ヘキエキされる方もあるかと思います。これについては，試験で細かな内容の理解が問われることはありませんから，③で説明した区別の実益だけを覚えておくだけでもOKです。

＊附款とは，法律行為的行政行為に「付属した約款」のことです。これについては，本講5で詳述します。

## (2) 行政行為の分類とその種類

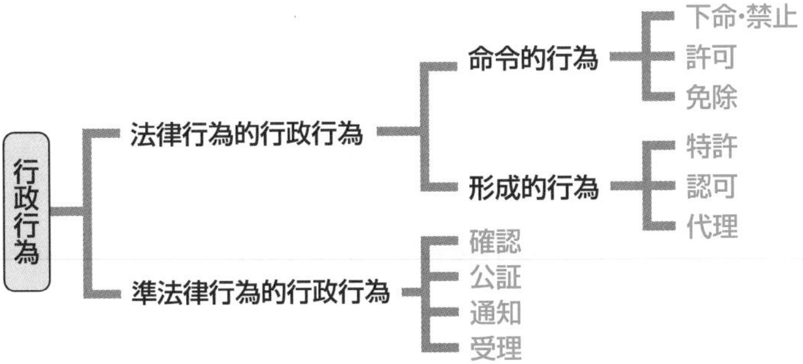


**① 法律行為的行政行為**

法律行為的行政行為は，**命令的行為**と**形成的行為**に分けられます。以下，順次説明していきますが，行政行為の学問上の分類と実際に法令で使用されている用語は，必ずしも一致しません。行政行為の種類を覚える際には，その定義と照らし合わせて必ず具体例で覚えるようにしてください。学問上の分類と実際の法令の用語が異なっているものには，特に注意が必要です。

### （ｉ）命令的行為

命令的行為とは，国民に対し，国民がもともと有している自由を制限して一定の作為義務・不作為義務を課し，またはこれらの義務を免ずることを内容とするものです。

これには，次の（イ）（ロ）（ハ）３つがあります。

### （イ）下命《かめい》・禁止

下命とは，国民に対し，「○○をせよ」という作為義務を課し，または「○○をするな」という不作為義務を課する行政行為です。後者を，「禁止」といいます。例えば，税務署長の行う租税の賦課処分は「税金を納付せよ」という内容をもったもので，国民に納税という作為義務を課するものであり，保健所長が飲食業者に対して行う営業停止処分は「営業をしてはならない」という不作為義務を課するものです。＊

＊作為とは，ある行為をすること，不作為とは，ある行為をしないことです。

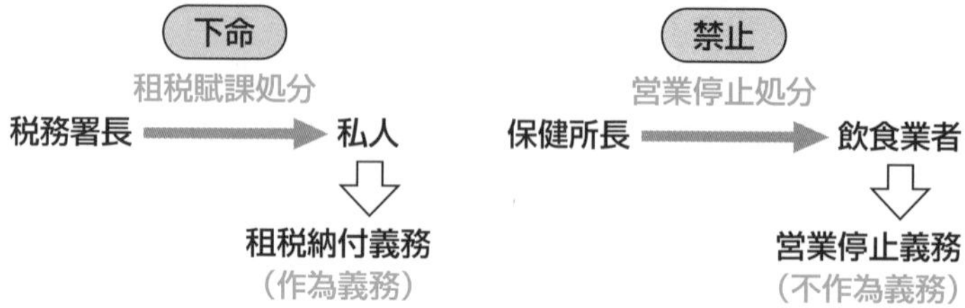


### （ロ）許可

許可とは，法令または行政行為によってすでに課されている一般的な禁止を特定の場合に解除し，適法に特定の行為をすることができるようにする行政行為です。その例として，**設例11**の運送事業の許可のほか，車の運転免許，医師免許，風俗営業の許可などを覚えておきましょう。許可を必要とする行為を許可を受けないで行った場合は，違法行為として処罰されたり，行政上の強制執行の対象となりますが，その行為が当然に無効となるわけではありません。例えば，**設例11**で，Ａが許可を受けることなく，貨物運送事業を行った場合は貨物運送事業法に規定された刑罰が科されることがありますが，許可を受けずに締結した運送契約そ

のものは，原則として有効です。＊

＊したがって，AがBと運送契約を締結し，その履行をしたのであれば，AはBに運送料金を請求することができます。

**一歩前進**

許可には，自動車の運転免許，医師免許などのようにその人の能力，経歴など人的要素に着目して付与される許可と公衆浴場の営業許可，自動車の車体検査などのようにもっぱら物的設備等の要素に着目して付与される許可とを区別することができます。前者を対人許可，後者を対物許可といいます。対人許可は譲渡や相続の対象とならないが，対物許可はその対象となるということを覚えておきましょう。例えば，車検を経た中古車を買った人は，その有効期間内は自分で新たに車検を受けることなく，その車を運転できるでしょう。これは，前の所有者が受けた車検を引き継ぐからです。

### (ハ) 免除

免除とは，法令または行政行為によってすでに課されている作為義務または受忍義務を特定の場合に解除する行政行為です。児童の就学義務の免除，租税の免除などがこれにあたります。

### (ii) 形成的行為

形成的行為は，国民が本来有していない法律上の権利や資格，その他の地位を設定・変更・消滅させる行政行為です。

### (ニ) 特許

特許とは，特定の人のために新たな権利を設定し，その他権利能力や法律上の地位を付与する行政行為です。これらは設権行為と呼ばれます。例えば，鉱業権設定の許可，河川の占用許可，公益法人の設立許可，帰化の許可，公務員の任用などがこれにあたります。なお，設定された権利・権利能力・法律上の地位などを消滅させる行為，例えば，公益法人の解散命令，公務員の罷免などは剥権《はっけん》行為と呼ばれます。

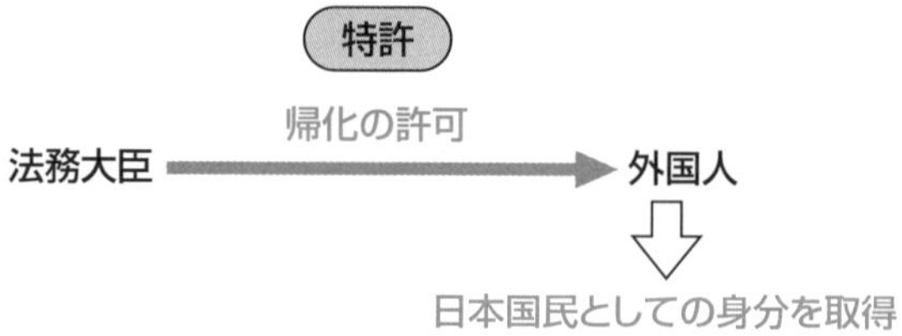


**ここが狙われる**

発明の特許は，特許という言葉が使われていても，行政行為の種類としては，準法律行為的行政行為の一種である「確認」にあたります。

**一歩前進**

許可と特許は似ていますが，両者は次の点で区別されます。許可は，**私人が本来有している地位を回復させる**という性質をもつものですが，特許の場合は，そもそも**その地位を有していない人に新たに地位を与える**という点に両者の違いがあります。例えば，車の運転は，本来は誰でも行うことができるものですが，公共の安全や交通秩序維持といった観点から，それに一般的な禁止の網をかぶせておき，一定の要件（運転免許の取得）を満たした人に許可という形でその禁止を解除する，という仕組みになっているわけです。

一方，外国人は**そもそも日本に帰化する権利を認められていない**のであり，帰化の許可，すなわち特許という行政行為によって日本国民たる地位を取得することになります。公務員の任用も同じ理屈です。「特に許されて」一定の地位を取得すると考えれば，わかりやすいかもしれませんね。

以上のような，許可と特許の性質上の違いから，許可については，それを与えるかどうかについての行政庁の裁量の幅は狭く，法定の要件を満たしさえすれば，**原則として許可が与えられなければならない**のです。他方，特許の場合は，それを付与するかどうか，また，どのような附款をつけるかなどについて，**許可の場合よりも広い裁量**が認められます。

**Check**

**「先願主義」**

地域独占型の営業免許のように，複数の者の中からそのうちの一人の申請者に対して免許を付与するという関係を生じた場合に，行政庁に許可をするかどうかの裁量権が認められていないときは，先に申請をした者に免許を与えるのが原則です。これを先願主義といいます。要するに「早い者勝ち」です。いわゆる警察許可の性質を有する公衆浴場法に基づく営業免許はこれに当たります。しかし，電気事業や鉄道事業のように公益を図る必要性が大きい事業の免許については特許の仕組みが採られ，行政庁はその許可について裁量権が認められます。その結果，申請の先後にかかわらず，最も確実にその事業を遂行できる能力を有すると認められる申請者に対して許可を与えることもできます。

### （ホ）認可

認可は，私人間の契約・合同行為などの法律行為を補充してその法律上の効果を完成させる行政行為です。農地の権利移動の許可，河川占用権譲渡の承認，公共料金の認可などがその例です。

認可は法律行為を完成させる行為ですから，認可を要すべき行為について認可を受けないでした法律行為はその効力を生じません。例えば，農地の権利移動には，農地法上の許可が必要であり，これがないと農地の売買契約は効力を生じません。電気料金や鉄道運賃の変更（値上げ）にも認可が必要です。もっとも，認可はあくまで本体である私人の法律行為を補充する行為にすぎませんから，本体である私人の法律行為に瑕疵があるときは，許可後であっても，その取消しを主張することができます。例えば，農地の売買で買主が売主を詐欺して契約を締結したとき，農地の権利移動の許可がなされた後であっても，売主は，民法96条1項の規定により，売却の意思表示を取り消すことができます。

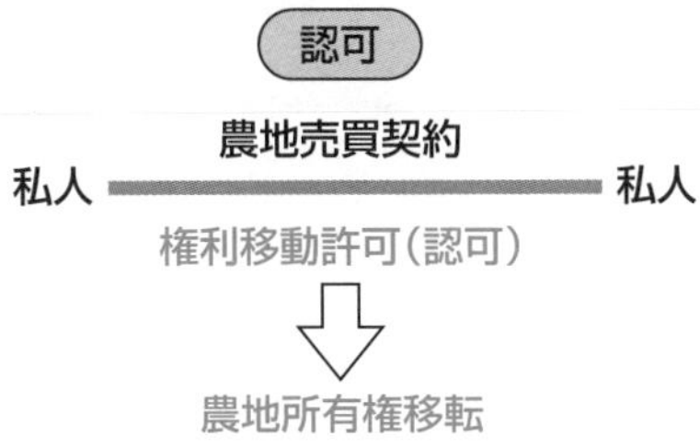

### (へ) 代理

代理とは，本来は第三者が行うべき行為を国または地方公共団体等の行政主体が代わって行うことにより，その第三者が自分で行ったのと同様の効果を生じさせる行政行為です。当事者間の協議が調わない場合に，行政庁が代わってする裁定などがその例です。土地収用において，収用委員会の行う裁決などがこれにあたります。

### ②　準法律行為的行政行為

準法律行為的行政行為には，以下の４つがあります。これらの行為は，法律によって一定の法的効果が付与されることから，単なる事実行為ではなく行政行為とされるものです。＊1

＊1行政行為と事実行為の区別，意味等については，P94 Check を参照してください。

### (ⅰ) 確認

確認とは，ある特定の事実または法律関係に関して疑いや争いがある場合に，公の権威をもって，その存否・真否について判断し確定する行政行為です。その例としては，発明の特許，所得税額の更正，市町村の境界の確定，当選人の決定，河川区域の認定等があります。確認は，判断の表示に過ぎませんが，それによって行政庁の意思に関わりなく，法律で定められた一定の効果が生じます。例えば，当選人の決定がなされれば，その当選人は議員としての地位を取得することになります。

### (ⅱ) 公証

公証とは，特定の事実または法律関係の存否を公に証明する行政行為です。その例としては，**設例12**の選挙人名簿への登録，不動産登記，戸籍簿への記載等があります。

**一歩前進**

市町村長が，住民票に特定の住民の氏名を記載する行為は，選挙人名簿への登録を決定づけるという法効果を生じる公証行為ですが，世帯主との続柄の記載は何の法的効果を生じるものではないから，行政処分としての公証には該当しないとされています（最判平11・１・21）。＊2

＊2つまり，続柄の記載は行政処分に該当しない（処分性がない）ので，取消訴訟の対象とならないということです（P256側注参照）。

### (ⅲ) 通知

通知とは，特定の人または不特定多数の人に対して一定の事項を知らせる行政行為です。その例としては，納税の督促，特許出願の公開，代執行の前提としての戒告・通知などがあります。行政行為としての通知となるのは，法律によって一定の効果が付与される場合に限られます。例えば，代執行の通知は，それによって行政庁が代執行可能な地位を取得するという効果を生じます。何の法効果も生じない単なる事実行為（催し物の案内状の通知，公報の送付など）と区別することが必要です。

### （iv）受理

受理とは，申請や申立てを有効なものとして受け付ける行政行為です。各種申請書，不服申立書の受理がこれにあたります。

**一歩前進**

行政行為の中には，それがどの種類にあたるのか不明瞭なものもあります。例えば，建築確認は，申請された建築計画が建築基準法等の法令に適合していることを「公の権威をもって確定する」行為です。この点に着目すると，建築確認は行政行為の分類としては，「確認」に該当することになります。しかし，建築主は，建築確認を経ることにより，申請した建物を建築することができることとなります。つまり，効果面に着目すると建築確認は，「一般的な禁止を特定の場合に解除する」という性質をもつものですから，行政行為の分類としては，「許可」に該当することになります。最近は，効果面に着目して「許可」と解する見解が有力のようです。

**閑話休題**

行政行為の中には，「下命」だの「禁止」だのとずいぶんエラそうな言葉が並んでいますが，このような言葉は，役人を国民の上位に位置づけるようなイメージがあって，どこか違和感がありませんか。特に「下命」は，「上から命令を下す」というような響きがあって，あまり気分のよいものではありませんね。このような言葉は，国家を絶対の存在として位置づけた明治憲法の名残のような気がします。単に言葉の問題に過ぎないといってしまえばそれまでですが。

国民の権利意識が希薄であった明治憲法下では，官吏（役人）がオカミ意識まるだしで，横暴な振る舞いに及んだこともあったようですが，現憲法の国民主権下においては，国民の権利意識も向上し，権力行使に対抗する法的手段も整備されています。もはや国民は公権力に一方的に服従する存在ではないのですから，用語についても，もう少し現在の法制度にふさわしいものに言い換えるほうがよいのではないでしょうか。例えば，下命や禁止は「指示」というようなソフトな表現に置き換えることも可能でしょう。もっとも，個別の法律では「指示」という用語を行政指導として用いている例もあります。例えば，以前の災害対策基本法では，市町村長は，災害に直面した住民に避難指示を発令する前に避難勧告を出すことができるとされていました。ここでの避難勧告，避難指示いずれも行政指導であり，避難指示は避難勧告よりも切迫度の高まった段階で出されるものとされていましたが，この2つがどう違うのか一般人にはわかりにくいことを考慮して，令和3年度の法改正により両者の区別が廃止され「避難指示」に一本化されています。

Check

**「行政行為と事実行為」**

これまで，「事実行為」という言葉がときどき出てきました。この事実行為については，「行政行為とどう違うのか」という質問をよく受けますので，ここで説明しておきます。

この２つの言葉の意味がどう違うのかは，一言でいって，「行政行為は法的効力をもつ行為」であり，「事実行為は法的効力を持たない行為」であるということです。

先述したとおり，行政行為というのは行政主体の行う行政活動のうち，行政庁が一方的に国民の権利義務に具体的な変動を生じさせる行為です。権利義務の変動を生じさせるとは，すなわちその行為が法的効力を持つということです。例えば，行政庁の行う許認可のうち，車の運転免許を考えてみましょう。運転免許は行政行為の種類としては，「許可」に該当します。つまり，運転免許を取得した人は，それによって都道府県公安委員会から「車の運転をしてもいい」という地位（権利）が与えられることになります。各種の営業免許も同じことであり，免許がなされることによって免許を受けた人に「営業をすることができる」という法的地位（権利）が与えられることになります。これらはいわゆる授益的行政行為ですが，侵害的行政行為についても一例を挙げておきましょう。例えば，建築基準法に違反した建物を所有している人に対して，市町村長などが建物除却命令（「取り除け」と命じることです）を発した場合，建物の所有者は，その建物を除却する義務を負うことになります。課税処分によって納税義務が生じるのも同じことです。

一方，行政主体である市町村の行う行政活動のうち，例えばゴミの収集はそれによって住民の権利や義務に変動を生じさせるという性質のものではありません。単に「ゴミを集めて処理する」というだけです。また，市長が，市報などで市の財政状況を市民に知らせる行為は，それによって特定の市民に権利義務の変動を生じさせるという効果は生じませんから，準法律行為的行政行為としての通知には該当しません。このように，行政活動のうち，その相手方に対して何の法的効力ももたない行為が事実行為というわけです。

さらに，詳細は後述しますが，行政指導は，行政庁が特定の者に対し一方的に行うものではあっても，行政行為のように，強制的に権利義務の変動を生じさせるという性質のものではなく，その相手方に対して「こうしてください」と要望する行為に過ぎません。したがって，行政指導は，「非権力的な事実行為」ということになります。

## 4　行政行為と裁量

行政庁が，具体的な事件について，法を適用し行政行為を行う際には，行政庁に一定の判断・選択の余地が認められることがあります。この判断の余地のことを裁量といいます。＊

＊行政裁量は，行政行為論の分野に限らず，行政立法，行政計画，行政契約等のあらゆる行為形式で問題となります。ただ，裁量論はやはり行政行為の分野で中心的に論議されます。

「法律による行政」の原理からすると，行政庁が法を適用する際には，その判断の余地をなるべく少なくしておくことが望ましいのはいうまでもありません。しかし，すべての場合を想定して法律で事細かに規定することは不可能です。また，専門的技術的判断の要求される分野においては，法律で画一的に規制するよりも，行政庁の柔軟な弾力的判断に任せるほうが適切な場合も多いでしょう。そのようなことから，法律を適用・執行する具体的場面においては，法律が一義的に明確な定めをしている場合を除いて，ある程度行政庁の裁量が認められるのです。

用語の説明
「一義的」
その意味が一つであり，他に解釈の余地がないこと。反対語は，「多義的」。

### (1)　羈束《きそく》行為と裁量行為

ところで，法律が，一定事項について一義的に明確な定めをしている場合を羈束行為といいます。先に述べたように，この場合は行政庁の裁量の余地はなく，それに反する行為は直ちに違法となります。例えば，宅地建物取引業法66条は，宅地建物取引業者が同条1項1号から9号に定める一定の事由に該当するときは，免許をした国土交通大臣または都道府県知事は，「その免許を取り消さなければならない」と定めています。したがって，そこに定められた事由に該当するときは，必ず免許取消処分をしなければなりません。また，これを逆にいえば，そこに定められた事由に該当しない以上は，免許取消処分をしてはならないということも意味します。つまり，これも一種の羈束行為ということができます。したがって，免許取消事由に該当しないのに，免許取消処分をすることは違法となります。

一方，裁量行為とは，行政庁の裁量に委ねられた行為であり，その裁量の限界を超えない限り，すなわち裁量の逸脱・濫用があるとき以外は違法の問題を生じることはなく，裁判所から違法であるとの判断が下されることはありません。

### (2) 要件裁量と効果裁量

**設例13**

甲県知事から宅地建物取引業の免許を受けたAは，宅地建物取引業に関して著しく不当な行為を行ったことを理由として，甲県知事から6ヶ月間の業務停止処分を受けた。

まず，行政庁が行政行為を行うプロセスのどの場面で裁量が認められるのかを**設例13**に即して把握しておきましょう。

**① 要件裁量**

宅地建物取引業法65条2項5号では，都道府県知事は，その免許を受けた宅地建物取引業者が，宅地建物取引業に関して著しく不当な行為をしたときは，1年以内の期間を定めて業務の全部または一部の停止を命ずることができると規定しています。

**設例13**で，甲県知事がAに対して業務停止処分をする場合，まずAが，**「著しく不当な行為」**をしたことの認定をする必要があります。どのような行為が「著しく不当」といえるのかは，宅地建物取引業法の条文上は具体的に明示されていないので，甲県知事は，Aがどのような行為を行ったかを確定（事実認定）したうえで，それが「著しく不当」という法律の規定する要件にあたるかどうかを判断することになります。つまり，甲県知事には，Aの行為が業務停止処分の**要件に該当する不当な行為があったかどうかを認定する段階**で判断の余地があります。これを**要件裁量**といいます。

**② 効果裁量**

次に，Aの行為を「著しく不当」と認定した場合，甲県知事は，業務停止処分を**するかどうかを決定する**必要があります。というのは，宅地建物取引業法65条２項は，**「することができる」**と規定しているのであり，「しなければならない」と規定しているわけではないので，ここに判断の余地が認められるからです。さらに，業務停止処分をすることを決定した場合，**どの程度の処分をするのか**について判断の余地が認められます。つまり，宅地建物取引業法65条２項は，「１年以内の期間」「業務の全部または一部」と定めているだけで，その期間を３ヶ月とするか６ヶ月とするか，あるいは１年間とするか，さらには全部の業務停止か一部の業務停止とするかについて，選択の余地があるからです。この**「するかどうか」**の裁量を**決定裁量**，**「どの程度の処分をするか」**の裁量を**選択裁量**といい，この両者をあわせて**効果裁量**といいます。＊

**裁量のプロセス**

**事実認定**

↓

**法律の要件に該当するか**（要件裁量）

↓

**どのような処分をするか**（効果裁量）

＊行政行為をする時期すなわち処分をいつするかについても，行政庁の裁量が認められます。これを「時の裁量」といいます。

### (3) 裁量の限界

裁量が認められる行為については，裁量の限界が問題となります。すなわち，行政行為を行うに際して行政庁に裁量権が認められるといっても，それは行政庁の独壇場ではなく，そこには一定の限界があり，裁判所の司法審査の及ぶものと及ばないものとがあると考えられるからです。つまり，行政庁の裁量の範囲内の行為については違法の問題が生じませんから，裁判所の司法審査の対象となりませんが，行政庁の裁量の限界を超える行為は違法となり，裁判所の司法審査の対象となるわけです。それは，どのような基準によって区別されるのでしょうか。

#### ①　羈束裁量と自由裁量

この点についての従来からの伝統的な考え方は，裁量行為を羈束裁量（「法規裁量」ともいいます）と自由裁量（「便宜裁量」ともいいます）に区別し，前者に対しては違法の問題が生じ得るから裁判所の司法審査が及ぶが，後者に対しては裁量の範囲内における当不当の問題が生じるだけであって，裁判所の司法審査の対象とならないとしてきました。そして，自由裁量を要件裁量の部分に認めるか，効果裁量の部分に認めるかという議論がなされてきました。

しかし，現代社会における行政が複雑多様化するに至り，裁量が要件にあるか効果にあるかという思考方法自体が，あまり適切性・説得性をもたなくなっています。さらに，行政事件訴訟法30条が「行政庁の裁量処分については，裁量権の範囲をこえ又はその濫用があった場合に限り，裁判所は，その処分を取り消すことができる」と規定していることから，羈束裁量と自由裁量の区別を論じるよりも，どういう場合に裁量権の逸脱・濫用となるかに問題関心が移行している状況です。つまり，従来の考え方では司法審査が及ばないとされてきた自由裁量行為であっても，その裁量権の逸脱・濫用があったときは，違法な行政行為として司法審査が及ぶことになります。そこで次に，行政行為の適法・違法に関する裁判所の司法審査がどのように行われるのかを**設例13**に即してみていきましょう。＊

＊一般の解説書では，裁量権の「踰《ゆ》越《えつ》」という言葉が多く使われていますが，これは「逸脱」と同じ意味です。

#### ②　裁判所による行政行為の審査

##### (ｉ) 実体的観点からの審査

### （イ）事実認定の審査

裁判所が，行政行為の適法・違法を審査するに際しては，まず，処分の基礎となった**事実の認定**や**法律の解釈・適用**に誤りがないかどうか，といった観点から審査することになります。この事実認定および法律の解釈適用の場面では，行政庁の行為は全面的に裁判所の審査の対象となります。誤った事実認定に基づきなされた処分は違法の評価を免れません。例えば，**設例13**で，Aに「不当な行為」に該当する事実がないのに，これがあったものとしてなされた業務停止処分は違法となります。また，事実認定が適正であったとしても，1年を超える期間を定めた業務停止処分は明確な**覊束行為違反**であって違法の評価を免れません。このように，覊束行為の適法・違法を判断する場面では，裁判所は，自ら事実認定をしたうえ，これに法律を適用して結論を示すという手法（判断代置方式）によって審査することになります。

### （ロ）裁量行為の比例原則・平等原則・目的違反等からの審査

一方，行政機関の裁量の認められる場面については，なされた**処分の結果**に着目し，その処分をするに際して**裁量権の逸脱・濫用があったかどうか**という観点から審査されることになります（行政事件訴訟法30条）。＊

＊この場面での裁判所の審理については，判断代置方式による全面的な審理は排除され，行政庁の行為に裁量権の逸脱・濫用があったかどうかの限定的な審理にとどまります。

裁量権の逸脱とは，行政庁が，認められた裁量権の**範囲の限界を超えて**行政行為をした場合です。裁量権の行使は，比例原則や平等原則といった法原理の枠内で適正に行なわれなければなりません。例えば，軽微な不正行為に対して**不相当に過大な処分**をするなど，当該行政行為が法の目的を達するために適正でないとき（**比例原則違反**）や，いわれなく特定の私人を**差別的に取り扱った**ような場合（**平等原則違反**）には，そのような裁量の行使は裁量権の限界を逸脱するものとして違法となります。

裁量権の濫用とは，裁量権を授与した**法律の目的に適合していない**ような場合です。すなわち，裁量権の行使は，これを認めている法律の趣旨・目的に沿って行われるべきであり，**法律の目的とするところと異なった目的**で裁量権を行使することはできません（**目的違反**）。なお，現実の事案では，裁量の「逸脱」または「濫用」のいずれにあたるのか，明確に区別することが困難な場合もあります。したがって，このいずれにあたるかを厳格に区別する必要はなく，裁量権の行使が違法になる場合を一括して「逸脱・濫用」にあたると理解しておけば足ります。**設例13**では，Aに対する業務停止処分は，法律に違反する行為を行った者に対するペナルティーとして公正・適正に行われなければなりません。そうすると例えば，甲県知事が，Aが以前行政指導に従わなかったことを根にもって，「いうことを聞かない奴を懲らしめる」目的で「相場」よりも不当に長期間の業務停止期間を定めたような場合は，その目的は正当といえず，また比例原則に違反した裁量の逸脱・濫用があったものといえるでしょう。

**Check**

**「個室付浴場事件（最判昭53・6・16）」**

法律の制定された目的とは異なった目的ないし動機で処分がなされたケースについて，これを裁量の逸脱・濫用により違法と判断した有名な判例を紹介しておきます。

風俗営業規制法により，児童福祉施設の周辺では，個室付浴場（いわゆるソープランド）の営業が禁止されています。ところが，東北地方のＹ県A町で，ある業者が個室付浴場の設置・営業を準備していたところ，これを察知したA町が，この禁止を逆手に取り，個室付浴場の設置を妨害する目的で，その予定地の近隣に児童遊園を設置し，Ｙ県知事の認可を得ました。最高裁は，児童遊園の設置を認可したＹ県知事の行為は，児童の健康・情操の増進という児童福祉法の目的に適合しているとはいえず，裁量権の濫用に相当し違法となると判断しています。その結果，業者のＹ県に対する損害賠償請求が認められました。

### (ハ) 判断過程からの審査

上記の審査は，裁量判断の結果に着目するものですが，判例のなかには，その結果に至る判断過程の合理性について審査し，違法の判断を導いたケースがいくつかみられます。これらの判例は，処分に至る裁量判断の過程で，考慮すべき事実を考慮せず，または考慮すべきでない事実を過大に評価したうえで結論を出しているような場合には，裁量判断の過程に誤りがあり，違法となると解しています（日光太郎杉事件，東京高判昭48・7・13，剣道実技拒否事件，最判平8・3・8）。

Check

**「剣道実技拒否事件（最判平8・3・8）」**

裁量処分の判断過程に着目して，その合理性の有無を判断した最高裁判例を紹介しておきます。この判決は，むしろ憲法の信教の自由との関連で問題とされることが多いのですが，行政法上の裁量行為の違法評価についても重要な論点を含んでいますから，その論旨と結論を正確に把握しておきましょう。

事案は，高等専門学校の校長が，宗教上の理由によって格技である剣道実技の履修を拒否した生徒に対し，そのことを理由とする履修不認定により2年続けて原級留置処分をし（いわゆる落第），さらに卒業の見込みがないとして退学処分をしたというものです。生徒の提起した原級留置処分および退学処分の取消訴訟において，最高裁は，校長の裁量権の行使についていわゆる判断代置方式による審査を否定したうえ，処分に至る判断過程の合理性について次のような論旨を展開し，違法の結論を導いています。長くなりますが，サワリの部分について，その全文を引用しておきます。

「高等専門学校の校長が学生に対し原級留置処分又は退学処分を行なうかどうかの判断は，校長の合理的な教育的裁量にゆだねられるべきであり，裁判所がその処分の適否を審査するに当たっては，校長と同一の立場に立って当該処分をすべきであったかどうか等について判断し，その結果と当該処分とを比較してその適否，軽重等を論ずべきものではなく，校長の裁量権の行使としての処分が，まったく事実の基礎を欠くか又は社会観念上著しく妥当を欠き，裁量権の範囲を超え又は裁量権を濫用してされたと認められる場合に限り，違法であると判断すべきものである。

信仰上の理由による剣道実技の履修拒否を，正当な理由のない履修拒否と区別することなく，（レポート提出等の）代替措置が不可能というわけでもないのに，代替措置について何ら検討することもなく，体育科目を不認定とした担当教員らの評価を受けて原級留置処分をし，さらに，不認定の主たる理由及び全体成績について勘案することなく，2年続けて原級留置となったため進級等規程及び退学内規に従って学則にいう「学力劣等で成業の見込みがないと認められる者」に当たるとし，退学処分をしたという上告人（校長）の措置は，考慮すべき事項を考慮しておらず，又は考慮された事実に対する評価が明白に合理性を欠き，その結果，社会観念上著しく妥当を欠く処分をしたものと評するほかなく，本件各処分は，裁量権の範囲を超える違法なものといわざるを得ない。」
学校側の冷たい対応に比べて，生徒に対する温情の感じられる判決ですね。

### (ⅱ) 手続的観点からの審査

行政行為を行うに際し，法律が一定の手続を要求している場合に，その手続が適正に行われたかどうか，という観点からも行政行為の適法・違法の判断がなされます。例えば，行政手続法は，不利益処分をするに際して当該不利益処分の理由を示すことを要求していますが（同法14条１項），特に急を要する場合でないのにその理由の提示を怠り，あるいは提示された理由に不備があるような場合には，裁量権の逸脱・濫用があったものとして当該処分は違法となります。

**一歩前進**

ここで説明した行政行為と裁量の問題は，後述する行政争訟と密接な関連をもっています。行政争訟とは，私人が行政行為の効力を争う手段です。これには行政庁に対する不服申立てと裁判所に対する取消訴訟の２つがあります。

不服申立ては，行政庁の違法な行政行為のみならず不当な行政行為の効力を争うものです。すなわち，不服申立ての場合は，行政庁の行為が裁量の範囲内で行われたものであっても，それが実質的に適正を欠くことも理由としてその取消しを求めることができるのです。例えば，**設例13**で，Ａの行った不当な行為が軽微なもので，通常なら１ヶ月程度の業務停止処分に相当するのに，３ヶ月間の業務停止処分をしたような場合は，甲県知事の行った処分は，裁量の範囲を超えているわけではありませんが，実質的に適正を欠き不当といえるでしょう。行政不服審査においては，このような処分の不当性を主張して，取消しを求めることもできます。

一方，裁判所に対する取消訴訟においては，行政行為が羈束行為に違反し，あるいは裁量権の逸脱・濫用があり違法であるかどうかだけが審査の対象となり，その行政行為が行政庁の裁量の範囲内であるときは，その取消しを求めることはできないのです。この点については，行政争訟の講でも触れますが，重要な論点ですからここで一応把握しておくほうがよいでしょう。

## 5　行政行為と附《ふ》款《かん》

**設例14**

甲市長は，Aに道路占用の許可をする際，その期限は令和4年5月1日から翌年4月30日まで，占用料は○○万円と定めた。

### (1) 附款とは

道路の占用許可は，私人に対して道路の目的を妨げない範囲で特別の使用権を設定するもので，行政行為の分類としては，**特許**に該当します。＊

＊道路上への電柱の設置，道路の地中への水道管・ガス管などの埋設が道路占用の典型例です。

**設例14**の許可には，Aに道路占用の地位を与えるという主たる意思表示のほかに，占用の時期および占用料を課するといった**従たる意思表示**がなされています。この例のように，行政行為の**主たる意思表示に付加された従たる意思表示**を附款といいます。この附款により，**行政行為の内容を制限**し，あるいは**特別の義務を課する**という効果が生じます。

附款は，主たる意思表示の内容を制限するものですから，意思表示を要素とする**法律行為的行政行為にのみ付すことができ**，意思表示を要素としない**準法律行為的行政行為には付すことができません**。もっとも，法律行為的行政行為であれば，行政庁がまったく自由に附款を付することができるというわけではなく，そこには自ずから一定の限界があります。すなわち，法律で附款を付し得ることが**明示されている場合**は当然のこととして，そのような明示の定めがない場合は，行政行為の内容について行政庁に裁量権が認められていることを前提として，その**裁量の範囲内**で付すことができます。したがって，行政庁の裁量の余地のない羈束行為については，附款を付すことができません。

さらに，附款を付し得る場合においても，どんな内容の附款でも無制限に付し得るわけではありません。附款の内容は，当該行政行為の目的を達成するために必要なものでなければならず，また附款によって行政行為の相手方に課す義務は，必要最小限のものでなければなりません。

## (2) 附款の種類

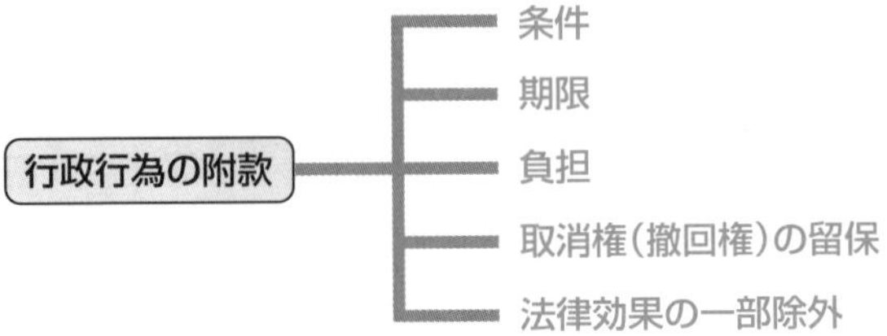


### ①　条件

条件とは，行政行為の効果の発生または消滅を将来の不確定な事実の成否にかからせる意思表示です。条件には，その事実の発生によって行政行為の効果を生じさせる停止条件と，逆に効果を消滅させる解除条件とがあります。例えば，会社の成立を条件として営業免許を与える場合は停止条件，道路補修の完了を条件として通行止めを解除する場合は解除条件ということになります。

### ②　期限

期限とは，行政行為の効果の発生を将来において到来することの確実な事実の発生にかからせる意思表示です。行政行為の効果が期限の到来によって発生する場合を始期，逆に消滅する場合を終期といいます。設例14では，令和４年５月１日が始期，令和５年４月30日が終期ということになります。＊

＊条件や期限の基本的意味は，民法でいうところの条件，期限と同じです。始期付きあるいは停止条件付きの付款が付せられている場合，行政行為の効果は，始期の到来または停止条件の成就によって発生します。

### ③　負担

主たる意思表示に付随して，行政行為の相手方に対し，これに伴う特別の義務を命ずる意思表示です。負担は，許可，認可などの授益的行政行為に付されるものです。設例14のように，占用の対価として占用料を課する場合のほか，身近な例としては，車の運転免許に際して「眼鏡使用」を義務づけることなどがあります。

負担付きの行政行為においては，相手方が負担に従わなくても，本体である行政行為自体の効力が当然に失われることはありません。例えば，**設例14**で道路占用の許可を受けたＡが，占用料の支払いを怠ったとしても，許可自体は当然に効力を失うことはありません。この場合，甲市長は，許可を取り消すか強制履行の方法で占用料を取り立てる等の措置を別に講ずる必要があります。

**一歩前進**

条件は行政行為の効力にダイレクトに作用し，その成就によって直ちに効果を生じさせ（停止条件），逆に効果を消滅させます（解除条件）。負担は条件と似ていますが，**行政行為自体の効力に直接関わらない**点で，条件とその性質を異にします。もっとも，「負担」については，法律の条文上は「条件」と記されていることも多くみられます。＊

＊このように，負担は許認可の**効力とは別に義務を課する**ものですから，法律の根拠を必要とします。例えば，運転免許の際に「眼鏡使用」を義務づける負担は，「その免許に係る者の身体の状態に応じ～必要な条件を付すことができる」と規定する道路交通法91条を根拠とします。

### ④ 取消権（撤回権）の留保

行政行為の主たる内容に付加して，**特定の場合に行政行為を取り消し得る（撤回する）権能を留保**する意思表示のことです。例えば，**設例14**のような占用許可では，「公益上の必要により，特に市長が必要と認めたときは，占用許可を取り消す」などという条項が許可書に記載されていることが多くみられます。ここで，「取消し」という表現が使われていますが，これは学問上の分類としては，**撤回**に該当します。行政行為の取消し（撤回）は，それによって相手方に不利益となる場合には，自由に行うことはできず，限界があります。したがって，行政行為に取消権（撤回権）が留保されていたとしても，それを妥当とするだけの十分な**合理的理由がなければ，取消し（撤回）は許されない**のです。

**一歩前進**

次講で説明しますが，行政行為の取消しとは，行政行為に成立当初からの瑕疵があることを理由として，行政行為がなされた時にさかのぼってその効力を失わせることです。一方，行政行為の効力を行為後に生じた事由により将来に向かって失わせることは「撤回」と呼ばれます。法令上「取消し」という用語が使われていても，**学問上の分類としては「撤回」**

の意味であることが多いですから注意してください。

### ⑤　法律効果の一部除外

行政行為をするにあたり，法令が一般にその行政行為に付した効果の一部を発生させないこととする意思表示です。その例としては，公務員の出張に際して，出張を命じながらその旅費を一定額で打ち切る場合が挙げられます。＊

＊法律効果の一部除外は，法律が認める効果を行政庁の意思で排除するものですから，法律にそれを認める明文の根拠が必要です。本文の例では，「～実費をこえることとなる部分の旅費またはその必要としない部分の旅費を支給しないことができる」と規定する旅費法46条がその根拠となります。

## (3)　違法な附款の効力

附款も行政行為の一部を成すものですから，行政行為に付加された附款が違法である場合，その附款は無効あるいは取り消し得るものとなります。

その場合，本体たる行政行為の効力にどのような影響が及ぶのでしょうか。この点については，その附款が当該行政行為の重要な要素であるときは，附款と行政行為を含めた全体が違法となり，附款が重要な要素でないときは，附款の付いていない行政行為として効力を生じると解されています。

そうすると，附款の違法性を取消訴訟で争う場合は，どのような形で訴えを提起すべきでしょうか。この点，附款が行政行為の重要な要素ではなく，本体である行政行為から切り離すことが可能であれば，附款だけの取消訴訟を提起することができます。しかし，附款が行政行為の重要な要素であり，行政行為と不可分一体の関係にあるときは，附款の違法は本体である行政行為の全体に及ぶことになります。したがって，この場合は，附款だけを本体である行政行為から分離して，附款だけの取消訴訟を提起することはできず，行政行為全体の取消訴訟を提起しなければなりません。

**実戦過去問**（問題文の一部を省略してあります）　　行政書士　平成21年度

行政裁量に関する次の文章の空欄[ア]～[ウ]に当てはまる語句を，枠内の選択肢（1～20）から選びなさい。

法律による行政の原理の下においても，法律が行政活動の内容を完全に規律しつくすことはできない。従って，法律が行政機関に自由な判断の余地を認めている場合があるが，これを裁量という。

例えば，国家公務員法82条１項３号は，職員に「国民全体の奉仕者たるにふさわしくない非行のあった場合」，「懲戒処分として，免職，停職，減給又は戒告の処分をすることができる」と規定しているが，例えば，公務員が争議行為を行い，同号にいう「国民全体の奉仕者たるにふさわしくない非行のあった場合」という[ア]に当たると判断される場合，処分の[イ]について裁量が認められるとするならば，当該公務員について免職処分を選択するか，あるいは停職その他の処分を選択するかについては，懲戒権者の判断に委ねられることになる。しかしながら，その場合にあっても，当該非行が極めて軽微なものにとどまるにもかかわらず，免職処分を選択した場合は，[ウ]に違反し，裁量権の濫用・踰越となる。

| | | | |
|---|---|---|---|
| 1　訴訟要件 | 2　目的 | 3　信義則 | 4　相当の期間の経過 |
| 5　効果 | 6　補充性要件 | 7　理由の提示 | 8　判断過程 |
| 9　過失 | 10　行政便宜主義 | 11　時の裁量 | 12　手続規定 |
| 13　紛争の成熟性 | 14　違法性阻却事由 | 15　保護義務 | 16　要件 |
| 17　行政規則 | 18　比例原則 | 19　手段 | 20　行政の内部問題 |

**解　説**

「国民全体の奉仕者たるにふさわしくない非行のあった場合」というのは，公務員の懲戒処分の「要件」を示しています。その後に続く文章は，懲戒処分の要件にあたる非行があったならばどのような処分をするか，すなわち「効果」について懲戒権者の裁量が認められるという趣旨です。裁量が認められる場合であっても，その行為と均衡を失するような重い処分を科することは，「比例原則」に違反することになります。

**正解　ア＝16　イ＝5　ウ＝18**

**実戦過去問**　　行政書士　平成23年度

次のア～オのうち，伝統的に行政裁量が広く認められると解されてきた行政行為の組合せとして，最も適切なものはどれか。

ア　道路交通法に基づく自動車の運転免許
イ　電気事業法に基づく電気事業の許可
ウ　建築基準法に基づく建築確認
エ　食品衛生法に基づく飲食店の営業許可
オ　公有水面埋立法に基づく公有水面の埋立免許

1　ア・オ　　2　イ・ウ　　3　イ・オ　　4　ウ・エ　　5　エ・オ

**解　説**

行政行為のうち，許可は私人が本来有している地位を回復させるという性質をもつものですから，法定の要件を満たしさえすれば，原則として許可が与えられなければなりません。つまり，許可については，行政庁の裁量の余地は狭いということになります。一方，特許の場合は，そもそもその地位を有していない人に新たに地位を与えるというものですから，行政庁の裁量が広く認められると解されています。そうすると本問では，行政裁量が広く認められるものが問われているのですから，特許に該当するものはどれか，という観点から検討していけば正解を得ることができます。イの電気事業の許可およびオの公有水面埋立免許は，私人に新たに一定の地位を付与するものですから，特許に該当します。したがって，行政裁量が広く認められるのは，イおよびオということになります。アの自動車運転免許およびエの飲食店の営業許可は行政行為の種類としては許可に該当します。ウの建築確認もその効果からすると，許可に近い性質をもっています。これらの行政行為は，特許よりも行政裁量の余地が狭いということができます。

以上より，行政裁量が広く認められるのは，イおよびオということになります。本問は，一見すると個別の法律の知識を必要とする難問のように思われるかもしれませんが，少し機転を利かせて上記のような観点から判断すれば容易に正解を得ることができます。

**正解　3**

## 練習問題

行政行為に関する次の記述のうち，正しいものはどれか。

1　行政行為は行政主体と国民との間の権利･義務に直接かかわるものであるから，国等の行政機関相互の協議，同意などの内部的行為は行政行為に含まれない。

2　行政行為であるか否かはその対象が一般的であるか個別的であるかによって決まるから，一般的・抽象的な行政立法でもその対象が特定範囲の人に向けられた場合には行政行為に含まれる。

3　行政行為は行政庁のなす行為で法的効果を伴うものであるから，国民と行政庁が協議し両者の合意によって権利・義務について取り決める公法上の契約も含まれる。

4　行政行為は行政庁が国民の権利･義務を一方的判断で決定する行為であるから，営業免許のように私人の申請を待って免許の付与を決定する行為は行政行為に含まれない。

5　行政行為は国民の権利・義務に影響を与えるものであるが，必ずしも法的効果を伴うものに限られないから，国民に対し任意的な協力を求める行政指導であっても，国民の権利・義務に事実上の影響を与える場合は行政行為に含まれる。

**解　説**

1　○　行政行為は私人を相手方として行われる行政庁の行為ですから，行政機関相互の内部的行為は行政行為に含まれません（最判昭53・12・8）。

2　×　特定範囲の人に向けられた行政立法であっても，概念上行政行為には含まれません。

3　×　行政行為は，行政庁が一方的に行う行為であって，合意によって成立する契約は行政行為に含まれません。

4　×　私人の申請に基づきなされる処分も行政行為に含まれます。行政手続法は，これを「申請に対する処分」として規律しています（同法第２章）。

5　×　行政指導は，法的効力をもたない非権力的な事実行為であり，行政行為に含まれません。

**正解　1**

# 6 行政行為の効力，瑕疵，取消しと撤回

## 学習ナビゲーション

本講で扱う行政行為の効力，瑕疵，取消し・撤回は，行政行為論の核心的論点ばかりですから，しっかりと学習し，正確に理解することが必要です。

この部分は，行政不服審査，取消訴訟，さらには国家賠償といった行政救済法と密接な関連がありますから，ここでしっかり理解しておかないと，行政救済法についても正確な理解を得られません。

本講で説明した事項については，行政救済と関連する範囲で，行政救済法の章で繰り返しをいとわずに言及しますが，ここでは，ひとつひとつの事項を確実に把握していくようにしてください。

## 1　行政行為の効力

行政行為は，外部に表示されることによって成立します。行政内部で意思決定がなされ，それを記載した書面が作成・用意されていたとしても，それだけでは有効に成立したとはいえません(最判昭57・7・15)。さらに，行政行為が相手方との関係でその効力が生じるためには，相手方に告知すなわち相手方に到達することが必要であり，到達した時から効力を生じます（最判平11·10·22)。告知は，通常，口頭または書面によってなされますが，相手方が不特定である場合や住所・居所が不明であるときは，公示の方法が採られることもあります。

相手方への告知によって生ずる行政行為の効力としては，公定力，執行力，不可争力，不可変更力の４つがあります。これらに

ついては，その意味および内容を正確に把握してください。なお，このうち不可変更力は，一定の行政行為（紛争裁断行為）についてだけ認められる**例外的な効力**であることをまず押さえておいてください。

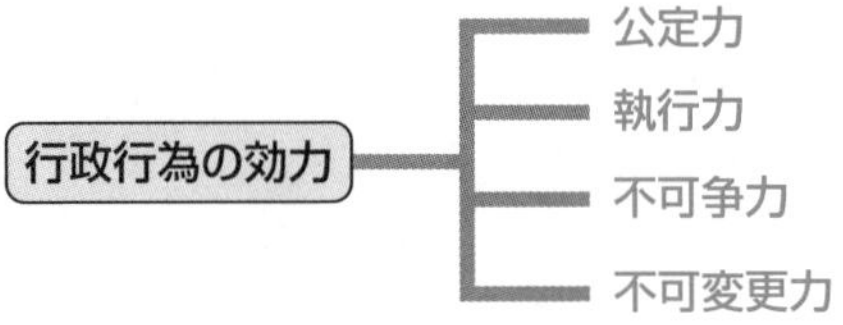


**設例15**

税務署長甲は，Aに70万円の課税をすべきところ，誤って100万円の賦課処分をした。

## (1) 公定力

行政行為は，たとえその行為に瑕疵があり違法であったとしても，それが重大かつ明白な瑕疵でない限り，権限ある行政庁または裁判所によって取り消されるまでは，有効な行政行為として通用します。つまり，違法な行政行為であってもその**相手方は**もちろん，**他の行政庁，裁判所，第三者**もその有効性を承認しなければならないのです。これを行政行為の公定力といいます。＊1

公定力については，これを認めた明文の規定はどこにもありません。しかし，後述するように行政事件訴訟法は，違法な行政行為については取消訴訟の制度を定め，違法な行政行為であっても取消判決によって取り消されない限り，その効力は維持されるという建前を採っています。このことを称して**「取消訴訟の排他的管轄」**といいます。＊2

このように，違法な行政行為についても，**取消訴訟によってその効力が否定されない限り，原則として有効**なものとして扱われるという法制度は，行政行為に公定力が認められることの説明になるとされています。**設例15**では，税務署長甲は，Aに違法な租税賦課処分をしていますが，明白かつ重大な瑕疵がない限り，この賦課処分は有効です。Aは，この賦課処分に対し行政庁に不

用語の説明
**「瑕疵」**
「かし」と読みます。「欠陥」あるいは「傷」という意味です。

＊1後述するように，**重大かつ明白な瑕疵がある行政行為は無効**であり，公定力は生じません。

＊2この用語は，行政争訟（取消訴訟）の箇所で再度説明しますが，一応ここで覚えておいてください。

服を申し立て，あるいは賦課処分の取消しの訴えを提起してその取消しを求めることができますが，行政庁または裁判所によってその課税処分が取り消されない限り，原則として100万円の納税義務を免れることはできません。

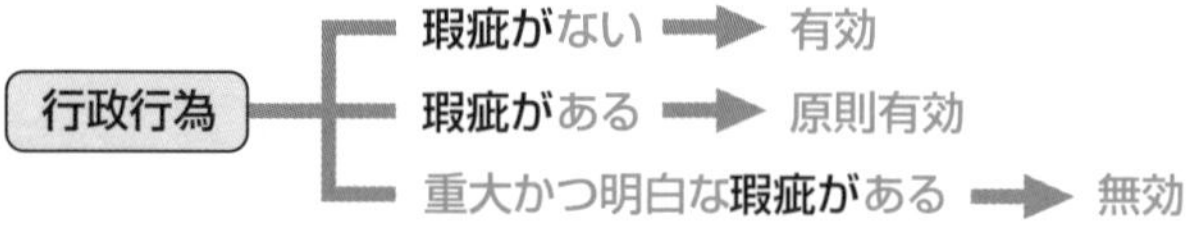


**ここが狙われる**

もっとも，公定力は，行政行為を行った当の行政庁を拘束するものではありません。したがって，**設例15**では，賦課処分を行った税務署長甲は，自らその賦課処分を職権で取り消すことができます。

## (2) 執行力

行政行為によって命ぜられた義務を相手方が任意に履行しない場合，行政庁が自らその義務の内容を実現することができます。これを行政行為の執行力または自力執行力といいます。

私法上の金銭債権を債務者が任意に弁済しないとき，債権者は，執行力の付与された債務名義をもって裁判所に強制執行を申し立て，民事執行法所定の手続を経て強制的に債権の実現を図ることができます。つまり，民事上の債権の実現は裁判所の関与する強制執行手続によることになります。しかし，行政行為によって命じられた義務を相手方が任意に履行しないときは，行政庁は，裁判所の手を借りることなく，自らその義務の内容を実現することができるのです。＊

用語の説明
**「債務名義」**
私法上の債権が確実に存在することの証明となる文書のことです。債務名義となり得るのは，確定判決，和解調書，調停調書等裁判所の関与した文書のほか，公証人の作成する執行認諾文言付の公正証書などです。

＊具体的にどのような手段によって義務の内容を実現するかについては，次講で説明します。

もっとも，国民に義務を課する行政行為のすべてに執行力が認められるわけではなく，それを認めた法律の存在を前提とします。租税に関しては，国税徴収法という法律の規定により，滞納処分という強制執行の方法が認められています。したがって，**設例15**で，Aが，納期限までに税金を納めないときは，国税徴収法所定の手続を経て強制的に税金を取り立てられることもあり得ます。

### (3) 不可争力

行政行為に瑕疵があって，権利利益を侵害された国民は，行政庁に対する不服申立て，あるいは裁判所に対する取消訴訟の提起によって，その行政行為の取消しを求めることができます。しかし，不服申立て，取消訴訟には，それぞれ期間的な制限があり，その期間を経過してしまうと，もはや不服申立て，取消訴訟等の「争訟」による取消しの道は閉ざされてしまいます。このように，不服申立て，取消訴訟の期間的制限により，争訟による取消しの手段を失わせる効力を不可争力といいます。

**ここが狙われる**

不可争力は，不服申立期間，出訴期間の経過により争訟による救済手段を失わせる効力であって，行政行為を行った行政庁自身を拘束するものではありません。したがって，行政行為を行った行政庁自身が，不服申立期間，出訴期間の経過後に職権で取り消すことは妨げられません。

### (4) 不可変更力

行政行為は，法に従い公益に適合するものでなければなりません。したがって，行政行為が違法または不当であるとき，それを行った当の行政庁は，自らその行為を取り消すことができるのが原則です。設例15で，税務署長甲が，Aに対する賦課処分を違法または不当と認めれば，甲は，その処分を職権で取り消し，あるいは変更することができます。

しかし，行政行為のなかには，それを行った行政庁自身を拘束し，その行政庁が自ら取り消すことができなくなるものがあります。それは，行政行為をめぐる紛争について，行政庁の行った紛争裁断行為です。どういうことかというと，行政行為に不服のある者は，個別の法律の規定または行政不服審査法の規定に基づきその取消しを求めて権限ある行政庁に対して不服申立てをすることが認められます。不服申立ては，原則として**審査請求**という手段で行いますが，個別の法律で**再調査の請求**という手段が認められている場合があり，再調査の請求に対する行政庁の応答は**決定**，審査請求に対する応答は**裁決**と呼ばれます。さらに，審査請求の裁決に対しては，個別の法律で**再審査請求**が認められている場合があり，**これに対する応答も裁決**と呼ばれます。これらは，いずれも紛争の解決策を示すという意味をもつ行政行為であって，それらを行った行政庁は，**自ら行った決定，裁決を取り消すことはできません**。これを不可変更力といいます。行政庁が，いったん示した紛争の解決策をまた取り消すことができるとすると，いつまで経っても延々と紛争が続いてしまうことにもなりかねません。そこで，いったん権限ある行政庁が行った決定，裁決は自ら取り消すことができないとされているのです。

**設例15**では，Ａは，国税通則法75条の規定により，税務署長甲に対して再調査の請求をすることができます。これに対して甲は，Ａの再調査の請求に理由があるかどうかを審査し，決定を示すことになります。甲は，この決定を自ら取り消すことができません。＊

＊Aは再調査の請求をすることなく，国税不服審判所長に対して審査請求をすることもできます。この審査請求に対して国税不服審判所長の下した裁決についても不可変更力が生じます。

**一歩前進**

**設例15**で，仮に甲が，Ａからの不服申立てを受けて自らした決定を取り消し，新たに決定をやり直したとすると，新たな決定は不可変更力に反し違法です。しかし，この場合，**新たにされた違法な決定についても公定力が認められ，無効ではないと**解するのが判例の考え方です（最判昭30・12・26）。したがって，新たな決定が取り消されるまでは，前の決定ではなく，新たな決定に従わなければならないということになります。

**ここが狙われる**

不可変更力は再調査の請求に対する決定，および審査請求，再審査請求に対する裁決にのみ認められる効力であって，他の一般的な行政行為には認められません。そのような意味で，不可変更力は，一定の行政行為についてだけ認められる例外的な効力ということができます。

## 2　行政行為の瑕疵

行政行為は，法に従い適正に行われることが求められます。しかし，行政庁が法に違反した行政行為を行ったり，法違反とまではいえなくても，実質的に適正を欠く不当な行政行為が行われることが皆無とはいえません。**設例15**では，税法の規定に従えば70万円の課税をすべきであるのに，誤って100万円の課税をしているのですから，甲の行った賦課処分は違法です。

このように違法または不当な行政行為を瑕疵ある行政行為といい，瑕疵の程度によって，無効の行政行為とそれ以外の取り消すことのできる行政行為に区別されます。区別の基準は，行政行為に重大かつ明白な瑕疵があるかどうかです。

### (1) 行政行為の無効

#### ①　行政行為の効力が生じない場合

行政行為に「重大かつ明白な瑕疵」があるとき，その行政行為は無効となります。無効とは，最初からまったく効力が生じないということですから，当然，公定力その他行政行為に認められる効力は生じません。相手方は，そのような行政行為を無視してよいのです。ただ，行政庁がその無効を認めようとしないような場合は，その行政行為の内容どおりの手続が進行させられたりして，相手方は事実上不利益を被る可能性がないとはいえません。例えば，**設例15**で，税務署長甲が，賦課処分の無効を認めないときは，引き続いて滞納処分がなされる可能性があります。そうすると，「無視してよい」などといっていられない状況になります。このような不利益を回避する手段として，行政事件訴訟法は，行政行為の「無効等確認の訴え」という制度を設け，また争点訴訟，実質的当事者訴訟等により無効を主張するという方法があります。＊

＊第17講で説明しますが，行政行為の無効を裁判上主張する方法としては，「無効等確認の訴え」によるよりも，争点訴訟，実質的当事者訴訟といった他の類型の訴えを提起して，その裁判の過程で行政行為の無効を主張するのが一般的といえます。

**一歩前進**

「瑕疵の明白性」を補充的な要件と解し，**瑕疵が重大であれば必ずしも瑕疵の明白性を要求すべきでない**との考え方もあり，判例の中には課税要件の根幹にかかわるような重大な過誤について，明白性を要件とせずに無効としたものがあります（最判平9・11・11）。しかし，一般的には，行政行為は「重大かつ明白な瑕疵」がある場合に無効となると理解しておけばよいでしょう。なお，詐欺・脅迫による行為や賄賂を受けてした行為などは，原則として無効とならず取り消すことのできる行政行為となります。これらの瑕疵は，重大でないというわけではありませんが，必ずしも明白なものとはいえないからです。

### ②　無効原因となる瑕疵――その分類

では，**「重大かつ明白な瑕疵」**，つまり行政行為の無効をもたらす瑕疵には，どのようなものがあるでしょうか。瑕疵の**重大性**については，以下のように，行政行為の主体，内容，手続および形式といった観点から把握しておきましょう。＊1

＊1瑕疵の明白性について判例は，「処分成立の当初から，誤認であることが外形上，客観的に明白である場合」としています（最判昭36・3・7）。要するに，**瑕疵の存在が一見して明白である場合**ということです。

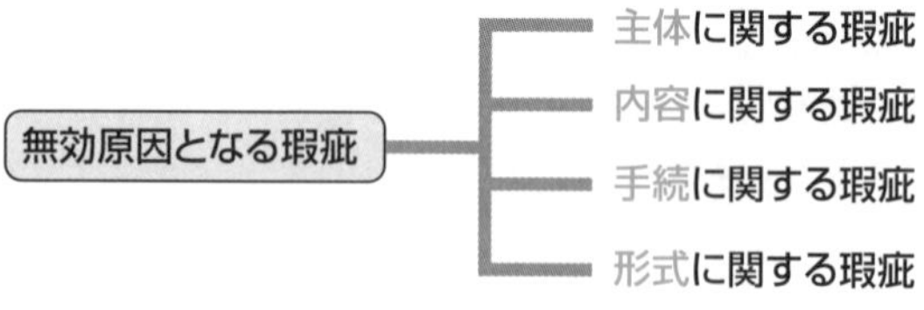


#### （ｉ）主体に関する瑕疵

#### （イ）行政庁の資格をもたない者が行った行為

例えば，**設例15**で，税務署長甲がAに対する賦課処分を**休職中あるいは退職後に行ったような場合**はこれにあたります。

#### （ロ）適法に招集されず，あるいは定足数を欠くなど適法に組織されていない合議制行政機関の行った行為

例えば，収用委員会の委員が**単独で行った収用裁決**など。＊2

＊2収用委員会は7人の委員で構成され，その意思決定は合議によることとされています。

#### （ハ）意思不存在の行政機関の行為

例えば，**設例15**で，税務署の補助機関（税務署員）が，泥酔状態で誤った課税額を算出し，税務署長甲がこれをそのまま賦課

したような場合がこれにあたります。

**(ⅱ) 内容に関する瑕疵**

**(ニ) 行政行為の内容が事実上または法律上実現不可能な場合**

例えば，死者に営業免許や車の運転免許を与える行為，存在しない土地に対する収用裁決などがこれにあたります。

**(ホ) 行政行為の内容が不明確な場合**

例えば，対象となる土地の範囲が明確でない土地買収処分など。

**(ⅲ) 手続に関する瑕疵**

**(ヘ) 行政行為を行うに際して要求される重要な手続の違背があった場合**

例えば，処分をするについて，意見聴取の手続として審議会，公聴会の開催，あるいは聴聞または弁明の機会の付与が法律上義務づけられているにもかかわらず，所定の手続を踏まずに行われた行政行為は，一般には取消事由となります。＊

しかし，相手方や他の関係者の権利・利益保護のための重要な手続規定に違反する場合は無効事由となると解されています。例えば，免許取消し等の不利益処分の前提として聴聞手続が要求されているのに，その手続を経ずに不利益処分をしたようなケースがこれに当たります。

＊軽微な手続違背については，後述するように瑕疵の治癒が認められることがあります。

**(ⅳ) 形式に関する瑕疵**

**(ト) 行政行為を行うに際して一定の形式が要求されているのに，これを欠く場合**

例えば，書面によることが要求されている行政行為について，口頭で行った場合などがこれにあたります。

## (2) 行政行為の取消しと撤回

行政行為の取消しとは，行政行為に成立当初からの瑕疵があることを理由として，その行政行為がなされた時にさかのぼってその効力を失わせることです。これには，「職権による取消し」と「争訟による取消し」があります。

一方，行政行為の撤回とは，瑕疵なく成立した行政行為の効力をその後に生じた事情の変化を理由として，将来に向かって失わせることです。

個別の法令においては，撤回にあたる場合も「取消し」と表現されている場合が多いので，注意してください。

### ①　行政行為の取消し

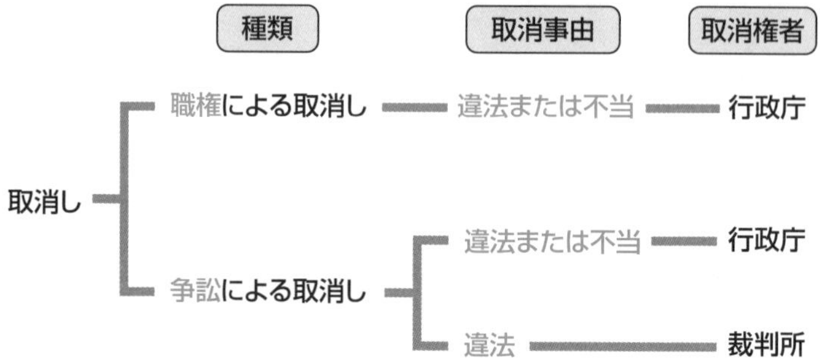


#### （ⅰ）職権による取消し

行政行為に瑕疵があっても，それが「重大かつ明白」とまではいえないような場合は，その行政行為は一応有効なものとして効力を生じます。このような行政行為は，その行政行為を行った当の行政庁が，その行政行為の違法または不当であることを認め，自らの判断で取り消せば，その行政行為ははじめにさかのぼって無効となります。これは，職権による取消しです。＊

＊「職権で取り消す」とは，相手方の申立てを待たず，行政庁が自らの判断で取り消すということです。

例えば，**設例15**で税務署長甲が，Ａに対する賦課処分に瑕疵があることを認めたときは，その賦課処分を職権で取り消すことができ，取消しにより賦課処分ははじめからなかったことになります。

#### （ⅱ）争訟による取消し

また，**設例15**でＡが，税務署長甲の行った賦課処分に不服があるときは，その賦課処分の違法または不当を理由として権限ある行政庁に対して不服を申し立て，その取消しを求めることができます。すなわち，Ａは，賦課処分の取消しを求めて税務署長甲に対する再調査の請求または国税不服審判所長に対する審査請求を選択的に行うことができます。

さらに，賦課処分の違法を理由として裁判所に対して賦課処分の取消しの訴えを提起してその取消しを求めることもできます。このように，不服申立てあるいは取消訴訟の方法による取消しを争訟による取消しといいます。この場合も，取り消された行政行為は，はじめにさかのぼって無効となります。

Check

「違法性の承継」

行政行為の違法性は，個々の行政行為ごとに個別に判断されるのが原則です。しかし，数個の行政行為が連続して行われる場合においては，先になされた行政行為に取り消し得べき瑕疵があるために，後になされた行政行為が，その成立に瑕疵がないにもかかわらず違法として扱われるか，という問題が生じます。これが違法性の承継の問題です。この点については，それぞれの行為が一連の手続を構成し，同一の目的の下に同一の法的効果を目指しているような場合は，先行処分の違法性が後行行為に承継されると解されています。例えば，土地収用における事業認定と収用裁決の間には，同一の土地の収用を目的として行われる一連の手続であるという関係が認められますから，事業認定が違法であれば，それに引き続き行われた収用裁決も違法となると解されます。したがって，事業認定が違法になされたが，それについての取消訴訟を提起せずに出訴期間が経過し，その後に収用裁決の取消訴訟を提起した場合，その訴訟においては事業認定が違法なのだから，収用裁決も当然に違法であるとの主張ができることになります。判例の中には，建築確認取消訴訟において，建築確認に先行する道路の「安全認定」の違法性を主張することができるとしたものがあります（最判平21·12·17）。この判例は，安全認定という先行行為と後行の建築確認に違法性の承継を明確に認める点で注目に値します。もっとも，先行する行政行為が重大かつ明白な瑕疵を帯び無効であれば，その先行行為に公定力は生じないので，それを前提に行われる後続の行政行為も瑕疵を帯びることになります。したがってこの場合には，後続する行政行為の違法事由として先行する行政行為の瑕疵を主張することができます。しかし，先行処分と後行処分が相互に関連するものであっても，それぞれが別個の目的を有し，その間に手段目的の関係がないとき，例えば，租税の賦課とその滞納処分においては，前者の違法は後者に承継されないと解されます（仙台高判昭39・４・16）。

「瑕疵の治癒」「違法行為の転換」

行政行為に瑕疵があり違法であるときは，その行政行為は取り消されることにより無効とされるのが原則ですが，その瑕疵が後の事情の変化などにより，実質的に問題視するに値しなくなったような場合には，「瑕疵の治癒」あるいは「違法行為の転換」といった考え方をすることにより，例外的にその効力を維持すべきとされることがあります。

「瑕疵の治癒」とは，行政行為が行われた当初に瑕疵があったとしても，その後の事情の変化により瑕疵が実質的に是正されたとみられるような場合，その行為を有効なものとして扱うということです。要するに，「ケガが治って，健康体にもどる」というイメージです。例えば，会議の招集手続に瑕疵があったが，たまたま委員全員が会議に出席して異議なく議事に参加し，議決がなされたような場合が考えられます。瑕疵の治癒が認められるのは，瑕疵の程度が軽微な「取り消し得べき行政行為」に限られます。重大かつ明白な瑕疵のある無効な行政行為は，いわば「不治の病」といえますから，瑕疵の治癒が認められる余地はありません。

「違法行為の転換」とは，行政庁の意図した行政行為としては瑕疵があり違法であるが，これを別個の行為としてみた場合には瑕疵がなく適法要件を満たしている場合に，これを別個の行政行為とみることによって有効なものとして扱うということです。例えば，死者に対して農地買収処分の通知がなされた場合に，相続人がその通知を受け取ったときは，その相続人を名あて人として処分がなされたものとしてその効力を維持するという扱いを想定できます。

### ②　行政行為の撤回

**設例16**

甲県知事から宅地建物取引業者免許を受けたAは，その免許を受けてから1年以内に事業を開始しなかったことを理由として，甲県知事から免許取消処分を受けた。

行政行為の撤回とは，その行政行為をした行政庁が，その後に生じた事情の変化を理由として，有効に成立した行政行為の効力を将来に向かって消滅させることです。

宅地建物取引業法66条１項は，宅地建物取引業者が免許を受けてから１年以内に事業を開始しなかったときは（同条６号），その免許を取り消さなければならないと定めています。**設例16**では，この規定を根拠としてAの免許の「取消処分」がなされています。宅地建物取引業法上は「取消し」という用語が用いられていますが，ここでの「取消し」は，免許がなされた後に生じた事由（１年以内に事業を開始しなかった）により免許の効力を消滅させる行為ですから，学問上の行政行為の分類としては「撤回」に該当します。行政行為の撤回は，原則としてその行政行為を行った**当の行政庁のみ**がこれをすることができます。監督行政庁も，法律に明示されている場合のほかは，撤回することができません。

**一歩前進**

本文の宅地建物取引業者免許のほか，運転免許や各種の営業免許においては，「取消し」という用語が使われていても学問上の行政行為の概念としては，**「撤回」にあたる**ことが多くみられます。例えば，車の運転免許の「取消し」は，免許取得後の交通違反等を理由として将来に向かって免許の効力を消滅させるのですから，これも「撤回」に該当します。

行政行為の取消しおよび撤回は，それ自体行政行為ですから，いずれの場合も正当な権限のある行政庁に対して不服を申し立て，決定または裁決で取り消してもらうか，あるいは裁判所に取消訴訟を提起して取消判決を得て，その行為の効力を排除するという手段が認められます。＊

この争訟による取消しは，いわゆる**行政救済の中核をなす制度**です。詳細は，行政救済の章（第４章）でしっかり学習してください。

＊行政処分の取消しや撤回の多くは，行政手続法上の不利益処分に該当しますから，それをするためには，**聴聞**や**弁明の機会の付与**手続を必要とします。これについては，第9講で説明します。

**取消しと撤回の効果**

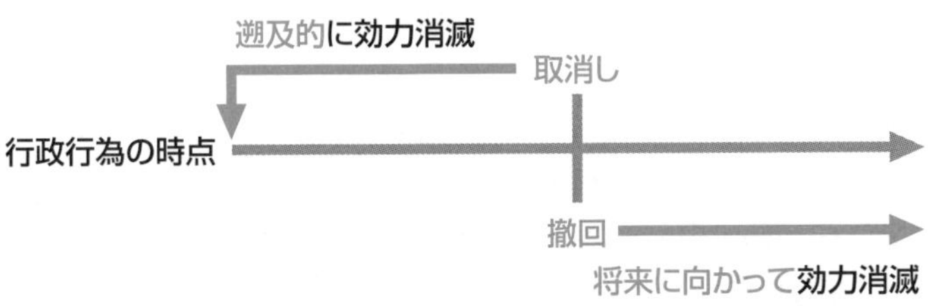


**ここが狙われる**

職権による取消しは，瑕疵ある行政行為の効力を失わせ，適法・適正な状態を回復させる行為ですから，**法律の特別の根拠は必要ではない**と解されます。撤回についても，異論はありますが，法律の特別の根拠は不要とするのが通説的見解です。もっとも，取消し・撤回に法律の特別の根拠は不要であるとしても，次項③で説明するように，取消し・撤回には一定の限界があることに注意してください。

### ③　行政行為の取消し・撤回の制限

行政庁は，行政行為に取消事由・撤回事由があるときは，職権に基づき原則として取消し･撤回をすることができます。しかし，違法な行政行為であっても，それによって様々な法律関係，事実関係が積み重ねられることもあり，取消事由・撤回事由があるからといって，まったく自由に取消し・撤回ができるとすると，国民の法的地位が著しく不安定となり，国民の行政に対する信頼を失わせることにもなりかねません。そこで，行政行為の取消し・撤回を適正な範囲に制限すべきことが主張されます。

この点について，租税賦課処分のように国民にとって不利益となる行政行為（侵害的行政行為）の場合には，その取消しは相手方の利益となるのですから，その自由な取消しを認めても原則として差し支えはないといえるでしょう。しかし，国民に権利利益を付与する授益的行政行為の取消しや撤回については，問題があります。もっとも，各種の営業許可の取消（撤回）処分，自動車の運転免許の取消（撤回）処分などについては，当該法律のなかに根拠規定が設けられ，その要件が明確に定められているのが通常ですから，手続上は国民の権利利益が不当に侵害されることはありません。

問題となるのは，当該法律に取消し（撤回）に関する明文規定が欠ける場合です。この場合，一般論としては，相手方の信頼や既得利益の保護，法的安定性の観点から，取消し・撤回は制限されると考えられています。ただ，相手方の既得の利益を犠牲にしても，取り消すべき特段の公益上の必要性があるときは，授益的行政行為であっても，なお取り消すことができると解されます（最判昭63・６・17）。

## 実戦過去問　　行政書士　令和2年度

行政行為（処分）に関する次の記述のうち，最高裁判所の判例に照らし，妥当なものはどれか。

1　処分に重大かつ明白な瑕疵があり，それが当然に無効とされる場合において，当該瑕疵が明白であるかどうかは，当該処分の外形上，客観的に誤認が一見看取し得るものであるかどうかにより決すべきである。
2　行政庁の処分の効力の発生時期については，特別の規定のない限り，その意思表示が相手方に到達した時ではなく，それが行政庁から相手方に向けて発信された時と解するのが相当である。
3　課税処分における内容の過誤が課税要件の根幹にかかわる重大なものである場合であっても，当該瑕疵に明白性が認められなければ，当該課税処分が当然に無効となることはない。
4　相手方に利益を付与する処分の撤回は，撤回の対象となる当該処分について法令上の根拠規定が定められていたとしても，撤回それ自体について別途，法令上の根拠規定が定められていなければ，適法にすることはできない。
5　旧自作農創設特別措置法に基づく農地買収計画の決定に対してなされた訴願を認容する裁決は，これを実質的に見れば，その本質は法律上の争訟を裁判するものであるが，それが処分である以上，他の一般的な処分と同様，裁決庁自らの判断で取り消すことを妨げない。

**解　説**

1　○　判例は，瑕疵の明白性の意味について，「当該処分の外形上，客観的に誤認が明白である場合」としています（最判昭36·3·7）。
2　×　行政処分の効力は，その意思表示が相手方に到達した時に生じます。
3　×　課税要件の根幹にかかわるような重大な過誤について，明白性を要件とせずに無効とした判例があります（最判平9·11·11）。
4　×　授益的行政処分について，その撤回は一定の制限を受けますが，撤回それ自体について法令上の根拠は必要とされません。
5　×　行政処分の不可変更力により，行政庁は自らした裁決を取り消すことができません。

**正解　1**

## 実戦過去問

行政書士　平成30年度

行政処分の無効と取消しに関する次の記述のうち，正しいものはどれか。

1　行政処分が無効である場合，当該処分はその成立当初から効力を認められないから，当該処分に対する取消訴訟を提起することはできない。
2　行政処分が無効である場合，行政不服審査法が定める審査請求期間にかかわらず，当該行政処分の審査請求をすることができる。
3　行政処分の職権取消しは，当該処分に対する相手方等の信頼を保護する見地から，取消訴訟の出訴期間内に行わなければならない。
4　行政処分が職権により取り消された場合，取消しの対象となった処分の効力は消滅するので，これを争う相手方は，当該処分の有効確認の訴えを提起しなければならない。
5　行政処分の違法を理由として国家賠償を請求するためには，その取消しまたは無効確認の確定判決をあらかじめ得ておく必要はない。

**解　説**

1　×　無効な行政処分について取消訴訟が提起された場合，当該訴えは不適法となることはありません。取消訴訟として審理の対象となります。
2　×　無効な行政処分であっても，審査請求期間の経過により，審査請求により救済を求めることができなくなります（行政不服審査法18条）。
3　×　行政処分の職権取消しについて，取消訴訟の出訴期間内にしなければならないとの制限はありません。
4　×　行政処分の職権取消しがなされた場合，当該処分の効力は失われますが，その相手方がその効力を争う方法として当該処分の有効確認の訴えを提起しなければならないとの規定は存在しません。
5　○　行政処分が違法であることを理由として国家賠償を求める場合，あらかじめ当該行政処分の取消しまたは無効の判決を得ておく必要はありません（最判昭36・4・21）。この点については，P323 ここが狙われる を参照してください。

本問は，行政行為の取消しおよび無効を行政救済と絡めて問う問題ですから，現在の段階で正答できなくても気にする必要はありません。救済法の知識を得てから再度チャレンジしてみてください。

**正解　5**

## 実戦過去問

行政書士　平成19年度

自動車の運転免許制度に関連した次の記述のうち，妥当なものはどれか。

1　自動車の運転免許は，免許を受けた者に対し，公道上で自動車を運転することができるという新たな法律上の地位を付与するものであるから，行政行為の分類理論でいうところの「特許」に該当する。

2　自動車の運転免許を交付する事務は，都道府県公安委員会が処理しているが，これは本来国の事務であり，国家公安委員会から都道府県公安委員会に対して機関委任されているところの「国の機関委任事務」に該当する。

3　自動車の運転免許の期限として，免許証に記載されている「○年○月○日まで有効」という条件は，行政行為の附款理論でいうところの「期限」に該当する。

4　自動車を運転する者は，運転中は必ず免許証を携帯しなければならないとされているため，免許証を携帯せずに運転し，警察官の求めに対して直ちに免許証を提示できなかった場合には，無免許運転として扱われることになる。

5　道路交通法違反行為をしたことを理由として，公安委員会から運転免許停止処分を受けた者が，その取消しを求めて出訴している間に免許停止期間が終了した場合は，その行為による違反点数が残っていたとしても訴えの利益は消滅する。

**解　説**

1　×　自動車の運転免許は，行政行為の分類上，「許可」にあたります。

2　×「機関委任事務」という類型の事務は，現在は廃止され，存在しません。なお，運転免許交付事務は，都道府県の法定受託事務です。

3　○　運転免許の有効期限は，附款の分類上は「期限」に該当します。

4　×「無免許運転」とは，免許を受けないで車を運転する行為です。単なる免許証不携帯は，無免許運転として扱われることはありません。この肢は，行政法の択一試験問題としてよりも運転免許取得の際の学科試験に出題するほうが適切でしょうね。

5　×　運転免許停止処分の取消訴訟において，違反行為による違反点数が残っている場合は，その取消しを求める法律上の利益があり，免許停止期間が終了したとしても，訴えの利益は消滅しません（最判昭55・11・25）。

**正解　3**

# 7 行政強制——行政上の目的を実現するための手段

## 学習ナビゲーション

行政は，公益の実現を図るために，様々な活動を行っています。その際，相手方である国民が，任意に行政の求める行動をとってくれれば，行政活動は円滑に進行しますが，必ずしもそのようにうまく事が運ぶとは限りません。このような場合に備えて，行政目的を実現するための強制手段が用意されています。

この強制手段には，まず相手方である国民がすでに法律または行政行為により行政上の義務を負担している場合に発動できる措置があります。これには，行政主体が自ら執行を行う行政上の強制執行と義務違反に対する制裁としての行政罰があります。これらの手段を場面に応じて用いることによって，行政活動の実効性が確保されることとなります。もっとも，行政上の義務の不履行に対してどのような手段で履行を強制するかについては，統一的な仕組みが構築されているわけではなく，個別の法律で定められています。

さらに，義務を前提とせずにいきなり強制力を発動できる措置として即時強制があります。まず，この大枠を把握したうえで，具体的な強制手段の内容を理解してください。

行政強制の種類

# 1　行政上の義務の履行を確保するための手段

## (1) 行政上の強制執行

国民が，すでに法令または行政行為により一定の義務を課せられている場合にその義務を自ら履行しようとしないとき，行政庁が実力によってその義務の履行を強制し，その義務の履行があったのと同様の結果を実現する手段が認められています。これを行政上の強制執行といいます。

これには，行政上の義務の種類に応じて行政代執行，強制徴収，直接強制，執行罰の４つがあります。

**Check**

「行政上の義務の種類」

行政上の強制執行については，どのような場合にどの手段を用いるべきかが問題となりますが，これを理解する前提として行政上の義務の内容を理解しておくことが必要です。

行政上の義務には，代替的作為義務，非代替的作為義務，不作為義務といった種類があります。代替的作為義務は，建築物の除却命令が出ている場合の除却義務など他人が代わってすることのできる義務です。建築物を除却する（取り除く）のは，誰がやっても同じことですから，代替性があるわけです。非代替的作為義務とは，公物の明渡義務・退去義務などその性質上他人が代わってすることができない義務のことです。この場合は，占有者以外の他人が出て行っても意味がありませんから，代替性がないのです。不作為義務とは，一定の行為，例えば運転免許や営業免許の停止処分を受けた人が，その期間中運転や営業をしない義務です。運転免許を停止された人とは別の人が車の運転をしないということでは，全く目的を達することができませんから，この義務も代替性がありません。

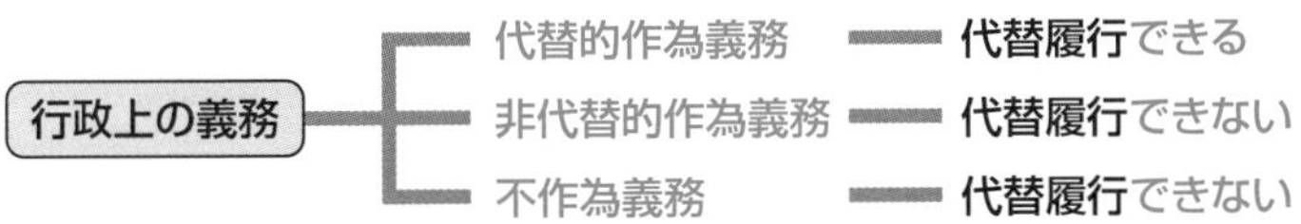

## ①　代執行

**設例17**

甲市長は，Ａの所有する建物が建築基準法に違反する建築物であり，周辺に危険を生じさせていることを理由として，Ａにその建物の除却命令を発した。

代執行とは，行政上の**代替的作為義務**を義務者が任意に履行しない場合に，行政庁が，自ら義務者の行うべき行為を行い，または第三者にそれを行わせ，その費用を義務者から徴収することです。代執行については，**行政代執行法が一般法**として存在し，個別の法律に特別の定めがなければ，同法所定の次のような要件・手続を経て行われます。

**（ⅰ）代執行の要件（行政代執行法２条）**

（イ）法律または法律の委任に基づく命令，規則および条例により直接命ぜられ，または行政行為によって命ぜられた**代替的作為義務の不履行**があること

**一歩前進**

法律の委任に基づく条例は当然のこととして，法律の委任に基づくことなく，地方公共団体が独自に定めた条例によって生じた代替的作為義務についても代執行の対象となります。行政代執行法2条かっこ書は，代替的作為義務の発生根拠について法律のほか「法律の委任に基づく命令，規則および条例を含む」と規定していますが，この条文の解釈上，「法律の委任に基づく」という文言は，命令と規則にのみかかり，**条例にはかからない**と解されるからです。

（ロ）**他の手段によってその履行を確保することが困難**であり，かつその不履行を放置することが**著しく公益に反する**と認められること＊

＊これは比例原則から導かれる要件ですが，その内容を明確に定めるのは困難ですから，あまり厳格に適用すべきでないと解されます。

**一歩前進**

代執行の対象となる代替的作為義務は，下命によって**具体的に命ぜられた作為義務**をいいます。例えば，公物の占用許

可を取り消された場合，それによってその物の占有権限は失われますが，占有物件を除去するという具体的な義務までは発生しません。つまり，この段階で代執行を行うことはできません。具体的な作為義務は，**除却命令が発せられて初めて発生する**ものです。したがって，この段階に至って代執行の発動が可能な状態になります。

### (ii) 代執行はどのような手続を経て行われるか

代執行の手続については，以下の（イ）～（ニ）の時間的な流れに沿って把握してください。

（イ）まず，行政庁の定めた期限までに義務が履行されない場合には，代執行をなす旨をあらかじめ**文書で戒告**します（同法3条1項）。

（ロ）義務者が戒告による指定の期限内に義務を履行しないときは，**代執行令書**をもって，代執行に関する時期，執行責任者の氏名，代執行費用の概算見積額等を**義務者に通知**します。これが「最後通牒」となるわけです。ただし，**非常の場合**，または**危険切迫の場合**は戒告・通知を省略することができます（同条3項）。＊

＊この文書による戒告と通知は，行政行為の種類としては「通知」に該当し，処分性が認められます。

（ハ）**期限内に義務の履行がない**場合，代執行が実施されます。この場合，執行責任者は，執行責任者であることを示す**証票を携帯**し，要求があるときは，いつでもこれを**呈示**しなければなりません（同法4条）。

（ニ）代執行に要した費用の徴収については，**実際に要した費用の額**，**納期日**を定め，義務者に対し，文書をもってその納付を命じます（同法5条）。義務者が納付しないときは，②で説明する**国税滞納処分の例**により，義務者から強制徴収することができます。徴収した費用は，国庫または公共団体の収入となります（同法6条）。

**代執行の手続のプロセス**

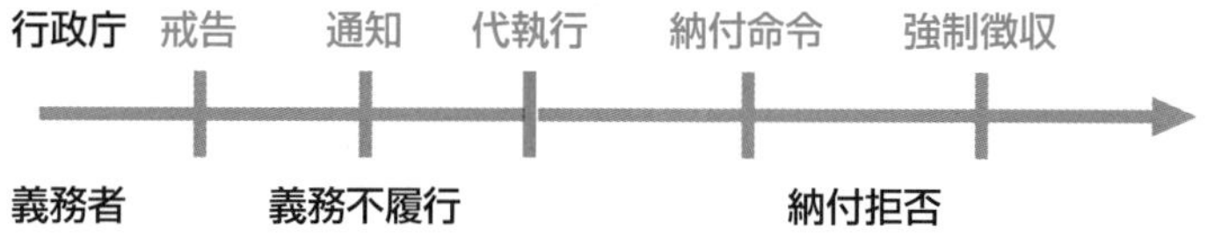

**設例17**では，建築基準法９条１項を根拠とする甲市長からの建築物除却命令により，Ａは，建物の除却義務を負うことになります。この義務は，他人が代わって行うことのできる義務，すなわち代替的作為義務です。したがって，Ａが自らその義務を履行しようとしないときは，上記の手続に従って，甲（の補助機関）がＡの建物を除却し，または解体業者等の第三者に建物を除却させ，除却に要した費用をＡに請求することができます。

### ②　強制徴収――行政上の金銭債権を実現する手段

**設例18**

税務署長乙は，Ｂに70万円の租税賦課処分をしたが，Ｂは，それによって生じた納税義務を履行しようとしない。

強制徴収とは，**行政上の金銭給付義務**を義務者が履行しようとしない場合に，行政庁が**自ら強制的に徴収**し，義務が履行されたのと同一の結果を直接に実現する作用です。行政上の強制徴収は，国民の財産を実力行使によって奪うものですから，必ず**法的根拠**を必要とし，またその手続も厳格です。

**設例18**のような租税債権の強制徴収手続は，**滞納処分**と呼ばれます。滞納処分は，納税義務を履行しようとしない滞納者に対して，まず**督促状を送付**し，それでも納付されないときに滞納者の財産の**差押え**を行い，その財産を**換価し配当する**という流れで行われます。

**滞納処分のプロセス**

**滞納者に対する督促 → 財産差押え → 換価処分 → 配当**

滞納処分の手続を定めた国税徴収法の規定は，地方税法，国民健康保険法，その他の個別の法律で準用されている場合が多く，これによって国や公共団体の金銭債権の強制徴収が可能となっています。国民の側からみれば，所得税や住民税，国民健康保険の保険料を滞納したりすると，銀行預金などを差し押さえられ，そこから強制的に取り立てられることもあるわけです。＊

＊普通地方公共団体が請求できる分担金，加入金，過料または法律で定める使用料等についても，地方税の滞納処分の例により強制徴収できることとされています（地方自治法231条の3）。

Check

**私法上の債権の「自力救済の禁止」と行政上の債権の「自力執行」**

私人Aの土地に，Bが勝手に掘っ立て小屋を建て，その土地を不法占拠していたとします。このような場合でも，Aは，自ら実力を行使してBを追い出し，建物を取り壊すことは原則としてできません。Aは，裁判所に土地明渡請求の訴えを提起し勝訴判決を得て，これを債務名義として民事執行法所定の手続を踏んで，裁判所の関与する強制執行手続によりその権利を実現することができるのです。AがBに金銭債権を有している場合に，Bが任意に返済しないときも基本的に同様の手続を経てその金銭債権が実現されます。このように，法治国家における私人の権利の実現は，国家の設営する司法過程を通じてなされなければならないのが原則です。これを自力救済の禁止といいます。

しかし，本文で説明したとおり，行政上の代替的作為義務については，行政代執行法の定める手続により，司法手続を経ることなくそれを実現することができます。また行政上の金銭債権については，個別の法律に「滞納処分の例による」との明文の定めがあるときは，強制徴収という方法でその自力執行が可能なわけです。

ステップアップ

上記のように，国や地方公共団体の金銭債権については，滞納処分の例による強制徴収が広く認められていますが，例えば，国公立学校の授業料，水道料金などの債権には，強制徴収の根拠規定が存在しません。このような場合については，国や公共団体がその債権を実現するためには，裁判所に民事訴訟を提起して給付判決を得たうえ，それを債務名義として民事上の強制執行により債権を回収するしかありません。

では，逆に，法律で滞納処分の例による強制徴収の手段が認められている場合について，一般私法上の債権と同様に裁判所に訴えを提起して，民事執行の方法により債権を回収することは認められるでしょうか。この点について判例は，「法が公法上の債権について一般私法上の債権にみられない特別の取扱い（強制徴収）を認めているのは，その公共性にかんがみ，租税に準ずる簡易迅速な手段によらしめることが適切であるとしたものであるから，強制徴収の手段が認められているのに，その手段によることなく，一般私法上の債権と同様，訴えを提起し，民事上の強制手段によってこれらの債権の実現を図ることは許されない」と否定的に解しています（最大判昭41・2・23）。

以上は，国や地方公共団体などの行政主体が，いわば財産権の主体として私人に対して有する金銭債権を実現する手段に関するものです。では，国や地方公共団体がもっぱら行政権の主体として，私人に対する非金銭債権の行政上の義務の履行を確保するために，裁判上の強制を求めることができるでしょうか。この点について，次のように判断した判例があります。

事案は，兵庫県宝塚市で，パチンコ店の建築には市長の同意を要するとの条例を定めていたところ，ある業者がこの条例の規定に違反して市長の同意なく店舗の建築工事を始めたため，市が工事の続行禁止を求める民事訴訟を提起したというものです。この訴えに対し，最高裁は，次のように述べたうえ市の訴えを却下しています。

「国または地方公共団体がもっぱら行政権の主体として国民に対して行政上の義務の履行を求める訴訟は，法規の適用の適正ないし一般公益の保護を目的とするものであって，自己の権利利益の保護救済を目的とするものということはできないから，法律上の争訟として当然に裁判所の審判の対象となるものではなく，法律に特別の定めがある場合に限り，提起することが許される」（宝塚パチンコ条例事件，最判平14・７・９）

裁判所は，「法律上の争訟」を裁判するのですから（裁判所法３条，P246 **一歩前進** 参照），上記のような訴えが法律上の争訟にあたらないと判断された以上（しかもこのような訴えを認める特別の定めもない），当然に裁判の対象とならないとの結論が導かれるわけです。この最高裁の考え方に対しては，司法的強制による行政上の義務履行の道を閉ざしてしまうものであるとの厳しい批判が寄せられています。しかしその後，最高裁は，行政契約である公害防止協定に基づき事業者が負担する義務については，民事執行手続による義務の実現（差止め）を認めています（最判平21·7·10）。行政主体と事業者の間に契約が介在しているケースでは，法律上の争訟性が認められるという判断によるものと思われます。

### ③　直接強制

直接強制とは，行政上の義務を義務者が履行しない場合に，行政庁が，義務者の身体または財産に実力を加えて，義務の履行があったのと同一の状態を実現する作用です。代執行および強制徴収も財産に実力を加える作用ですが，ここでの直接強制は，これらを除いたものです。＊

また，直接強制は，国民の身体または財産に実力を加えてその

＊つまり直接強制の可否は，行政上の義務のうち強制徴収や代執行によって実現可能な代替的作為義務を除く非代替的作為義務および不作為義務について問題となります。

目的を実現するということから，即時強制と似ていますが，**即時強制は義務の不履行を前提としないが，直接強制は義務の不履行を前提とする**という点で異なっています。即時強制については後述しますが，この点の違いはしっかり把握しておいてください。

直接強制は，最も効率的に行政目的を実現することができますが，基本的人権の侵害を引き起こす危険性が高く，現在は極めて限られた範囲で認められているに過ぎません。

**一歩前進**

現行法上，直接強制の認められている例として，成田国際空港の安全確保に関する緊急措置法（いわゆる成田新法）に，暴力主義的破壊活動に供せられていると認められる建物の使用禁止命令によって不作為義務を課し（同法３条１項），その義務者に対して，**建物封鎖等の実力行使**を認めている例（同条６項）があります。

### ④ 執行罰

執行罰とは，行政上の義務を義務者が履行しない場合に，行政庁が，一定の期限を示し，その期限内に義務が履行されないときは，**一定の過料を科する旨を義務者に予告**し，その予告によって義務者に心理的圧迫を加えて**間接的に義務の履行を強制**する作用です。執行罰は，「罰」という言葉が用いられていますが，それは義務違反に対するペナルティーではなく，間接強制という強制執行の方法ですから，義務の履行があるまで**反復して科する**ことができます。また，執行罰は処罰としての性質を有するものではないため，過去の義務違反に対する制裁としての**行政刑罰と併科**しても二重処罰の禁止規定（憲法39条後段）に違反することはありません。＊

＊執行罰という方法は，代替的作為義務，非代替的作為義務，不作為義務のいずれについても，利用することが可能ですが，現在は，わずかに砂防法という法律にその例があるだけです。

**一歩前進**

条例によって，執行罰や直接強制を定めることはできないと解されます。例えば，県条例によって，県知事の命令に従わないときは，１日につき１万円の過料を納付しなければならない，というような規定を置くことはできません。というのは，強制執行の一般法である行政代執行法は，「行政上の義務の履行確保に関しては，別に法律で定めるものを除いては，この法律の定めるところによる」と規定していますが（同法１条），ここにいう「法律」には，同法２条との対比で条例は含まれないと解されるからです。＊1

＊1行政代執行法2条は，「法律（法律の委任に基づく命令，規則及び条例を含む）～」と規定していますから，かっこ書の限定のない同法1条の「法律」には条例は含まないという解釈(反対解釈)になるわけです。

## (2) 行政上の義務違反に対する制裁

行政上の義務違反に対する制裁として，行政罰の制度が用意されています。この制度はまた，制裁の威嚇効果によって間接的に義務の履行を確保する手段であるともいえます。行政罰には，行政刑罰と行政上の秩序罰の２つの種類があります。

### ①　行政刑罰

行政刑罰は，行政上の義務違反に対して，刑法に刑名の定めがある刑罰を科するものです。行政法規違反行為に対して科せられる刑罰の種類としては，懲役，禁錮，罰金，拘留，科料の５つがあります（刑法９条）。例えば，道路交通法に違反する各種の行為に対して，罰金，懲役を科する等，行政法規には行政刑罰を科する例が多くみられます。ご存知のとおり，刑法には，死刑も刑罰として法定されていますが，行政刑罰として死刑を科す例はありません。＊2

＊2行政上の義務違反により成立する犯罪を行政犯（法定犯），刑法違反により成立する犯罪を刑事犯（自然犯）と呼ぶことがあります。

行政刑罰は，刑法が定める刑罰ですから，法令に特別の定めがない限り，刑法総則の規定が適用され（同法８条），刑事訴訟法の定める手続により科されることになります。つまり，行政庁などの告発を受けて検察官が起訴し，裁判所の判決により刑罰が科されるわけです。行政刑罰には，いわゆる両罰規定が設けられている例が多くみられます。その場合，違反行為を行った使用人とともに使用者（事業主）も罰金刑を受けることになります。

用語の説明
**「両罰規定」**
法に違反する行為を行った直接の行為者だけでなく，その使用者や事業主も処罰する規定です。

**一歩前進**

道路交通法に違反する行為については，行政刑罰が科せられるほか，駐車違反等の軽微な義務違反に対して刑罰とは別個の金銭的ペナルティーとして**反則金**の制度が設けられています（道路交通法第9章）。反則金は，行政上の義務違反に対する金銭的制裁としては罰金と同様ですが，罰金と異なり刑罰ではないので，納付通知を受けた者がこれを納付したとしても，いわゆる前科がつくことはありません。ただ，反則金の納付通知に納得がいかない場合は，あえて納付せず，公訴の提起を待って違反事実の有無を争うという途が開かれています。＊1

＊1ちなみに判例は，反則金の納付通知には処分性がなく，取消訴訟の対象とならない（却下される），としています（最判昭57･7･15）。

### ② 行政上の秩序罰

行政上の秩序罰とは，形式的で軽微な行政上の義務違反に対して科される**過料**のことです。一定事項の届出義務を怠ったような場合にその例が多くみられます。例えば，住民基本台帳法は，ある市町村から他の市町村に住所を移転した場合の転入届は２週間以内にしなければならないと定め，この規定に違反したときは，５万円以下の過料に処すると定めています(同法53条)。もっとも，この規定はあまり厳格には適用されていないようです。

過料は刑罰ではないので，刑法総則および刑事訴訟法の適用はありません。法令に基づく過料は，**非訟事件手続法**の定めるところにより，**地方裁判所**によって科されます。**地方公共団体の条例や規則に違反した場合**には，当該地方公共団体の長が地方自治法の定めに基づき**行政処分**として科し，納付されないときは，地方税の**滞納処分**により強制徴収されることになっています。＊2

＊2「科料」と「過料」はともに，「かりょう」と読みますが，紛らわしいので，前者を「とがりょう」，後者を「あやまちりょう」と呼んで区別することがあります。

**ここが狙われる**

判例は，行政刑罰と過料は，その目的，要件等を異にするものであるから，**両者を併科することは可能**であるとしています（最判昭39・６・５）。また，独占禁止法違反の談合行為（カルテル）に対して納付が命じられる**課徴金**について，罰金と併科しても**二重処罰の禁止（憲法39条）に反しない**，とされています（最判平10･10･13）。

# 2　即時強制

## (1) 事前に義務を課することなく強制力を行使する

即時強制とは，行政機関が，目前に迫った障害を取り除くため，相手方に義務を課することなく，相手方の身体や財産に実力を行使する作用です。

即時強制は，国民の身体や財産に実力を行使するという点では行政上の強制執行と似ていますが，先に説明したように，強制執行は私人にすでに課せられた義務の不履行を前提として行われます。例えば，ある人が違法な建築物を所有し，周辺に危険が生じているような場合，通常は行政庁が除却命令を発することによって，相手方にそれを除却する義務が生じ，その義務を相手方が履行しないときは，代執行という強制執行の手段を用いることができるという構造になっています。

一方，即時強制は，相手方の義務を前提とせずにいきなり実力を行使するという点で，強制執行と区別されます。例えば，結核に感染した人に対して，都道府県知事は，医療機関への入院を勧告することができ，その勧告に従わなかった場合に強制的に入院させることができます。つまり，行政処分を経ることなく事実上の強制措置が可能です。これは，結核の蔓延を防止する緊急の必要があるからです。＊

＊これは感染症予防法に基づく措置であり，いわゆる新型コロナ対策としても同様の措置をとることが可能です。ちなみに，コロナ禍に際して発令された緊急事態宣言は，新型インフルエンザ等対策特別措置法がその根拠となっています。

また，道路上に泥酔して眠り込んでいる人に対して，警察官は，その人の生命・身体の安全を確保するため，退去義務を課することなく直ちに警察署に運んで保護することが認められます。この場合，事前に退去義務を課するなどということが，いかにナンセンスであるかは容易に理解できるでしょう。要するに，即時強制は，相手方に義務を課しておいてそれからどうこうする，などと悠長なことをいっていられない場合に行われるものです。

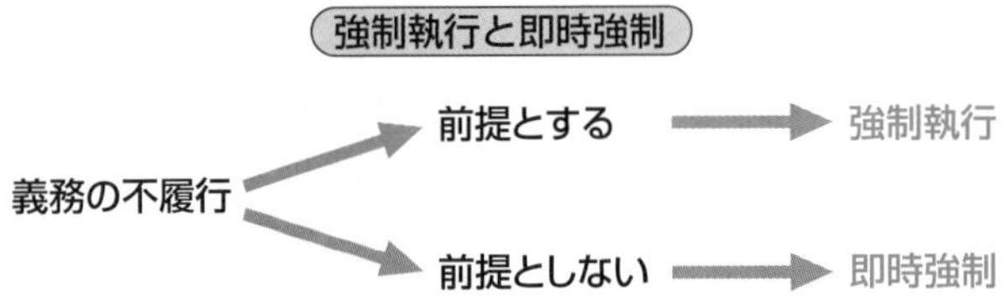

**一歩前進**

道路上に違法駐車している車については，警察官が運転者に**「移動しなさい」と命ずる（移動義務を課する）**ことができ，その場合，故障などで運転者による移動が困難なときは，レッカー車による移動をすることができます（道路交通法51条１項・２項)。この場合は，おまわりさんによって事前に車の**移動義務が課せられています**から，レッカー車による移動は代替的作為義務の代執行ということになります。＊

一方，違法駐車の現場に運転者がいない場合は，移動を命じることなく直ちにレッカー車による移動をすることができます（同条３項)。この場合は，**事前に移動義務が課せられていませんから，即時強制**ということになります。つまり，違法駐車している車のレッカー車による移動は，代執行の場合と即時強制の場合の二通りがあることになります。

＊このようなケースでは，「非常の場合」または「危険切迫の場合」として代執行の戒告・通知等は省略することができます（P129参照)。

## (2) どのような要件を満たす必要があるか

即時強制は，一定の公益を実現するために行われるものではあっても，国民の身体や財産に直接実力を行使する（国民の身体または財産に対する侵害を伴う）ものですから，**法律または条例に明文の根拠**があることを必要とします(侵害留保の原則)。例えば，泥酔者の保護は警察官職務執行法３条を根拠とする即時強制です。このほか，感染症予防法19条による強制入院，消防法29条による延焼防止のための家屋の破壊，道路交通法51条３項による違法駐車のレッカー移動等その例には事欠きません。即時強制は，行政上の強制執行ではないので，**条例によることも可能**です。市や特別区などの地方公共団体が，路上に放置してある自転車を撤去しているのをみかけることがありますが，これは条例に根拠を有する即時強制の例です。

即時強制は，法令の根拠に加えて，行政目的達成に**必要な最小限度の範囲内**においてのみ許容されます（比例原則)。例えば，感染症予防法における強制入院の期間は，72時間を超えてはならないとされています（同法19条４項)。なお，即時強制により私人が被った損失について**補償**が認められる場合もあります。例えば，いわゆる破壊消防に際しては，延焼防止のため家屋を壊されるなどして損害を受けた者に損失補償請求が認められる場合があります（消防法29条３項）。

Check

**「即時強制と令状の要否」**

憲法35条は，「何人も，その住居，書類及び所持品について，侵入，捜索及び押収を受けることのない権利は，正当な理由に基いて発せられ，且つ捜索する場所及び押収する物を明示する令状がなければ侵されない」と規定しています。つまり，立入り，捜索，押収をするときは，裁判官の発する令状を要するとの趣旨です。この規定は，直接的には，犯罪捜査という刑事手続の適正を確保することを目的とするものですが，行政機関の行う立入検査，没収等，行政上の即時強制を行うに際しても，裁判官の発する令状を要求すべきではないかが問題となります。

この点について判例は，即時強制に類した税務調査の事例で，憲法の令状主義の精神は，行政過程においても尊重されるべきことを明らかにしています（最判昭47・11・22）。ただし，行政上の即時強制はその内容が極めて多様であり，緊迫した状況のもとで行われることも多く，令状主義をすべての場合に貫くことは実際上不可能です。そこで，一般に行政上の即時強制については，それが刑事手続の一環としての意味を併せもつ場合，例えば国税犯則事件の調査（脱税の調査を目的とする強制調査）等に限って妥当するものと解されています。国税通則法上は税務調査（質問検査）に関して事前の裁判所の許可は必要とされていません（同法7章の２参照）。

## 実戦過去問　行政書士　令和元年度

行政上の義務の履行確保手段に関する次の記述のうち,法令および判例に照らし,正しいものはどれか。

1　即時強制とは，非常の場合または危険切迫の場合において，行政上の義務を速やかに履行させることが緊急に必要とされる場合に，個別の法律や条例の定めにより行われる簡易な義務履行確保手段をいう。

2　直接強制は，義務者の身体または財産に直接に実力を行使して，義務の履行があった状態を実現するものであり，代執行を補完するものとして，その手続が行政代執行法に規定されている。

3　行政代執行法に基づく代執行の対象となる義務は,「法律」により直接に命じられ，または「法律」に基づき行政庁により命じられる代替的作為義務に限られるが,ここにいう「法律」に条例は含まれない旨があわせて規定されているため,条例を根拠とする同種の義務の代執行については，別途，その根拠となる条例を定める必要がある。

4　行政上の秩序罰とは，行政上の秩序に障害を与える危険がある義務違反に対して科される罰であるが，刑法上の罰ではないので，国の法律違反に対する秩序罰については，非訟事件手続法の定めるところにより，所定の裁判所によって科される。

5　道路交通法に基づく違反行為に対する反則金の納付通知について不服がある場合は，被通知者において，刑事手続で無罪を主張するか，当該納付通知の取消訴訟を提起するかのいずれかを選択することができる。

**解　説**

1　×　即時強制は，行政上の義務の賦課を前提とするものではありません。

2　×　直接強制の手続は，行政代執行法には規定されていません。

3　×　行政代執行の対象となる代替的作為義務の根拠となる「法律」には，条例が含まれます（行政代執行法2条かっこ書）。

4　○　国の法律違反に対する秩序罰については，非訟事件手続法の定めるところにより，所定の裁判所によって科されます。

5　×　交通反則金の納付通知には処分性がなく，その取消訴訟は不適法として却下されることになります（最判昭57･7･15）。　**正解　4**

## 実戦過去問　　行政書士　平成28年度

Ａ市は，Ａ市路上喫煙禁止条例を制定し，同市の指定した路上喫煙禁止区域内の路上で喫煙した者について，2万円以下の過料を科す旨を定めている。Ｘは，路上喫煙禁止区域内の路上で喫煙し，同市が採用した路上喫煙指導員により発見された。この場合，Ｘに対する過料を科すための手続は，いかなる法律に定められており，また，同法によれば，この過料は，いかなる機関により科されるか。さらに，行政法学において，このような過料による制裁を何と呼んでいるか。

40字程度で記述しなさい。

### 解　説

地方自治法に定められており，普通地方公共団体の長により科される。秩序罰と呼ばれる。(41字)

Ｘは，Ａ市路上喫煙禁止条例に違反したことを理由として2万円の過料が科せられることになります。このように，条例に違反した者に対し過料を科する旨の根拠は，地方自治法14条3項です（下記条文参照）。そうすると，いかなる法律に定められているかの答えは地方自治法です。地方自治法に基づく過料は，当該普通地方公共団体の長が行政処分として科します。つまりこの場合，過料を科す機関は普通地方公共団体の長です。そして，行政法学上，過料による金銭的制裁は秩序罰と呼ばれます。

キーワードは，「地方自治法」「普通地方公共団体の長（またはＡ市長）」「秩序罰」です。以上を解答例のように並べれば，完成です。全部を思いつかなければ，部分点を狙って一部だけでも書いておきましょう。

＜参照条文＞

地方自治法14条3項

普通地方公共団体は，法令に特別の定めがあるものを除くほか，その条例中に，条例に違反した者に対し，2年以下の懲役若しくは禁錮，100万円の罰金，拘留，科料若しくは没収の刑又は5万円以下の過料を科する旨の規定を設けることができる。

## 実戦過去問

行政書士　平成21年度

行政上の義務違反に関する次の文章の空欄［ア］～［ウ］に当てはまる語句を，枠内の選択肢（1～20）から選びなさい。

行政上の義務違反に対し，一般統治権に基づいて，制裁として科せられる罰を［ア］という。［ア］には，行政上の義務違反に対し刑法典に刑名のある罰を科すものと，行政上の義務違反ではあるが，軽微な形式的違反行為に対し科す行政上の［イ］とがある。［イ］としては，届出義務違反などに科される［ウ］がある。普通地方公共団体も，法律に特別の定めがあるものを除くほか，その条例中に［ウ］を科す旨の規定を設けることができる。［ウ］を科す手続については，法律に基づくものと，条例に基づくものとで相違がある。条例上の義務違反に対して普通地方公共団体の長が科す［ウ］は，［エ］に定める手続により科される。

| | | | | | | | |
|---|---|---|---|---|---|---|---|
| 1 | 秩序罰 | 2 | 行政代執行法 | 3 | 科料 | 4 | 公表 |
| 5 | 懲役 | 6 | 行政罰 | 7 | 代執行 | 8 | 強制執行 |
| 9 | 罰金 | 10 | 刑事訴訟法 | 11 | 間接強制 | 12 | 過料 |
| 13 | 課徴金 | 14 | 非訟事件手続法 | 15 | 行政刑罰 | 16 | 直接強制 |
| 17 | 禁錮 | 18 | 懲戒罰 | 19 | 行政事件訴訟法 | 20 | 地方自治法 |

**解　説**

行政上の義務違反に対して，制裁として科せられる罰を行政罰といい，これには行政刑罰と行政上の秩序罰があります。［ア］には，6の行政罰が入ります。行政刑罰は刑法典に刑名のある刑罰を科すものであり，行政上の秩序罰は行政上の軽微な義務違反に対して過料を科すものです。したがって，［イ］には1の秩序罰，［ウ］には12の過料が入ります。普通地方公共団体も，法令に特別の定めがあるものを除き，その条例中に5万円以下の過料を科する旨の規定を設けることができます（地方自治法14条3項）。過料を科する手続については，法令に基づくときは非訟事件手続法の規定により裁判所が科し，条例に基づくときは普通地方公共団の長が，地方自治法の定めにより行政処分として科します。つまり，［エ］には20の地方自治法が入ります。

以上より，［ア］には6，［イ］には1，［ウ］には12，［エ］には20が入ります。

# 8　行政手続法Ⅰ――行政指導，届出，意見公募手続

## 学習ナビゲーション

行政手続については，各行政法令に個別の定めが設けられていることも多くみられますが，その間に必ずしも統一がとれているとはいい難く，また手続の十分な整備が進んでいるともいえません。そこで，行政手続の整備・統一を目的として平成５年に行政手続法が行政手続に関する一般法として成立し，平成６年10月１日より施行されています。行政手続法の個別の手続規定は，憲法の適正手続（憲法31条）の要請を行政手続の面で具体化したものとみることができます。

本講では，行政手続法の一般的な性格の説明とともに，行政手続法の規律対象とする行政指導，届出，意見公募手続について説明します。行政手続法は，他に処分（申請に対する処分，不利益処分）についても規定を置いていますが，これらは，行政救済の事前手続の意味合いが濃い制度です。これについては，次講で詳述します。

## 1　行政手続法の趣旨・規律対象とその適用範囲

### (1)　行政手続法の趣旨・規律対象

＊本講および次講では，文章末尾の（　）内に引用した条文は，特にことわりがなければ，行政手続法の条文を表しています。

行政手続法１条１項は，次のように規定しています。

「この法律は，**処分**，**行政指導**及び**届出**に関する手続並びに**命令等を定める手続**に関し，共通する事項を定めることによって，行政運営における**公正の確保と透明性**（行政上の意思決定について，その内容及び過程が国民にとって明らかであることをいう）の向上を図り，もって**国民の権利利益の保護に資する**ことを目的

とする」

この条文は，行政手続法の目的およびその規律する対象を明確に示すものです。法律の条文にしては「透明性」などという，なかなかシャレた言葉が使われています。別に暗記する必要はありませんが，その趣旨とするところを十分に汲み取ってください。

| 行政手続法の規律する対象 |
| --- |
| 処分（申請に対する処分・不利益処分） |
| 行政指導 |
| 届出 |
| 命令等制定手続 |

**一歩前進**

行政手続法は，主として国の行政機関が国の法令に基づき，私人に対して行う**処分，行政指導，届出，命令等制定手続**等について規律するものであり，地方公共団体の行うこれらの行為に当然に適用されるものではありません。まず，この点に注意が必要です。地方公共団体の機関の行為と行政手続法の適用関係については，次頁 Check で説明します。

### (2) 行政手続法の適用範囲

**① 原則**

行政手続法は**行政手続に関する一般法**ですから，処分，行政指導，届出および命令等制定手続に関し，個別の法律に定めがあるときは，その規定が行政手続法の規定に優先して適用されることになります（1条2項）。いいかえると，**個別の法律に特別の定めがなければ，行政手続法の規定が適用される**ことになります。

もっとも，行政活動は多岐にわたるため，行政手続法を一律に適用することが適当ではないと考えられる事項については，次のように相当広範な適用除外が規定されています（3条1項）。

**② 適用除外事項**

（ⅰ）国会または地方議会の議決による処分

（ⅱ）裁判または裁判の執行による処分

アドバイス

適用除外事項が出題されることはめったにありませんが，気になるようでしたら，試験直前に条文に目を通してザッと覚えておけばよいでしょう。なお，行政不服審査法の不服申立除外事項（第12講参照）と相当に共通したものがありますから，両者を対比して頭に入れておくという手もあります。

（iii）国会または地方議会の議決，同意等を経てされる処分
（iv）会計検査院の検査官会議で決すべき処分，行政指導
（ｖ）刑事事件における検察官等による処分，行政指導
（vi）国税，地方税の犯則事件および金融商品取引の犯則事件に関する処分，行政指導
（vii）国公立学校等における教育関係に関する処分，行政指導
（viii）刑務関係に関する処分，行政指導
（ix）公務員関係に関する処分，行政指導
（ｘ）外国人の帰化・出入国関係に関する処分，行政指導
（xi）人の学識技能に関する試験・検定の結果についての処分
（xii）利害調整目的でなされる裁定その他の処分，行政指導
（xiii）災害現場等における公益確保に関する処分，行政指導
（xiv）情報収集目的で行われる処分，行政指導
（xv）不服申立てに対する行政庁の裁決・決定その他の処分
（xvi）行政手続法の手続規定に基づきなされる処分，行政指導

Check

**「地方公共団体の機関の行為と行政手続法の適用」**

地方公共団体の機関が私人に対して行う行為と行政手続法の適用関係について，行政手続法３条３項は，次のように規定しています。

「……地方公共団体の機関がする処分（その根拠となる規定が条例又は規則に置かれているものに限る）及び行政指導……については，次章から第６章までの規定は，適用しない」

表記の仕方がややこしくてわかりにくいかもしれませんが，ここで条文の読み方の練習をしてみましょう。この条文の（　）書きの部分で，その根拠となる規定が条例または規則に置かれているものだけが，行政手続法の適用されない「処分」に該当することが明示されています。つまり，地方公共団体の機関がする処分で**その根拠となる規定が条例または規則に置かれているもの**に限り，**行政手続法の規定は適用されない**ということです。逆にいうと，地方公共団体の機関がする処分で，**国の法令に基づいて行う処分に関しては行政手続法の規定が適用される**ことになります。例えば，レストラン等の飲食業の許可は，地方公共団体の機関である都道府県知事（またはその委任を受けた保健所長）が行いますが，その根拠となるのは食品衛生法の規定ですから，当該許可については行政手続法の規定が適用されます。

一方，地方公共団体の機関がする行政指導については，条文上，何の限定もありませんから（処分の場合のように（　）書きはありません），行政手続法2章から6章までの規定はいっさい適用されないということになります。地方公共団体の行政指導は通常，行政手続条例の定めに基づいて行われます。これは，地方公共団体の行政指導の自主性を尊重するという趣旨です。条文の解釈がわかりにくければ，青で示した結論を覚えておくだけでも大丈夫です。なお，上の引用条文では省略しましたが，地方公共団体の機関に対する届出については，処分の場合と同様，その根拠となる規定が条例・規則に置かれているときは行政手続法の規定が適用されませんが，国の法令にその根拠となる規定が置かれているときは，行政手続法の規定が適用されることになります。また，地方公共団体の機関が命令等を定める行為については，行政指導の場合と同様，行政手続法の規定はいっさい適用されません。

| | |
|---|---|
| 適用あり | 国の法令に基づく処分 |
| 適用なし | 条例または規則に基づく処分 |
| | 行政指導 |
| | 命令等を定める行為 |

地方公共団体に関連する行為で行政手続法の適用除外とされている上記のものについては，行政運営の公正と透明性の向上といった観点から，地方公共団体に必要な措置（条例の制定等）を講ずべき努力義務が課せられています（46条）。

**「行政機関相互の行為と行政手続法の適用」**

処分や届出，行政指導といった行政手続は，行政庁と私人の間でなされるほか，国の機関が都道府県や市町村に対して行う場合のように，行政機関相互間でなされる場合もあります。この場合の行政手続法の適用関係については，次のように整理しておきましょう（4条1項）。

① 行政指導については，行政手続法の規定は一切適用されない。

② 処分，届出については，行政機関または行政主体がその「固有の資格」で処分の名あて人になるもの，および「固有の資格」で届出をすべきものについては，行政手続法の規定の適用はない。

ここでいっている「固有の資格」とは，行政機関や行政主体であるからこそ立ち得る地位，いいかえると一般の私人では立ち得ない地位と理解してください。例えば，いわゆる公営ギャンブルの一つである競艇を行うに際し，地方公共団体が競艇場を設置するには，「モーターボート競走法」という法律に基づき，国土交通大臣の許可を必要とします。競艇を開催できるのは，地方公共団体や地方公共団体の組合などだけであり，一般私人は，競艇を開催してひと儲けしたいと思っても，その許可を申請することはできません。つまり，競艇場の設置に関する国土交通大臣の許可については，地方公共団体が固有の資格で処分の相手方となるものです。したがって，これに対しては行政手続法の規定の適用はありません。具体的にいうと，後述の申請に対する審査基準や標準処理期間の設定・公表，不利益処分における意見陳述の機会の保障等の措置を講じる必要はありません。これに対し，例えばバス事業などについては，地方公共団体は道路運送法の規定に基づき，「固有の資格」ではなく民間のバス運行会社と同様の立場で国土交通大臣の許可を受けることになります。したがって，これについては行政手続法の規定が適用されます。

## 2　行政指導

### (1) 行政指導とは

**設例19**

Ａは，甲市内に在住しているが，Ａの所有・居住する建物は建築基準法に違反するものであり，周辺に危険を生じさせている。

行政指導という言葉は，あちこちで目にし，また耳にすることが多いでしょう。ただ，その法的な意味については，いまひとつよく知らないという方が多いのではないでしょうか。この言葉は，行政処分という言葉と対比すれば理解しやすいといえます。そこで，行政行為の復習の意味も兼ねて，両者を対比して説明しておきます。＊

行政処分（行政行為）とは，先に第５講で説明したとおり，行政庁が，一方的な行為により**国民の権利義務に具体的な変動を生じさせる行為**です。例えば，**設例19**で甲市長が，建築基準法の規定に基づき，違法建築物の所有者Ａに対して除却命令（「取り除け」と命じることです）を発すれば，Ａはその建築物の除却義務を負うことになります。Ａがこの除却義務を自ら進んで履行し

＊行政指導という言葉は，実務上は以前から使われていましたが，法令上使われたのは，この行政手続法が初めてです。

ないとき，甲市長は，代執行という方法により強制的にその建物を除却してしまうこともできます。つまり，この除却命令という行政処分は，**法的強制力をもった権力的行為**なのです。

一方，行政指導とは，簡単にいえば，行政庁が何らかの目的を達成するために，国民に対して**指導**や**勧告**あるいは**助言**といった形で働きかけ，**自発的に行政の望む状態を実現させる行為**といえます。つまり，行政指導は，行政機関が国民の自発的な協力を求めて行う**非権力的な事実行為**であり，行政処分と異なり，**法的な強制力はない**のです。**設例19**で，行政庁である甲市長がAに対し，「あなたの建築物は，建築基準法に違反して危険ですから，取り除いていただけませんか」と要請する行為は行政指導にあたります。この行政指導には，Aにその建物の除却を義務づける効力はありません。したがって，Aがそれに従わなかったからといって強制的に代執行を受けることはなく，建前上はAに不利益となることはありません。

行政処分と行政指導

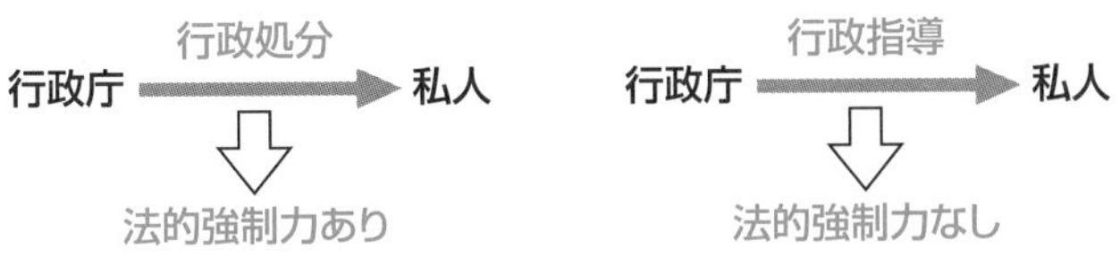


ただしかし建前はそうであっても，一般的には，役所のいうことをニベもなく断ってしまうことは，心理的には抵抗があるのが普通ではないでしょうか。特に，ある業界に対して強大な許認可権限をもつ省庁の「要望」などは，その業界に身を置く者にとって，ほとんど絶対的な影響力があり，**事実上の強制力をもつ**ことも多いのです。行政指導の問題点は，まさにここにあります。

行政指導は，行政活動のあらゆる領域で多用される手法です。行政の目的を達するためには，行政処分によるのが原則といえますが，いきなり行政処分というハードな方法によるよりも，まず行政指導というソフトな方法で穏便に事を済ませるほうが望ましく，また行政指導には，必ずしも**法の根拠を要しない**ことから，法の不備を補い，行政需要に柔軟に対応できるというメリットがあるからです。その一方で，法に根拠のない行政指導が多用されるとなると，「法律による行政の原理」との衝突を生じ，国民の自由や権利が不当に侵害されることにもなりかねません。そこで，その間のバランスをどのように図るかが難しい課題となるわけです。この点は，行政指導の問題点として後述します。

## (2) 行政指導の法律上の定義とその種類

### ①　行政手続法上の定義

行政手続法は，行政指導について，「行政機関がその任務又は所掌事務の範囲内において一定の行政目的を実現するため特定の者に一定の作為又は不作為を求める指導，勧告，助言その他の行為であって処分に該当しないものをいう」と定義しています（２条６号）。

**一歩前進**

行政指導は，「特定の者」を相手方として行われるものですから，例えば，経済産業大臣が国民一般に対して，政府広報などで「節電」を呼びかける行為は行政指導とはいえません。しかし，大企業などの大口需要者に対して節電を個別に要請する行為は行政指導となります。

### ②　行政指導には3つのタイプがある

行政指導は，その内容面・機能面に着目すると，規制的指導，調整的指導，助成的指導の３つに分類することができます。

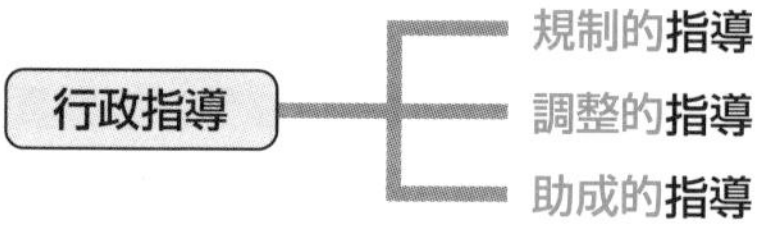


#### (ⅰ) 規制的行政指導

これは，経済政策や公害対策その他一定の政策目的を実現するために，国民の自由な活動を規制する行政指導です。**設例19**のように，法律違反の状況がある場合に，行政処分を行う前に違反状況の改善を求めるのもこの類型の行政指導に含まれます。＊

＊後述する行政指導の問題点は，この規制的行政指導で最も多く生じます。

#### (ⅱ) 調整的行政指導

私人間の紛争を解決し，またはその予防のために行われる行政指導です。建築主と近隣住民との間の日照や通風をめぐるトラブルの調整が典型例です。

**(ⅲ) 助成的行政指導**

国民に対して情報やサービスを提供することを目的とする行政指導です。例えば，農業上の技術指導，保健所の行う育児指導，税務相談などがこれにあたります。この類型の行政指導は，もっぱら国民の利益になるものですから，あまり問題は生じません。

**ここが狙われる**

行政指導は，相手方に任意の協力を求める**非権力的な事実行為**に過ぎないので，それを行うのに必ずしも**法律の根拠を必要としません**。これは，調整的指導，助成的指導だけでなく，**規制的指導の場合も同じ**ことです。

### (3) 行政指導の問題点

#### ① 行政指導に関して判例はどのような見解を示してきたか

行政指導に関する規制は，平成5年に成立した行政手続法に初めて取り入れられました。そこでは，**手続上の規制**とともに，行政指導の**あり方や内容に関する規制（実体的規制）**も設けられています。この実体的規制は，それまでに行政指導について出された多くの判例を下敷きにしています。そこで，まず行政指導に関する判例が，どのような考え方を示してきたかを次の設例に即してみていくことにしましょう。

**設例20**

東京都下のM市では，「住みやすい街づくり」という政策を推進し，マンション等の乱立を防止する目的で，「宅地開発指導要綱」という行政指導の指針を定めている。この要綱には，一定規模以上のマンションを建築する際には，周辺住民の同意を得なければならないこと，一定の教育施設負担金を市に納付しなければならないこと，およびこれを拒否したときは水道の給水契約を締結しない等の条項が含まれている。

**Check**

**「開発指導要綱」**

都市計画法の定める都市計画区域内においては，同法に基づく開発許可，用途地域規制，建築基準法に基づく細かな建築規制などがなされています。これらの規制は，都市の無秩序な拡散を防止し，国民の生命，健康，財産の安全を保護すること等を目的としています。しかし，このような法律の規制だけでは，地域的な実情に応じたキメの細かい規制を行うには不十分な場合があります。具体的にいうと，法律の定める基準を満たしていても，大規模マンションの建築によって日照，通風の阻害，交通混雑，テレビの電波障害などが生じることがあり，建築主と周辺住民との間に摩擦・アツレキが生じ紛争の種になることがよくみられます。さらに，マンションの入居者の大量流入によりその地域の人口が著しく増加し，そのための学校の新設や公共設備の新設等がその地方公共団体の財政を圧迫する要因にもなりかねません。そこで，多くの地方公共団体では，法律よりさらに細かく，その地域の実情に応じた宅地開発のルールを独自に定め，これを行政指導の指針とすることが広く行われています。**設例20**の「宅地開発指導要綱」（以下「要綱」といいます）もそのような目的をもつものです。

### （ｉ）要綱に基づく建築確認の留保

マンション業者Aが，M市に大規模マンションの建築確認を申請したところ，周辺住民から建設反対運動が起こり，住民からの陳情を受けたM市は，要綱に基づきAに対して周辺住民の同意を取りつけるよう行政指導し，同意を得られるまで，建築確認を留保することにしました。Aは，周辺住民の同意を得るために，何度か「住民説明会」を開催し，長期間にわたる難航の末に同意を取り付け，やっと建築確認を得て工事に着工しました。その後Aは，建築確認の留保により，長期間にわたって工事着手が遅れ，その間に生じた工事請負代金の増額等は，違法な行政指導により生じた損害であるとしてM市に損害賠償を請求しました。M市は，Aのマンションが法律の定める要件を満たしている以上，本来であれば建築確認をしなければならないはずですが，要綱の規定をタテに建築確認を留保することはできるのでしょうか。いいかえると，このような形での行政指導は適法なのでしょうか。＊

＊建築主事が行う建築確認（ないし拒否処分）は，原則として申請書を受理した日から35日以内に行わなければならないこととされています（建築基準法6条4項）。

このような事案で，最高裁は，「建築主に対し，当該建築物の建築計画につき一定の譲歩・協力を求める行政指導を行い，建築主が任意にこれに応じているものと認められる場合においては，社会通念上合理的と認められる期間建築主事が申請に係る建築計画に対する確認処分を留保し，行政指導の結果に期待することがあったとしても，これをもって直ちに違法な措置であるとまではいえない」という前提を示しつつ，しかし「建築主において自己の申請に対する確認処分を**留保されたままでの行政指導には応じられないとの意思を明確に表明している場合**には，行政指導が行われているとの理由だけで確認処分を留保することは違法である」と判断しています（最判昭60・7・16）。

**（ⅱ）負担金支払いの拒否**

マンション業者Bが，「教育施設負担金を支払うこと」という要綱の規定に従わない場合，M市長は，水道供給契約の締結を拒否することができるでしょうか。これが問題となった事案で，判例は，「事業主が**要綱に従わない意思を明確に表明**している場合における給水契約の締結拒否は，正当な理由なしに給水契約を拒むことを禁じる水道法15条1項に違反する」と判断しています（最決平1・11・8）。＊

＊ちなみに，水道事業者たる地方公共団体の長が，近い将来において水不足が確実に予見される状況下で，需要抑制策の1つとして特定の大口需要者との給水契約を拒むことは，「正当な理由」があるものとして許される場合があります（最判平11·1·21）。

**（ⅲ）負担金の支払いを理由とする損害賠償請求**

マンション業者Cが，M市の要綱に従い，実際に一定額の教育施設負担金を納付しました。しかし，それはM市職員の「教育施設負担金を支払わない限り，給水契約を締結することはできない」との一種の強迫的な言動によるものであることを理由として，M市に対し国家賠償を請求しました。このような事案に対して判例は，過去にM市が同様の事案で給水契約を拒否した実例があることなどの事情を考慮して，Cに対する寄付の要請が強迫にあたると判断し，**行政指導の限界を超えた違法な公権力の行使**に該当するとしています（最判平5・2・18）。その結果，CのM市に対する損害賠償請求が認められました。

**②　行政手続法上の規制**

以上のような判例の流れを背景に，行政手続法は，行政指導に関して次のような規制を設けてその適正を図っています。上記の判例と照らし合わせて理解してください。

**（ⅰ）行政指導に関する一般原則**

行政指導に携わる者は，いやしくも当該行政機関の任務または所掌事務の範囲を逸脱してはならないことおよび行政指導の内容があくまでも相手方の任意の協力によってのみ実現されるものであることに留意しなければなりません（32条１項)。この規定は，行政指導の性質から導かれる当然の原則を確認したものといえるでしょう。

行政指導に携わる者は，その相手方が行政指導に従わなかったことを理由として不利益な取扱いをしてはなりません（同条２項)。上記①の（ⅱ）の事案のような給水契約の締結拒否は不利益な取扱いに該当するでしょう。

しかし，相手方が行政指導に従わない事実を公表することは，個別の法令にそのような措置を執ることができる旨の定めがあるときは，本条項違反とはなりません。しかし，それによって相手方の信用にダメージを与え経済的損失を生じさせるような場合には，「不利益な取扱い」に当たる可能性があります。

**（ⅱ）申請に関連する行政指導**

申請の取下げまたは内容の変更を求める行政指導にあっては，行政指導に携わる者は，申請者が当該行政指導に従う意思がない旨を表明したにもかかわらず当該行政指導を継続すること等により当該申請者の権利の行使を妨げるようなことをしてはなりません（33条)。＊

＊この条文は，上記①の（ⅰ）の判例を基礎として立法化されたものです。

**（ⅲ）許認可等の権限に関連する行政指導**

許認可等をする権限または許認可等に基づく処分をする権限を有する行政機関が，当該権限を行使することができない場合または行使する意思がない場合においてする行政指導にあっては，行政指導に携わる者は，当該権限を行使し得る旨をことさらに示すことにより相手方に当該権限に従うことを余儀なくさせるようなことをしてはなりません（34条)。例えば，「私どもの要請に沿っていただけないのなら，営業をしばらくストップさせていただくこともあるかもしれません。もちろん，そんなことはしたくはないのですが……」などと，業務停止の権限をチラつかせて，業者等にやんわりと脅しをかけるようなパターンがこれにあたります。このような行為は，上記の規定により禁止されることになります。しかし，行政指導の相手方にとってみれば，当該行政機関が許認可等に関する権限を行使することができるか不明のときは，その行使の可能性をおそれて行政指導に従わざるを得ないという事態も生じ得ます。そのような事態を避けるため，次の規定が置かれています。

行政指導に携わる者は，当該行政指導をする際に，行政機関が許認可等をする権限または許認可等に基づく処分をする権限を行使し得る旨を示すときは，その相手方に対して，当該許認可権限を行使し得る**根拠条項**や**要件**さらに当該権限の行使が**許認可等の要件に適合する理由**を示さなければなりません（35条２項）。これによって，いわばハッタリの行政指導は影を潜めることが期待できます。

### (ⅳ) 行政指導の中止等の求め

法令に違反する行為の**是正を求める**行政指導（その根拠となる規定が法律に置かれているものに限る）の相手方は，当該行政指導が当該法律に規定する**要件に適合しない**と思料するときは，当該行政指導をした行政機関に対し，その旨を申し出て，当該**行政指導の中止**その他必要な措置をとることを求めることができます（36条の２第１項）。＊

この申出を受けた行政機関は，必要な調査を行い，当該行政指導が当該法律に規定する要件に適合しないと認めるときは，当該行政指導の中止その他必要な措置をとらなければなりません（同条３項）。不適切と思われる行政指導が執拗に行なわれ，しかもその結果が公表されたりすると，その相手方である企業者等のイメージダウンとなりかねません。上記の制度はそのような弊害を防止するために，相手方からの対抗手段を認めたものといえるでしょう。

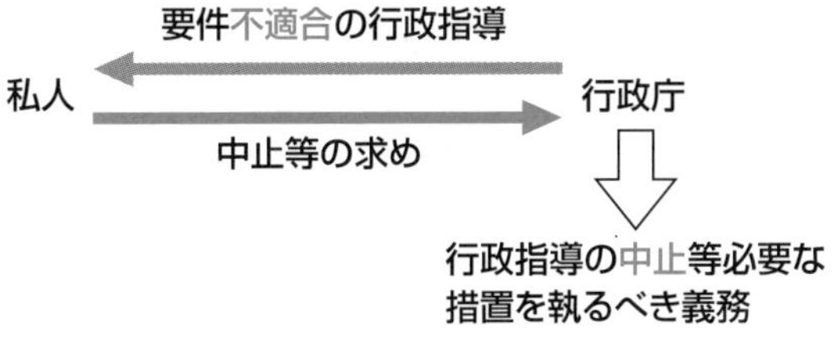


＊この規定は，法律に根拠を有し，かつ，法令違反行為の是正を求める行政指導についてのみ適用されることに注意しましょう。また，行政指導がその相手方について弁明その他意見陳述のための手続を経てされたものであるときは，当該行政指導の中止等を求めることはできません（36条の2第1項ただし書）。

### (ⅴ) 処分等の求め

何人も，法令に違反する事実がある場合において，その是正のためにされるべき処分または行政指導（その根拠となる規定が法律に置かれているものに限る）がされていないと思料するときは，当該処分または行政指導をする権限を有する行政庁または行政機関に対し，その旨を申し出て，当該処分または行政指導をすることを求めることができます（36条の３第１項）。この申出を受けた行政庁または行政機関は，必要な調査を行い，その結果に基づき必要があると認めるときは，当該処分または行政指導をしなければなりません（同条３項）。

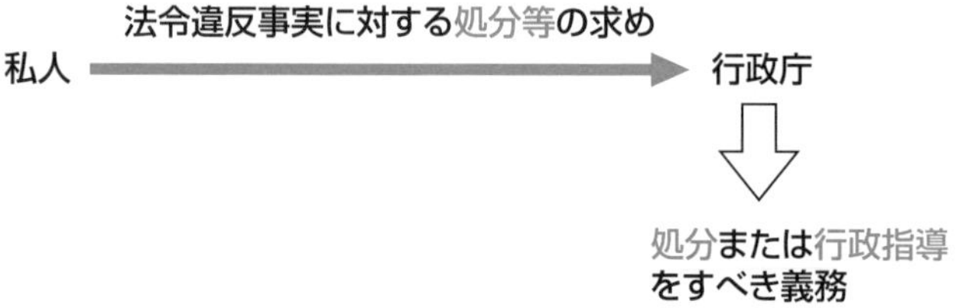


これは，（ⅳ）の「行政指導の中止等の求め」とは逆方向からの規定です。公害や薬害等の発生またはそのおそれがあるような場合に，直接的な被害をこうむる者でなくても，事業者等への処分や行政指導をしてくれとの申出をすることができ，行政庁等にその対応を義務づけるものです。もっとも，これは「申出」であり，「申請」ではないので，行政庁に諾否の応答を義務づけるという効果は生じません（２条３号参照）。

### ③　違法な行政指導に対する救済

違法な行政指導を受けた私人は，上記のように当該行政指導の中止等を求めることができますが，他にどのような手段によって救済を受けることができるのでしょうか。

#### (ⅰ) 取消訴訟の対象となるか

行政指導は，国民に対して直接法的効果を生じさせることのない非権力的な事実行為に過ぎないので，取消訴訟の対象となる「行政庁の処分その他公権力の行使に当たる行為」（行政不服審査法1条1項）に該当しません（最判昭38・６・４）。したがって，原則として，それに対して取消訴訟を提起することはできません。

しかし，一般論としては，行政指導は取消訴訟の対象とならないとしても，最近の判例には，行政指導が取消訴訟の対象となる

としたものがあります（最判平17・7・15）。＊1

＊1これは，取消訴訟の訴訟要件である「処分性」が認められるかどうかという問題です。詳しくは，P258 ステップアップ を参照してください。

**(ⅱ) 国家賠償を請求できるか**

行政指導も「公権力の行使」として行われるのですから，行政指導がその限界を超えたときは，**違法な公権力の行使**となり，それによって生じた損害について，**国家賠償法に基づき損害賠償を請求**することができます（前記最判平5・2・18）。

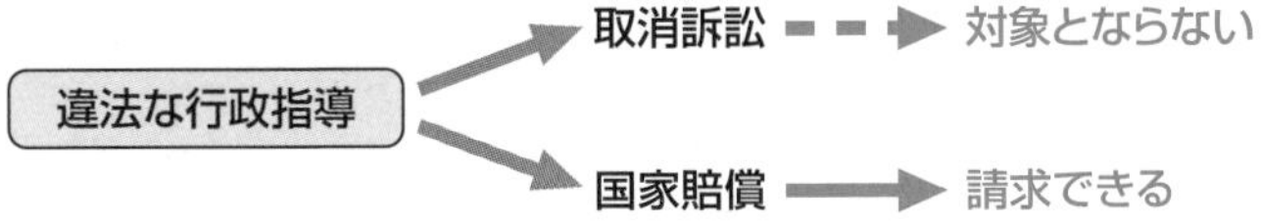


## (4) 行政指導に関する手続規定

### ① 行政指導の方式

行政指導に携わる者は，その相手方に対して，その行政指導の**趣旨,内容,責任者**を明確に示すことが義務づけられています（35条1項）。＊2

＊2加えて，先述したように許認可権限に関連する行政指導においては，その根拠条項，要件，許認可等の要件に適合する理由を示さなければなりません（35条2項）。

### ② 書面の交付

行政指導が口頭でなされた場合において，その相手方からその行政指導の**趣旨，内容，責任者**およびその**根拠法令の条項・要件・その要件に適合する理由等**を記載した書面の交付を求められたときは，当該行政指導に携わる者は，**行政上特別の支障がない限り**，これを交付しなければなりません（同条3項）。

ただし，相手方に対してその場において完了する行為を求める場合や，すでに文書または電磁的記録により，その相手方に通知されている事項と同一の内容を求める場合は，書面の交付は必要ありません（同条4項）。＊3

＊3「その場において完了する行為」とは，例えば，違法駐車している車の運転者に移動を求めるとか災害危急時に住民に避難を促す行為などが考えられます。

### ③ 複数の者を対象とする行政指導

同一の行政目的を実現するため一定の条件に該当する複数の者に対し行政指導をしようとするときは，行政機関は，あらかじめ，事案に応じ，**行政指導指針**を定め，かつ，**行政上特別の支障**がない限り，これを公表しなければなりません（36条）。例えば，不動産ディベロッパーや金融機関などに対する行政指導のように複数の者にその業界を通して行われる行政指導については，個別業者ごとに不公平が生じないようその指針を明確に定め，これに基づいて行政指導を行わなければならないという趣旨です。

**閑話休題**

国の行う行政指導については，銀行など特定業界の権益保護のための「護送船団方式」を形成したり，特定官庁と業界との癒着を助長し外国からも白い眼で見られるなど，評判のかんばしくないものも多かったようです。しかし，地方公共団体の行う行政指導については，「住みやすい街づくり」あるいは「地域の活性化」といった視点を軸に，積極的に展開された行政指導が高い成果を上げている例も多くみられます。「宅地開発指導要綱」や「公害防止協定」を基にした行政指導などは，法の規制の空白を埋め，あるいは法の規制の不備な領域について，地域的実情に応じた柔軟かつ弾力的な政策の遂行を可能にしてきたといっても過言ではないでしょう。そのようなことから行政指導は，「法治主義」を空洞化させるものであるとして一律に害悪視するのは誤りであるとの評価が強くなっています。ただ，度を越えた行政指導は，上記の判例にみられるようなリアクションを引き起こすことになりかねません。要は，行政指導の一定の有用性を承認したうえで，「法律による行政の原理」とどう折合いをつけるかという視点が重要でしょう。

# 3　届出

## (1)　届出とは

届出とは，行政庁に対して一定の事項を通知する行為（申請に該当するものを除く）であって，**法令により直接にその通知が義務づけられている**ものです（２条７号）。申請と異なり，行政庁は届出に対して諾否の応答を義務づけられているわけではありません。

**一歩前進**

婚姻の届出（民法739条）は，それを受け付けた市町村長が，その内容審査をしたうえで受理するかどうかの決定をするという仕組みになっています（同法740条）。つまり，市町村長に**諾否の応答が義務づけられている**わけで，これは，行政手続法上，届出ではなく，次講で説明する「申請」に該当します。逆に，かつて制度として存在した外国人登録申請のように**申請という用語が用いられていても届出にあたる**場合もあります。このように，まれに法令上の用語と行政手続法上の法的性質が一致しないこともあります。なお，外国籍住民の扱いの変更については，P393側注の記述を参照してください。

### (2) 届出の到達の効果

届出が届出書の記載事項に不備がないこと，届出書に必要な書類が添付されていることその他の法令に定められた届出の形式上の要件に適合している場合は，その届出が法令によりその届出の提出先とされている機関の事務所に**到達した時**に，**当該届出をすべき手続上の義務が履行された**ものとなります（37条）。わかりにくい条文ですが，この規定は次のような意味をもっています。

例えば，理容業やクリーニング業など一定の営業を行うに際して，許可ではなく届出で足りるとされている場合は，所定の事項を通知するだけで営業を始めることができるはずです。しかし，現実の運用においては届出を受理，つまり届出を有効なものとして受け付ける行為を必要とするという扱いが行われてきました。そうすると，規制緩和により，建前上は許可制から届出制に変更されても，受理を拒否することによって，実際は許可制と同様の運用が可能となります。このような弊害を避けるため，届出が法令に定められた形式上の要件を満たしている場合は，受理という行政側の別個の行為を必要とすることなく，**事務所への到達**だけで届出人の手続完了とするわけです。

## 4　意見公募手続

意見公募手続は，**命令等の制定の民主化**という観点から，いわゆる**パブリックコメント**の手続を導入したものです。すなわち，命令等の制定に際して国民の多様な意見を聴いて，それを考慮しながら最終的な決定を行うという制度です。

命令等を定める機関（命令等制定機関）は，命令等を定めるに際しては，行政手続法の定める一定の例外を除いて，**意見公募手続を実施する**ことが義務づけられています（39条1項）。

実施する必要のない例外事由として，(イ) 公益上**緊急の必要があると**き，(ロ) 他の行政機関が意見公募手続を実施して定められた命令等と実質的に同一の命令等を定めようとするとき，(ハ)法令の規定の削除に伴い当然必要とされる当該命令の廃止をしようとするとき，等の場合が定められています（同条4項）。＊1

＊1その他の例外事由については，いちおう39条4項の条文を確認しておいてください。

### (1) 命令等を定める場合の一般原則

意見公募手続の対象となる「命令等」とは，内閣または行政機関が定めるもので，法律に基づく命令または規則，審査基準，処分基準および行政指導指針のことです。法律に基づく命令とは，政令，省令を指しますが，これには処分の要件を定める告示も含まれます。＊2

＊2政令は，閣議決定により内閣が制定する命令ですが，その場合の命令等制定機関は内閣ではなく，具体的な立案を担当する各大臣です。

命令等制定機関は，命令等を定めるにあたっては，それらの命令等が，これを定める根拠となる法令の趣旨に適合するものとなるようにしなければなりません（38条１項）。「法律による行政の原理」からは，行政機関の定める命令等が，その根拠となる法令の趣旨に反してはならないのは当然のことですから，この規定は，この原則を確認したものといえるでしょう。

さらに，命令等制定機関は，いったん命令等を制定した後においても，その命令等の規定の実施状況や社会経済情勢の変化等を勘案し，必要に応じて，その内容の適正を確保するべく努力する義務を負います（同条2項）。

### (2) 意見公募手続のプロセス

命令等を制定する際の意見公募手続は，①行政機関による案の作成・公示→②意見の募集→③提出意見の考慮・命令等の策定→④結果の公示というプロセスを経て行われます。まず，この流れをしっかり頭に入れておきましょう。以下，各プロセスについて説明していきます。

#### ①　命令等の案の公示

ここでいう命令等の案とは，命令等で定めようとする内容を示すもののことです（39条１項）。案といっても，それは具体的かつ明確な内容のものであって，かつその命令等の題名およびその命令等を定める根拠となる法令の条項が明示されたものでなければなりません（同条２項）。＊3

＊3命令等の抽象的な案を示しても，国民一般の適切な判断を期待しがたいからです。

命令等の案の公示にあたっては，関連する資料もあわせて公示することが義務づけられています（同条1項）。なお，公示の方法としては，インターネットの利用が想定されています（45条1項）。

② 意見の募集

（ⅰ）意見提出権者——誰でも意見を提出できる

命令等制定機関は，「広く一般の意見を求めなければならない」とされ（39条1項），意見を提出できる者の**資格は限定されていません**。したがって，日本国民だけでなく，外国人も含まれ，またその命令等に対して利害関係を有している必要もありません。

（ⅱ）意見提出期間

意見の提出のための期間は，命令等の案の**公示の日から起算して30日以上**でなければなりません（同条3項）。

もっとも，30日以上の期間を定めることができないやむを得ない理由があるときは，**30日を下回る意見提出期間を定める**ことも例外的に許されます（40条1項前段）。「やむを得ない理由」とは，例えば，命令等の制定期間が法定され，その期限が迫っているような場合です。この場合は，案の公示の際にその理由を明らかにすることが義務づけられています（同条同項後段）。＊

＊委員会等の議を経て命令等を定めようとする場合には，当該委員会等が意見公募手続に準じた手続を実施したときは，自ら意見公募手続を実施する必要はありません（40条2項）。

（ⅲ）意見公募手続の周知・情報の提供

意見公募手続を実施するとしても，その手続が採られていることが一般に周知されていなければ，意見が集まるはずがありません。そこで，命令等制定機関は，意見公募手続を実施して命令等を定めるにあたっては，必要に応じ，その意見公募手続の実施について**周知するよう努める**とともに，その実施に関連する**情報の提供に努める**こととされています（41条）。

Check

**「努力義務」と「法的義務(必要的義務)」**

法律の条文に「〜するよう努めなければならない」とか「〜努めるものとする」と表現されている場合は，名あて人に対し当該行為を行うべく努力する義務を課するに過ぎず，求められた行為をしなくても違法ではなく，当然罰則もありません。他方，「〜しなければならない」とあるときは，名あて人に対し法的義務を課するものであり，当該行為をなすべき法的拘束力を生じます。

### ③　提出意見の考慮・命令等の策定

命令等制定機関は，意見公募手続を実施して寄せられた意見を必ず採用しなければならないというわけではありませんが，その意見を**十分に考慮しなければならない**とされています（42条）。

これは，命令等制定機関に，提出された意見を真剣かつ十分に考慮して命令等を制定すべき義務を課するものです。提出意見を考慮した結果（意見公募手続を実施した命令等の案と定めた命令等との差異も含みます）およびその理由の公示が義務づけられているのは（43条1項4号），この意見考慮義務の履行を間接的に担保する趣旨といえるでしょう。

### ④　結果の公示

命令等制定機関は，意見公募手続を実施して命令等を定めた場合には，その命令等の公布（公布をしないものにあっては，公にする行為）と同時期に，次の事項を公示しなければなりません（43条1項）。

（ⅰ）命令等の題名
（ⅱ）命令等の案の公示の日
（ⅲ）提出意見（提出意見がなかった場合にあっては，その旨）＊

＊必要に応じ，提出意見に代えて，その提出意見を整理または要約したものを公示してもOKです。この場合は，公示の後遅滞なく，提出意見を命令等制定機関の事務所等への備付けその他の適当な方法により公にする必要があります。

（ⅳ）提出意見を考慮した結果（意見公募手続を実施した命令等の案と定めた命令等との差異を含む）およびその理由

意見公募手続を実施したにもかかわらず命令等を定めないこととした場合には，その旨ならびに命令等の題名，命令等の案の公示の日を速やかに公示しなければなりません（同条4項）。

なお，意見公募手続を**実施せずに命令等を定めた**場合には，その**理由等の公示**が義務づけられています（同条5項）。

**実戦過去問**　　行政書士　令和3年度

行政指導についての行政手続法の規定に関する次のア～エの記述のうち，正しいものの組合せはどれか。

ア　行政指導に携わる者は，その相手方が行政指導に従わなかったことを理由として，不利益な取扱いをしてはならないとされているが，その定めが適用されるのは，当該行政指導の根拠規定が法律に置かれているものに限られる。

イ　行政指導に携わる者は，当該行政指導をする際に，行政機関が許認可等をする権限を行使し得る旨を示すときは，その相手方に対して，行政手続法が定める事項を示さなければならず，当該行政指導が口頭でされた場合において，これら各事項を記載した書面の交付をその相手方から求められたときは，行政上特別の支障がない限り，これを交付しなければならない。

ウ　行政指導をすることを求める申出が，当該行政指導をする権限を有する行政機関に対して適法になされたものであったとしても，当該行政機関は，当該申出に対して諾否の応答をすべきものとされているわけではない。

エ　地方公共団体の機関がする行政指導については，その根拠となる規定が法律に置かれているものであれば，行政指導について定める行政手続法の規定は適用される。

1　ア・イ　　2　ア・ウ　　3　イ・ウ　　4　イ・エ　　5　ウ・エ

**解　説**

ア　×　行政指導の根拠規定が法律に置かれているか否かによって差は設けられていません（行政手続法32条2項参照）。

イ　○　行政手続法35条2項および3項の規定通りの正しい記述です。

ウ　○　行政指導をすることを求める申出（同法36条の3）は，いわゆる申請とは異なりますから，当該申出に対して諾否の応答を義務付けられているわけではありません。

エ　×　地方公共団体の機関がする行政指導については，行政手続法の規定は一切適用されません（同法3条3項参照）。

以上より，正しいものはイおよびウであり，3が正解となります。

**正解　3**

## 実戦過去問

行政書士　平成26年度

行政手続法に関する次の記述のうち，正しいものはどれか。

1　行政手続法の行政指導に関する規定は，地方公共団体の機関がする行政指導については，それが国の法令の執行に関わるものであっても適用されず，国の機関がする行政指導のみに適用される。

2　地方公共団体の機関が命令等を定める行為について，行政手続法の意見公募手続に関する規定は適用されないが，地方公共団体の機関がする処分については，その根拠となる規定が条例に定められているものであっても，同法の処分手続に関する規定が適用される。

3　申請に対する処分であっても，処分をするか否かに行政庁の裁量が認められないと考えられる処分については，行政庁が審査をする余地がないため，届出の手続に関する規定が適用される。

4　行政庁が不利益処分をしようとする場合，処分の名あて人となるべき者でなくても，当該処分について法律上の利益を有する者に対しては，弁明の機会の付与の手続に関する規定が適用される。

5　行政手続法の規定が適用除外される事項は，同法に定められているので，個別の法律により適用除外とされるものはなく，個別の法律に同法と異なる定めがあっても同法の規定が優先して適用される。

**解　説**

1　○　地方公共団体の機関がする行政指導については，行政手続法の行政指導に関する規定は適用されません（行政手続法３条３項）。

2　×　地方公共団体の機関がする処分で，その根拠となる規定が条例に定められているものについては，行政手続法の規定は適用されません（同法３条３項）。

3　×　申請と届出は別であり，申請については，申請に対する処分に関する行政手続法の規定が適用されます（同法７条）。

4　×　不利益処分をする際の意見陳述の手続は，不利益処分の名あて人となるべき者に対してのみ行われます（同法13条１項）。

5　×　行政手続法は，行政手続に関する一般法ですから，個別の法律に同法と異なる定めがあるときは，その規定が優先して適用されます。

**正解　1**

## 実戦過去問

行政書士　令和元年度

A所有の雑居ビルは，消防法上の防火対象物であるが，非常口が設けられていないなど，消防法等の法令で定められた防火施設に不備があり，危険な状態にある。しかし，その地域を管轄する消防署の署長Yは，Aに対して改善するよう行政指導を繰り返すのみで，消防法5条1項所定の必要な措置をなすべき旨の命令（「命令」という。）をすることなく，放置している。こうした場合，行政手続法によれば，Yに対して，どのような者が，どのような行動をとることができるか。また，これに対して，Yは，どのような対応をとるべきこととされているか。40字程度で記述しなさい。

（参照条文）

消防法

第5条第1項　消防長又は消防署長は，防火対象物の位置，構造，設備又は管理の状況について，火災の予防に危険であると認める場合，消火，避難その他の消防の活動に支障になると認める場合，火災が発生したならば人命に危険であると認める場合その他火災の予防上必要があると認める場合には，権限を有する関係者（略）に対し，当該防火対象物の改修，移転，除去，工事の停止又は中止その他の必要な措置をなすべきことを命ずることができる。（以下略）

**解　説**

何人も，命令をすることを求めることができ，Yは必要な調査を行い，命令をしなければならない。（40字）

まず，解答に必要な条文を挙げておきます。

何人も，法令に違反する事実がある場合において，その是正のためにされるべき処分がされていないと思料するときは，当該処分をする権限を有する行政機関に対し，その旨を申し出て，当該処分をすることを求めることができる（行政手続法36条の３第1項）。当該申出があったときは，当該行政庁又は行政機関は，必要な調査を行い，その結果に基づき必要があると認めるときは，当該処分をしなければならない（同条3項）。

本問では，まさに第1項に該当する事実が生じているのですから，この事実を条文に当てはめ，第3項に規定された行政庁の対応を記述すればＯＫです。

# 9 行政手続法Ⅱ――申請に対する処分，不利益処分

## 学習ナビゲーション

私人の権利利益が行政活動によって現実に侵害された場合には，事後的な救済制度として，次章で説明する行政救済の制度が用意されています。しかし，これだけでは私人の権利利益の救済には十分とはいえず，また，そもそもそのような侵害が生じないよう配慮する必要もあります。

行政手続法上の申請に対する処分および不利益処分に関する制度は，行政救済の一連の手続のうち，事前的な救済制度として位置づけることもできます。したがって，本講で説明する申請に対する処分，不利益処分については，次章の行政救済制度との関連を意識しておくようにすれば，より理解が深まるでしょう。

## 1　申請に対する処分

**設例21**

Aは，宅地建物取引業を営むために，甲県知事に宅地建物取引業者免許を申請した。

**設例22**

乙市に居住するBは，病気のため働くことができず，生活に困窮している。そこでBは，乙市福祉事務所長に対して生活保護の申請をした。

### (1) 申請とは

申請とは，「法令に基づき，行政庁の許可，認可，免許その他

の自己に対し何らかの利益を付与する処分を求める行為であって，当該行為に対して行政庁が諾否の応答をすべきこととされているもの」です（2条3号）。**設例21**では，宅地建物取引業法に基づき宅地建物取引業を行うための免許の付与，**設例22**では，生活保護法に基づき生活保護の決定が求められています。いずれも「自己に対し何らかの利益を付与する処分を求める行為」であり，またそれに対して行政庁が諾否の応答をする義務を負うものですから，ここにいう「申請」に該当します。

### (2) 申請に対する審査

さて，このような申請に対して，行政庁はどのように対処すべきでしょうか。これについて，行政手続法は「行政運営における公正の確保と透明性の向上を図る」ことを目的として，次のような定めを置いています。

#### ① 審査基準，標準処理期間の設定・公表

これらは，行政庁に事前に一般的な基準を定めておくことを義務づけるものです。＊1

＊1審査基準および後述する処分基準は，行政立法の種類としては，行政規則に分類されます。

これらの基準は，許認可等の処分をする権限を有する行政庁が定めるのですから，国の法令に基づいて地方公共団体の行政庁がする処分についても，国の行政庁ではなくその権限を有する地方公共団体の行政庁が定めます。

#### (i) 審査基準の設定および公表はともに必要的義務

行政庁は，許認可等をするかどうかをその法令の定めに従って判断するために必要とされる基準（審査基準）を，当該許認可等の性質に照らし，できる限り具体的に定めなければならず，行政上特別の支障があるときを除き，事務所における備付けその他の適当な方法により公にしておかなければなりません（5条）。＊2

＊2公にしておかなければならないとは，求めがあったときに自由に閲覧できる状態にしておけば足り，積極的に周知を図る措置を講じる必要はありません。もっとも，最近は，国や公共団体がそのホームページで審査基準を公表している例が多く見受けられます。

審査基準は，法令に規定のあることが多いのですが，その定めが抽象的であるような場合は，より具体化した内容を定めておく必要があるということです。もっとも，法令の定めがきわめて具体的でその定めだけで判断できるときは，新たに審査基準を定める必要はありません。

#### (ii) 標準処理期間の設定は努力義務，公表は必要的義務

行政庁は，申請がその事務所に到達してから，当該申請に対す

る処分をするまでに通常要すべき標準的な期間を定めるように努め，これを定めたときは，事務所における備付けその他の適当な方法により，公にしておかなければなりません（6条）。

「その事務所」とは，例えば，**設例21**では甲県庁，**設例22**では，福祉事務所が市役所内に置かれているときは，乙市役所が事務所となります。到達とは，申請が事務所の文書受付業務を担当する部署に物理的に到着し，了知可能な状態に置かれることです。

**ここが狙われる**

標準処理期間を定めることは努力義務とされていますが，これを定めたときの公表義務は必要的義務（必ず公表しなければならない）とされています。

### ②　申請に必要な情報の提供

行政庁は，申請者の求めに応じ，審査の進行状況や処分の時期の見通しを示すよう努めるとともに，申請書の記載および添付書類に関する事項その他の申請に必要な情報の提供に努めることとされています（9条）。

### ③　審査の過程と手続

#### (i) 申請に形式的要件の不備がある場合の措置

行政庁は，申請がその事務所に到達したときは，遅滞なく，当該申請の審査を開始し，法令に定められた形式上の要件に適合しない申請については，速やかに，申請者に対して相当な期間を定め当該申請の補正を求めるか，または当該申請により求められた許認可等を拒否しなければなりません（7条）。つまり，申請の補正を求めるか申請を拒否するかは，行政庁の裁量に任されているわけです。後述しますが，行政不服申立ての場合には，不服申立書に不備があったとき，補正が可能であれば必ず補正を求めなければならないとされていることと混同しないように注意してください。

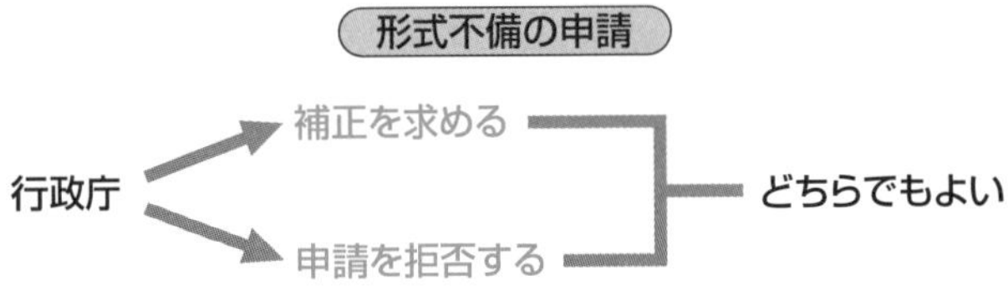


用語の説明

**「直ちに」「速やかに」「遅滞なく」**

これらの用語は，いずれも「すぐに」という意味で用いられますが，時間的即時性の要求は「直ちに」→「速やかに」→「遅滞なく」の順に緩やかになります。「直ちに」は「間を置かずすぐに」という意味，「遅滞なく」は「事情の許す限り最も早く」という意味であり，「速やかに」はその中間的な位置づけにあり，「できるだけ早く」という意味になります。

**一歩前進**

申請の形式・内容に対する審査義務は，事務所への物理的な到達があれば直ちに生じます。「受理」つまり申請を適法なものとして受け付けることによって生じるのではないことに注意してください。したがって，受理するまで審査を行わない，などという扱いは許されません。＊

＊つまり，個別法によって受理という仕組みが採られている場合は別として，行政手続法上は「申請の受理」という概念はないに等しいのです。

#### （ⅱ）公聴会の開催等

行政庁は，申請に対する処分であって，申請者以外の者の利害を考慮すべきことがその法令において許認可等の要件とされているものを行う場合には，必要に応じ，公聴会を開催する等の適当な方法により，その申請者以外の者の意見を聴く機会を設けるよう努めることとされています（10条）。

用語の説明
**「公聴会」**
国や地方公共団体の機関が，その権限に属する一定の事項を決定するに際し，広く利害関係者や学識関係者等の意見を聴く制度。

#### （ⅲ）関連申請の審査の促進

行政庁は，他の行政庁において同一の申請者からされた関連する申請が審査中であることを理由として，自らの審査または判断をことさらに遅延させるようなことをしてはなりません（11条1項）。

また，一つの申請または同一の申請者からされた相互に関連する複数の申請に対する処分について，複数の行政庁が関与する場合においては，当該複数の行政庁は，必要に応じ，相互に連絡を取り，当該申請者からの説明の聴取を共同して行う等により，審査の促進に努めることとされています（同条２項）。

### ④　申請に対する応答

申請に対して，申請どおりの処分（認容処分）をする場合，例えば**設例21**でＡに免許を付与するときは免許証を交付し，あるいは**設例22**でＢに保護決定をしたときは決定通知書を交付すれば手続は円満に終了します。他方，行政庁が許認可等の申請を拒否する（拒否処分）場合は，申請者に対し，同時にその処分の理由を示さなければならないとされています（８条１項本文）。拒否処分を書面でするときは，拒否理由は書面により示さなければなりません（同条２項）。理由付記の程度は，いかなる事実関係に基づき，いかなる法規を適用して拒否処分に至ったかを了知できる程度のものでなければならず，単に拒否処分の根拠条文を示すだけでは不十分です（最判昭60・1・22)。もっとも，申請が法令等の要求を満たさないことが数量的指標等から明らかであるときは，申請者の求めがあったときに，処分の理由を示せば足りるとされています（８条１項ただし書)。例えば，宅地建物取引業者免許を受けるためには，その事務所ごとに従業員５名に１名以上の割合で，専任の宅地建物取引士を置かなければならないこととされていますが，その員数が不足しているような場合は，数量的指標から明らかな場合であるといえます。

**閑話休題**

一般的な用語法としての処分という言葉は，「不要になった物を処分する」というように使われますね。これは，処分という言葉を「廃棄処分」の意味に用いています。しかし，行政法で使われる「処分」あるいは「行政処分」という用語はそれと全く異なり，私人に対し法的な権利義務を生じさせる行政庁の行為（行政行為）という意味になります。なお，上記のとおり，行政庁が申請を認容する場合も拒否する場合のいずれも「処分」に当たることに注意してください。

## 2　不利益処分

**設例23**

甲県知事は，その免許を受けた宅地建物取引業者Ａが，宅地建物取引業に関して著しく不当な行為を行い，その情状が特に重いことを理由として，Ａの免許の取消処分をしようとしている。

**設例24**

乙県知事は，その免許を受けた宅地建物取引業者Ｂが，取引の公正を害する行為をしたことを理由として，Ｂに対して6ヶ月間の業務停止処分をしようとしている。

不利益処分とは，行政庁が，法令に基づき，特定の者を名あて人として，直接に，これに義務を課し，またはその権利を制限する処分をいいます（２条４号本文)。

例えば，行政庁が，建築基準法に違反することを理由として，建築基準法９条により私人に対しその所有する建物の除却を命じる行為は，それによって当該私人に建物の除却義務を課するものであり，ここにいう「**義務を課する処分**」に該当します。また，**設例23**は，宅地建物取引業法66条１項に基づきなされる免許取消処分，**設例24**は，同法65条２項に基づきなされる業務停止処分であり，いずれもここにいう「**権利を制限する処分**」に該当します。

行政庁が私人に対して，このような不利益処分をしようとする場合，以下のような手続を踏まなければなりません。

**ここが狙われる**

申請により求められた許認可等を**拒否する処分**は，行政手続法上の分類としては，「申請に対する処分」であり，不利益処分の範囲から除外されます（２条４号ロ）。つまり，これに該当する場合は，行政手続法の定める**不利益処分に関する手続を踏む必要はない**ということです。例えば，宅地建物取引業者免許の申請に対して，都道府県知事がその拒否処分をする場合は，申請により求められた許認可等を拒否する処分であり，不利益処分ではないので，後述する聴聞や弁明の機会の付与手続を経る必要はありません。その他，事実上の行為およびこれに関連する処分（同号イ），同意の下で行われる処分（同号ハ），届出により許認可等の効力を失わせる処分（同号ニ）等も，不利益処分から除外されますから，聴聞等の手続を経る必要はありません。

### (1) 処分基準の設定と公表

行政庁は，不利益処分をするかどうか，またはどのような不利益処分をするかについてその法令の定めに従って必要とされる基準（処分基準）を，その不利益処分の性質に照らし，**できる限り具体的**に定め，これを**公にしておくように努める**こととされています（12条）。

**ここが狙われる**

申請に対する処分をする際の審査基準の設定および公表は，「**しておかなければならない**」とされていますが，不利益処分をする際の処分基準の設定・公表は，「**しておくよう努めなければならない**」とされています。つまり，前者は必要的義務，後者は努力義務です。処分基準は，どのような行為を行った場合にどのようなペナルティを課せられるかを具体的に明らかにするものですが，これを必ず公表しなければならないとすると，悪賢い業者等に対して処分逃れの抜け道を教えることになりかねません。例えば，「法律の規定に３回違反したときには業務停止処分とする」という基準を公表したとすると，「２回までは大丈夫」ととられて，違反行為が横行することになりかねません。そのようなことも考慮して，処分基準の設定・公表は努力義務にとどめられているわけです。もっとも，道路交通法に基づく違反運転者の処分のように，処分基準が個別法令に明確かつ詳細に規定され公表されている例も多々あります。

### (2) 不利益処分の事前手続――聴聞《ちょうもん》と弁明の機会の付与

行政庁は，不利益処分をしようとするときは，その不利益処分の名あて人となるべき者について，意見陳述のための手続，すなわち**聴聞**または**弁明の機会の付与**の手続を執らなければならないとされています（13条１項）。その区別の基準は，ひとことで言って，その不利益処分が**重大なものか否か**ということです。

| 処分内容 | 手続 | 審理方式 |
|---|---|---|
| 重大な不利益処分 | 聴聞 | 口頭審理 |
| それ以外の不利益処分 | 弁明の機会の付与 | 書面審理 |

#### ①　聴聞をしなければならない場合

聴聞手続は，行政庁と当事者の口頭でのやりとりを通じて争点を明確にすることによって，処分の適正を確保しようとする手続であり，弁明の機会の付与よりも厳正な手続ということができます。その対象となるのは，名あて人の利益に対する侵害の程度が大きい一定の**重大な処分**をする場合です（13条１項１号）。

**（ⅰ）許認可を取り消す不利益処分**

**設例23**のような営業免許取消（撤回）処分，運転免許取消処分，営業許可取消処分などがこれにあたります。＊

**（ⅱ）名あて人の資格または地位を直接にはく奪する不利益処分**

これは，帰化せずに取得した国籍のように，許認可等によらずに取得した資格または地位をはく奪する場合です。

**（ⅲ）名あて人が法人である場合における，その役員・業務従事者の解任またはその会員の除名を命ずる不利益処分**

＊行政法学上の取消しおよび撤回のいずれも，「許認可を取り消す不利益処分」に該当します。

例えば，A法人に対して，その理事Bの解任を命ずる処分をする場合，処分の相手方（名あて人）はA法人です。しかしこの場合，理事Bは解任されることによって重大な不利益を受けることになりますから，理事Bを実質的な当事者として扱い，聴聞が必要とされるのです。＊

＊このケースでは，名あて人であるA法人に対して通知があったときは，理事Bにも通知があったものとみなされます（28条1項）。

**（ⅳ）（ⅰ）～（ⅲ）以外の場合で，行政庁が相当と認めるとき**

例えば，違法建築物の撤去命令とか道路の不法占有に対する排除命令を出すに際して，行政庁の裁量により行われるケースです。

**② 弁明の機会の付与で足りる場合**

弁明の機会の付与は，書面審理によって行われる手続であり，聴聞よりも略式の手続といえます。

弁明の機会の付与は，上記（ⅰ）～（ⅳ）のいずれにも該当しないときに行われます。業務停止処分などは，原則として弁明の機会の付与手続により行われます。ただし，個別の法律の規定により，この区分が排除される場合があります。例えば，宅地建物取引業法69条は，業務停止処分をする場合でも聴聞をしなければならないと定めていますから，**設例24**では，乙県知事は，Bに対する業務停止処分の前提として聴聞をしなければならないということになります。

**一歩前進**

聴聞または弁明の機会の付与手続によらなければならない処分であっても，公益上，緊急に不利益処分をする必要があるため，意見陳述のための手続を執ることができないときなど一定の場合には，例外的に，それらの手続によらずに不利益処分を行うことができます（13条２項）。例外事由は，13条２項に細かく規定されていますが，いちおう条文を確認しておかれるほうがよいでしょう。

## (3) 不利益処分の理由の提示

行政庁は，不利益処分をする場合，その名あて人に対し，同時に，当該不利益処分の理由を示さなければなりません（14条１項本文）。ただし，当該理由を示さないで処分をすべき差し迫った必要がある場合，その必要はありません（同条同項ただし書）。

もっとも，その場合でも，名あて人の所在が判明しなくなった等処分後に理由を示すことが困難な事情がある場合を除き，処分後相当の期間内に理由を示さなければなりません（同条2項）。不利益処分を書面でするときは，その理由は，書面により示さなければなりません（同条3項）。

**一歩前進**

申請拒否処分であれ，不利益処分であれ，その処分理由は，処分を受けた者が不服申立て等をする際の重要な判断資料になるものです。したがって，特に急を要するわけでもないのに**理由を示さず処分をした**とき，あるいは示したとしても**具体的事実に基づかないおざなりの理由**であるときなどは，処分の取消原因となります（最判昭37・12・26）。当然，処分の根拠となった法律の条項を示すだけでは，理由の提示として不十分です。判例は，情報公開請求に対して不開示決定がなされた場合，不開示の理由は，開示請求者に**不開示理由をその根拠とともに了知し得るもの**でなければならず，単に根拠規定を示すだけでは足りない，と判示しています（最判平4·12·10）。

**ここが狙われる**

判例は，理由付記の不備の違法があった法人税更正処分について，後日の審査請求に対する裁決で当該更正処分の具体的根拠が明らかにされたとしても，当該更正処分の理由付記の不備の**瑕疵は治癒されない**としています（最判昭47・12・5）。一方，情報公開条例に基づく公文書の非公開決定において，ひとたび通知書に理由を付記したとしても，行政庁が**当該理由以外の理由を非公開決定の取消訴訟において主張する**ことも許されないわけではない，と判示しています（最判平11・11・19）。これは，取消訴訟において**処分理由の差替えまたは追加**が許されるかという問題です。詳細は後述します（P281 ステップアップ 参照）。

## (4) 聴聞手続の過程

### ① まず不利益処分の名あて人に対して聴聞の通知をする

行政庁は，聴聞を行う期日までに相当な期間をおいて，不利益処分の名あて人となるべき者に対し，次の事項を書面により通知しなければなりません（15条１項）。＊

＊不利益処分の名あて人となるべき者の所在が不明の場合には，一定事項の公示（行政庁の事務所の掲示場への掲示）によって通知に代えるという便宜的方法が定められています。その場合，掲示を始めた日から2週間を経過したときに，通知がその者に到達したものとみなされます（15条3項）。

| |
|---|
| **①予定される不利益処分の内容および根拠法令の条項** |
| **②不利益処分の原因となる事実** |
| **③聴聞の期日および場所** |
| **④聴聞に関する事務を所掌する組織の名称・所在地** |

さらに，当該通知書には，次の２つの事項についての教示が必要です。（同条２項）

（ｉ）聴聞に出頭して意見を述べ，および証拠書類等を提出し，または出頭に代えて，陳述書および証拠書類を提出できること

（ⅱ）聴聞が終結する時までの間，当該不利益処分の原因となる事実を証する資料の閲覧を求めることができること

### ② 当事者は聴聞手続の代理人を立てることができる

聴聞の通知を受けた者を当事者といいます。

当事者は代理人を選任することができます（16条１項）。代理人の資格は書面で証明しなければなりません（同条３項）。代理人は，各自，当事者に代わって聴聞に関する一切の行為をすることができます（同条２項）。

代理人がその資格を失ったときは，その代理人を選任した当事者は，書面でその旨を行政庁に届け出なければなりません（同条４項）。なお，代理人の資格に特に制限はありません。

### ③ 参加人——利害関係者は聴聞手続に参加できる

当事者以外の者であって，その不利益処分につき利害関係を有すると認められる者は，聴聞の主宰者の職権または主宰者の許可を得て，その聴聞の参加人となることができます（17条１項）。

参加人は，代理人を選任することができ，その場合当事者の代理人に関する規定が準用されます（同条２項・３項）。

### ④ 当事者および参加人は資料の閲覧を求めることができる

当事者および当該不利益処分がなされた場合に自己の利益を害されることとなる参加人は，聴聞の通知があった時から聴聞が終

結する時までの間，行政庁に対し，当該事案についてした調査の結果に係る調書その他の当該不利益処分の原因となる事実を証する資料の閲覧を求めることができます（18条１項前段）。この閲覧請求があった場合，行政庁は，第三者の利益を害するおそれがあるときその他正当な理由がなければ，その閲覧を拒むことができません。さらに，当事者および参加人は，聴聞の期日における審理の進行に応じて必要となった資料の閲覧を求めることもできます（同条２項）。

### ⑤　聴聞の期日における審理方式

#### （ⅰ）主宰者

聴聞は，行政庁が指名する職員その他政令で定める者が主宰します（19条１項）。＊1

＊1聴聞の当事者，参加人，その者の配偶者，4親等内の親族，同居の親族等は，聴聞の主宰者となることができません。

#### （ⅱ）聴聞手続の開始

主宰者は，最初の聴聞の期日の冒頭において，行政庁の職員に，予定される不利益処分の内容，根拠となる法令の条項，その原因となる事実を出頭した者に対して説明させなければなりません（20条１項）。これによって，聴聞が開始されます。

#### （ⅲ）当事者または参加人の主張・立証

当事者または参加人は，聴聞の期日に出頭して，意見を述べ，証拠書類等を提出し，主宰者の許可を得て行政庁の職員に対し質問を発することができます（同条２項）。

当事者や参加人は，主宰者の許可を得て，補佐人とともに出頭することができます（20条3項）。補佐人とは，専門的知識をもって当事者・参加人を支持し応援する者です。

#### （ⅳ）主宰者の聴聞指揮権

主宰者は，聴聞の期日において必要があると認めるときは，当事者または参加人に対し質問を発し，意見の陳述，証拠書類等の提出を促し，または行政庁の職員に対し説明を求めることができます（同条４項）。主宰者は，当事者または参加人の一部が出頭しないときでも，聴聞の期日における審理を行うことができます（同条５項）。＊2

＊2主宰者は，当事者の全部または一部が，正当の理由なく聴聞期日に出頭せず，陳述書または証拠書類等を提出しないときは，これらの者に対し改めて意見を述べおよび証拠書類等を提出する機会を与えることなく，聴聞を終結することができます。

主宰者は，聴聞の審理の経過を記載した調書（聴聞調書）を作成し，その調書に不利益処分の原因となる事実に対する当事者および参加人の陳述の要旨を明らかにしておかなければなりません

(24条1項)。この調書は，聴聞の期日における審理が行われた場合には各期日ごとに，審理が行われなかった場合には聴聞の終結後速やかに作成しなければなりません（同条2項)。

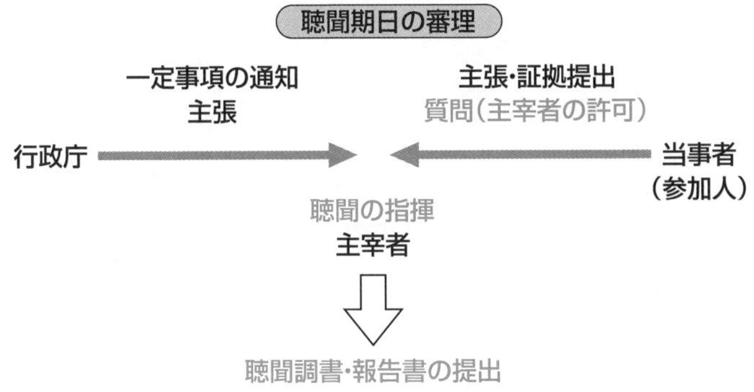


**ここが狙われる**

聴聞の期日における審理は，行政庁が公開することを相当と認めるときを除き，公開しないのが原則です（20条6項)。ただ，この原則も個別の規定に特則があれば，排除されます。例えば，宅地建物取引業法に基づく聴聞は，公開で行われます（宅地建物取引業法69条2項，16条の15第5項)。

### ⑥　聴聞の終結・再開，不利益処分の決定

主宰者は，聴聞の終結後速やかに，不利益処分の原因となる事実に対する当事者等の主張に理由があるかどうかについての意見を記載した報告書を作成し，聴聞調書とともに行政庁に提出しなければなりません（24条3項)。当事者または参加人は，聴聞調書および報告書の閲覧を求めることができます（同条4項)。

行政庁は，聴聞の終結後に生じた事情にかんがみ必要があると認めるときは，主宰者から提出された報告書を返戻して聴聞の再開を命ずることができます（25条)。

**一歩前進**

行政庁は，不利益処分の決定をするに際して主宰者の意見に拘束されることはありません。しかし，聴聞調書の内容および報告書に記載された主宰者の意見を十分に参酌しなけれ

ばならないとされています（26条）。＊1

なお，聴聞手続に付随する行政庁や主宰者の処分，例えば証拠書類の提出等を却下した処分については，審査請求をすることができません（27条）。このような付随処分にまで不服申立てを認めていたのでは，審理が滞ってしまう可能性があるからです。

＊1行政庁は，免許取消処分に関する聴聞手続の結果，免許の取消処分よりも停止処分の方が妥当と判断した場合には，改めて弁明の機会の付与手続を経ることなく停止処分をすることができます。

## (5) 弁明の機会の付与

### ①　弁明の機会の付与の通知

行政庁は，弁明書の提出期限までに，相当な期間をおいて，不利益処分の名あて人となるべき者に対し，書面により次の事項を記載した通知をしなければなりません（30条）。

| | |
|---|---|
| 1 | **予定された不利益処分の内容および根拠法令の条項** |
| 2 | **不利益処分の原因となる事実** |
| 3 | **弁明書の提出先および提出期限**＊2 |

＊2口頭による弁明の機会の付与を行う場合には，その旨ならびに出頭すべき日時および場所

### ②　弁明の方式

弁明は，行政庁が口頭ですることを認めたときを除き，弁明を記載した書面を提出して行います（29条1項）。弁明をするときは，証拠書類等を提出することができます（同条2項）。

**Check**

**「聴聞と弁明の機会の付与の手続上の差異」**

①　文書等の閲覧請求権は，聴聞の場合にのみ認められ，弁明の機会の付与においては認められていません。

②　聴聞においては，当事者に口頭意見陳述権が認められていますが，弁明の機会の付与では，口頭で意見を述べることを行政庁が認めたときを除いて書面主義が採られています。

③　聴聞においては，聴聞主宰者の制度が設けられ，行政庁は，主宰者の作成する聴聞調書および報告書を十分に参酌して処分の決定をすることとされていますが，弁明の機会の付与では，主宰者の制度は採られていません。

## 実戦過去問　行政書士　令和4年度

申請に対する処分について定める行政手続法の規定に関する次の記述のうち，妥当なものはどれか。

1　行政庁は，申請がその事務所に到達してから当該申請に対する処分をするまでに通常要すべき標準的な期間を定めるよう努め，これを定めたときは，行政手続法所定の方法により公にしておかなければならない。
2　行政庁は，法令に定められた申請の形式上の要件に適合しない申請について，それを理由として申請を拒否することはできず，申請者に対し速やかにその補正を求めなければならない。
3　行政庁は，申請により求められた許認可等の処分をする場合は，申請者に対し，同時に，当該処分の理由を示すよう努めなければならない。
4　行政庁は，定められた標準処理期間を経過してもなお申請に対し諾否の応答ができないときは，申請者に対し，当該申請に係る審査の進行状況および処分の時期の見込みを書面で通知しなければならない。
5　行政庁は，申請に対する処分であって，申請者以外の者の利益を考慮すべきことが当該法令において許認可等の要件とされているものを行う場合には，当該申請者以外の者および申請者本人の意見を聴く機会を設けなければならない。

**解　説**

1　○　標準処理期間を定めることは努力義務とされていますが，これを定めたときの公表義務は必要的（法的）義務となります（行政手続法6条）。
2　×　形式上の要件に適合しない申請については，補正を求めるか，または申請により求められた許認可を拒否しなければなりません（同法7条）。必ずしも補正を求める必要はありません。
3　×　理由の提示を要するのは，申請に対して拒否処分をする場合です（同法8条1項）。許認可の処分をする場合は理由の提示は必要ありません。
4　×　標準処理期間を徒過して諾否の応答ができない場合であっても，審査の進行状況等を申請者に通知しなければならない，との規定は存在しません。
5　×　問題文に「機会を設けなければならない」とありますが，条文上は「機会を設けるよう努めなければならない」とされています（同法10条）。

**正解　1**

## 実戦過去問

行政書士　令和4年度

行政手続法（以下，本問において「法」という。）が定める不利益処分の手続に関する次の記述のうち，妥当なものはどれか。

1　申請拒否処分は，申請により求められた許認可等を拒否するものとして，法の定義上，不利益処分に該当するので，それを行うにあたっては，申請者に対して意見陳述の機会を与えなければならない。
2　行政庁は，不利益処分がされないことにより権利を害されるおそれがある第三者がいると認めるときは，必要に応じ，その意見を聴く機会を設けるよう努めなければならない。
3　弁明の機会の付与は，処分を行うため意見陳述を要する場合で，聴聞によるべきものとして法が列挙している場合のいずれにも該当しないときに行われ，弁明は，行政庁が口頭ですることを認めたときを除き，弁明書の提出により行われる。
4　法が定める「聴聞」の節の規定に基づく処分またはその不作為に不服がある場合は，それについて行政不服審査法に基づく審査請求をすることができる。
5　聴聞は，行政庁が指名する職員その政令で定める者が主宰するが，聴聞を主宰することができない者について，法はその定めを政令に委任している。

**解　説**

1　×　不利益処分とは，行政庁が，法令に基づき，特定の者を名あて人として，直接に，これに義務を課し，またはその権利を制限する処分であり（行政手続法2条4号本文），申請拒否処分はこの定義に該当しません。
2　×　行政手続法に不利益処分についての利害関係人の参加に関する規定は存在しますが（同法17条1項），本肢の問題文のような規定はありません。
3　○　行政手続法13条1項1号イ～ハのいずれの事由にも該当しない不利益処分を行うときは弁明の機会の付与手続が行われます（同項2号）。
4　×　聴聞の節の規定に基づく処分または不作為については，審査請求をすることはできません（同法27条）。
5　×　聴聞を主宰することができない者については，行政手続法に規定が設けられています（同法19条2項）。

**正解　3**

## 実戦過去問　　行政書士　平成28年度

処分または行政指導であって，その根拠となる規定が法律に置かれているものに関する次の記述のうち，当該事項を求め得ることが行政手続法に規定されていないものはどれか。

1　不利益処分の名あて人となるべき者は，聴聞の通知を受けた場合，聴聞が終結する時までの間，行政庁に対し，当該不利益処分の原因となる事実を証する資料の閲覧を求めることができる。
2　不利益処分の名あて人となるべき者は，弁明の機会の付与の通知を受けた場合，口頭による意見陳述のために，弁明の機会の付与に代えて聴聞を実施することができる。
3　法令に違反する行為の是正を求める行政指導の相手方は，当該行政指導が法定の要件に適合しないと思料するときは，当該行政指導をした行政機関に対し，当該行政指導の中止を求めることができる。
4　何人も，法令に違反する事実がある場合において，法令違反の是正のためにされるべき処分がされていないと思料するときは，権限を有する行政庁に対し，当該処分をすることを求めることができる。
5　何人も，法令に違反する事実がある場合において，法令違反の是正のためにされるべき行政指導がされていないと思料するときは，権限を有する行政機関に対し，当該行政指導をすることを求めることができる。

**解　説**

本問は，ほぼ条文そのままの出題です。下記の条文をしっかり確認しておいてください。

1　○　行政手続法18条1項前段。
2　×　弁明の機会の付与に代えて聴聞を実施することができるとの規定は，行政手続法に存在しません。
3　○　行政手続法36条の２第1項。
4　○　行政手続法36条の３第1項。
5　○　行政手続法36条の３第1項。

**正解　2**

# 10 行政情報の公開——情報公開法による公開請求

## 学習ナビゲーション

「行政機関の保有する情報の公開に関する法律」（以下「情報公開法」と略称します）は，国民主権を実のある制度とするため，国民に，行政機関の保有する情報の開示請求を認めています。

情報公開の流れは，第二次大戦後からの世界的な潮流であるといえます。日本では，山形県金山町で昭和57年に情報公開条例が制定されたのをさきがけとして，他の多数の地方公共団体が追随し，国の情報公開法は平成13年4月1日から施行され，さらに平成14年10月1日より「独立行政法人等の保有する情報の公開に関する法律」も施行されています。このように，情報公開制度が整備されたことによって，国の保有情報については情報公開法等，地方公共団体の保有情報については情報公開条例を根拠として，その開示請求をすることができます。本講では，情報公開法の開示請求手続の概要を説明します。

開示請求手続については，かなり細かい事項も出題されていますから，細部にも目配りが必要です。学習の中心は手続を正確に覚えることです。

## 1　情報公開の意義

情報公開法の目的は，同法1条に端的に示されています。まず，この条文を吟味してみてください。

「この法律は，**国民主権の理念**にのっとり，行政文書の**開示を請求する権利**を定めること等により，行政機関の保有する情報の一層の公開を図り，もって政府の有するその諸活動を国民に**説明する責務**が全うされるようにするとともに，国民の的確な理解と

＊本講では，文章末尾の（　）内に引用した条文は，特にことわりがなければ，情報公開法の条文を表しています。

批判の下にある公正で民主的な行政の推進に資することを目的とする」

ここでは，国民の「知る権利」は明記されていませんが，政府の説明責任（アカウンタビリティ）という考え方を前提に，主権者たる国民が，「情報を与えられた市民」であってはじめて，国政に関する適正な意思決定や政治に対する的確な批判も可能となるとの認識のもと，国民に対して行政情報の開示請求権が付与されているわけです。くだけた言い方をすれば，国民は，情報公開法を根拠として，国の行政機関に対して「秘密にするな，情報を見せろ」と要求することができ，その要求を受けた行政機関は，原則としてその要求を拒むことはできないということです。

**国民主権** → **政府の説明責任** → **情報開示請求権**

## 2　開示請求権者，行政文書，開示請求手続

### (1)　開示請求権者

「何人も」行政機関の長に対し，開示請求をすることができます（3条）。日本国民はもとより，外国に在住している外国人であっても開示請求をすることができます。また，自然人，法人のほか，法人格のない団体であっても開示請求できます。*1

*1開示請求は，行政手続法上の「申請」に該当します（同法2条3号）。

### (2)　行政文書

#### ①　対象となる文書

開示請求の対象となるのは，「行政文書」です。*2

*2開示請求の相手方となる行政機関については，情報公開法2条1項に規定されていますが，国の行政機関はほぼ網羅されています。公安委員会や公正取引委員会のような独立行政機関も例外ではありません。

行政文書とは，国の行政機関の職員が職務上作成または取得し，組織的に用いるものとして，行政機関が保有する文書です（2条2項）。紙の文書はもとより，図画や電磁的記録もここにいう行政文書に含まれます（同条同項本文）。電磁的記録とは，情報を収録した磁気テープ，フロッピーディスク，CD，DVDなどパソコン等で再生することにより認識可能な情報媒体です。

これらの文書は，決裁や供覧等の手続が終了していなくても，組織として利用・保存されているものであれば，行政文書として

開示請求の対象となります。

ただし，職員個人のメモなどは，組織共用文書とはいえませんから，開示請求の対象となりません。官報，白書，新聞，雑誌等として販売されるものや歴史的・文化的資料，学術研究用の資料として公文書館等に特別の管理がされているものは除かれます（２条２項１号・２号・３号）。

### ②　不開示情報――開示の対象から外される文書

行政文書は，原則として開示することが義務づけられていますが，私人の権利利益の保護や公益の保護のために，次の６つの種類の文書は，不開示とすることが認められています（５条）。

**（ｉ）個人情報（同条１号）**

特定の個人を識別することのできるもの，または特定の個人を識別することはできなくても，公にすることにより個人の権利利益を害するおそれがあるもの。

開示された情報だけでは，特定の個人を識別できなくても，他の情報と照合することにより，特定の個人の識別が可能となる情報も開示請求できません。例えば，開示された情報と新聞報道された情報を組み合わせることにより，特定の個人を識別できるような場合がこれにあたります。

**（ii）法人等に関する事業情報（同条２号）**＊1

法人その他の団体に関する情報その他事業に関わる情報で，公表すると事業者の競争上の地位その他正当な利益を害するおそれがあり，または非公開とするとの条件で任意に提供されたもの

**（iii）国の安全等に関する情報（同条３号）**

防衛，外交など国際関係に関する情報で，公開すると国の安全を害し，または国際的信頼や外交交渉に不利益をもたらすおそれがあると行政機関の長が認めるにつき相当の理由があるもの

**（iv）公共の安全に関する情報（同条４号）**

犯罪の予防，鎮圧，捜査，公訴の維持，刑の執行等に関する情報で，公表すると公共の安全と秩序の維持に支障を及ぼすおそれがあると行政機関の長が認めるにつき相当の理由があるもの＊2

**（ｖ）審議，検討または協議に関する情報（同条５号）**

行政内部における，審議，検討，協議に関する情報で，公表すると，率直な意見の交換が妨げられたり，意思決定の中立性が不

＊1（ｉ）（ii）に該当する情報であっても，人の生命，健康，生活または財産を保護するため，公にすることが必要であると認められる情報は開示されます。

＊2（iii）（iv）の「行政機関の長が認めるにつき相当の理由があるもの」という文言は，開示請求を受けた行政機関の長に要件裁量を認める趣旨です（要件裁量についてはP96参照）。

当に損なわれ，あるいは不当に国民の間に混乱を生じさせる等のおそれがあるもの

**(vi) 事務・事業等に関する情報（同条6号）**

国や地方公共団体等が行う事務・事業に関する情報で，公にするとその適正な遂行に支障を及ぼすおそれがあるもの

### (3) 開示請求手続

開示請求は，必要事項を記載した**開示請求書**を行政機関の長に提出して行うのが原則です（4条1項）。行政機関の長は，開示請求書に形式上の不備があると認めるときは，**相当の期間**を定めてその**補正を求める**ことができます。その際には，補正の参考となる情報を提供することに努めなければならないとされています(同条2項)。

開示請求書に記載が要求されているのは，①開示請求をする者の氏名または名称および住所（居所），法人その他の団体にあっては代表者の氏名，②行政文書の名称その他の開示請求に係る行政文書を特定するに足りる事項です（4条1項)。これでわかるとおり，開示請求書には，**請求の理由や目的を記載する必要はありません**。つまり，開示請求者がその行政文書に対してどのような利害関係をもっているかは問われません。

なお，開示請求をする際および請求が認められて開示が実施される場合には，所定の**手数料**を納めなければなりません（16条)。

## 3 開示・不開示

**設例25**

Aは，国の行政機関の長に対して行政文書の開示を請求した。この文書には，私人Bのプライバシー情報も含まれている。

### (1) 開示・不開示の決定期限

行政機関の長は，原則として，**請求のあった日から30日以内**(補正に要した日数を除く）に，開示するか否かを決定しなければなりません（10条1項)。もっとも，事務処理上の困難その他正当な理由があるときは，その期間を**30日以内に限り延長する**

ことができます（同条２項）。つまり，最大60日までの期間を置くことが可能です。＊

＊文書が著しく大量であるため，期間を延長しても事務処理上の無理が生ずるときは，開示請求にかかる行政文書のうちの相当の部分について，延長期間内に開示決定等をし，残りの行政文書については相当の期間内に開示決定等をすれば足ります（11条）。

## (2)　決定の種類

行政機関の長は，請求対象文書の全部を開示するときは全部開示決定，その一部を開示するときは一部開示決定，全部を開示しないときは不開示決定をし，請求者にその旨を書面で通知しなければなりません（９条）。

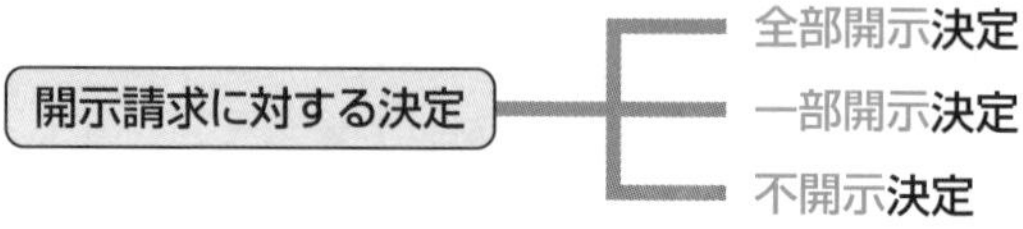


## (3)　部分開示，裁量開示，行政文書の存否に関する情報

### ①　部分開示

行政機関の長は，請求対象文書に不開示情報が記録されていても，その部分を容易に区分して除くことができるときは，それ以外の部分は開示しなければなりません（６条）。これを部分開示といいます。**設例25**では，Ｂのプライバシーにかかる部分は不開示情報ですから，その部分を容易に区分できるときは，長は，その部分を除いて開示しなければなりません。

### ②　裁量による開示

また，不開示情報であっても，公益上特に必要があると認めるときは，開示することができます（７条）。これは，裁量による開示と呼ばれます。

### ③　行政文書の存否に関する情報

開示請求に対し，当該開示請求に係る文書が存在しているか否かを答えるだけで，不開示情報を開示することとなるときは，行政機関の長は，当該行政文書の存否を明らかにしないで，当該開示請求を拒否することができます（８条）。例えば，**設例25**で，Ａが，Ｂの非行調査を記録した文書の開示を求めたと仮定して，長が，「個人情報だから開示できない」ことを理由として不開示の決定をすると，それだけでＢの非行事実を記録した文書の存在が明らかとなり，Ｂのプライバシーが侵害されてしまいます。したがって，このような場合は，「そのような文書があるともないとも答えられない」という回答をすべきことになります。

### (4) 第三者の保護

開示請求の対象となっている行政文書に**第三者に関する情報**が含まれているときは，行政機関の長は，その第三者に**意見書を提出する機会**を与えることができます（13条1項）。さらに，一定の場合には，開示決定に先立ち，その第三者に所定事項を書面により通知して，意見書を提出する機会を与えなければなりません（同条2項）。第三者が開示に反対するとの意見書を提出したときは，行政機関の長は，開示決定をしても，**開示決定の日から2週間**は開示を実施することができません（同条3項）。これは，その第三者に開示決定を法的に争う機会を保障する趣旨です。つまり，第三者は，この期間内に**開示決定の取消訴訟を提起する**など，情報の流出を阻止する機会が与えられることになります。

### (5) 開示の実施

行政文書の開示は，文書または図画の場合には，閲覧あるいは写しの交付により行われ，電磁的記録の場合は政令で定める方法により行われます（14条1項）。開示を受ける者は，開示の通知があった日から**30日以内**に具体的な開示方法について行政機関の長に申し出なければなりません（同条2項・3項）。＊

＊電磁的記録の開示について，政令では，文書としてプリントアウトする方法でも記録媒体のコピーの方法いずれでも，請求者が選択できることとしています。

## 4　不服申立て，情報公開訴訟

**設例25**で，行政機関の長が，Aの開示請求にかかる文書の不開示を決定したとします。この場合は，Aがその決定を不服とすることになるでしょう。逆に，この文書の開示決定がなされたとすると，それによってプライバシーを侵害されるBがその決定を不服とすることになります。

このような場合，AまたはBが，その決定を争う方法として，行政不服審査法に基づく**不服申立て**および行政事件訴訟法に基づく**取消訴訟の提起（情報公開訴訟）**という2つの手段が用意されています。

アドバイス
行政争訟を学んでいない現段階では，この部分を理解するのは難しいと思われます。一応，このような方法があるということを押さえておき，行政争訟を学習された後，もう一度読み返して理解を深めてください。

開示決定等を争う方法
- 不服申立て
- 情報公開訴訟（取消訴訟）

### (1) 行政不服審査法に基づく不服申立て

行政不服審査法に基づく不服申立ては，**審査請求**という手段によるのが原則です（行政不服審査法２条）。個別の法律に，再調査の請求あるいは再審査請求という不服申立てが認められている場合は，審査請求のほかにそれらの手段を用いることもできますが，情報公開法にはその定めがないので，審査請求だけをすることができます。国の行政庁の行った処分については，その行政庁（処分庁）の上級行政庁が主任の大臣であるときは，審査請求の相手先は主任の大臣であり，これが審査庁となります。

**設例25**で，国の行政機関の長が，Aの開示請求に係る文書の不開示を決定し，この決定に対してAが，主任の大臣に対して審査請求をしたとします。一般の審査請求においては，総務省に設置された行政不服審査会への諮問が義務づけられていますが，情報公開法に基づく審査請求においては，総務省に設置された**情報公開・個人情報保護審査会**（以下「審査会」と略称します）に**諮問**をしなければなりません（18条）。

審査会は，審査請求人，参加人，諮問庁（**設例25**では主任の大臣）等に意見書や資料の提出を求め，第三者に事実の陳述をさせ，**インカメラ審理**等を経て諮問庁（審査庁）に答申をします。審査庁は，審査会の行った答申を受けて，審査請求に対する裁決をすることになります。審査会は諮問機関ですから，その答申に法的拘束力はありません（P56参照）。しかし，実際上は，審査会の答申が尊重され，ほぼ答申どおりの裁決がなされることになるでしょう。

用語の説明

**「インカメラ審理」**

審査会の委員が，不開示とされた文書を**実際に見分して審理すること**です。そのため，審査会は諮問庁に対して開示請求対象文書の提出を求めることができ，この求めがあったとき，諮問庁は拒否することはできません。

**Check**

**「情報公開・個人情報保護審査会」**

審査会は，審査会設置法に基づき，**総務省**に置かれる全国でただ一つの機関です。不開示決定等についての**不服申立てに関する諮問**に応じて調査審議することを職務とします。

審査会は，両議院の同意を得て**内閣総理大臣**が任命する**15人の委員**をもって組織されます。委員は，原則として非常勤ですが，５人以内の委員は常勤とすることができます。その任期は３年で，再任も可能です。

審査会の行う調査・審議の手続は**非公開**で行われます。ただし，その答申の内容は**公表**されます。審査会またはその委員がした処分については，行政不服審査法による不服申立てをすることはできません。

### (2) 情報公開訴訟

**設例25**で，行政機関の長が不開示の決定をしたとします。

この決定に不服のあるAは，行政不服審査法に基づく審査請求をすることなく，裁判所に対し不開示決定の違法を主張して**処分（不開示決定）の取消しの訴え**を提起し，併せて申請を前提とする義務付けの訴えを提起することもできます。逆に，開示決定がなされた場合には，それによってプライバシーを侵害されるBは，開示決定の違法を主張して，処分取消の訴えを提起することができます。

情報公開法は，このような訴えを**情報公開訴訟**と呼んでいます。この訴えの訴訟手続は，行政事件訴訟法の規定に基づき行われます。情報公開法は，情報公開訴訟について，**「訴訟の移送の特例」**に関してわずか１か条の規定（21条）を設けているだけです。この点については，取消訴訟の管轄の項（P269 Check）で触れることにします。

開示・不開示決定を争う手段

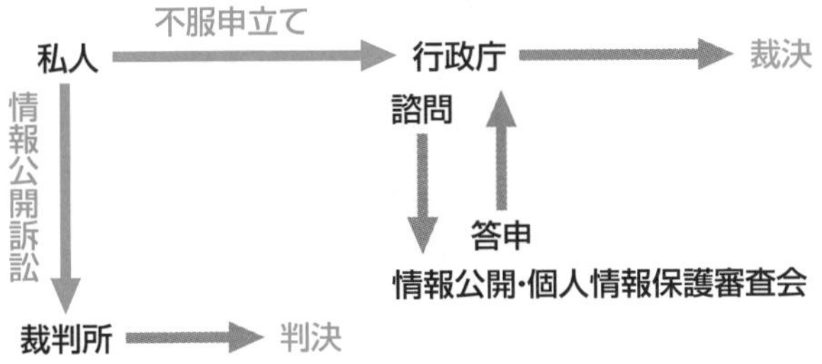

**実戦過去問**　　行政書士　平成15年度

情報公開法（「行政機関の保有する情報の公開に関する法律」）は，何人にも「行政文書」の開示請求権を認める（第３条）。開示請求は，開示請求書を行政機関の長に提出してしなければならないが，次に掲げる事項（ア～オ）のうち，同法第４条が開示請求書の記載事項として要求しているものは，いくつあるか。

ア　開示請求をする者の氏名または名称および住所または居所ならびに法人その他の団体にあっては代表者の氏名
イ　開示請求をする者の本人性を証する書面
ウ　行政文書の名称その他の開示請求に係る行政文書を特定するに足りる事項
エ　当該行政文書の開示を請求する理由
オ　開示請求に対して決定がなされるべき期間

1　一つ
2　二つ
3　三つ
4　四つ
5　五つ

**解　説**

開示請求書に記載が要求されているのは，①開示請求をする者の氏名または名称および住所並びに法人その他の団体にあっては代表者の氏名―ア，②行政文書の名称その他の開示請求に係る行政文書を特定するに足りる事項―ウ，の２つです（情報公開法４条１項）。開示請求の理由その他の事項は，一切記載する必要がありません。これを知っていれば，苦もなく正解を得ることができますが，知らなければ「開示請求をする者の本人性を証する書面」などという，もっともらしい記述に惑わされて不正解となる確率が高いでしょう。

以上より，開示請求書に記載が要求されているものは，アとウの二つであり，正解は肢２となります。

**正解　2**

【第4章】

# 行政救済法

# 11 行政救済の全体的な仕組み

## 学習ナビゲーション

行政救済という言葉から受けるイメージとして，他人に権利利益を侵害され，あるいは生活に困窮している人に対して，行政機関が後見的に救いの手を差し伸べてくれる制度のように思われる方もあるかもしれません。しかし，むしろ逆で，行政救済とは，行政活動によって私人の権利利益が侵害され，または侵害されそうになっている場合の救済手段という意味です。いわば，「行政による救済」ではなく「行政からの救済」です。

行政手続法の聴聞や弁明の機会の付与手続は私人の権利利益に対する事前的な救済制度という性格をもっていますが，本章で扱う争訟による救済と金銭による救済はいずれも原則として事後的な救済制度といえます。

行政救済は体系性をもった制度ですから，まず，行政救済の全体的な仕組みと手続相互の関係を正確に把握しておくことが必要です。いきなり個別的な制度の内容を覚えようとすると，「木を見て森を見ず」ということになりがちですから，本講で大まかに制度の相互関係を押さえておき，その細かな内容については，次講以下でしっかり理解してください。

## 1　争訟による救済と金銭による救済

行政救済には，大きく分けて行政不服申立ておよび行政事件訴訟という**争訟による救済制度**と国家賠償および損失補償という**金銭による救済制度**の2つがあります。

行政不服申立ては，**行政機関に対して救済を求める**制度であり，行政事件訴訟は**裁判所に対して救済を求める**制度です。

国家賠償は，国や公共団体の**違法な行政活動**から生じた**損害の賠償**を求める制度であり，損失補償は，国や公共団体の**適法行為**

により生じた損失の填補を求める制度です。国家賠償および損失補償は，併せて国家補償と呼ばれることがあります。

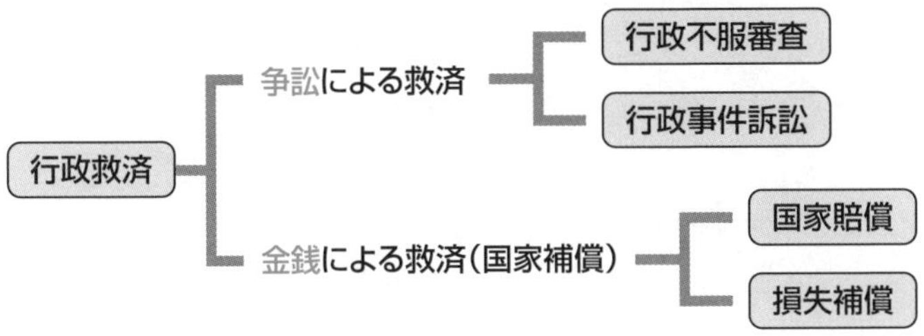


**設例26**

Aは，甲県警察本部長から，自動車運転免許の6ヶ月間の停止処分を受けた。Aは，この処分に納得がいかない。

## (1) 争訟による救済

自動車の運転免許停止処分は，都道府県公安委員会の権限とされていますが，通常，都道府県公安委員長の委任により道府県警察本部長が行います（東京都は警視総監）。90日以上の免許停止処分をする際には，道路交通法により事前に聴聞手続を行うことが義務づけられています。したがって，甲県警察本部長は，Aに免許停止処分をするに先立ち事前に聴聞手続を行っているはずです。つまり，Aは，事前的な権利保護の手続は，一応受けていると考えられます。＊

＊運転免許停止処分は，行政手続法の不利益処分に該当しますが，免許取消処分のような重大な不利益処分とはいえず，行政手続法の原則からすると弁明の機会の付与で足りるはずです。しかし，道路交通法は，行政手続法の特則を設け，90日以上の免許停止処分をするときは，聴聞をしなければならないこととしています（道路交通法104条の2）。

しかし，それでもAが，甲県警察本部長の処分に不満があるのなら，行政機関に不服を申し立て，あるいは裁判所に訴えを提起して，その取消しを請求することができます。つまり，Aが甲県警察本部長の免許停止処分に文句をつける方法は2つあるわけです。その相互の関係について，まず裁判による救済手段からみていくことにします。

### ① 裁判による救済

Aは，甲県警察本部長の免許停止処分が違法であることを理由として，裁判所に「免許停止処分取消しの訴え」を提起することができます。この方法によれば，独立性の保障された裁判所という国家機関により慎重・公正に審理がなされます。そして，裁判所が甲県警察本部長の免許停止処分は違法であると認定すれば，判決により処分の取消しが宣言されることになります。裁判所による取消判決が確定すれば，免許停止処分は，それがなされた当初にさかのぼって無効となります。したがって，取消訴訟でＡの主張が認められ勝訴すれば，Ａの権利利益は回復されることになります。

ただ，この方法は，慎重な審理が保障されていることのいわば裏返しとして，多大な時間と労力を要し，原告となる国民にとって，精神的にも，また労力的にも負担が大き過ぎるという欠点があります。＊1

＊1訴訟の追行を弁護士に依頼（委任）すると，裁判所に支払う訴訟費用のほかに弁護士費用もかかりますから，金銭的負担もバカになりません。

### ②　不服申立てによる救済

そこで，訴訟による方法とは別個に国民の権利利益の保護のために，より簡便で利用しやすい方法として，行政不服審査法という法律に基づく不服申立てという手段が設けられています。以下，細かい手続は省いてその概略を説明しておきます。

不服申立ては，原則として審査請求という手段によって行います。つまり，「行政庁の処分に不服だ，納得がいかない」という場合には，処分の違法または不当を理由として，その処分を行った行政庁を相手方として処分の取消しを求め，またはその処分を行った行政庁の上級行政庁等を相手方として処分の取消しを求めることができるわけです。**設例26**で，Ａが権限を有する行政庁（審査庁）に審査請求をし，Ａの主張を審査庁が認めて免許停止処分を取り消せば，Ａの権利・利益は，めでたく回復されることになります。

ただ，一般的にいって，行政不服審査は，裁判と異なり書面審理が原則となっている等，手続的にはより簡易化されていることから迅速な権利救済が可能となっていますが，その反面，慎重・公正という面からは，行政事件訴訟には及ばないということもいえます。＊2

＊2審査請求の審理はタダでやってもらえますから，代理人などに要する費用を別にすれば，金銭的なコストはかかりません。

**不服申立てと取消訴訟**

| 救済手段 | 特　質 | 審理方式 |
|---|---|---|
| 不服申立て | 簡易･迅速 | 書面審理 |
| 取消訴訟 | 慎重･公正 | 口頭審理 |

**ここが狙われる**

行政不服審査法に基づく不服申立ての場合は，行政庁の**違法な処分**だけでなく，**不当な処分**の取消しを求めることができますが，行政事件訴訟法に基づく処分取消しの訴えにおいては，処分の**違法性を理由とする取消し**のみを請求することができます。

### (2) 不服申立てと行政事件訴訟の関係

国民は，まず行政不服審査法に基づく不服申立てによる救済を求めることもできますし，いきなり処分の取消訴訟を起こすことも認められています。さらに，不服申立てをしている最中に処分の取消訴訟を起こすこともできます（行政事件訴訟法８条１項本文)。これを**自由選択主義**といいます。

もっとも，これは原則であって，個別の法律で，当該処分に対する審査請求の裁決を経た後でなければ，処分取消しの訴え（行政事件訴訟）を提起できない旨の定めがあるときは，**まず審査請求**をしなければなりません（同条同項ただし書)。これを**審査請求前置主義**といいます。

**一歩前進**

行政事件訴訟法上，審査請求前置主義は例外として位置づけられていますが，平成26年の法改正前までは，96もの個別法で審査請求前置主義が採用されていました。この審査請求前置主義は，まず審査請求をしてその裁決を経ない限り，訴えを提起することはできないとする制度であることから，国民の裁判を受ける権利（憲法32条）を不当に制約するものであるとの批判がなされてきました。そこで，平成26年の行政不服審査法改正（平成28年４月１日施行）に合わせる形で，それと同時に成立した「行政不服審査法の施行に伴う関係法律の整備等に関する法律」により，一括してその整理・縮小が図られました。その結果，個別の法律で審査請求前置主義を採るものは49と半減しています。

# 2　金銭による救済

審査請求または取消訴訟により，免許停止処分が取り消されたとき，Aは免許停止処分を受けなかったことになるのですから，その後は車の運転を継続して行うことができます。しかし，免許停止処分がなされた後その取消しに至るまでは，原則として車の運転をすることができません。＊

そうすると，例えば，Aが車で営業活動を行っていたというような場合は，その間に損害を受けることも十分考えられます。そこで，そのような場合Aは，国家賠償法に基づき訴えを提起して損害賠償を請求することができます。つまり，Aは，甲県警察本部長の違法な免許停止処分により損害を受けたことを理由として，甲県に対して国家賠償法に基づき金銭的な償いを求めることもできるわけです。損害を生ずる前に救済手段が功を奏することが望ましいことはいうまでもありませんが，損害を生じてしまった後は，ゼニカネの問題として処理するほかないのです。

国家賠償は，公権力の行使にあたる公務員の違法な行為によって生じた損害のほか，公の営造物の設置・管理の瑕疵から損害を生じた場合についても，国や地方公共団体に対しその賠償を請求することができ，国民が被った損害は広くカバーされることになっています。

また，土地収用等の適法行為によって国民が損失を受けた場合は，損失補償の制度によってその損失の填補がなされます。これらの制度については，第18講で詳述します。

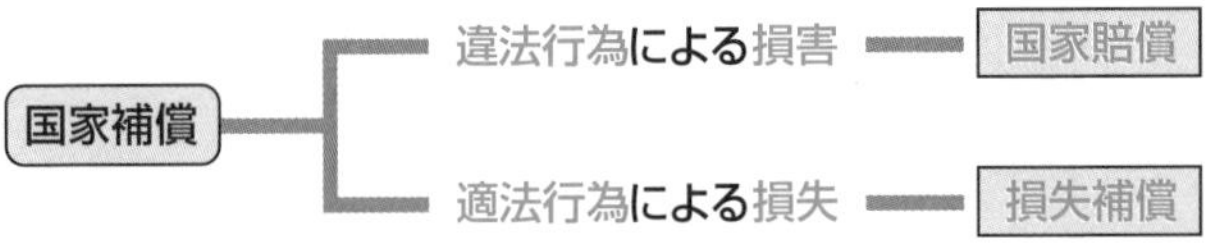


＊Aの申立てにより免許停止処分の執行が停止されれば，Aは車の運転を継続できますが，これは厳格な要件の下で例外的に認められるに過ぎません（P224，283参照）。

## 練習問題

行政機関の行為によって私人の権利が侵害された場合の救済手段に関する次の記述のうち，妥当なものはどれか。

1　行政上の不服申立ての道を開くことは，憲法上の要請ではないので，この制度を廃止しても，憲法違反とはならない。
2　行政処分に対して行政上の不服申立てをした場合，その裁決がなされるまでは，処分の取消しを求めて裁判所に訴えを提起することはできない。
3　行政上の不服申立ての対象は，行政庁の行った違法な処分だけであるが，処分の取消訴訟においては，違法な処分のみならず不当な処分もその対象とすることができる。
4　違法な行政処分によって損害を受けた者は，個別の法律に定めるところにより，国や地方公共団体に対して被った損失の補償を求めることができる。
5　国や地方公共団体の行為によって私人に損失が生じた場合であっても，その行為が適法に行われたのであれば，損失を受けた私人は，金銭的な救済を求めることができない。

**解　説**

1　○　行政上の不服申立て制度に関しては，憲法に規定がない（つまり憲法上の制度として保障されているわけではない）ので，これを廃止しても憲法違反の問題が生じることはありません。
2　×　行政上の不服申立てと行政事件訴訟の関係については，原則として自由選択主義が採られていますから，不服申立手続が終了する前であっても，裁判所に訴えを提起することができます（行政事件訴訟法８条１項本文）。
3　×　不服申立てにおいては，行政庁の行った違法または不当な処分を対象とすることができますが，取消訴訟の対象となるのは違法な処分だけです。
4　×　違法な行政処分によって損害を被った者は，国家賠償法の規定に基づき，損害賠償請求の訴えを提起することができます（同法１条１項）。
5　×　国や公共団体の適法な行為によって損失を受けた者は，個別の法律に補償に関する定めがあれば，その規定に基づき損失補償を請求することができます。

**正解　1**

# 12 行政不服審査――不服申立てによる救済

## 学習ナビゲーション

「法律による行政」の原理から，行政処分は，法律に適合し，また公共の利益に合致するように行われる必要があります。しかし，行政庁の行う処分等が適法かつ適正に行われず，私人の権利利益が侵害される可能性も想定できます。このような事態が生じたとき，不利益を受ける私人が役所に直接出向くか電話等で苦情を申し立てて処分を是正してもらえば，それで事は済みます。しかし，役所に抗議してもラチがあかなければ，行政不服審査という不服申立ての手段を執ることができます。つまり，行政不服審査法に基づく不服申立ての制度は，「行政庁の処分に納得がいかない。承服できない」場合に，簡易迅速な手続による私人の権利利益の救済を図るとともに，併せて行政の適正な運営を確保することを目的とする法律上の正式な制度なのです。

行政庁に対する不服申立ての方法としては，審査請求，再調査の請求，再審査請求の３つがあります。その間の関係については，原則と例外の関係を正確に押さえ，しっかり整理して頭に入れておく必要があります。

## 1　行政不服審査法の意義

各種の行政法規には，不服申立てに関する規定が設けられていることも少なからずあり，その場合には，それぞれの法律に基づき不服申立てをすることができます。

しかし，これら個別の法律は必ずしも統一がとれているとはいい難く，また国民にとって不服申立ての手続がわかりやすいとはいえません。さらに個別の法律に規定されていない不備を補うこ

＊本講および次講では，文章末尾の（　）内に引用した条文は，特にことわりがなければ，行政不服審査法の条文を表しています。

とも必要です。そのため行政不服審査法が，行政上の不服申立てに関する一般法として制定されたのです。すなわち，不服申立てには，原則として行政不服審査法の規定が適用されますが，個別の法律に特別の定めがあるときは，その規定が行政不服審査法の規定よりも優先して適用されることになります。

アドバイス
試験対策のレベルでは，個別の法律の細かい内容に立ち入る必要はありません。しかし，どのような法律にどのような特別の定めがあるか，その例を多少なりとも覚えておけば，行政不服審査法の理解を深めるのに役立ちます。本講でも，個別の法律の特別の定めにできる限り言及します。

行政不服審査に関する法の適用関係

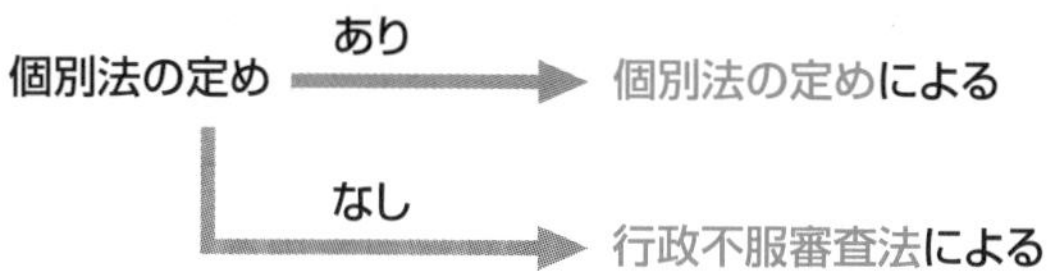


**一歩前進**

行政不服審査法１条１項は，「この法律は，行政庁の違法又は不当な処分その他公権力の行使に当たる行為に関し，国民が簡易迅速かつ公正な手続の下で広く行政庁に対する不服申立てをすることができるための制度を定めることにより，国民の権利利益の救済を図るとともに，行政の適正な運営を確保することを目的とする」と規定し，国民の権利利益の救済とともに，あわせて行政の適正な運営もその目的に含まれることを明らかにしています。この条文は，端的に行政不服審査の趣旨を表すものですから，十分に吟味してみてください。

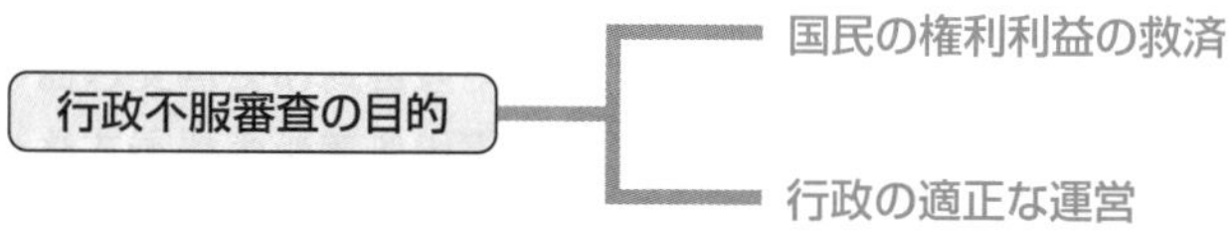


**Check**

「行政上の不服申立制度の沿革」

行政不服審査法の前身として明治憲法下で制定された訴願法という法律が行政上の不服申立ての一般法として存在していました。この法律では，不服を申し立てることのできる事項が法律に列挙されたものに限定される（「列挙主義」

といいます）等，国民の権利救済には不備なものであったといえます。「訴願」などという言葉自体に国の「上から目線」が感じられますね。この訴願法は，1962年に行政不服審査法が制定されるとともに廃止されました。

## 2　不服申立ての対象——一般概括主義

不服申立ての対象となるのは，「処分」と「不作為」ですが，処分の種類に関しては特に限定は設けられていません（2条参照）。すなわち，違法または不当な処分および不作為のすべてが原則として不服申立ての対象として予定されているわけです。これを，一般概括主義または単に概括主義といいます。不服申立ての間口を広く開放しておくことによって，国民の権利利益の救済を十分なものにしようとする趣旨に基づくものです。ただし，これには相当広範な例外があることにも注意してください（次頁 Check 参照）。

**設例27**

甲県知事の免許を受けて宅地建物取引業を行っているAは，宅地建物取引業に関して不当な行為を行い，その情状が特に重いことを理由として，甲県知事から免許を取り消された。

**設例28**

Bは，建物を建てるために，乙県の建築主事に対して建築確認の申請をしたが，相当の期間を経過しても一向に建築確認がなされない。

### ①　処分および一定の事実行為

不服申立ての対象となる行政庁の行為について，行政不服審査法は，「行政庁の処分その他公権力の行使に当たる行為」としています（1条2項）。ここでいっている処分とは，まず講学上の行政行為（行政処分）と考えてよいでしょう。設例27では，Aは，甲県知事から宅地建物取引業者免許の取消処分という行政処分を受けていますから，この処分の違法または不当を理由として不服申立てをすることができます。

また，「その他公権力の行使に当たる行為」には，公権力の行使にあたる事実上の行為が含まれます。その例として，不法入国者を強制退去させる前に行われる収容（出入国管理及び難民認定法39条），精神病患者の措置入院（精神保健福祉法29条），食品添加物等の試験の用に供するための食品の収去（食品衛生法28条）等の権力的事実行為を覚えておきましょう。

**一歩前進**

平成26年の法改正前までは，「公権力の行使に当たる事実上の行為で，人の収容，物の留置その他その内容が継続的性質を有するもの」が「処分」に含まれると規定されていましたが，改正によりこの文言は削除されました。しかしそれは，継続的な権力的事実行為を不服申立ての対象から除外するという趣旨ではなく，依然として不服申立ての対象に含まれると解されます。継続的性質を有する権力的事実行為については，これを「撤廃」することにより違法状態が解消され，私人の権利利益を救済することができるからです。

### ② 不作為——「なすべきことをしない」場合も対象となる

不服申立ての対象となる行政庁の不作為とは，行政庁が「法令に基づく申請に対して何らの処分もしないこと」であり，申請から相当の期間を経過した不作為が不服申立ての対象となります（３条）。「相当の期間」とは，当該申請を処理するのに通常必要とされる期間をいいます。**設例28**では，建築基準法に基づき建築確認を申請したＢは，乙県建築主事の「建築確認をしない」という不作為に対して不服を申し立てることができますが，相当の期間を経過していない場合には，Ｂの審査請求は，裁決で却下されることとなります（49条１項）。

用語の説明

**「建築主事」**

建築主事とは，建築物の確認検査などの事務を担当する地方公務員のことです。建築確認においては，建築主事が行政庁となります。

**Check**

**「不服申立除外事項」**

行政不服審査法は，一般概括主義の例外として，かなり広く不服申立ての対象とならない処分およびその不作為を設けていることに注意してください。不服申立除外事項は，行政不服審査法７条１項にズラッと列挙されていますが，その並べ方に意味がないわけではなく，次のようにグループ分けできます。これを全部覚えるには，かなりシンドイものがありますので，現在の段階ではその概略を一応頭に入れておき，試験直前に集中して覚えるのが効率的でしょう。ただし，全部暗記しようなどと頑張る必要はありません。

**① 慎重な手続によって行われた処分であるため，不服申立てをしても，結局は同じ結果になると考えられるもの**

（ⅰ）国会または地方議会の議決によって行われる処分

（ⅱ）裁判または裁判の執行により行われる処分

（ⅲ）国会または地方議会の議決，同意，承認のうえ行われる処分

（ⅳ）会計検査院検査官会議で決すべき処分

**② 行政不服審査法よりも慎重な手続によって処理されるもの**

（ⅴ）いわゆる形式的当事者訴訟によるべきとされている処分

（ⅵ）刑事事件に関する法令に基づき，検察官・検察事務官・司法警察職員が行う処分

（ⅶ）国税犯則事件に関する法令等に基づき国税庁長官・国税局長・税務署長・収税官吏・税関長等が行う処分および金融商品取引の犯則事件に関する法令に基づいて証券取引等監視委員会等がする処分

**③ 処分の性質上，不服申立てを認めることができないもの**

（ⅷ）学校・講習所・訓練所・研修所等において，学生・生徒等またはこれらの保護者，講習生等に対して行われる処分

（ⅸ）刑務所・少年刑務所・拘置所・少年院等において，収容の目的を達成するために，被収容者に対して行われる処分

（ⅹ）外国人の出入国または帰化に関する処分

（ⅺ）もっぱら人の学識技能に関する試験または検定の結果に基づく処分

（ⅻ）行政不服審査法に基づいて行われる処分

さらに，国の機関または地方公共団体その他の公共団体もしくはその機関に対する処分で，これらの機関または団体がその**固有の資格**において当該処分の相手方となるものおよびその不作為についても，行政不服審査法の適用除外とされています（同条2項）。これは，行政手続法の適用除外との整合性を図ることを趣旨とするものです。ここでいっている「固有の資格」の意味については，P145 Check を参照してください。

なお，以上の適用除外事項に該当する場合であっても，個別法によって当該処分または不作為の性質に応じた不服申立ての制度を設けることは可能です（8条）。

# 3　不服申立ての種類と相互の関係

行政不服審査法の定める不服申立てには，**審査請求，再調査の請求，再審査請求**の3つの種類があります。まず，その意味をしっかり把握したうえで，どのような場合にどのような不服申立てができるのかを理解してください。また，その相互の関係にも注意が必要です。

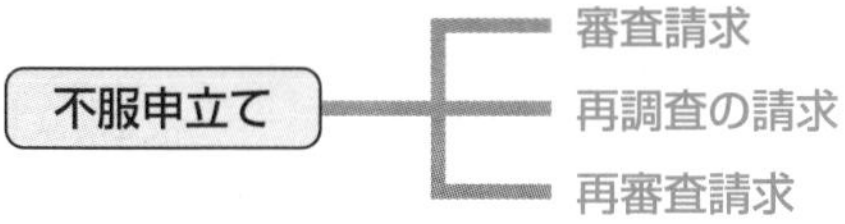


## (1) 不服申立ての種類とその申立先

### ①　審査請求

#### (ⅰ) 不服申立ての基本的手段

審査請求は，処分または不作為に対する**原則的な不服申立て**の手段として位置づけられています。すなわち，行政庁の処分または不作為に不服がある者は，審査請求の審理をする権限のある行政庁に対して審査請求をすることができます（2条，3条）。

処分をした行政庁を処分庁，不作為の状態にある行政庁を不作為庁といい，併せて**処分庁等**といいます（4条1号）。審査請求の審理をする権限のある行政庁を**審査庁**といいます。審査請求がなされたとき，審査庁は，一定の審理手続を経てその最終的な応答を**裁決**という形で示さなければなりません。

#### (ⅱ) 審査請求の申立先——どの行政庁に審査請求できるか

どの行政庁に審査請求をするかについては，行政不服審査法の定め方がややこしいので，まず処分庁等に**上級行政庁がない**場合と**上級行政庁がある**場合とに大別したうえ，上級行政庁がある場合の原則と例外を整理して理解するのがベターでしょう。

**一歩前進**

上級行政庁とは，行政組織ないし行政手続上において，処分庁等の上位にある行政庁であり，争いの対象となっている処分等に関し，処分庁等を**指揮監督する権限を有する行政庁**

のことです。処分庁に複数の階層にわたる上級行政庁があるときは，その最上位に位置する行政庁が最上級行政庁ということになります。例えば，国税の賦課徴収等については，税務署長が行政庁となりますが，その直近上級行政庁は国税局長，もう一段上の上級行政庁が国税庁長官であり，さらに最上級行政庁として財務大臣が存在するということになります。

なお，都道府県および市町村といった普通地方公共団体は，相互に独立・対等の関係にありますから，市町村と都道府県の間に行政庁としての上級・下級の関係はありません。また，普通地方公共団体は，国とも対等な関係にありますから，国の行政庁と普通地方公共団体の長との間に上下関係はありません。

### (イ) 処分庁・不作為庁に上級行政庁がないとき

処分庁等に上級行政庁がないときは，その処分または不作為について当該処分庁等に対して審査請求をすることになります（4条１号）。例えば，設例27では，都道府県知事に上級行政庁はありませんから，甲県知事から免許取消処分を受けたＡは，処分庁である甲県知事に審査請求をすることになります。

### (ロ) 処分庁・不作為庁に上級行政庁があるとき

審査請求は，処分庁等に上級行政庁があるときは，その処分庁等の最上級行政庁に対して提起することになります（同条４号）。つまり，この場合最上級行政庁が審査庁となります。これだけだと単純でわかりやすいのですが，処分庁等に上級行政庁がある場合は，次のような特例が設けられ，いささか複雑な様相を呈しています。

処分庁等が，主任の大臣，宮内庁長官または内閣府や各省に置かれた外局の長であるときは，審査請求は，当該処分庁等に対してすることになります（同条１号）。例えば，処分庁等が財務省の外局である国税庁長官であれば，その上級行政庁は財務大臣ですが，この場合の審査請求は，国税庁長官に対してすべきことになります。＊

＊この場合は，上級行政庁がないものとして扱われることになるわけです。

また，主任の大臣，宮内庁長官または内閣府や各省に置かれた外局の長が処分庁等の上級行政庁であるときは，審査請求は，主任の大臣，宮内庁長官または当該庁の長に対してすることになります（同条２号，３号）。例えば，処分庁等の上級行政庁が国土交通大臣であれば，その最上級行政庁として内閣が存在しますが，この場合の審査請求は，内閣ではなく国土交通大臣に対してすることになります。＊1

＊1審査請求がなされた後に，法令の改廃により，従来の審査庁が裁決をする権限を有しなくなったときは，新たに裁決をする権限を有することとなった行政庁に審査請求書等の書類を引き継ぎ，その引継ぎを受けた行政庁は，速やかに，その旨を審査請求人や参加人に通知しなければなりません（14条）。

**一歩前進**

審査請求の申立先に関する上記の原則については，個別の法律（条例に基づく処分については条例）に特別の定めがある場合は，その法律に定められた行政庁が審査庁となります。例えば，建築主事の行った処分や不作為については，建築基準法の定めに基づき第三者機関である建築審査会に審査請求をすることができます。**設例28**では，建築確認の申請をしたBは，乙県建築主事の不作為に対して乙県の建築審査会に対し，審査請求をすることができます。

また，国税に関する処分に不服がある者は，国税通則法の定めに基づき国税不服審判所長に審査請求するものとされています。したがって，税務署長のした国税に関する処分の審査請求については，国税庁長官ではなく国税不服審判所長が審査庁となります。

### ②　再調査の請求

**設例29**

甲税務署長から租税賦課処分を受けたAは，その処分に納得がいかないので，不服申立てをしようと考えている。

#### （ｉ）処分庁に申し立てて処分のやり直しを求める制度

再調査の請求とは，行政庁の処分につき処分庁以外の行政庁に対して審査請求ができる場合に，処分庁に対して不服を申し立てる手続です（５条１項）。再調査の請求に対する処分庁の応答を決定といいます。＊2

＊2行政庁の不作為についての再調査の請求は認められていません。

行政庁の処分に不服がある者は，審査請求により不服を申し立てるのが原則です。しかし，大量の不服申立てがなされる処分については審査請求先の審査庁の負担の軽減を図る必要があり，また処分の性質によっては，その事案や内容等を容易に把握できる処分庁に対して簡易・迅速な手続で事実関係を再度調査させ，その見直しを求めるほうが合理的といえるでしょう。*1

*1次講で詳述しますが，審査請求の審理については，審理員の指名および行政不服審査会への諮問が制度化されています。しかし，再調査の請求についてはこのような手続は必要とされていません。これは，再調査の請求が審査請求よりも簡易かつ迅速な処理を目的とする制度だからです。

そこで，次の要件を満たした場合に限って，審査請求とは別に，処分庁に対する再調査の請求もできることとされています。

### (ⅱ) 再調査の請求ができるのは，どのような場合か

再調査の請求は，処分庁以外の行政庁に審査請求ができる場合において，個別の法律に再調査の請求ができる旨の定めがある場合に限ってすることができます（５条１項本文）。

**再調査の請求の要件**

| |
|---|
| 処分庁以外の行政庁に対して審査請求できる |
| 個別の法律に再調査の請求ができる旨の定めがある |

その例として，国税通則法に，国税に関する税務署長の処分に不服があるときは，国税不服審判所長に対する審査請求のほか，再調査の請求ができる旨の定めがあります（同法75条１項）。したがって，**設例29**では，Ａは，甲税務署長に対して再調査の請求をするか，国税不服審判所長に対する審査請求をするかを選択することができます。しかし，審査請求をした場合には，再調査の請求をすることはできません（５条１項ただし書）。また，再調査の請求をしたときは，処分庁による当該再調査の請求の決定を経た後でなければ，原則として審査請求をすることができません（同条２項）。例外的に，次の２つの場合には再調査の請求の決定を経ることなく，審査請求をすることができます。そして，下記①または②の事由により審査請求をしたときは，再調査の請求は取り下げられたものとみなされます（56条本文）。

① 再調査の請求をした日の翌日から起算して３ヶ月を経過しても，処分庁が当該再調査の請求につき決定をしない場合*2

② その他再調査の決定を経ないことにつき正当な理由がある場合

*2再調査の請求書に不備があり，その補正を命じられたときは，その補正をした日を起算点として３ヶ月となります。

**一歩前進**

処分庁は，再調査の請求がなされた日の翌日から起算して3ヶ月を経過しても再調査の請求が係属しているときは，遅滞なく，その処分について審査請求ができる旨を**書面で再調査の請求人に教示**しなければなりません（57条）。

### ③再審査請求

**設例30**

Aは，病気のため働くことができず生活に困窮している。そこでAは，居住する甲県乙市の福祉事務所長に対して生活保護の申請をしたが，乙市福祉事務所長は，Aの生活保護の申請を拒否した。Aは，この拒否処分に対して，甲県知事に対して審査請求をしたが，この審査請求も裁決により棄却された。

#### (ⅰ) 審査請求の裁決に対してさらに不服申立てできる制度

再審査請求は，審査請求の裁決がなされた後，その**裁決に不服がある者**がすることができます（6条1項）。つまり，再審査請求ができるときは，審査請求および再審査請求という2段階の不服申立てができるわけです。

#### (ⅱ) 再審査請求ができるのは，どのような場合か

まず，再審査請求は，行政庁の**処分**につき**法律に再審査請求をすることができる旨の定めがあるときにすることができる**ということに注意してください（6条1項）。審査請求の裁決に不服があるからといって常に可能というわけではありません。

また，再審査請求は，**個別の法律で定められた行政庁**に対してすることができます。例えば，生活保護法は，市町村長からの委任を受けた福祉事務所長が行った処分については，都道府県知事に対する審査請求を認め（生活保護法64条），その裁決に不服があるときは，さらに**厚生労働大臣に対する再審査請求**を認めています（生活保護法66条）。**設例30**では，Aは，乙市福祉事務所長の生活保護拒否処分に不服がある場合，甲県知事に審査請求を行い，その裁決に不服があるときは，さらに厚生労働大臣に再審査請求をすることができます。＊

＊生活保護法のほか，厚生年金保険法，労働者災害補償保険法など社会保険や労働保険関係の法律に再審査請求を定めている例がみられます。

再審査請求においては，審査請求を受けた審査庁が行った裁決

（原裁決）または審査請求人が受けた処分のどちらを対象とすることもできます（６条２項）。**設例30**で，Ａが厚生労働大臣に再審査請求を行った場合，この再審査請求においては，乙市福祉事務所長の行った処分の違法または不当を主張することもできるし，あるいは甲県知事の行った原裁決の違法または不当を主張することもできるということになります。もっとも，甲県知事のした原裁決が違法または不当であったとしても，乙市福祉事務所長の処分が違法または不当のいずれでもないときは，再審査請求は棄却されることになります（64条３項）。要するに，Ａの言い分は認めてもらえない，という結果になるわけです。

# 4　不服申立ての要件（適法要件）

不服申立ての要件とは，審査請求や再調査の請求，再審査請求を**審理してもらうための要件**であり，その要件の一つでも欠けると，不服申立人の言い分に理由があるかどうかの**実質的審理に入ることなく，不服申立ては却下される**ことになります。要するに，不服申立ての要件が欠けると，その**申立ては門前払い**されることになります。

不服申立ての要件は多岐にわたりますが，まずその対象，申立人，申立期間といった観点から，その要点を押さえておきましょう。

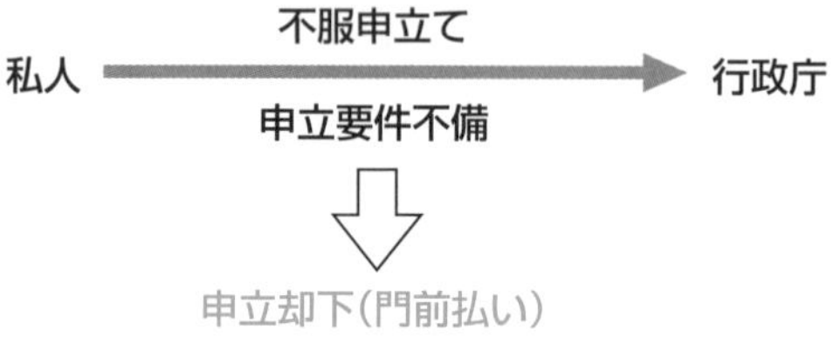


## (1) 不服申立ての対象

先に挙げた行政庁の**「処分」**と**「不作為」**に対して不服申立てをすることができます。処分に該当しないものや不作為とはいえないものについては不服申立てをすることはできません。＊

＊再調査の請求の対象は**「処分」**だけです（5条1項参照）。つまり，行政庁の不作為に対して再調査の請求をすることはできません。

「処分」の意義について判例は，「公権力の主体たる国または公共団体が行う行為によって，**直接国民の権利義務を形成しまたは**

その範囲を確定することが法律上認められているもの」としています（最判昭39・10・29）。また，権力的性質を有する事実行為についても「その他公権力の行使に当たる行為」として不服申立ての対象となります。この点については，取消訴訟における「処分性」の問題と共通するものがありますから，該当箇所で詳述します（P255以下参照）。ここでは，行政庁の行う「申請に対する（拒否）処分」「不利益処分」のようなものを念頭に置いておけばよいでしょう。

処分については，違法なものだけでなく，違法ではないが不当なものもその対象となることに注意してください。*1

*1つまり，法に違反する処分は当然のこととして，裁量権が適正に行使されていない不当な処分であることを理由として不服を申し立てることもできます。

**一歩前進**

不作為に対して不服申立てができるのは，「法令に基づく申請」に対してであることに注意しましょう。つまり，私人に法令に基づく申請権が付与されていることを前提として，申請を受けた行政庁が，諾否の応答をすることを義務づけられている場合でなければなりません。したがって，ある人が，国有土地の払下げを受けるため，国の機関に対して契約の申込みをしたが，いつまでたっても音沙汰がないというような場合は，不服申立ての対象とはなりません。この場合，私人に申請権があるわけではなく，また国の機関に諾否の応答義務もないからです。この場合は，契約の申込みをした人は，粘り強く国と交渉するか，あきらめるしかないでしょう。

### (2) 不服申立てを行い得る者

どのような者が不服申立てをすることができるかについては，不服申立てをすることのできる一般的な資格（不服申立能力）と具体的な事件について不服申立てのできる適格（不服申立人適格）を区別して理解しておきましょう。*2

*2訴訟において，原告または被告となり得る一般的な資格を当事者能力，具体的な事件について，原告または被告として訴訟を追行し得る適格を当事者適格といいます。不服申立能力，不服申立人適格は，それぞれ当事者能力，当事者適格に対応するものです。

#### ① 不服申立能力

#### (i) その名で不服申立てできる者

私法上の権利能力者，つまり自然人および法人は当然に不服申立能力を認められます。日本国籍を保有しているかどうかを問いませんから，外国人にも不服申立能力が認められます。

そのほか，法人でない社団，財団であっても，代表者または管理人の定めがあるものについては，その名で不服申立てをすることが認められています（10条）。つまり，法人格を有しない社団・財団であっても，規約等に代表者・管理人の定めがあり，運営の方法が確立し，構成員の変動にもかかわらず団体が存続する等一定程度の組織性を有している団体は，その団体自身の名義で不服申立てをすることができます。

### （ⅱ）多数人が共同して不服申立てをするには

上に述べた程度の組織性を有していない多数人が共同して不服申立てをしようとするときは，全員の名で不服申立をすることになりますが，審理の錯綜・混乱を避けるため3人を超えない総代を互選するという便宜的方法が認められます（11条１項）。また，審理員は，総代の互選を命ずることもできます（同条２項）。総代は，各自，他の共同不服申立人のために不服申立ての取下げを除き，当該不服申立てに関する一切の行為をすることができます（同条３項）。＊

＊つまり，総代が選任されている場合であっても，不服申立ての取下げは，共同不服申立人全員（の名）でしなければならないというわけです。

総代が選任されたときは，共同不服申立人は，総代を通じてのみ，不服申立てに関する行為をすることができます（同条４項）。共同不服申立人に対する行政庁の通知その他の行為は，２人以上の総代が選任されている場合においても，1人の総代に対してすれば足ります（同条５項）。共同不服申立人は，必要があると認めるときは，総代を解任することができます（同条６項）。

### （ⅲ）代理人による不服申立て

不服申立ては，代理人によってすることが認められています（12条１項）。代理人の資格については，特に制限は設けられていません。なお，平成26年の行政書士法改正により，一定の研修課程を修了した行政書士（特定行政書士）に，許認可等に関する審査請求等の代理権が付与されることになりました（同法１条の３第１項２号・２項）。これにより，特定行政書士は，業として（反復継続して）代理業務を行うことができることになります。

代理人は，各自，不服申立人のために当該不服申立てに関する一切の行為をすることができます。ただし，不服申立ての取下げは，特別の委任を受けた場合に限り，することができます（行政不服審査法12条２項)。

**ここが狙われる**

総代は不服申立てを取り下げることはできませんが，代理人は**特別の委任**を受ければ，不服申立てを取り下げることができます。

### ②　不服申立人適格

上に説明した不服申立てをすることのできる一般的資格（不服申立能力）さえあれば，行政庁の処分に対して誰でも不服申立てができるかというと，そうではありません。適法な不服申立てをなし得るためには，さらに具体的な事件について，**不服を申し立てるにふさわしい者**であることが必要です。これが不服申立人適格の問題です。

この不服申立人適格について，判例は，取消訴訟における原告適格と同様，取消しを求めるにつき**「法律上の利益を有する者」**に認められると解するようです（行政事件訴訟法９条１項参照)。この「法律上の利益を有する者」という条文上の概念について，判例は，「当該処分により自己の権利もしくは**法律上保護された利益**を侵害されまたは必然的に侵害されるおそれのある者」と解しています（最判昭53・３・14)。ここでは，処分の相手方は当然のこととして，相手方以外の**第三者**であっても不服申立人適格が認められる場合があるということを覚えておきましょう。不服申立ての制度は，行政庁の処分によって権利利益を害される私人の利益保護を第一の目的とするという点で，取消訴訟と共通するものがあり，**不服申立人適格は取消訴訟における原告適格とパラレルに理解できる**のです。したがって，この点についても，取消訴訟の箇所（P260以下参照）で詳述します。

**ここが狙われる**

不作為に対する不服申立てをすることができるのは，実際に行政庁に対して**処分についての申請をした者**に限られます（３条)。つまり，不作為についての不服申立人適格は，**申請をした者**にのみ認められるわけです。

## (3) 不服申立期間

行政上の法律関係の早期安定の要請から，不服申立てをなし得る期間には，制限が設けられています。この期間内に不服申立てをしなければ，不服申立てによる取消しを求めることができなくなります。

### ① 処分についての審査請求期間・再調査の請求期間

#### (ⅰ) 主観的請求期間——「知った日」の翌日から起算

処分についての審査請求・再調査の請求は，処分があったことを知った日の翌日から起算して3ヶ月以内にしなければなりません。また，当該処分についてすでに再調査の請求をしていた場合，その審査請求は，当該再調査の請求の決定があったことを知った日の翌日から起算して1ヶ月以内にしなければなりません（18条1項本文，54条1項本文）。しかし，審査請求・再調査の請求をしなかったことについて正当な理由があるときは，この期間を経過してもすることができます（18条1項ただし書，54条1項ただし書）。

#### (ⅱ) 客観的請求期間——「あった日」の翌日から起算

審査請求・再調査の請求は，処分があった日の翌日から起算して1年を経過すると，処分があったことを知らなかったとしても，これをすることができなくなってしまいます（18条2項本文，54条2項本文）。当該処分についてすでに再調査の請求をしていた場合，当該再調査の請求についての決定があった日の翌日から起算して1年を経過したときも同じです。しかし，審査請求・再調査の請求をしなかったことについて正当な理由があるときは，この期間を経過してもすることができます（18条2項ただし書，54条2項ただし書）。

### ② 再審査請求期間

(ⅰ) 再審査請求は，審査請求についての裁決（原裁決）があったことを知った日の翌日から起算して1ヶ月以内にしなければなりません（62条1項本文）。もっとも，再審査請求をしなかったことについて正当な理由があるときは，この期間を経過しても再審査請求をすることができます（同項ただし書）。

(ⅱ) 再審査請求は，審査請求についての裁決（原裁決）があった日の翌日から起算して1年を経過したときは，することができません。ただし，正当な理由があるときは，1年を経過しても再審査請求をすることができます（同条2項）。

**一歩前進**

「知った日の翌日」だけを起算点とすると，処分があったことを知らない限り，いつまで経っても不服申立期間が進行しないことになってしまい，行政上の法律関係が安定しません。そこで，主観的事情を抜きにした客観的な期間制限が設けられているわけです。なお，期間延長理由となる「正当な理由」とは，例えば，大災害による交通や通信の途絶等のほか，審査請求期間の教示に誤りがあった場合（P237参照）も含まれます。

### ③ 不作為についての不服申立て

不作為については，その性質上，不服申立期間の制限はありません。その不作為状態が継続する間は，いつでも不服申立てをすることができます。

**一歩前進**

不服申立ての要件としては，一般に上記の事項が主に問題とされますが，これだけに限られるわけではありません。いくつか例を挙げると，正当な権限を有する行政庁に申立てがなされること，再調査の請求をした場合には原則として，再調査の請求の決定を経て審査請求がなされること，不服申立書に必要な事項が記載されていること等も不服申立てが適法であるための要件となります。

なお，くどいようですが，この不服申立ての要件が備わっていない場合は，その実質的審理に入ることなく申立てが却下され，不服申立ての要件が備わっているときに初めて，その申立てに理由があるかどうかの実質的審理に入るということをしっかり把握しておいてください。これは，訴訟を起こす際に，適法要件（「訴訟要件」といいます）が備わっていないと，訴えが却下されるのと同様です。

Check

**「行政審判」**

行政上の不服申立てについて，行政不服審査法に定められた一般的な手法によらず，独立性の保障された行政機関が準司法的手続によって裁断を行う制度が個別の法律に定められている場合があります。このような制度を行政審判といいます。例えば，電波監理審議会が行う不利益処分手続（電波法99条の11），人事院が国家公務員に対する不利益処分について行う不利益審査（国家公務員法91条２項）等がこれに属します。

準司法手続とは裁判に準ずる手続という意味です。すなわち，行政審判においては，対審の公開審理が保障され，手続に現れた証拠によってのみ事実認定が行われます。裁定に当たる行政機関が認定した事実については，これを立証する実質的な証拠があるときは，裁判所を拘束するものとされています。つまりその場合，裁判所は，裁定に当たる行政機関が認定した事実に反する事実を認定することができないのです。これを実質的証拠法則といいます。事実認定に限定されるとはいえ，行政機関の判断に裁判所が拘束されることは，「行政機関は，終審として裁判を行うことができない」と規定する憲法76条２項後段との関係で問題を生じますが，裁判の最終段階である法の適用については，裁判所の任務かつ職責とされていることから，憲法に違反するものではないと解されます。

## 実戦過去問　　　　　　行政書士　平成28年度

行政不服審査法における再調査の請求について，妥当な記述はどれか。

1　行政庁の処分につき，処分庁以外の行政庁に対して審査請求をすることができる場合，処分庁に再調査の請求をすることは認められない。

2　行政庁の処分に不服のある場合のほか，法令に基づく処分についての申請について不作為がある場合にも，再調査の請求が認められる。

3　再調査の請求においても，原則として，その審理は審理員によってなされなければならないが，行政不服審査会等への諮問は要しない。

4　再調査の請求において，請求人または参加人の申立てがあった場合には，それが困難であると認められない限り，口頭で意見を述べる機会を与えなければならない。

5　再調査の請求がなされた場合，処分庁は，職権で，処分の効力，執行または手続の続行を停止することができるが，これらを請求人が申し立てることはできない。

**解　説**

1　×　再調査の請求は，行政庁の処分につき処分庁以外の行政庁に対して審査請求ができる場合において，個別の法律に再調査の請求ができる旨の定めがある場合に限ってすることができます(行政不服審査法５条１項本文)。

2　×　再調査の請求は，行政庁の「処分」についてすることができます（同法５条１項本文)。行政庁の不作為については，再調査の請求をすることはできません。

3　×　再調査の請求においては，審理員は指名されません。また，行政不服審査会への諮問もされません。

4　○　審査請求人または参加人の口頭意見陳述の規定は，再調査の請求に準用されています(同法61条，31条１項)。P222側注を参照。

5　×　再調査の請求においても，申立てまたは職権で，処分の執行停止をすることができます（同法61条，25条２項)。P224側注を参照。

**正解　4**

## 練習問題

行政不服審査法に関する次の記述のうち，正しいものはいくつあるか。

ア　処分に対する審査請求は，処分があったことを知った日の翌日から３ヶ月以内にしなければならないが，不作為に対する審査請求には期間の制限はない。
イ　再審査請求は，個別の法律に再審査請求をすることができる旨の定めがある場合に限って，することができる。
ウ　法人でない社団または財団であって，代表者または管理人の定めがあるものは，審査庁の許可を受けなくても，その名で審査請求をすることができる。
エ　代理人は，審査請求人のために，当該審査請求に関するいっさいの行為をすることができるが，審査請求の取下げについては特別の委任を要する。
オ　行政庁の不作為については，当該行政庁に処分の申請をした者だけが審査請求をすることができる。

１　一つ　　２　二つ　　３　三つ　　４　四つ　　５　五つ

**解　説**

ア　○　処分についての審査請求は，処分があったことを知った日の翌日から起算して３ヶ月以内にしなければなりません（行政不服審査法18条１項）。不作為については，そのような期間制限はありません。
イ　○　審査請求の裁決に不服がある者が，再審査請求できるのは，個別の法律に再審査請求をすることができる旨の定めがある場合だけです（同法６条１項）。
ウ　○　法人でない社団または財団で，代表者または管理人の定めがあるものは，その名で審査請求をすることができます（同法10条）。許可は不要です。
エ　○　代理人が，審査請求の取下げをするには，特別の委任を必要とします（同法12条２項）。なお，審査請求の総代は取下げをすることはできません。
オ　○　法令に基づき行政庁に対して処分の申請をした者は，行政庁の不作為があるときは，審査請求をすることができます（同法３条）。処分の申請をした者以外の第三者は，当該不作為についての審査請求をすることはできません。
以上より，アからオまですべて正しく，正解は肢５となります。

**正解　５**

## 実戦過去問　　行政書士　令和２年度

再審査請求について定める行政不服審査法の規定に関する次の記述のうち，正しいものはどれか。

1　法律に再審査請求をすることができる旨の定めがない場合であっても，処分庁の同意を得れば再審査請求をすることが認められる。

2　審査請求の対象とされた処分（原処分）を適法として棄却した審査請求の裁決（原裁決）があった場合に，当該審査請求の裁決に係る再審査請求において，原裁決は違法であるが，原処分は違法でも不当でもないときは，再審査庁は，裁決で，当該審査請求を棄却する。

3　再審査請求をすることができる処分について行う再審査請求の請求先（再審査庁）は，行政不服審査会となる。

4　再審査請求をすることができる処分について，審査請求の裁決が既になされている場合には，再審査請求は当該裁決を対象として行わなければならない。

5　再審査請求の再審査請求期間は，原裁決があった日ではなく，原処分があった日を基準として算定する。

**解　説**

1　×　再審査請求は，行政庁の処分につき法律に再審査請求をすることができる旨の定めがあるときにすることができます（行政不服審査法６条１項）。

2　○　審査請求を却下または棄却した裁決（原裁決）が違法または不当である場合であっても，その原裁決に対して再審査請求がなされたとき，当該審査請求に係る処分（原処分）が違法または不当のいずれでもないときは，再審査庁は，裁決で，当該再審査請求を棄却します（同法64条３項）。

3　×　再審査請求は，個別の法律で定められた行政庁に対してすることができます（同法６条２項）。

4　×　再審査請求は，審査請求を受けた審査庁が行った裁決（原裁決）または審査請求人が受けた処分（原処分）のどちらを対象とすることもできます（６条２項）。

5　×　再審査請求期間は，「原裁決があったことを知った日」または「原裁決があった日」から起算されま（同法62条１項・２項）。いずれも基準となるのは，原処分があった日ではなく，原裁決があった日です。　　**正解　2**

# 13 審査請求の審理手続

## 学習ナビゲーション

審査請求は，審査請求人が審理を行う行政庁（審査庁）に審査請求書を提出することによって開始されるのが原則です。開始された審査請求手続は，一定の経過を経て進行し，通常はその裁断である裁決が示されることによって終了します。その審理手続については，時間的な流れに沿って正確に理解しておきましょう。また，執行停止，教示等も重要事項ですから，審理手続に関連してしっかり押さえておくことが必要です。

行政不服審査法に定める不服申立ては，審査請求を中心に規定され，再調査の請求，再審査請求はその規定を準用する形で規定されていることが多いので，本講では，審査請求を中心としてその審理手続について説明し，再調査の請求，再審査請求に特有の事項はその都度言及することにします。

## 1　手続の開始

**設例31**

Ａは，甲市内に所有する建物が建築基準法の規定に違反していることを理由として，甲市長から当該建物の除却命令を受けた。

### (1) 審査請求の提起

審査請求は，行政庁が職権で開始することはなく，審査請求人の**申立てのみによって開始**されます。＊

＊これは，審査請求の開始を申立人の意思に委ねるもので，**処分権主義**といいます。

審査請求は，通常，後記の事項（P218参照）を記載した**審査請求書**という書面を審査庁に提出して行います（19条１項）。他の法律（条例に基づく処分については条例）で，**口頭で審査請求できる旨の定めがあるとき**は，口頭での審査請求も可能です。この場合には，陳述を受けた行政庁は，審査請求人の陳述を元に，**審査請求録取書**という書面を作成し，これを陳述人に読み聞かせて誤りのないことを確認しなければなりません（20条）。

審査請求をすべき行政庁が処分庁と異なる場合の審査請求は，**処分庁を経由**してすることもできます(21条１項)。この場合には，審査請求人は処分庁に審査請求書を提出し，その提出を受けた処分庁は，直ちに審査請求書を審査庁となるべき行政庁に送付しなければなりません（同条２項）。**設例31**では，Ａは，建築基準法の規定により，建築審査会という第三者機関に対して審査請求をすることができますが，この場合，処分庁である甲市長に対して審査請求書を提出することもできます。審査請求書の提出を受けた甲市長は直ちにその審査請求書を建築審査会に送付しなければなりません。この場合，審査請求期間の計算については，**処分庁に審査請求書を提出した時**に，処分についての審査請求があったものとみなされます（同条３項）。＊

＊つまり，審査請求期間内に甲市長に審査請求書を提出しておけば，審査請求期間経過後に建築審査会に到達した場合であっても，当該審査請求は適法なものとして扱われます。

**処分庁を経由した審査請求**

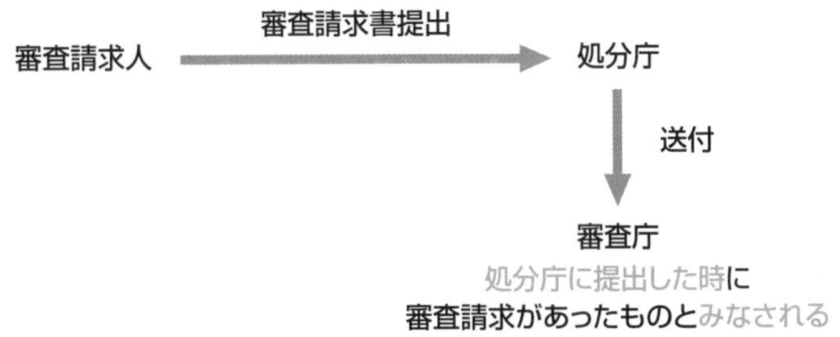


**一歩前進**

審査請求書は，郵送や信書便で提出することも認められています。この場合，郵送等に要した日数は審査請求期間に算入されません（18条３項）。つまり，審査請求期間の算定については，到達主義ではなく**発信主義**が採られ，審査請求期間内に郵便等で審査請求を発した場合，審査請求期間経過後に到達したときでも，**審査請求期間内に到達した**ものとして扱われます。

### (2) 審査請求書の記載事項

審査請求書に何を記載すべきかについては，次のとおり，処分に対する審査請求の場合（19条２項）と不作為に対する審査請求の場合（同条３項）を区別して規定されています。

**処分についての審査請求書の記載事項**

| | |
|---|---|
| ① | 審査請求人の氏名または名称および住所または居所 |
| ② | 審査請求に係る処分の内容 |
| ③ | 審査請求に係る処分があったことを知った年月日 |
| ④ | 審査請求の趣旨および理由 |
| ⑤ | 処分庁の教示の有無およびその内容 |
| ⑥ | 審査請求の年月日 |

＊

**不作為についての審査請求書の記載事項**

| | |
|---|---|
| ① | 審査請求人の氏名または名称および住所または居所 |
| ② | 当該不作為に係る処分についての申請の内容および年月日 |
| ③ | 審査請求の年月日 |

＊再調査の請求をした後に審査請求をする場合は，再調査の請求をした年月日または再調査の請求についての決定を経ないことについての正当な理由を書き加えなければなりません。また，審査請求期間経過後に審査請求をする場合は，期間内に審査請求することができなかったことについての正当な理由を記載しなければなりません（19条5項）。

### (3) 審査請求書の補正

審査請求書が提出されると，その書面に上記の必要的事項が記載されているかどうかが審理されます。その一つでも記載が欠けていると，審査請求は不適法ということになりますが，この場合，審査庁は，補正が可能であるときは，相当の期間を定めてその補正を命じなければなりません（23条)。つまり，補正が可能であるのに補正を命ずることなく申立てを却下することは違法ということになります。この点，行政手続法では，申請が形式上の要件を欠いているときは，行政庁には補正を命じるか申請を拒否するかの選択が認められていますが（行政手続法７条参照)，この扱いとは異なりますから，注意してください。

審査請求人が命じられた期間内に不備を補正しない場合や審査請求が不適法であって補正不能が明らかである場合には，審査庁は，審理手続を経ることなく裁決で審査請求を却下することができます（24条１項・２項)。

# 2　手続の進行

審査請求書が審査庁に提出され，審理手続が開始されると，次のようなプロセスを経て審理が行われ，その結論としての裁決がなされることになります。時間的な流れに沿って，その概要を把握してください。

## (1)　審理員

### ①審理員の指名

審査請求がされた行政庁（審査庁）は，一定の例外的場合（下記④参照）を除いて，そこに所属する職員のうちから審理手続を行う者を**審理員として指名**するとともに，その旨を**審査請求人および処分庁等に通知**することが義務づけられています（9条1項本文)。審理員は，審理手続を主宰し，紛争当事者である審査請求人と処分庁の主張および証拠の整理を行い，審査庁がすべき裁決に関する**意見書**を取りまとめるという重要な役回りを果たします。もっとも，裁決はあくまで審査庁が行い，審理員は，その補佐的な職務を行うものであることに注意してください。＊1

＊1再調査の請求では，審理員の指名は行われません。

### ②審理員の資格

審理員は，審査庁の職員のうち，対象となっている処分や処分に係る再調査の請求についての決定に**関与せず，また処分について利害関係をもたない者**でなければなりません（同条2項)。これは，審理の中立性および公平性を確保し，審査請求に対する国民の信頼を維持するためです。もっとも，審理員は，審査庁に属する職員の中から指名されるのですから，当該行政組織から完全な形で独立した第三者ではありません。＊2

＊2利害関係人のほか，審査請求人，その配偶者および一定の親族，審査請求人の代理人，後見人，保佐人，補助人等一定の欠格者も審理員となることができません（9条2項)。

### ③審理員名簿の作成

審査庁となるべき行政庁は，審理員となるべき者の名簿を**作成するよう努め**，名簿を作成したときは，適当な方法で**公にしておかなければなりません**（17条)。この名簿が作成されたときは，名簿に記載された者のうちから審理員を指名しなければなりません（9条1項)。

### ④審理員の指名を要しない場合

内閣府や各省の外局として設置される**委員会**や**審議会**，普通地方公共団体の執行機関としての委員会（行政委員会）が審査庁となる場合には，審理員の指名を必要としません（9条1項ただし書）。これらの機関は，優れた識見を有する委員で構成された合議制の機関であり，制度上公正かつ慎重な審理を期待できますから，あえて審理員の指名を要しないとされています。これらの場合には，審理員ではなくそれらの審査庁が審理手続を担当することになります。＊

＊条例に基づく処分について条例に特別の定めがある場合には，審理員の指名を要しません。例えば，情報公開条例に基づく処分について，情報公開審査会による審査が定められている場合がこれに該当します。また，審査請求書の補正不能等を理由として審査請求を却下する場合も審理員の指名は行われません（9条1項ただし書）。

**一歩前進**

平成26年の法改正前までは，不服申立ての審理は，一般に行政庁を補佐する補助機関（職員）がその任にあたり，その資格について特に制限が設けられていたわけではありません。そのため，処分庁に対して不服申立て（異議申立て）がされたときは，その処分に関与した職員が審理手続を担当する可能性があり，審理の中立性，公正性に疑義をもたれる要因となっていました。そこで，そのような疑義を払拭し予断や思い込みを排除した公正な審理を実現するため，審理の対象となっている処分に関与せず，かつ審査庁からの指揮監督を受けないという意味での独立性を有する審理員に審理を主宰させることとしたものです。

### (2)　審理の迅速性の確保

行政不服審査は，審理の公正とともに，私人の権利利益の迅速な救済を旨とする制度ですから，審理の迅速化を促進するために次のような制度が定められています。

#### ①　標準審理期間の設定は努力義務，公表は必要的義務

審査庁となるべき行政庁は，審査請求がその事務所に到達してから当該審査請求に対する裁決をするまでに通常要すべき標準的な期間を定めるよう努めるとともに，これを定めたときは，公にしておかなければなりません（16条）。この標準審理期間は，個別の審査請求を前提とするものではなく，審査庁となるべき行政庁は，あらかじめこれを定める努力義務を負うことになります。

#### ②　審理手続の計画的進行

審査請求人，参加人および処分庁（これらの者を「審理関係人」

といいます）ならびに審理員は，**簡易迅速**かつ**公正**な審理の実現のため，審理において相互に協力するとともに，審理手続の**計画的な進行**を図らなければなりません（28条）。

### ③　事前の意見聴取

審理員は，迅速かつ公正な審理を行なうため，審理手続を計画的に遂行する必要があると認める場合には，期日および場所を指定して審理関係人を招集し，**あらかじめ**，口頭意見陳述，証拠書類等の提出，鑑定，検証等の申立てに関する**意見の聴取**を行うことができます（37条１項）。＊1

＊1審理関係人が遠隔地に居住しているときは，テレビ電話等での意見聴取も可能です（37条２項）。

## (3)　利害関係人の参加

利害関係人は，**審理員の許可**を得て，**参加人**として審査請求の手続に参加することができ，また審理員の裁量で手続への**参加を求められる**ことがあります（13条１項・２項）。

利害関係人とは，審査請求人以外の者であって審査請求に係る処分または不作為に係る処分の根拠となる法令に照らし当該処分につき利害関係を有するものと認められる者のことです（同条１項かっこ書）。「利害関係を有する」とは，裁決の主文でなされる判断によって自己の権利利益に**直接の影響を受ける**ことであり，審査請求人と**利害の相反する立場**にある者が典型例です。例えば，大規模マンションの建築確認処分について，周辺住民など処分の相手方以外の第三者がその取消しを求めて審査請求をした場合，処分の相手方である建築主は建築確認処分の取消しによって不利益を受ける（建築に着手することができない）ことになりますから，利害関係人に当たります。＊2

＊2審査請求への参加は，代理人によってすることもできます（13条３項）。

## (4)　弁明書・反論書の提出

審理員は，審査庁から指名されたときは，処分庁等が審査庁である場合を除いて，直ちに審査請求書または審査請求録取書の写しを**処分庁等に送付**するとともに（29条１項），処分庁等に対し，相当の期間を定めて**弁明書の提出**を求めるものとされています（同条２項）。弁明書というのは，処分庁等が自己のした処分または申請に対する不作為に理由があり正当であることを説明する文書です。処分についての弁明書には「処分の**内容**および**理由**」，不作為についての弁明書には「処分をしていない理由ならびに予定される処分の時期・内容および理由」を記載することが義務づけられています（同条３項）。また，処分庁が不利益処分の聴聞を行った際の聴聞調書や報告書等を保有する場合には，それらも弁明書に添付することとされています（同条４項）。

審理員は，処分庁等から弁明書の提出があったときは，これを審査請求人および参加人に送付しなければなりません（同条５項）。弁明書の送付を受けた審査請求人は，弁明書に記載された事項に対する反論書を提出することができ（30条１項），また参加人は，当該事件に係る意見書を提出することができます（同条２項）。審理員は，提出を受けた反論書を参加人および処分庁等に，意見書を審査請求人および処分庁等に，それぞれ送付しなければなりません（同条３項）。＊1

＊1再調査の請求においては，処分庁が自ら審理手続を進めますから，弁明書，反論書等のやりとりはありません。

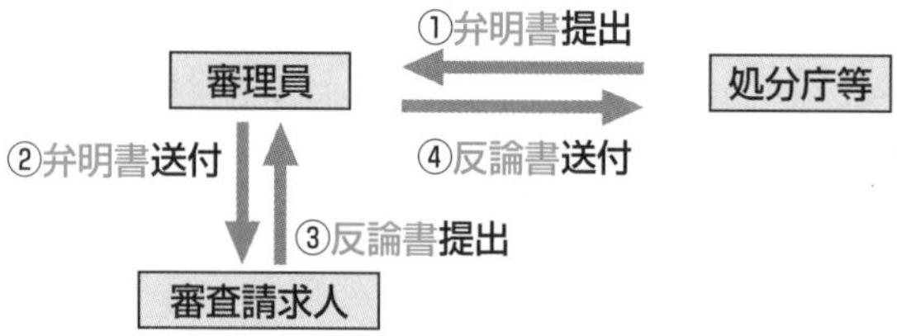


## (5) 審理手続における審査請求人等の手続的諸権利

### ①　書面審理と口頭での意見陳述

審査請求の審理は書面によることを基本としつつも，審査請求人または参加人から口頭での意見陳述の申立てがあったときは，審理員は，その申立てをした者（申立人）に対し，原則として口頭で意見を述べる機会を与えなければならないとされています（31条１項）。その際，申立人は，審理員の許可があれば，補佐人を伴って出頭することもできます（同条３項）。ただ，この権利は，訴訟における口頭弁論と異なり，審査請求人と処分庁との対審的な審理まで予定しているものではありません。審査請求においても，書面審理オンリーではなく，審理員に言い分を聴いてもらう権利も認められていると理解してください。＊2

＊2再調査の請求においても利害関係人の参加が認められ，請求人と参加人に口頭意見陳述の機会が保障されています（61条，31条1項）。

この口頭意見陳述は，全ての審理関係人を招集して行うこととされ（同条2項），申立人は，審理員の許可を得て，処分庁等に対して**質問を発する**こともできます（同条５項）。一方，審理員の側からも，申立てまたは職権で審査請求人や参加人に対し質問を発することができます（36条）。

### ②　証拠書類または証拠物の提出

行政不服申立てにおいては，行政事件訴訟の場合と異なり，**職権探知主義**が採用されていますが（後記**一歩前進**参照），審査請求人や参加人は，証拠書類や証拠物を提出することができます（32条１項）。一方，処分庁等は，当該処分の理由となる事実を証する書類その他の物件を提出することができ（同条２項），審査請求人や参加人はそれらの証拠書類等の**閲覧**およびその写しの**交付**（謄写）等を求めることができます。この場合，審理員は，第三者の利益を害するおそれがある等の正当な理由がなければ，その閲覧・交付を拒むことができません（38条１項）。

### ③　物件の提出・鑑定・検証等の要求

さらに，審理員の職権または審査請求人や参加人の申立てによる**物件の提出**要求（33条），参考人の陳述または**鑑定**（34条），必要な場所での**検証**（35条）および審理員による**審理関係人への質問**（36条）等の手続的な諸権利が認められています。＊

＊これらの手続を円滑に実施するため，**事前の意見聴取手続**が定められています（37条，P221参照）。

**一歩前進**

行政事件訴訟においては，裁判に必要な事実と証拠の収集およびその提出は原則として当事者の権能かつ責任とする建前が採られています。これは**弁論主義**と呼ばれます（P276以下参照）。

一方，審理に必要な事実と証拠の収集について，当事者の申出によらず職権で行うことができるとする建前を**職権探知主義**といいます。行政不服審査においては，上記のとおり，証拠書類等の提出要求，物件の提出要求等が審査請求人や参加人の申立てによるほか審理員の**職権でもできる**とされていることから職権探知主義を採用していると解されます。この点については，取消訴訟の審理手続との比較で理解するほうがベターですから，後述する取消訴訟の審理を読了後に理解を深めてください。

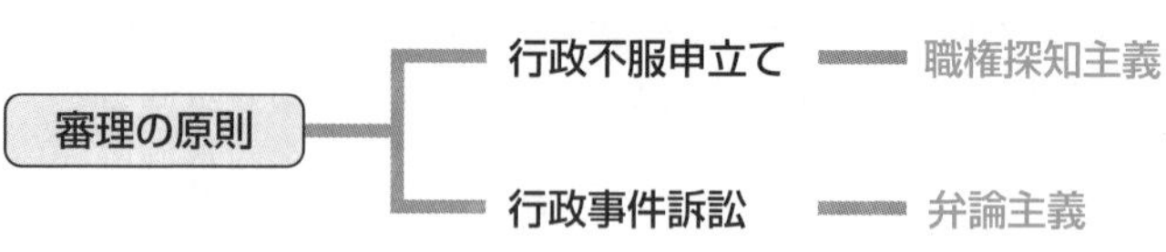


**Check**

「手続の併合・分離」

審理員は，必要があると認めるときは，数個の審査請求に係る手続を**併合**し，または併合された数個の審査請求に係る手続を**分離**することができます（39条）。つまり，審理員は，その裁量により別個に提起された数個の審査請求を同一の手続で審理することとし（併合），逆に同一の手続で審理の対象となっていた数個の請求を切り離して別個に審理することもできます。併合や分離は，審理の錯綜を避け，迅速かつ円滑な審理を実現することを目的とするもので，審理員の**職権**に基づいて行われます。審査請求人や参加人は，併合や分離について申立てをすることはできません。

## 3　執行停止

### (1) 執行不停止の原則

行政庁の行った処分は，原則として相手方に到達することによって効力を生じ，審査請求をしても，**処分の効力，処分の執行，手続の続行は妨げられないのが原則**です（25条1項）。これは，処分の迅速な執行により公益を実現しようとする考慮によるものです。**設例31**では，甲市長からの除却命令は，Aに到達することによって直ちに効力を生じ，審査請求をしたからといって執行停止の効力はないのですから，Aとしては安心できません。Aは，依然として建物を除却する義務を負い，グズグズしていると，代執行により建物を除却されてしまう可能性があります。しかし，もしこの行政庁の除却命令が違法または不当であるとすると，代執行によりAは取り返しのつかないダメージを受けてしまい，損害賠償で我慢するしかないということになりかねません。そこで，一定の要件の下で処分の効力の停止等をすることが認められています。＊

＊再調査の請求がなされた場合においても，申立てまたは職権による執行停止が認められています（61条，25条2項）。

### (2) 執行停止の手続・要件

審査庁が処分庁または処分庁の上級行政庁であるか否かにより，執行停止の手続・要件が異なります。

#### ①　手続――申立てによるほか職権でできる場合もある

(ⅰ) 審査庁が**処分庁の上級行政庁**または**処分庁**である場合には，審査請求人の**申立てによるほか，職権により執行停止**をすることもできます(25条2項)。また，この場合には，上級行政庁および処分庁は，処分の効力，処分の執行または手続の続行の停止以外に**「その他の措置」**をすることもできます。「その他の措置」とは，例えば，処分庁の行った免許取消処分を暫定的に業務停止処分とすることなどです。

(ⅱ) 一方，処分庁の上級行政庁または処分庁の**いずれでもない審査庁**は，**申立て**により執行等を停止することができるだけであり，職権による執行停止をすることはできません。また，「その他の措置」をすることもできません(同条3項)。*

＊処分庁の上級行政庁以外の審査庁が執行停止をするときは，**処分庁の意見**を聴かなければなりません。

#### ②　要件――「できる」場合と「しなければならない」場合

審査庁は，「**必要があると認める場合**」には執行停止をすることができます(25条2項・3項)。つまり，執行停止をするかどうかは審査庁の裁量によるのが原則です。

しかし，例外的に執行停止を**しなければならない**場合もあります。すなわち，審査庁は，審査請求人からの**申立てがあった場合**において，処分，処分の執行，手続の続行により生ずる**重大な損害を避けるため緊急の必要がある**と認めるときは，執行停止をしなければなりません(25条4項本文)。ただし，この要件を満たしているときでも，**公共の福祉に重大な影響を及ぼすおそれがあるとき**，または**本案について理由がないとみえる**とき，には執行停止はできません(同条同項ただし書)。

**一歩前進**

処分の効力の停止とは，処分の効力自体を停止してしまうことであり，最もダイレクトな執行停止の方法ですが，それ以外の処分の執行の停止，手続の続行の停止等，**より間接的な方法で目的を達することができるとき**は，してはならないとされています(25条6項)。例えば，**設例31**では，除却命令の執行である代執行を停止すれば，Ａは建物の除却を免れることになりますから，この場合は効力の停止をすることはできず，代執行手続の停止をすることができるにとどまるのです。

**ここが狙われる**

審理員は，必要があると認める場合には，審査庁に対し，執行停止をすべき旨の意見書を提出することができます（40条）。執行停止の申立てがあったとき，または審理員から執行停止をすべき旨の意見書が提出されたときは，審査庁は，速やかに，執行停止をするかどうかを決定しなければなりません（25条７項）。

**③　執行停止の取消し**

執行を停止した後においても，執行停止が公共の福祉に重大な影響を及ぼすことが明らかとなったとき，その他事情が変更したときは，審査庁は，その執行停止を取り消すことができます（26条）。例えば，**設例31**で，代執行の手続が停止された後に，建物倒壊による周辺への危険性が明らかになったときは，審査庁である建築審査会は執行停止を取り消すことができます。

## 4　審理手続の終結および行政不服審査会等への諮問

### (1)　審理員による意見書の作成と提出

審理員は，必要な審理を終えたと認めるときは，審理手続を終結するものとされています（41条１項）。この場合は，審理手続の本来の目的を達したことによる終結ですが，そのほか，審理員は，弁明書，反論書，意見書，証拠書類・証拠物，書類その他の物件が相当の期間内に提出されない場合において，さらに一定の期間を示してその提出を求めたにもかかわらず，その提出期間内にそれらの物件が提出されなかったときも審理手続を終結することができるとされています（同条２項１号）。＊

＊また，申立人が正当な理由なく，口頭意見陳述に出頭しないときも，審理手続を終結することができます（41条２項２号）。

審理手続を終結したときは，審理員は，遅滞なく，審査庁がすべき裁決に関する意見書（審理員意見書）を作成し（42条１項），速やかに事件記録とともに審査庁に提出しなければなりません（同条２項）。さらに，審理関係人に対しては，審理手続を終結した旨および審理員意見書等を審査庁に提出する予定時期を通知するものとされています（41条３項）。

## (2) 行政不服審査会等への諮問

### ① 意義——なぜ諮問が必要か

審査庁は，審理員意見書の提出を受けたときは，一定の場合を除き（後記 Check 参照），行政不服審査会等に諮問しなければならない，とされています（43条１項）。＊

つまり，審査庁は，裁決をする前提として行政不服審査会等の第三者機関に対してお伺いを立て，その意見を踏まえたうえで，最終的な裁決をすることになります。この制度は，審査庁の行う裁決に，中立的な立場に立つ第三者機関の意見を取り入れ，より客観的で公正な判断に到達することを可能とするため，平成26年の改正法により設けられました。なお，審査請求よりも簡易・迅速を旨とする再調査の請求においては，行政不服審査会への諮問は要求されません。

＊行政不服審査会等とは，行政不服審査会のほか，地方公共団体に条例で設置された諮問内容を調査審議する付属機関（81条１項・２項）を含む意味に理解してください。

### ② 諮問機関（諮問の相手先）

（ｉ）審査庁が国の行政機関である場合は，行政不服審査会に諮問することになります。具体的にいうと，審査庁が各省大臣，宮内庁長官，外局である庁の長（例えば国税庁長官や特許庁長官）の場合は行政不服審査会への諮問が必要ということになります。

（ⅱ）審査庁が地方公共団体の長である場合は，地方公共団体に条例で設置された諮問内容を調査審議する付属機関（81条１項・２項）に諮問することになります。

**Check**

**「行政不服審査会等への諮問を要しない場合」**

行政不服審査会への諮問は，行政不服審査の簡易・迅速の要請を多少犠牲にしても，その中立・公正を確保しようとする制度といえます。そこで，行政不服審査会等への諮問をしなくても，公正な判断が担保されているとみられる場合や簡易迅速な判断が重視される場合等においては，審査庁は諮問をすることなく裁決をすることができます。以下の８つの場合がこれに該当します。

（ⅰ）審査請求に係る処分をする際に，審議会等の議を経るべき旨または経ることができる旨の定めがあり，かつその議を経て処分がなされた場合

（ⅱ）裁決をしようとするときに，他の法律または条例等で定める一定の機関の議を経るべき旨または経ることができる旨の定めがあり，かつその議を経て裁決をしようとする場合

（ⅲ）法令に基づく申請の却下または棄却処分の全部または一部を取り消し，当該申請に対して一定の処分をすべきものと認める場合で，審議会等の議を経て裁決をしようとする場合

（ⅳ）審査請求人から，行政不服審査会等への諮問を希望しない旨の申出がされている場合

（ⅴ）行政不服審査会等によって，当該事件の性質等を考慮して諮問を要しないものと認められた場合

（ⅵ）審査請求が不適法であり却下する場合

（ⅶ）申請に対する処分以外の処分についての審査請求であって，その全部を取り消し，または審査請求に係る事実上の行為の全部を撤廃すべきことを命じ，もしくは撤廃することとする場合

（ⅷ）①申請拒否処分についての審査請求であって，処分庁の上級行政庁である審査庁が，処分庁に対して当該処分をすべき旨を命ずる場合（審査庁が処分庁であるときは当該処分をする場合）および②不作為に対する審査請求であって，不作為庁の上級行政庁である審査庁が，不作為庁に対し処分をすべき旨を命ずる場合（審査庁が不作為庁であるときは当該処分をする場合）

（ⅰ）（ⅱ）（ⅲ）は諮問しなくても公正な判断が担保されているとみられる場合，（ⅳ）（ⅴ）（ⅵ）（ⅶ）（ⅷ）は，簡易迅速な判断が重視されている場合と考えられます。（ⅶ）および（ⅷ）のケースでは，諮問を経ることなく審査請求人の権利利益の救済を図ることができますから，迅速性が重視され諮問不要とされているわけです。なお，（ⅳ）（ⅶ）および（ⅷ）の事由に該当する場合でも，参加人の反対があるときは，参加人の利益を考慮して諮問が必要とされています。諮問をしなければならないのに，審査庁が諮問をすることなく裁決をしたとき，その裁決は違法な裁決であって，取消原因となると解されます。

### ③　諮問の手続と行政不服審査会からの答申

審査庁が，行政不服審査会等に諮問をするときは，審理員意見書および事件記録の写しを添えてしなければなりません（43条２

項)。審査庁は，諮問をしたときは，審理関係人に対し，諮問をした旨を通知するとともに，審理員意見書の写しを送付しなければなりません（同条3項)。審理関係人は，審査請求に係る事件に関する行政不服審査会等の調査審議の過程で，口頭意見陳述の申立て（75条)，主張書面・資料等の提出，閲覧請求（76条，78条）等をする権利が認められていますから，その機会を逸することがないようにするためです。

諮問を受けた行政不服審査会は，その審査結果を答申書にまとめて審査庁に回答（答申）し，答申書の写しを審査請求人および参加人に送付するとともに，答申の内容を公表することとされています（79条)。審査庁は，その答申を尊重して判断しなければならないのは当然ですが，その答申に法的に拘束されるわけではないので，答申の内容とは異なった裁決をすることもできないわけではありません。＊1

＊1その場合審査庁は，裁決主文が答申書と異なる内容であることについて理由を示さなければなりません（50条１項４号)。

## 5　裁決

審査請求および再審査請求に対する審査庁の最終的応答が裁決です。裁決には，却下，棄却，認容の３つの基本的類型と棄却裁決の特殊な類型として事情裁決があります。＊2

＊2再調査の請求に対する審査庁（処分庁）の応答は決定と呼ばれます。

その説明に入る前に，行政不服審査法は，裁決をすべき時期について規定を置いていますから，まずこの点について把握しておきましょう。

### (1) 裁決の時期

次のいずれかの事由に該当するときは，審査庁は，遅滞なく，裁決をしなければなりません（44条)。

① 行政不服審査会等から諮問に対する答申を受けたとき
② 行政不服審査会等への諮問を要しない場合には，審理員意見書が提出されたとき
③ 裁決をしようとするときに，他の法律・条例で定める一定の機関の議を経るべき旨または経ることができる旨の定めがあり，かつその議を経て裁決をする場合にはその議を経たとき
④ 法令に基づく申請に対して一定の処分をすべきものと認める

場合や不作為について一定の処分を命じる場合で，審議会等の議を経て裁決をしようとする場合には**その議を経たとき**

**一歩前進**

上記②の諮問を要しない場合としては，（ⅰ）審査請求人が諮問を希望しない場合，（ⅱ）審査請求が不適法であり却下する場合，（ⅲ）処分の全部を取り消しまたは事実行為の全部を撤廃する場合の３つがあります（P232以下参照）。③④の場合も諮問を要しない場合に該当しますが，一定機関の議を経るべきことが要求されていますから，その**議を経るまで裁決はできない**が，その議を経たときは遅滞なく裁決をしなければならないということです。

### (2) 裁決の種類

#### ①　却下裁決――実質的審理をすることなく「門前払い」

却下裁決とは，例えば，正当な理由なく審査請求期間を徒過した，審査請求できない事項について審査請求をした，審査請求人に審査請求人適格が欠ける，審査請求書の補正命令に従わなかった等，審査請求の**適法要件を欠く**場合に実質的な審理に入ることなく，審査請求を門前払いする裁決です（45条１項）。

**一歩前進**

審査請求人が死亡しあるいは合併により消滅した等の場合には，相続人や存続会社など審査請求の目的である処分に係る権利を包括承継した者が，審査請求人の地位を**当然に承継**します（15条１項・２項）。したがって，この場合は，審査請求が却下されるわけではなく，相続人や存続会社等審査請求の地位の承継人は書面でその旨を審査庁に届け出なければなりません（同条3項）。なお，審査請求の審理の係属中に，その目的である処分に係る権利を譲り受けた者は，**審査庁の許可**を得て，審査請求人の地位を承継することができます（同条６項）。

**ここが狙われる**

不作為についての審査請求の場合，**申請から相当の期間を経過していない場合**には，それを理由として**却下裁決**がなされることになります（49条1項）。

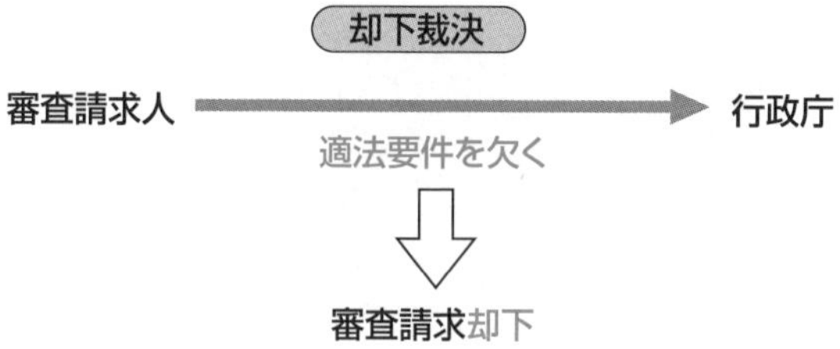


### ②　棄却裁決――審査請求人の言い分を認めず請求を排斥する

審査請求が適法要件を満たしている場合には，その内容の当否に立ち入った実質的審理が行われますが，その審理の結果，審査請求人の**請求に理由がない**と判断されたときは，**棄却裁決**がなされます（45条２項，49条２項）。「請求に理由がない」とは，処分または不作為に審査請求人の主張するような違法・不当な点は見当たらないということであり，この棄却裁決がなされたときは**原処分の効力が維持される**ことになります。

**設例31**で棄却裁決がなされたときは，除却命令の効力が維持され，Aは依然として除却義務を免れることはできません。要するに，審査請求人の「負け」です。

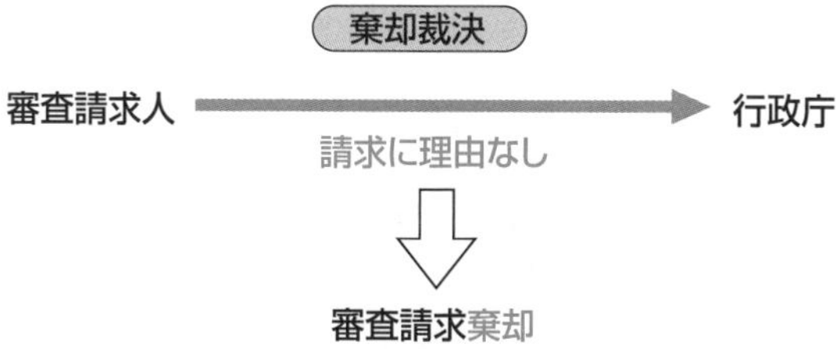


### ③　認容裁決――審査請求人の言い分を認める

審査請求の内容を実質的に審理した結果，審査請求人の請求に**理由がある**ときは，認容裁決がなされます。つまり，審査庁が，処分または不作為が違法または不当であるとの審査請求人の主張を認めてくれるわけです。

この認容裁決については，取消し，撤廃，変更の３つの種類があります。以下，処分についての認容裁決，事実上の行為についての認容裁決，不作為についての認容裁決がそれぞれどのようになされるのかを整理しておきます。

### (ⅰ) 処分についての認容裁決

処分についての審査請求に理由がある場合，審査庁は，裁決で当該処分の全部もしくは一部の取消しまたは変更をすることができます（46条１項本文）。

取消しは，処分であって事実行為を除くものの全部または一部の効力を失わせることです。例えば，**設例31**で，不利益処分である建物の除却命令が取り消されれば，除却命令はなかったことになり，審査請求人であるＡの権利利益は保護されることになります。

変更とは，処分の内容を変更する裁決であり，例えば営業停止期間を短縮したり，営業免許取消処分を営業停止処分とすることがこれに当たります。変更は，審査庁が処分庁の上級行政庁または処分庁のいずれでもない場合にはできません（同項ただし書）。逆にいうと，処分を変更することができるのは，処分庁の上級行政庁または処分庁だけです。＊

＊もっとも，例外的に個別法で，上級行政庁以外の行政庁に対する審査請求について処分内容の変更の効果を生じさせる裁決（修正裁決）が認められている例があります（国家公務員法92条1項等）。

また，法令に基づく申請を却下し，または棄却する処分の全部もしくは一部を取り消す場合において，審査庁は，当該申請に対し一定の処分をすべきものと認めるときは，次のような措置を採るものとされています。

(イ) 審査庁が処分庁の上級行政庁である場合には，当該処分庁に対し当該処分をすべき旨を命じる（46条２項１号）。

例えば，許可申請に対して処分庁が不許可処分をした場合，処分庁の上級行政庁は，処分庁に対し許可を命じる裁決をすることができます。上級行政庁には，処分庁に対する一般的な監督権限が認められ，処分庁のいわばボス的立場にありますから，命令的な裁決をすることが認められるわけです。

(ロ) 審査庁が処分庁である場合には，自ら当該処分をする（同条同項２号）。

### (ⅱ) 事実上の行為についての認容裁決

事実上の行為についての審査請求に理由がある場合，審査庁は，裁決で，当該事実上の行為が違法または不当である旨を宣言するとともに，審査庁は，次のような措置を採るものとされています。

（イ）処分庁以外の審査庁は，当該処分庁に対し，当該事実行為の全部または一部を撤廃しまたはこれを変更すべき旨を命じる（47条１号）。

撤廃とは，例えば，収容されている者を放免したり，領置している物を返還したりすることです。処分庁以外の審査庁は，自らこれらの行為をすることができないので，処分庁に命じて行わせることになるわけです。

（ロ）処分庁である審査庁は，当該事実行為の全部または一部を撤廃し，またはこれを変更する（同条２号）。

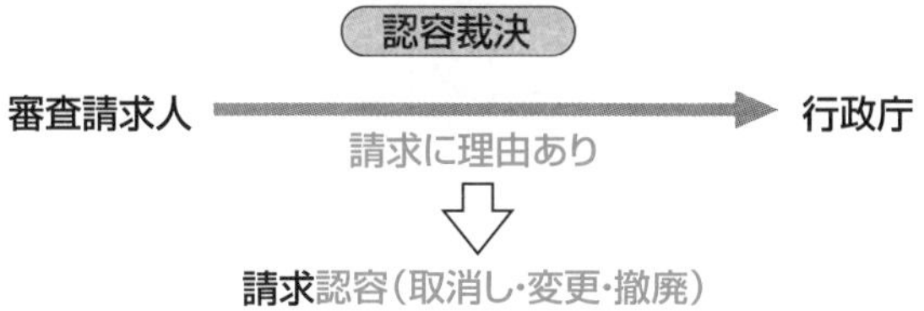


**ここが狙われる**

変更は処分の場合だけでなく，事実行為の場合にも認められますが，審査請求人の不利益に当該処分を変更し，または事実上の行為を不利益に変更すべきことを命じ，もしくは変更することは許されません（48条）。これを不利益変更の禁止といいます。例えば，営業停止期間を延長したり，営業停止処分をそれよりもヘビーな免許取消処分とすることは不利益変更禁止に抵触し，認められません。再調査の請求の場合にも，不利益変更は禁止されています（59条３項）。

#### (ⅲ) 不作為についての認容裁決

不作為についての審査請求に理由がある場合，審査庁は，裁決で，当該不作為が違法または不当である旨を宣言するとともに，一定の処分をすべきものと認めるときは，次のような措置を採るものとされています。すなわち，

（イ）審査庁が不作為庁の上級行政庁である場合，当該不作為庁に対し，当該処分をすべき旨を命じる（49条３項１号）。例えば，許可申請についての不作為に対し，上級行政庁である審査庁は，

不作為庁に許可処分を命ずる裁決をすることもできます。

（ロ）審査庁が不作為庁である場合，当該処分をする（同項２号）。

Check

**「事情裁決――審査請求人の言い分は認めるが請求は棄却する」**

審査請求の対象となっている処分が違法または不当であるときは，認容裁決がなされなければならないはずです。しかし，処分が違法または不当である場合でも，これを取り消しまたは撤廃することにより公の利益に著しい障害を生じる場合においては，審査庁は，審査請求人の受ける損害の程度，その損害の賠償または防止の程度および方法その他一切の事情を考慮したうえ，処分を取り消しまたは撤廃することが公共の福祉に適合しないと認めるとき，例外的に裁決で当該審査請求を棄却することが認められています（45条３項）。これを事情裁決といいます。つまり，この事情裁決は棄却裁決の特殊な類型ということになります。ただこの場合，審査庁は，裁決の主文で当該処分が違法または不当であることを宣言しなければなりません。これは，行政事件訴訟法の事情判決とほぼ同じ目的を持った制度であり，具体的にどのような場合に事情判決がなされるかについては，P289 一歩前進 を参考にしてください。なお，再調査の請求については，事情裁決に類する制度は設けられていません。

## (3) 裁決の方式

裁決は，審査庁が記名押印した裁決書という書面でしなければなりません。裁決書には，法定事項として，主文，事案の概要，審理関係人の主張の要旨および裁決の判断に至った理由を記載することが義務づけられています（50条１項）。＊

＊主文には審査請求の結論を簡潔に記載しますが，主文が審理員意見書または行政不服審査会等の答申と異なる場合は，異なることとなった理由を記載しなければなりません（50条１項４号）。

**裁決書記載事項**
- ①主文
- ②事案の概要
- ③審理関係人の主張の要旨
- ④裁決の判断に至った理由

行政不服審査会等への諮問を要しない場合には，裁決書には，審理員意見書を添付しなければなりません（同条２項）。さらに，審査庁は，再審査請求をすることができる裁決をする場合には，裁決書に再審査請求をすることができる旨，再審査請求をすべき行政庁，再審査請求期間を記載し，これらの事項を教示しなければなりません（同条３項）。

**ここが狙われる**

裁決は書面で行い，かつ裁決の判断に至った理由を付記しなければなりません（50条１項４号）。これは，審査請求人に裁決に至った経過を示すことによってその審査の経緯を知る機会を与え，あわせて訴訟手続に移行するか否かの判断の基礎となる情報を提供するという重要な意味をもちます。もっとも，裁決書に理由不備の違法があったとしても，裁決自体は無効とならず，取消事由となるに過ぎないとされています（最判昭32・１・31）。

**一歩前進**

審査請求は裁決によって終了しますが，取下げにより審査請求人自身の意思により終了させることもできます。

審査請求人は，裁決があるまでは，いつでも審査請求を取り下げることができます（27条１項）。これによって最初から審査請求がなされていなかったと同じ状態となり，手続は終了します。裁決がなされてしまったときは，取下げはできません。取下げは，書面でしなければならず（同条２項），口頭による取下げは無効です。審理途中でいったん取下げをした以上，その撤回はできません。しかし，不服申立期間内であれば，再度，同じ審査請求をすることはできます。

### (4) 裁決の効力とその発生時期

#### ① 効力――裁決の一般的効力のほか不可変更力も生じる

裁決・決定も行政行為ですから，行政行為一般に認められる公定力，執行力，不可争力が生ずるほか，裁決・決定に特有の効力として不可変更力が生じます。すなわち，裁決・決定をした行政庁は，自らそれを取り消すことができません。自らした裁決・決定を取り消すことができるとすると，行政上の法律関係の混乱が続いてしまうことになりかねないからです。

審査請求人の請求を認容する裁決については，その実効性を確保するために，関係行政庁を拘束する効力を生じます(52条１項)。これを拘束力といい，具体的には次のような内容をもつものです。すなわち，申請に基づいてした処分が手続の違法もしくは不当を理由として裁決で取り消され，または申請を却下もしくは棄却した処分が裁決で取り消されたときは，処分庁は，裁決の趣旨に従い，改めて申請に対する処分をしなければなりません(同条２項)。この場合，処分庁は，何ら事情が変わっていないのに，同じ理由で同じ処分を繰り返すことはできません。そうでないと，裁決で示された判断が何の意味もなくなってしまうからです。

**一歩前進**

裁決の拘束力は，認容裁決にのみ認められ，棄却裁決には認められません。したがって，棄却裁決によって処分が維持されても，処分庁は処分が違法または不当と認める場合には，自ら職権でその処分を取り消すことができます（最判昭33・２・７)。

### ②　裁決の効力は送達された時に生じる

裁決は不服申立人に送達された時に効力を生じます（51条１項)。裁決の送達は，送達を受けるべき者に裁決書の謄本を送付することによって行います。送達を受けるべき者の所在が知れないときは，公示の方法による送達も可能です（同条２項)。

**一歩前進**

判例は，審査請求に対して裁決した行政庁が，一度下した裁決を自ら覆す行為は，不可変更力に反し違法であるが，それが当然無効である場合以外は，その新たな裁決は適法に取り消されない限り有効であるとしています（最判昭30・12・26)。つまり，そのような裁決であっても原則として公定力を有するということです。

用語の説明

**「公示送達」**
審査庁が裁決書の謄本を保管し，いつでもその送達を受けるべき者に交付する旨を当該審査庁の掲示場に掲示し，かつその旨を官報その他の公報または新聞紙に少なくとも1回掲載して行う送達の方法。相手方の居所が不明の場合に行われる便宜的方法です。

# 6 教示

## (1) 不服申立ての機会を逸しないよう配慮した制度

教示とは，わかりやすくいえば，処分を行う行政庁が，その処分によって不利益を受ける相手方や利害関係人に対し，「文句があるのならこういう方法があるぞ」と教えてくれる制度です。

行政不服審査の制度は，国民に十分に周知されているとはいいがたく，また処分を受ける者が不服申立てできることを知っているとしても，行政組織は複雑であるため，どの行政庁に不服申立てをすべきか，さらに不服申立てのできる期間等についても正確に認識しておかなければ，みすみす権利行使の機会を逸してしまうことになりかねません。そういうわけで，行政庁の処分により不利益を受ける国民の権利利益の救済のために，教示の制度が設けられています。

教示が義務づけられているのは，審査請求，再調査の請求または他の法令に基づく不服申立てをすることができる処分をするに際し，**相手方に対して書面で処分を行う**場合および**利害関係人から教示を求められた**場合です。

## (2) 教示すべき事項とその相手方・方法

処分をするに際して教示が義務づけられている事項は，次の3つです（82条1項本文）。処分の相手方に対する教示と利害関係人に対する教示では，その内容や方法が多少異なっていますから，区別して覚えておきましょう。

①不服申立てをすることが**できる旨**
②不服申立てを**すべき行政庁**
③不服申立てをすることが**できる期間**

行政庁は，処分をするに際しその**相手方**に対しては，特に求められなくても上記の事項を教示しなければなりません。処分を口頭でする場合を除いて，**書面**で教示する必要があります（82条1項）。口頭による処分の場合は教示不要です。

**利害関係人**に対しては，**求めがあったとき**に上記の所定事項を教示しなければなりません（同条2項）。その際，利害関係人から書面による教示を求められたときは，書面でしなければなりません（同条3項）。

### (3) 行政庁の教示に瑕疵がある場合の効果

重要なのは，教示すべき事項を教示しなかった場合および教示の内容を誤った場合です。そのような場合には，処分の相手方などに不利益が及ばないような方策が立てられています。

**① 行政庁が，上記の教示をしなかったとき**

この場合，当該処分について不服がある者は，とりあえず処分庁に不服申立書を提出することができます（83条1項）。＊1

当該処分が，処分庁以外の行政庁に対し審査請求をすることができる処分であるときは，処分庁は速やかに当該不服申立書を審査庁に送付することが義務づけられています。送付されたときは，はじめから権限ある行政庁に不服申立てがなされたものとみなされます（同条3項・4項）。

**② 行政庁が，教示の内容を誤ったとき**

行政庁が教示の内容を誤るパターンとしては次のような場合があり，それぞれ一定の手続（書面のやり取り）を経て審査請求人の救済が図られます。

（i）審査請求をすることができる処分につき，処分庁が誤って審査庁でない行政庁を審査庁として教示し，その教示された行政庁に書面で審査請求がなされた（22条1項）

このケースでは，審査請求書を受けた行政庁は，速やかに，その審査請求書を処分庁または本来の審査庁に送付します。処分庁に送付されたときは，処分庁が本来の審査庁に送付することになります（同条2項）。

（ii）再調査の請求をすることができない処分につき，処分庁が誤って再調査の請求をすることができる旨を教示したため，当該処分庁に再調査の請求がなされた（同条3項）

（iii）再調査の請求をすることができる処分につき，処分庁が誤って審査請求をすることができる旨を教示しなかったために，当該処分庁に再調査の請求がなされた（同条4項）＊2

上記（i）（ii）（iii）のいずれの場合も審査請求書や再調査

＊1その場合，処分庁に対する審査請求（または他の法律に基づく不服申立て）のみができるときは，はじめから当該処分庁に対する審査請求または当該法令に基づく不服申立てがなされたものとみなされます(83条5項)。

＊2この場合は，再調査の請求人からの申立てがあれば，処分庁は審査庁に再調査の請求書等を送付します。

の請求書が審査庁となるべき行政庁に送付されたときに初めから審査庁となるべき行政庁に審査請求がされたものとみなされます（同条５項）。

(iv) 再調査の請求をすることができる処分につき，処分庁が誤って再調査の請求をすることができる旨を教示しなかったために審査請求がなされた（55条１項）

この場合，審査請求人の申立てにより，審査庁から処分庁に審査請求書等が送付されたときは，初めから処分庁に再調査の請求がなされたものとみなされます（同条３項）。

**一歩前進**

処分庁が不服申立期間についての教示を怠り，あるいは法定の期間よりも長い期間を不服申立期間として誤って教示したため，当該不服申立期間が経過してしまった場合には，「正当な理由」による期間徒過として（18条１項ただし書，54条１項ただし書），不服申立てが認められることになると解されます。

**Check**

**「行政不服審査会」「地方公共団体の執行機関の付属機関」**

諮問機関である行政不服審査会および地方公共団体の執行機関の付属機関について，要点を絞って箇条書きにしておきます。他の条文についても，一読して意味を了解できるものが多いので，67条から81条までの条文には目を通しておかれることをお勧めします。

① 行政不服審査会（以下「審査会」といいます）。

(i) 設置および組織

審査会は総務省に設置される（67条１項）。審査会は９人の委員をもって組織され，委員は非常勤を原則とするが，そのうち３人以内は常勤とすることができる（68条）。審査会の委員は，総務大臣が両議院の同意を得て任命する。任期は３年で，再任されることができる（69条１項・４項）。

(ii) 審査会の構成・権限

審査会は，原則として，審査会が指名する３人の委員で構成される合議体であるが，審査会が定める場合においては，委員の全員で構成する合議体で調査審議する（72条）。

（ⅲ）委員の義務

（イ）守秘義務

委員は，職務上知ることができた秘密を漏らしてはならず，その職を退いた後も同様である（69条８項）。この守秘義務違反には，罰則が設けられています（87条）。

（ロ）政治活動の制限

委員は，在任中，政党その他の政治的団体の役員となり，または積極的に政治活動をしてはならない（69条９項）。

（ⅳ）調査審議の手続

審査会は，必要に応じ，審査関係人に主張書面または資料の提出を求めることその他必要な調査をすることができる（74条）。審査関係人は，提出書面等の閲覧または謄写を請求することができる（78条）。審査会は，審査関係人の申立てがあった場合，原則として当該審査関係人に対し口頭で意見を述べる機会を与えなければならない（75条１項本文）。

審査会は，諮問に対する答申をしたときは，答申書の写しを審査請求人および参加人に送付するとともに，答申の内容を公表する（79条）。

② 地方公共団体の執行機関の付属機関（以下「付属機関」といいます）。

（ⅰ）付属機関の設置

地方公共団体に，執行機関の付属機関として，行政不服審査法の規定によりその権限に属させられた事項を処理するための機関を置く（81条１項）。条例で事件ごとに，付属機関を置くこともできる（同条２項）。付属機関の組織および運営に関し必要な事項は，当該機関を置く地方公共団体の条例で定める（同条４項）。

（ⅱ）調査審議の手続

付属機関の調査審議に関する手続については，行政不服審査会に関する調査審議の規定が準用される（同条３項）。

## 実戦過去問　　行政書士　令和元年度

行政不服審査法が定める審査請求の手続等に関する次の記述のうち，誤っているものはどれか。

1　審査請求は，審査請求をすべき行政庁が処分庁と異なる場合には，処分庁を経由してすることもできるが，処分庁は提出された審査請求書を直ちに審査庁となるべき行政庁に送付しなければならない。

2　審査庁は，審査請求が不適法であって補正をすることができないことが明らかなときは，審理員による審理手続を経ないで，裁決で，当該審査請求を却下することができる。

3　審査請求人は，審理手続が終了するまでの間，審理員に対し，提出書類等の閲覧を求めることができるが，その写しの交付を求めることもできる。

4　審理員は，審査請求人の申立てがあった場合には，口頭意見陳述の機会を与えなければならないが，参加人がこれを申し立てることはできない。

5　行政庁の処分に不服がある者は，当該処分が法律上適用除外とされていない限り，当該処分の根拠となる法律に審査請求をすることができる旨の定めがないものについても，審査請求をすることができる。

**解　説**

1　○　処分庁経由で審査請求がなされた場合，処分庁は，提出された審査請求書を直ちに審査庁となるべき行政庁に送付しなければなりません（行政不服審査法21条１項・２項）。

2　○　補正不能が明らかな審査請求については，審査庁は，審理手続を経ることなく，裁決で当該審査請求を却下することができます（同法24条１項・２項）。

3　○　審査請求人や参加人は，提出書類等の閲覧またはその写しの交付を求めることができます（同法38条１項前段）。

4　×　口頭意見陳述の申立ては，審査請求人だけでなく，参加人にも認められています（同法31条１項）。

5　○　行政不服審査法は，行政上の不服申立てに関する一般法ですから，個別の法律に審査請求をすることができる旨の定めがない場合でも，同法を根拠として審査請求することができます。

**正解　4**

## 実戦過去問

行政書士　平成30年度

行政不服審査法の定める不作為についての審査請求に関する次の記述のうち，妥当なものはどれか。

1　不作為についての審査請求は，当該処分についての申請をした者だけでなく，当該処分がなされることにつき法律上の利益を有する者がなすことができる。
2　不作為についての審査請求は，法令に違反する事実がある場合において，その是正のためにされるべき処分がなされていないときにも，なすことができる。
3　不作為についての審査請求の審査請求期間は，申請がなされてから「相当の期間」が経過した時点から起算される。
4　不作為についての審査請求の審理中に申請拒否処分がなされた場合については，当該審査請求は，拒否処分に対する審査請求とみなされる。
5　不作為についての審査請求がなされた場合においても，審査庁は，原則として，その審理のために，その職員のうちから審理員を指名しなければならない。

**解　説**

1　×　不作為に対する審査請求は，実際に当該処分について行政庁に申請をした者だけがすることができます（行政不服審査法3条）。

2　×　審査請求の対象となる行政庁の不作為とは，行政庁が「法令に基づく申請に対して何らの処分をしないこと」です（行政不服審査法3条）。行政庁の不作為一般を対象とするものではありません。

3　×　申請がなされてから「相当の期間」が経過しても何らの処分がなされない場合に，当該不作為が違法となるのであり，その時点が不作為の審査請求期間の起算点となるわけではありません。

4　×　不作為についての審査請求の審理中に申請拒否処分がなされた場合に，当該審査請求が拒否処分に対する審査請求とみなされるとの規定は存在しません。当該拒否処分に不服があるときは，別個に当該拒否処分に対する審査請求を提起する必要があります。

5　○　審査請求がされた行政庁は，原則として，審理員の指名をしなければならないとされています（行政不服審査法9条1項）。この場合，特に不作為の場合を除外するとの規定は存在しません。したがって，不作為についての審査請求がなされた場合も，審査庁は審理員を指名しなければなりません。

**正解　5**

## 練習問題

行政不服審査法に基づく審査請求の終了に関する次の記述のうち，誤っているものはどれか。

1　審理手続を終結したときは，審理員は，遅滞なく，審理員意見書を作成し，速やかに事件記録とともに審査庁に提出しなければならない。
2　審査庁は，審査請求人から，行政不服審査会等への諮問を希望しない旨の申出がされている場合には，同会への諮問をする必要はない。
3　審査庁が処分庁の上級行政庁である場合には，審査庁は，当該処分を変更する裁決をすることができるが，審査請求人の不利益に変更することはできない。
4　審査庁は，処分が違法または不当であっても，当該処分についての審査請求を棄却できる場合がある。
5　審査請求人は，裁決があるまでは，いつでも書面または口頭で審査請求を取り下げることができる。

**解　説**

1　○　審理員は，審理手続を終結したときは，遅滞なく，審査庁がすべき裁決に関する意見書（審理員意見書）を作成し，速やかに事件記録とともに審査庁に提出しなければなりません（行政不服審査法42条１項・２項）

2　○　審査庁は，審理員意見書の提出を受けたときは，原則として行政不服審査会等に諮問しなければなりませんが（同法43条１項），審査請求人から諮問を希望しない旨の申出があるときは，諮問を必要としません（同項４号）。

3　○　審査庁が処分庁の上級行政庁である場合には，審査庁は，当該処分を変更することができますが（同法46条１項），審査請求人の不利益に当該処分を変更することはできません（同法48条）。これを不利益変更の禁止といいます。

4　○　審査庁は，処分が違法または不当である場合でも，公の利益に著しい障害を生じる等の要件を満たせば，例外的に裁決で当該審査請求を棄却することができます（同法45条３項）。このような裁決を事情裁決といいます。

5　×　審査請求人は，裁決があるまでは，いつでも審査請求を取り下げることができますが，その取下げは書面でしなければなりません（同法27条）。

**正解　5**

# 14 裁判による救済——行政事件訴訟の枠組み

## 学習ナビゲーション

本講では，行政事件訴訟の意義とその種類等について説明します。いきなり，細かな事項を覚えようとすると混乱するだけですから，まず，行政事件訴訟法の具体的な内容に立ち入る前に，行政事件訴訟の意義・種類・目的等全体的な枠組みを大まかに押さえて体系的に整理された形で，頭に入れておきましょう。

## 1　行政事件訴訟の意義

訴訟は，民事訴訟，刑事訴訟および行政事件訴訟に区別することができます。そのうち，民事訴訟は，私人間の権利義務に関する紛争の解決を目的とする制度です。行政事件訴訟も，国民の権利利益の保護を中心的な目的とするものですが，公権力の行使に関する争いを含む**公法上の法律関係に関する紛争の解決**を目的とするという点で，一般の民事訴訟と異なった特殊な性格をもっています。そのため，そこでなされる裁判は，民事裁判とは異なり**直接公共の福祉に重大な影響を及ぼす**ことが少なくありません。こうした行政事件の特質にかんがみ，民事訴訟法とは別に行政事件訴訟法という法律が制定され，この法律により行政事件訴訟が運営されているわけです。

＊本講から第17講まで，文章末尾の（　）内に引用した条文は，特にことわりがなければ，行政事件訴訟法の条文を表しています。

Check

**「特別裁判所の設置禁止と行政事件訴訟」**

明治憲法の下においては，民事事件，刑事事件を扱う司法裁判所のほかに，「行政裁判法」という法律に基づき行政裁判所が設けられ，行政官庁の違法な処分によって権利を害された者は行政裁判所に出訴して権利救済を求めることとされていました。この制度の下では，行政裁判は一審限りとされ，また出訴事項も狭く限定されていたため，国民の権利の救済には不十分なものでした。

これに対し，日本国憲法76条１項は，「すべて司法権は，最高裁判所及び法律の定めるところにより設置する下級裁判所に属する」と規定し，同条２項で，「特別裁判所は，これを設置することができない。行政機関は，終審として裁判を行うことができない」と定めています。その結果，特別裁判所としての行政裁判所の設置は禁止されることとなり，行政事件についても，一般の民事事件や刑事事件と同様，司法裁判所である最高裁判所およびその系列に属する下級裁判所で取り扱われることになりました。

## 2　主観訴訟と客観訴訟

行政事件訴訟の最も大きな分類の仕方として，主観訴訟と客観訴訟の区別があります。

主観訴訟は，行政の違法な行為によって国民個人の権利利益が侵害され，または侵害されそうになっている場合に，その救済を求めるもので，行政不服審査と同様の目的をもつものです。これには，抗告訴訟および当事者訴訟の２つがあります。例えば，飲食業を営んでいるＡが，違法にその営業免許を取り消された場合，Ａは，自分の個人的な利益（法律上の利益）を守るために，抗告訴訟の一種である処分の取消しの訴えを裁判所に起こすことができます。ここでは，原告となるべき者に「法律上の利益」のあることが訴え提起の要件とされます。

客観訴訟は，行政の活動が法に違反して行われている場合に，個人に帰属する主観的利益とかかわりなく適法状態を回復する，言い換えると客観的な法秩序の維持を目的とするもので，これには民衆訴訟と機関訴訟の２つがあります。例えば，民衆訴訟の一種である選挙訴訟は，選挙が違法に行われたことを理由として，その無効の宣言を求めるものです。ここでは，原告となるべき者の個人的な利益が直接に侵害されたことは要件とされていません。なぜなら，選挙訴訟は，原告個人の主観的利益の保護を目的とするものではなく，違法な選挙の効力を否定して適法な状態を回復する，すなわち客観的な法秩序を維持することが目的とされているからです。このように，民衆訴訟では，個人的な利益の侵害とは無関係に訴えを提起することが認められているわけです。

以上のように，主観訴訟において原告となるべき者に法律上の利益が要求されているのは，それが個人的利益を保護することを目的とし，客観訴訟において原告となるべき者に法律上の利益が要求されないのは，客観的な法秩序を維持するというその目的の差異に由来することを理解してください。＊

＊客観的な法秩序の維持という言葉が抽象的でわかりにくければ，より端的に，客観訴訟は「行政の適正な運営を確保する」ことを目的とする制度と理解してください。

もっとも，主観訴訟も，違法な行政処分の取消し等を通じて，行政の適正な運営を確保するという機能も併せもっていますから，副次的には客観的な法秩序の維持を目的とするといえます。

行政事件訴訟の目的

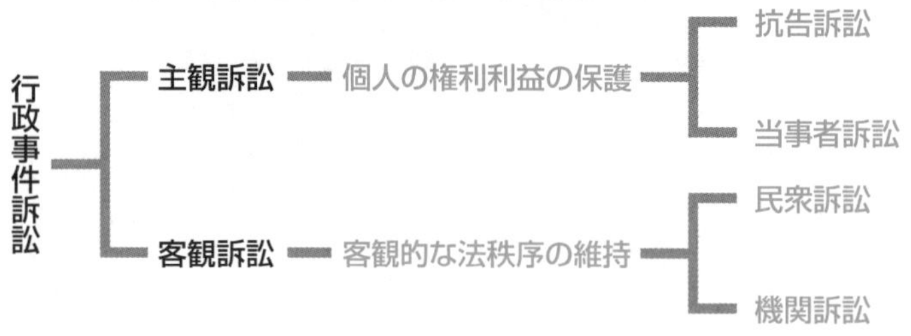


**一歩前進**

裁判所法３条１項は，「裁判所は，日本国憲法に特別の定のある場合を除いて一切の法律上の争訟を裁判し，その他法律において特に定める権限を有する」と規定しています。

「法律上の争訟」とは，①当事者間に具体的な権利義務についての紛争があり，②これに法を適用して終局的に解決することが可能，という２つの要件を満たすものとされています。これが司法権の範囲を画する基準となります。つまり，上記①②の要件に該当する「法律上の争訟」の裁判権が本来的な司法権に属する権能であり，法律上の争訟に該当しない客観的な法秩序の維持を目的とする訴訟類型は，「その他法律において特に定める権能」として，特に司法裁判所の裁判権が及ぶとされているものです。

抗告訴訟及び当事者訴訟は，個人に帰属する権利利益をめぐる行政主体との紛争，つまり具体的な権利義務についての紛争を対象とし，これに法を適用して解決することを目的とするものですから，「法律上の争訟」ということができ，本来的に司法権の範囲に属するものです。一方，民衆訴訟および機関訴訟は，個人の権利利益の保護を直接の目的とするものではなく，「法律上の争訟」には含まれません。したがって，民衆訴訟および機関訴訟は本来的に司法権の範囲に含まれるものではなく，「その他法律において特に定める」訴訟類型ということができます。

## 3　抗告訴訟と当事者訴訟——主観訴訟

抗告訴訟とは，行政庁の公権力の行使に関する不服の訴訟であり（３条１項），これには，処分の取消しの訴え，裁決の取消しの訴え，無効等確認の訴え，不作為の違法確認の訴え，義務付けの訴え，差止めの訴えの６つが法定されています。これらの訴えは当事者訴訟とともに，原告となる個人の権利利益の救済を目的とするものです。これらがいわゆる主観訴訟に属する訴えです。＊

＊抗告訴訟とともに主観訴訟の類型に属する当事者訴訟の内容については，P307以下で説明します。

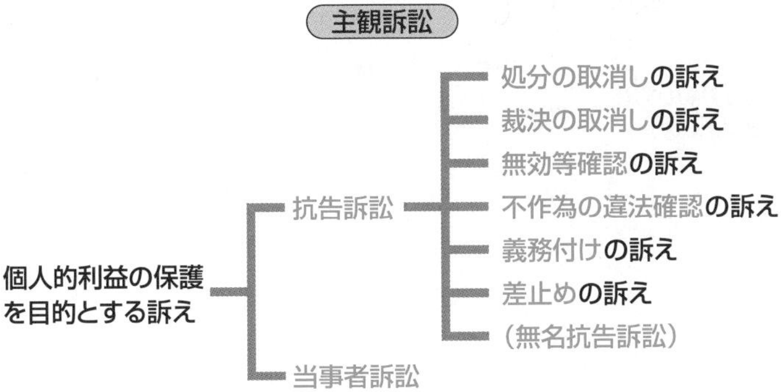

**Check**

「**無名抗告訴訟**」

行政事件訴訟法は，６つの抗告訴訟を明文で認めていますが，抗告訴訟の種類をこれだけに限定する趣旨ではありません。明文で認められたもの以外にも他の類型の抗告訴訟を認める余地がないわけではなく，そのような抗告訴訟を講学上**無名抗告訴訟**または**法定外抗告訴訟**といいます。そもそも，義務付けの訴えや差止めの訴えは，行政事件訴訟法に明文で規定されていたわけではなく，無名抗告訴訟としての可能性が論議されていたところ，平成16年の行政事件訴訟法改正で明文化された抗告訴訟です。その他，無名抗告訴訟としての可能性が議論されているものとして一例を挙げれば，民事の妨害排除請求に対応する抗告訴訟を人格権に基づき基礎づけようとする権力的妨害排除訴訟などがあります。もっとも，無名抗告訴訟については，その内容にまで立ち入る必要はありません。

# 4　民衆訴訟と機関訴訟――客観訴訟

個人の権利利益の救済を目的とする主観訴訟と異なり，法令の適用の適正を確保し，**客観的な法秩序の維持**（行政の適正な運営の確保）を目的とする訴訟類型が客観訴訟です。これには，民衆訴訟と機関訴訟の２つがありますが，その意味・種類等については，後述します（P309以下参照）。

**客観訴訟**

**実戦過去問**（問題文の一部を変更してあります）　　行政書士　平成13年度

行政事件訴訟法が定める「抗告訴訟」でないものは，次のうちどれか。

1　差止めの訴え
2　無効等確認の訴え
3　不作為の違法確認の訴え
4　当事者訴訟
5　裁決の取消しの訴え

**解　説**

抗告訴訟とは，行政庁の公権力の行使に関する不服の訴訟をいいます（行政事件訴訟法３条１項）。抗告訴訟として法定されているのは，処分の取消しの訴え（同条２項），裁決の取消しの訴え（同条３項），無効等確認の訴え（同条４項），不作為の違法確認の訴え（同条５項），義務付けの訴え（同条６項），差止めの訴え（同条７項）の６種類です。

当事者訴訟は，「当事者間の法律関係を確認し又は形成する処分又は裁決に関する訴訟で法令の規定によりその法律関係の当事者の一方を被告とするもの及び公法上の法律関係に関する確認の訴えその他の公法上の法律関係に関する訴訟」です（行政事件訴訟法４条）。この条文の前段が，いわゆる形式的当事者訴訟を規定し，後段が実質的当事者訴訟を規定しています。詳しくは，第17講２を参照してください。

**正解　4**

# 15 取消訴訟――その内容と訴訟要件

## 学習ナビゲーション

行政事件訴訟法は，全46条の条文から成っていますが，その大部分は抗告訴訟に関するものであり，自ずから抗告訴訟が学習の中心となります。抗告訴訟には，処分の取消しの訴え，裁決の取消しの訴え，無効等確認の訴え，不作為の違法確認の訴え，義務付けの訴え，差止めの訴えの６つの類型があります。その意義と内容は正確に理解しておく必要があります。

本講では，抗告訴訟のなかでも中心的な位置づけにある取消訴訟の内容およびその要件を中心に説明し，次講で取消訴訟の審理手続およびそれに関連した事項を説明します。取消訴訟に関する規定は他の抗告訴訟に準用されている場合が多いので，取消訴訟に関する知識を充実させれば，他の類型の抗告訴訟を理解するのに役立ちます。

## 1　取消訴訟の意義

処分の取消しの訴えと裁決の取消しの訴えの両者を併せて取消訴訟といいます。違法な行政処分によって不利益を受ける私人を救済するための制度として行政不服審査の制度がありますが，これだけでは国民の権利利益の救済としては不十分です。国民には

「裁判を受ける権利」が保障されていますから（憲法32条），行政の行為による権利利益の侵害に対しても，裁判による救済のみちが開かれているわけです。

第６講で説明したとおり，行政庁の行った処分に瑕疵がある場合，その瑕疵が**重大かつ明白**であるときは，当該処分は**無効**であって，最初からその効力を生じません。その程度に至らない瑕疵がある場合は，その処分は一応有効に効力を生じますが，取消判決により**処分または裁決がなされた時にさかのぼって無効**となります。逆にいうと，行政処分に取消事由となる瑕疵があるときは，権限ある行政機関による取消しまたは取消訴訟によって取消判決がなされないかぎり**無効として扱われない**ということです（**取消訴訟の排他的管轄**）。まず，この点はしっかり把握しておくことが必要です。

**一歩前進**

取消判決とは，行政庁の行った不利益処分や申請拒否処分等の取消しを宣言する判決であり，これによって当該処分は遡及的に無効となります。つまり，取消判決は原告である**私人の主張（訴訟上の請求）を認める（認容する）判決**ですから，請求認容判決あるいは原告勝訴判決とも呼ばれます。判決の種類，効力等については次講で詳述しますが，ここでいちおう取消判決の意味を押さえておいてください。

**設例32**

甲県乙市に居住するAは，病気のために働くことができず生活に困窮している。そこで，Aは，乙市福祉事務所長に対して生活保護の申請をしたところ，福祉事務所長は拒否処分をした。

Aは，乙市福祉事務所長の拒否処分を不服として甲県知事に対して審査請求をしたが，これも裁決で棄却されてしまった。

### (1) 処分の取消しの訴え

処分の取消しの訴えは，行政庁の**処分その他公権力の行使にあたる行為**の取消しを求める訴訟です（３条２項）。**設例32**では，

Ａは，乙市福祉事務所長の申請拒否処分の取消しを求めて訴えを提起することができます。

処分の取消しの訴えは，当該処分について審査請求をすることができるときでも，審査請求を経ることなく提起することができ，また審査請求をしているときでも，これと並行して処分の取消しの訴えを提起することもできるのが原則です（８条１項本文）。これを**自由選択主義**といいます。＊1

＊1審査請求と処分の取消しの訴えが同時に提起されているときは，裁判所は，その審査請求に対する裁決があるまで，**訴訟手続を中止**することができます（8条3項）。

しかし，個別の法律に当該処分についての**審査請求に対する裁決を経た後**でなければ処分の取消しの訴えを提起することができない旨の定めがあるときは，その裁決がなされた後でなければ，訴えを提起することはできません（**審査請求前置主義**，同条１項ただし書）。生活保護法も審査請求前置主義を採っていますが(生活保護法69条)，**設例32**では，Ａは甲県知事に対して審査請求を行い，その裁決を経ていますから，**乙市を被告**として処分の取消しの訴えを提起することができます。＊2

＊2取消訴訟の審理手続の講（次講）で説明しますが，処分の取消しの訴えの被告は，**当該処分をした行政庁の所属する国または公共団体**となります。したがって，**設例32**での取消訴訟の被告は，処分庁である福祉事務所長の所属する乙市となるのです。

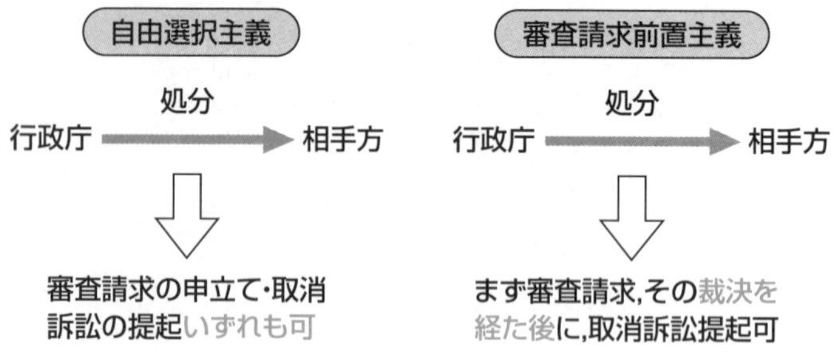


**一歩前進**

審査請求前置主義が採られている場合であっても，次の場合には，審査請求の裁決を経ないで処分の取消しの訴えを提起することができます（８条２項）。＊3

① 審査請求があった日から**３ヶ月を経過**しても裁決がないとき
② 処分，処分の執行または手続の続行により生ずる**著しい損害を避けるため緊急の必要がある**とき
③ その他裁決を経ないことにつき**正当な理由がある**とき

＊3適法な審査請求を審査庁が誤って不適法として却下してしまった場合には，審査請求に対する実体的裁決を経ることなく取消訴訟を提起することができます（P270 ここが狙われる 参照）。

## (2) 裁決の取消しの訴え

裁決の取消しの訴えは，審査請求，再調査の請求その他の不服申立てに対する行政庁の裁決・決定その他の行為の取消しを求める訴訟です（3条3項)。設例32では，Aは，甲県知事によって審査請求を棄却されていますから，その裁決を行った甲県知事の所属する甲県を被告として，裁決の取消しの訴えを提起することもできます。

Check

**「処分の取消しの訴えと裁決の取消しの訴えの関係」**

設例32で，Aは乙市の福祉事務所長により生活保護拒否処分を受け，さらに甲県知事に対する審査請求も棄却されていますから，Aは，乙市を被告として処分取消しの訴えを提起することもできますし，また甲県を被告として裁決の取消しの訴えを提起することもできます。しかし，裁決の取消しの訴えにおいては，処分の違法を理由として取消しを求めることはできないとされています(10条2項)。つまり，Aが生活保護拒否処分の違法を理由としてその取消しを求めるためには，裁決の取消訴訟ではなく，処分の取消訴訟を提起しなければならないのです。これを原処分主義といいます。そうするとAは，裁決の取消訴訟では，裁決書に理由の付記が不備であった等，裁決固有の手続的瑕疵のみを争えるに過ぎないということになります。

このように行政事件訴訟法上は，原処分主義が規定され，処分の取消しの訴え，裁決取消しの訴えのいずれも提起することができる建前になっていますが，個別の法律には，裁決取消訴訟のみを提起することができるとしているものがあります。これを裁決主義といいます。裁決主義の下では，裁決取消訴訟において原処分の違法性を主張することができます。

# 2　取消訴訟の訴訟要件

## (1) 訴訟要件とは

裁判制度は，公益的な目的をもった制度ですから，裁判によって具体的な権利利益の救済を図ることのできない訴えや紛争の解決に役立たない訴えは極力排除する必要があります。それを判断し選別するためのツール（道具概念）が訴訟要件です。つまり，訴訟要件とは，原告の訴訟上の請求を裁判所に取り上げてもらい，その請求の内容の当否について審理・判決をしてもらうための要件です。この訴訟要件をクリアしなければ，訴えは不適法として却下されることになります。わかりやすくいうと，訴訟要件を備えていないと「あなたの訴えは審理できません」と門前払いされるということです。もっとも，訴訟要件の審理と本案の実体審理が同時並行で行われ，その流れの中で訴訟要件を欠くことが明らかになれば，その時点で訴え却下となります。＊1

＊1訴訟要件が備わっているかどうかは，裁判所の職権で調査すべき事項であり，当事者の申立てによることなく裁判所が審理し，これを欠く訴えは却下されることになります。

訴訟要件は多岐にわたりますが，取消訴訟の請求内容に関連する訴訟要件は，処分性，原告適格，（狭義の）訴えの利益の３つです。処分性とは，取消訴訟の対象となる行政庁の処分とは何かを問題とするものです。原告適格とは，取消訴訟を提起した者が，「処分または裁決の取消しを求めるにつき法律上の利益を有する者」であるかどうかという問題です。（狭義の）訴えの利益は，取消判決によって現実に原告の権利救済を達することができるかという観点から問題とされるものです。原告適格も広い意味では訴えの利益に含まれますが，（狭義の）訴えの利益と多少性質を異にしますから，両者は別個に問題とされるのが通常です。これらの訴訟要件は主観的訴訟要件，これら以外の法律に定められた訴訟要件は客観的訴訟要件と呼ばれることがあります。＊2

＊2客観的訴訟要件として，行政事件訴訟法に規定されているのは，被告適格，管轄裁判所，出訴期間，不服申立前置等ですが，他にも，民事訴訟の原則から導かれる訴訟要件があります。

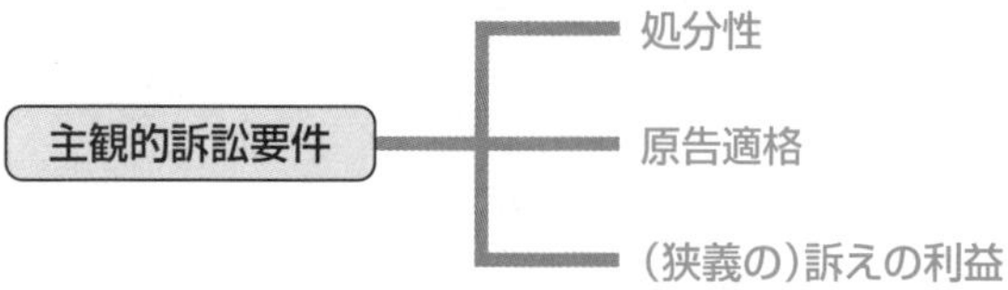

## (2) 主観的訴訟要件

### ① 処分性

#### (i) 処分といえない行為は取消訴訟の対象とならない

取消訴訟の対象となるのは，「行政庁の処分その他公権力の行使に当たる行為」です（3条2項)。つまり，行政庁の行う行為のうち，「処分性」の認められる行為が取消訴訟の対象となり，それが認められないものは取消訴訟の対象とならないということです。

では，取消訴訟の対象となる行政庁の「処分」とは，どういうものでしょうか。この点について最高裁の判例は，「公権力の主体たる国または公共団体が行う行為のうち，その行為によって，直接国民の権利義務を形成しまたはその範囲を確定することが法律上認められているもの」であるとしています（最判昭39・10・29)。

このように一般的な定義にすると難解な感じを受けますが，さしあたっては，申請に対する処分や不利益処分等すなわち「行政処分」がこれにあたると考えておけば足ります。生活保護申請に対する拒否処分，営業許可申請に対する許可または不許可処分，営業免許を受けている者に対する免許取消処分，営業停止処分，国税，地方税の賦課処分などが典型といえるでしょう。これらの行為は，それがなされることによって，いずれも直接に国民の権利義務を形成・確定するという法効果を生ずるものです。

**一歩前進**

例えば，生活保護拒否処分を受けた人は，それによって生活保護法に基づく給付を受けることができないという法的地位に立たされることになり，営業免許取消処分を受けた人は，営業できる地位を奪われることになります。このように，私人に対して直接に権利義務の変動を生じさせる行政庁の行為に処分性が認められます。この点に関し比較的最近の判例では，登記官が不動産登記簿の表題部に所有者を記録する行為について，抗告訴訟の対象となる行政処分に当たるとしたものがあります（最判平9・3・11)。これは，所有者として記録された特定の個人に不動産登記法に基づき所有権保存登記をすることができる地位を与えるという法的効果を有することを理由とします。同様に，市町村長が住民票に特定の住民の氏名を記載する行為は，それによってその者が当該市町村の選挙人名簿に登録されるという法的効果を生じることになりますから，行政処分に該当するものと考えられます。＊1

また，上記のようないわゆる行政処分のほか「その他公権力の行使に当たる行為」として，一定の権力的事実行為が含まれます。すなわち，人の収容，物の留置その他その内容が継続的性質を有するもののほか，関税定率法に基づく税関長の決定・通知（最判昭54・12・25）および登録免許税の還付請求に対してなされた拒否通知（最判平17・４・14）や税務署長の行なう納税の告知（最判昭45・12・24）のような事実行為についても，それによって一定の法的効果の発生が認められることを理由に処分性が肯定され，取消訴訟の対象となります。＊2

＊1しかし，住民票に世帯主との続柄を記載する行為については，そのような法的効果とは無関係であることから，抗告訴訟の対象となる行政処分には当たらないとされています（最判平11・１・21）。

＊2これに対し，何ら法的効果の生じない「単なる事実行為」については，処分性は認められません（次頁（ロ）参照）。

**一歩前進**

関税定率法による税関長の輸入禁制品該当の通知は，輸入申告に対して「輸入禁制品に当たりますよ」という判断を表示する事実行為（観念の通知）に過ぎず不許可処分ではありません。しかし，それによって申告者は，事実上適法に申告貨物を輸入できなくなるという効果を生じます。つまり，通知によってダイレクトに輸入禁止の効果を生じるということではありませんが，実質的に同様の効果が生じることから，処分性が認められたわけです。

同様に，食品衛生法に基づく食品等の販売禁止規定に違反する旨の通知は，それによって当該食品等の輸入許可を受けられなくなるという法的効果が生ずることを理由に処分性が認められます（最判平16・４・26）。

税務署長の納税の告知についても，国税徴収手続の一環としてなされる事実行為としての性質を有するものですが，それによって国民の権利義務の制約となる一定の法的効果が発生することから処分性が認められます。しかし，何ら法的効果を生じない単なる事実行為に処分性は認められないことに注意してください（後記（ⅱ）（ロ）参照）。

### (ⅱ) 処分性の認められない行為

最高裁判例で，処分性が認められなかった行政庁の行為としては，次のようなものがあります。

#### (イ) 行政機関の内部的行為

・通達は，上級行政機関が下級行政機関に対して示達するものであり，行政機関内部で効力を持つに過ぎず，国民を直接拘束する効力をもたないから，処分性が認められない（最判昭43・12・24)。

・知事が行う建築許可に際してなされる消防長の同意は行政機関相互間の行為であり，対国民との直接の関係においてその権利義務を形成しまたはその範囲を確定する行為ではないので，同意の取消行為についても処分性は認められない（最判昭34・1・29)。

・運輸大臣（当時）の日本鉄道建設公団に対する新幹線工事実施計画の認可は，行政機関相互の行為と同視すべきものであるから，抗告訴訟の対象となる行政処分に当たらない（最判昭53・12・８)。

・都立学校の校長が教職員に対して入学式，卒業式等において国歌斉唱・ピアノ伴奏を命じる職務命令は，教職員個人の身分や勤務条件に係る権利義務に直接影響を及ぼすものではないので処分性はない（最判平24・２・９)。

このように行政組織内部での行為については，原則として処分性は認められません。

#### (ロ) 単なる事実行為

・ごみ焼却場の設置行為は，単なる事実行為に過ぎず，国民の権利義務関係に直接変動を及ぼすものではないから，処分性は認められない（最判昭39・10・29)。

・公務員の採用内定の通知は，単に採用発令の手続を支障なく行うための準備手続としてなされる事実上の行為に過ぎず，採用内定の取消し自体に処分性がないから取消訴訟の対象とならない（最判昭57・５・27)。

・行政指導は，国民に対して直接法的効果を生じさせない非権力的な事実行為であるから，処分性が認められない（最判昭38・６・４)。もっとも，最近の判例には，行政指導が取消訴訟の対象となるとしたものがあります（最判平17・７・15，後記 ステップアップ 参照）。

**一歩前進**

国公有地の払下げ契約のように，当事者の**合意に基づく行為**には処分性は認められません。このような行為は，「公権力の行使」に当たらないからです。また，法律や条例等の抽象的規範には一般に処分性は認められませんが，公務員の一律昇給延伸条例や公立保育園廃止条例のように，個別の行政処分を介在させることなくその**名宛人の権利義務に直接変動を生じさせる**ものについては，例外的に処分性が認められます。例えば，公立保育園廃止条例は，その施行によって当該保育園に現在入園中の児童およびその保護者という限られた特定の者に対して，保育を受けることのできる地位を直接奪う結果となります。これは，実質的にみて**具体的な処分と同視**することができますから，処分性が肯定されます（最判平21・11・26）。しかし，区立小学校の統廃合を内容とする条例については，児童の保護者は，具体的に**特定の区立小学校**で教育を受けさせる**権利ないし法的利益を有するとはいえない**ことを理由として，その処分性は否定されています（最判平14・４・25）。

**ステップアップ**

行政指導に対して処分性を認めた前記判例は，「都道府県知事が，病院を開設しようとする者に対して行った病院開設の中止勧告は，医療法上は当該勧告を受けた者が任意にこれに従うことを期待してされる行政指導として定められているが，これに従わずに病院を開設した場合，相当程度の確実性をもって保険医療機関の指定を受けることができなくなるという結果をもたらすものであり，それによって**実際上病院の開設自体を断念させることとなる**から，病院開設中止勧告の処分性は肯定される」としています。ただ，この判例も，一般論として行政指導に処分性を認めるものではないと考えられます。したがって，行政指導には，やはり**原則として処分性が認められない**というべきでしょう。

### (ハ) 行政計画（具体的な権利侵害を伴わない計画）

・都市計画法に基づく用途地域の指定は，一般的抽象的な権利制限を生ずるに過ぎず，これによってその地域内の個人に対する具体的な権利侵害を伴う処分があったということはできないから，その処分性は認められない（最判昭57・4・22）。

・また，同法に基づく地区計画の決定についても処分性は否定されています（最判平6・4・22）。

Check

「拘束的計画の処分性」

上記（ハ）の都市計画法に基づく用途地域の指定は，いわゆる拘束的計画と呼ばれ，私人に対して一定の権利制限的効果を生じます。すなわち，都市計画区域内において用途地域が指定されると，その用途地域内に居住する人に対して，その用途地域の種類によって建築物の建築が制限され，あるいは建築物の用途に制限を受けるなどの効果を生じます。しかし，上記のとおり，用途地域の指定がなされたとしても，それによって個人に対する具体的な権利侵害を伴うものではないことを理由として，その処分性が否定されています。

しかし，最高裁は，同じ拘束的計画であっても，土地区画整理組合の設立認可（最判昭60・12・17），土地改良事業計画における事業施工の認可（最判昭61・2・13），都市再開発法に基づく第二種市街地再開発事業計画の決定・公告（最判平4・11・26）などについては，処分性を認める判決を出しています。さらに，従来は処分性を認めていなかった土地区画整理事業の事業計画の決定について，「施行地区内の宅地所有者等の法的地位に直接的な影響を生ずる」という理由から，その処分性を認めるに至っています（最大判平20・9・10）。これは，処分性拡大の方向を指し示すと考えられる重要な判例変更です。

行政庁の行った行為について処分性が認められるかどうかを判断するには，その処分の根拠を定めた法律の条文の内容を検討する必要があります。ただ，そこまでいちいち踏み込んだ学習をすることは無理ですから，処分性の有無については，判例の出した結論を正確に覚えておきましょう。後述する原告適格や（狭義の）訴えの利益についても同じことがいえます。行政書士試験や公務員試験の択一対策としては，それで十分です。

## ②　当事者能力と原告適格

**設例33**

建築会社Ａは，大規模な分譲マンションを建築するために，甲市の建築主事に対して建築確認を申請した。

### (ⅰ) 当事者能力――訴訟当事者となるための一般的資格

訴訟の当事者となるためには，まずその一般的資格として**当事者能力**を必要とします。私法上の権利能力者である**自然人**および**法人**には，当然に当事者能力が認められます。**設例33**の建築会社Ａは，営利法人として権利能力を有していますから，訴訟上の当事者能力を認められます。＊

＊法人でない社団または財団であっても，代表者または管理人の定めがあるものは，当事者能力が認められています（民事訴訟法29条参照）。

しかし，当事者能力を有するからといって，どのような事件についても直ちに訴えを提起することができるわけではありません。当事者能力を有することを当然の前提として，**個別具体的な事件**について，**訴えによる解決**を図ることが適切かどうかを判断する必要があります。

### (ⅱ) 原告適格――当該事件についての訴え提起資格

このように，**個別具体的な事件について訴えを提起し得る資格**ないし地位を原告適格といいます。

取消訴訟の原告適格は，「処分又は裁決の取消しを求めるにつき**法律上の利益を有する者**」に認められます（９条１項）。法律上の利益が，処分の相手方に認められることは当然です。**設例33**で，建築主Ａが建築確認を拒否されたとすると，拒否処分の相手方であるＡには，その取消しを求める法律上の利益が認められます。

問題となるのは，ある人にとっては利益となる行政処分が，他の人（第三者）にとっては不利益となるような場合です。つまり，いわゆる**二重効果的行政処分**の場合に不利益を受ける第三者に法律上の利益が認められるかどうかです。

例えば，**設例33**で，Ａの申請に係る建築確認がなされた場合，Ａにとっては利益となりますが，でかいマンションの建築によって日照・通風・通行の障害を受け，また防災上の危険にさらされる等の不利益を受ける近隣住民にとっては不利益となります。このような場合，マンション予定地の近隣住民に建築確認処分の取消しを求める法律上の利益が認められるでしょうか。

これを判断するためには，法律上の利益とは何か，をより精密に明らかにする必要があります。最高裁判所の判例は，法律上の利益とは，**「法律上保護された利益」**であるとの立場を採っています。これは，問題となっている個々の法律の規定の条文の文言・目的等に照らして，その法律の規定が私人に**個別的な利益**を認め，**その利益を保護する**趣旨まで含むと考えられるときは，その私人に原告適格が認められるとする考え方です。＊

＊判例は，法が一定の規制を設けていることにより，ある人が事実上受ける利益は，単なる「反射的利益」に過ぎず，この場合には原告適格がないとしています。

**一歩前進**

「法律上の利益」の意味に関し，「法律上保護された利益」ではなく「法律上の保護に値する利益」とする見解も主張されています。この見解は，法律上の利益の意味を個別法律の条文の内容・趣旨から導くのではなく，処分によって受けた不利益の内容・程度を個別具体的に考慮し，裁判上の救済に値するのであれば原告適格を認めるべきとする考え方です。この見解は原告適格の範囲を拡大し，私人の利益保護を徹底しようとの意図に基づくものであり傾聴に値しますが，試験対策的には判例の採る「法律上保護された利益」説の考え方を押さえておけば十分です。

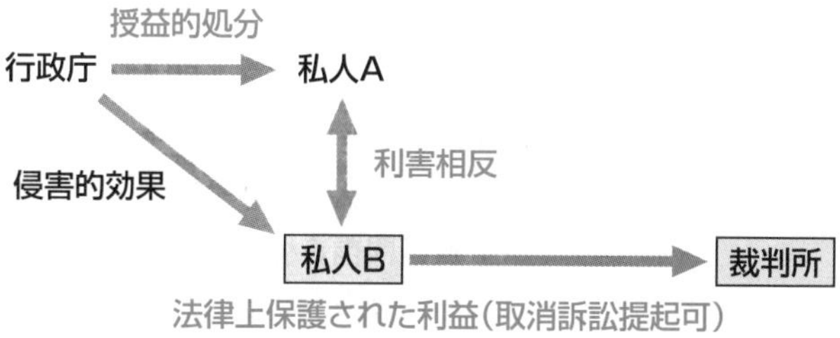


建築基準法の建築確認の規定は，建築物の日照・通風を確保し，また防災等の安全を保護することにより予定建築物の**近隣住民の生活上の利益保護をも目的とする**ものと考えられます。したがって，**設例33**では，当該マンションの建築によって日照を妨げら

れるなど，具体的な被害を受けるおそれのある近隣住民にも「法律上保護された利益」が認められ，建築確認処分の取消しを求める原告適格が肯定されることになります（最判平14・３・28)。＊1

＊1近隣住民なら誰でも原告適格が認められるわけではないことに注意してください。

原子力発電所の設置予定地の周辺一定範囲の住民がその設置許可を争う訴訟についても，最高裁は，その原告適格を認めています（最判平４・９・22)。この判例は，「原子炉等の規制に関する法律」が単に公衆の生命，身体の安全，環境上の利益を一般的公益として保護しようとしているにとどまらず，原子炉施設周辺に居住し，原発事故がもたらす災害等により直接かつ重大な被害を受けることが想定される範囲の住民の生命，身体の安全等を個々人の個別的利益としても保護すべきものとする趣旨であると解することにより，原発立地予定地の周辺一定範囲の住民に「法律上保護された利益」を認めたものです。

**一歩前進**

処分の相手方以外の第三者の原告適格に関する判例の考え方を単純化していえば，個別法令の処分の根拠規定が，**公益的利益の保護のみを目的**としているときは原告適格は認められないが，それにとどまらず**個々人の個別的利益をも保護する趣旨**であるときは，法律上保護された利益が肯定され，原告適格を認めるという方向になると考えられます。

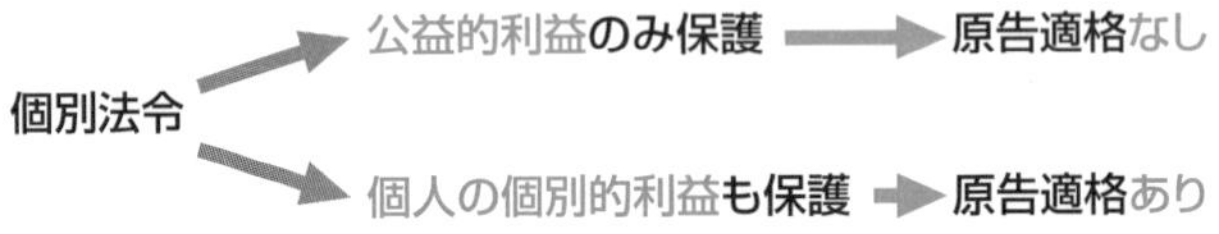


もっとも，択一試験対策としては，原告適格を認めた判例および認めなかった判例について，事案の結論を覚えておけば大丈夫です。そこで以下，取消訴訟の原告適格について判断した４つの著名な判例を挙げておきます。①および②の判例は原告適格を肯定し，③および④の判例は原告適格を否定しています。

① 保安林の指定解除により洪水等の危険にさらされる住民に，**保安林指定解除を争う原告適格**が認められる（最判昭57・９・９)。＊2

＊2ただし，この判例は，代替施設の設置により洪水等の危険が解消したときは，後述する（狭義の）訴えの利益が失われるとし，結局，訴えは不適法却下されています。

② 航空機の騒音によって社会通念上著しい障害を受けることとなる空港周辺住民には**航空路開設許可の取消しを求める原告適格**が認められる（最判平元・2・17）。

③ 地方鉄道の路線の周辺に居住し通勤定期券を購入するなどして日常的に**特急列車を利用している者であっても，特急料金の改定（値上げ）の認可処分**について，その取消しを求める原告適格は認められない（最判平元・4・13）。

④ 遺跡を研究の対象としてきた学術研究者は，文化財保護法および同保護条例に基づく史跡指定解除処分の取消しを求める法律上の利益を有しない（最判平元6・20）。

Check

**「営業規制における法律上の利益」**

Aが，質屋営業法による許可を受けて質屋を営んでいたところ，Aの店舗の近隣にBが許可を受けて質屋の営業を始めました。商売ガタキBの登場によって，Aは，客を奪われ営業上の不利益を被る可能性があります。この場合Aは，Bに対する許可は自分の営業上の利益を侵害する違法なものであるとして，許可処分の取消しの訴えを提起できるでしょうか。このような事案について裁判所は，質屋営業法による許可は**既存業者の営業上の利益の保護を目的とするものではない**から，Aには，Bに対してなされた営業許可の取消しを求める原告適格はないと判断しました。つまり，許可制度によってAの受ける**営業上の利益は単なる反射的利益**に過ぎないと判断されたわけです（最判昭34・8・18)。

その一方で次のような判例もあります。公衆浴場の設置には，既存の公衆浴場と一定の距離的間隔をあけることが許可の要件とされています。この要件を満たしていないことを理由として，既存の業者Cが，新設業者Dの許可の無効を主張した事案では，裁判所は，Cの原告適格を認めています（最判昭37・1・19)。同じ営業許可でありながら，質屋の場合と結論は正反対になったわけです。その理由は，**営業許可の目的の差異**に求められます。すなわち，質屋営業を許可制とするのは，盗品等が質屋に流れることが多いことを考慮して，犯罪の取締りを容易にするということを目的とします。要するに，先に触れたように，質屋営業の許可制は既存の質屋の営業上の利益を保護することを目的とするものではないのです。

一方，公衆浴場の許可制は，国民保健や環境衛生といった警察目的の規制に加えて，公衆浴場が国民保健および環境衛生という見地から不可欠の施設であるということを考慮して，無用の競争により公衆浴場業者の経営が悪化しないようにする**積極目的を含んだ規制**と考えられます。つまり，裁判所は，公衆浴場の設置許可の要件として距離制限が設けられたのは，競争の激化による業者の共倒れを防止するということも目的とするものだから，Cのような**既存業者の営業上の利益も法律上保護された利益にあたる**と判断したわけです。

**一歩前進**

処分または裁決の相手方以外の第三者について法律上の利益の有無を判断するにあたっては，形式的にその処分または裁決の根拠となる法令の規定の文言のみによることなく，当該法令の**趣旨**および**目的**，当該処分において考慮されるべき**利益の内容および性質**を考慮することとされています（９条２項前段)。

この規定は，取消訴訟の原告適格を実質的に拡大することを意図して，平成17年施行の行政事件訴訟法改正により明文化されたものです。この規定により，実際に原告適格の拡大が図られるかどうかは，裁判所の解釈・運用にかかっているといえますが，改正法施行後，最高裁は，この規定の趣旨を汲んで**原告適格の拡大の方向を示す判決**を出しています。結論を略記しておきますから，覚えておいてください。

「都市計画事業から生じる騒音・振動等によって健康または生活環境に著しい被害を直接的に受けるおそれのある者（具体的には環境アセスメントの対象地域内の住民）には，**地権者でなくても，都市計画事業の認可の取消しを求める法律上の利益がある**」(最大判平17・12・７)。

ところが一方で，この規定創設後に，自転車競技法に基づく（競輪の）場外車券売場の設置許可について，許可要件としての位置基準は「用途の異なる建物の混在を防ぎ都市環境の秩序ある整備を図るという**一般的公益を保護する**に過ぎない」ことを理由として，設置許可の取消しを求める**近隣住民の原告適格を否定**した最高裁判例もあります（最判平21・10・15)。この判決は，原告適格を肯定した原審（大阪高裁）

用語の説明

**「環境アセスメント」**
環境アセスメント（環境影響評価）とは，主に大規模開発事業等による環境への影響を事前に調査し評価することです。その一連の手続等について定めた法律が「環境影響評価法」です。

の判断を覆したものであるところから，上記規定の解釈手法はまだ流動的といえるかもしれません。＊1

③（狭義の）訴えの利益

（ⅰ）判決による救済を図り得るかを吟味するための訴訟要件

（狭義の）訴えの利益とは，当該処分を取り消すことの**実際上の必要性**のことです。換言すれば，処分を取り消すことにより，**原告に何らかの利益の回復が得られる**ことが必要ということであり，処分を取り消しても原告にとって何の救済にもならないのであれば，訴訟の審理自体が無意味ですから（狭義の）訴えの利益は否定され，その結果，たとえ処分性，原告適格の要件を備えた訴えであっても**不適法却下**を免れません。以下，訴えの利益を否定した判例と肯定した判例を挙げておきます。＊2

（ⅱ）（狭義の）訴えの利益を否定した判例

・例えば，**設例33**で建築確認がなされた場合に，その取消訴訟の裁判が行われている間にマンションの**建築工事が完了**してしまったときは，取消判決をしても原状回復は困難ですから，（狭義の）訴えの利益は失われます（最判昭59・10・26）。
・土地収用法による明渡裁決の取消しを求める利益は，明渡しに関わる**代執行の完了**によって失われます（最判平９・10・28）。
・また，メーデーの日（当時は５月１日）の集会のために皇居外苑の使用許可を申請し拒否された場合，その取消訴訟の裁判が行われている間に**その日が経過してしまった**ときは，取消判決をしても無意味なので（狭義の）訴えの利益は失われることになります（最判昭28・12・23）。

（ⅲ）（狭義の）訴えの利益を肯定した判例

しかし，回復し得る利益の範囲を狭く限定し過ぎると，原告の救済という観点からは不十分となってしまいます。そこで，「処分または裁決の効果が期間の経過その他の理由によりなくなった後においてもなお処分又は裁決の取消しによって**回復すべき法律上の利益を有する者**」には，（狭義の）訴えの利益は認められるとされています（９条１項かっこ書）。この点について判断し，（狭義の）訴えの利益を認めた最高裁の判例には，次のようなものがあります。

＊1もっとも，この判決は，当該場外施設の設置・運営に伴い著しい業務上の支障が生ずるおそれがあると位置的に認められる医療施設等の開設者に原告適格を認めています。

＊2処分の取消訴訟は，行政処分によって生じた原告の不利益を解消することを目的としますから，当該処分が原告にとって不利益とならないのであれば，（狭義の）訴えの利益は認められず，その取消しを求めることはできません（最判昭61・10・23）。

・免職処分を受けた公務員が取消訴訟中に公職に立候補した場合，公職選挙法の規定により届出の日から公務員の職を辞したものとみなされ，それによって公務員の地位を回復できなくなるが，免職後立候補する時までの給料請求権を回復するために（狭義の）訴えの利益が認められる（最大判昭40・4・28）。

・自動車の運転免許取消処分の取消しを求める裁判が行われている間に，免許の有効期間が経過してしまった場合でも，免許期間更新上の利益が残るから，（狭義の）訴えの利益は失われない（最判昭40・8・2）。＊1

＊1運転免許は，その更新をしなかったときは効力を失いますが，免許取消処分が取り消されれば，更新手続を執ることができるという意味で，免許期間更新上の利益が残るということです。

・また，いわゆるゴールド免許証（優良運転者免許証）の交付を受けることによって，免許更新の際に優遇措置を受けることができるという法律上の利益が認められるので，一般運転免許として更新を受けた者は，ゴールド免許を受ける資格を有することを理由として，その更新処分の取消しを求める（狭義の）訴えの利益が認められる（最判平21・2・27）。

・公文書公開条例に基づく公文書の非公開決定の取消訴訟において，当該公文書が裁判所に書証（文書を対象とする証拠調べ）として提出されたとしても，当該決定の取消しを求める訴えの利益は失われない（最判平14・2・28）。

**一歩前進**

　都市計画法に基づく開発許可の取消しを求める利益は，工事が完了し検査済証が交付された場合には失われます（最判平5・9・10）。しかし，同法に基づく開発許可のうち，市街化調整区域内にある土地を開発区域とするものの取消しが求められた場合には，当該開発許可に係る開発工事が完了し，検査済証の交付がされた後でも，当該許可の取消しを求める訴えの利益は失われない，とされています（最判平27・12・14）。

　また，土地改良事業計画に係る工事および換地処分がすべて完了したため，社会的・経済的損失の観点からみて原状回復が社会通念上不可能であるとしても，当該事業の施行認可処分の取消しを求める訴えの利益は消滅しない，とされています（最判平4・1・24）。＊2

＊2原状回復不能という事情は，事情判決の規定（31条）の適用に関して考慮されるべき事柄として捉えるべきであり，そのような事情があったからといって，当然に訴えの利益が失われることにはならないということです。

**ここが狙われる**

生活保護受給権は，いわゆる一身専属的権利（その人にのみ帰属する権利）であり相続の対象とならないので，生活保護一部廃止決定の取消訴訟の裁判が行われている間に原告が死亡したときは，（狭義の）訴えの利益は失われます（最大判昭42・5・24）。条例に基づく公文書の開示請求権についても，訴訟係属中に原告が死亡した場合，それが一身専属的権利であることを理由として同様の扱いとなります（最判平16・2・24）。

しかし，公務員が懲戒免職処分の取消訴訟を提起後に死亡した場合，給料請求権等は一身専属的権利ではないので，訴えの利益は消滅せず，相続人による訴訟承継が認められます（最判昭49・12・10）。

### (3) 客観的訴訟要件

#### ① 被告適格——取消訴訟は誰を被告として提起するのか

処分の取消しの訴えは，処分をした行政庁の所属する国または公共団体を被告とし，裁決の取消しの訴えは，裁決をした行政庁の所属する国または公共団体を被告として提起しなければなりません（11条1項）。公共団体とは，地方公共団体のほか，公団・公庫等の営造物法人や土地改良区，土地区画整理組合等の公共組合も含まれます。これらの団体も行政主体として被告となり得ます。**設例32**でいえば，Aは，乙市の福祉事務所長の行った生活保護拒否処分に対しては福祉事務所長の所属する乙市に対し，甲県知事の行った棄却裁決に対しては甲県を被告として取消訴訟を提起することができます。その訴訟で，処分または裁決をした行政庁は，国または公共団体のために裁判上の一切の行為をすることができます（同条6項）。＊

＊処分または裁決があった後に当該行政庁の権限が他の行政庁に承継されたときは，被告は，原則として権限を承継した行政庁の所属する国または公共団体となります。

処分または裁決をした行政庁が国または公共団体に属しない場合には，取消訴訟は，当該行政庁を被告として提起しなければなりません（同条2項）。例えば，弁護士会が弁護士または弁護士法人に対して懲戒を行った場合は，弁護士会を被告として取消訴訟を提起することになります。

以上により被告とすべき国，公共団体，行政庁がない場合には，取消訴訟は，当該処分または裁決に係る事務の帰属する国または公共団体を被告として提起しなければなりません（同条3項）。

### ②　管轄裁判所

#### (ⅰ) 事物管轄——地方裁判所が第一審となる

取消訴訟は，法律に特別の定めがある場合を除き，地方裁判所が第一審の裁判管轄を有します（裁判所法24条１号）。第一審の判決に不服がある当事者は高等裁判所に控訴することができ，高等裁判所の判決に不服がある当事者は，さらに最高裁判所に上告することができます。つまり，行政事件についても民事事件，刑事事件と同様，原則として三審制が採られています。

「法律に特別の定めがある場合」の例として，選挙の効力に関する訴訟は，高等裁判所を第一審とすることが定められています（公職選挙法217条）。

#### (ⅱ) 土地管轄——どこの地方裁判所に訴えを提起すべきか

取消訴訟は，被告の普通裁判籍の所在地を管轄する裁判所または処分・裁決をした行政庁の所在地を管轄する裁判所の管轄に属するのが原則です（12条１項）。国が被告となる場合は，国を代表する法務大臣の所在地を管轄する東京地方裁判所が「被告の普通裁判籍の所在地を管轄する裁判所」となります。

しかし，それでは遠隔地に居住している者に対して不便を強いることとなりかねません。そこで，国を被告とする取消訴訟は，原告の普通裁判籍の所在地を管轄する高等裁判所の所在地を管轄する地方裁判所（特定管轄裁判所）にも提起することができるとされています（同条４項）。わかりにくい条文ですが，例えば，熊本県に住んでいるＡという人が国を被告として取消訴訟を提起する場合，東京地方裁判所のほか，原告Ａの普通裁判籍の所在地を管轄する高等裁判所は福岡高等裁判所ですから，その所在地を管轄する福岡地方裁判所にも訴えを提起できるということです。これによって，原告の住所地に近い身近な裁判所で訴えを提起できる可能性が広がります。特定管轄裁判所となり得るのは，東京，大阪，名古屋，広島，福岡，仙台，札幌，高松の８つの各地方裁判所です。

#### (ⅲ) 取消訴訟の管轄の特例

上記の管轄裁判所のほか，次の２つの場合には，それぞれ定められた裁判所に取消訴訟を提起することができます。

（イ）土地の収用，鉱業権の設定その他不動産または場所に係る

用語の説明

**「事物管轄」「土地管轄」**

事物管轄とは，第一審裁判所が簡易裁判所，地方裁判所，高等裁判所のどこになるかという問題です。土地管轄とは，どこの裁判所に訴えを提起するかという問題です。

用語の説明

**「普通裁判籍」**

同種の裁判所のうち，どこに所在する裁判所が管轄するかを決定する基準となる地点が裁判籍であり，事件の種類に関係なく一般的に認められる裁判籍を普通裁判籍といいます。国の普通裁判籍は，訴訟について国を代表する官庁の所在地により定まります（民事訴訟法4条6項）。

処分または裁決についての取消訴訟は，その不動産または場所の所在地の裁判所（12条２項）

（ロ）当該処分または裁決に関し事案の処理にあたった下級行政機関の所在地の裁判所（同条３項）

上記のように，管轄裁判所については，原告にいくつかの選択肢が認められていますから，その中から最も利便性の高い裁判所を選択して訴えを提起することができるわけです。

Check

「**訴訟の移送**」

移送とは，訴訟事件の係属する裁判所が，申立てまたは職権で，その事件を他の裁判所へ移すことです。例えば，管轄違いの裁判所に訴えが提起されたような場合であっても，直ちに訴えを却下するのではなく，管轄権のある裁判所に移送するという扱いがなされます。管轄違いを理由に直ちに訴えを却下したのでは，原告に再訴のための手数と費用の負担を強いることになるからです。また，訴訟の遅延を避け，あるいは当事者間の公平を図ることを目的として移送されることもあります（民事訴訟法16条，17条）。行政事件訴訟法上は，関連請求に係る訴訟の移送（13条），特定管轄裁判所に提起された訴訟の移送（12条５項）などが規定され，また情報公開訴訟においても訴訟の移送の特例が設けられています（情報公開法21条）。

### ③　出訴期間――いつまで訴えを提起できるか

行政上の法律関係がいつまでも不安定であっては困るので，その早期安定のために，取消訴訟を提起できる期間に制限が設けられています。これが出訴期間です（14条）。

（ⅰ）取消訴訟は，処分または裁決があったことを知った日から６ヶ月を経過したときは，提起することができないのが原則です。「処分または裁決があったことを知った日」とは，当事者が書類の交付，口頭の告知その他の方法により処分・決定の存在を現実に知った日を指します（最判昭27・11・20）。ただし，この期間内に提起することができなかったことに正当な理由があるときは，６ヶ月経過後でも提起することは可能です。

（ⅱ）しかし，処分または裁決の日から1年を経過したときは，処分があったことを知らなかったとしても提起できなくなるの

が原則です。ただし，この場合も正当な理由があるときは，1年経過後でも提起することができます。＊1

（iii）処分について審査請求をした場合や誤って審査請求をすることができる旨を教示した場合に審査請求がなされたとき，その**裁決があったことを知った日から6ヶ月**または**裁決の日から1年**を経過すると，取消訴訟を提起することができなくなります（同条3項）。つまり，審査請求をした場合などには，取消訴訟の出訴期間は，処分の時を基準に算定されるのではなく，審査請求の**裁決の時**を基準とするわけです。そうでないと，審査請求している間に取消訴訟の出訴期間が経過してしまい，取消訴訟提起の機会を奪うことになりかねないからです。

＊1「知った日から6ヶ月」という制限だけでは，知らない限りいつまでも取消訴訟が提起できることになりますから，（i）に加えて（ii）の制限が置かれています。

### 一歩前進

客観的訴訟要件は，上記の被告適格，管轄裁判所，出訴期間が主なものですが，これだけではありません。例えば，審査請求前置主義（P193参照）が採られている場合に，**審査請求の裁決を経ないで取消訴訟を提起したとき**は，訴訟要件を欠く訴えとして不適法却下されることになります。＊2

また，同一の取消訴訟を重ねて提起したときも，二重起訴の禁止（民事訴訟法142条）に抵触し，その訴えは不適法として却下されることになります。

＊2もっとも，審査請求前置主義が採られている場合であっても，例外的に審査請求の裁決を経ないで，取消訴訟を提起できる場合があることに注意してください（P252 一歩前進 参照）。

### ここが狙われる

審査請求前置の要件を満たすためには，適法な審査請求をする必要があり，審査請求が不適法として却下されたときは，審査請求を前置したことになりません。しかし，適法な審査請求がされたにもかかわらず，審査庁が**誤って却下した場合**は，**審査請求前置の要件を満たした**ものとして扱われます（最判昭36・7・21）。つまりこの場合，審査請求人は直ちに処分取消訴訟を提起することができます。

## 実戦過去問　　行政書士　平成24年度

行政事件訴訟法３条２項の「行政庁の処分その他公権力の行使に当たる行為」（以下「行政処分」という。）に関する次の記述のうち，最高裁判所の判例に照らし，妥当なものはどれか。

1　医療法の規定に基づき都道府県知事が行う病院開設中止の勧告は，行政処分に該当しない。
2　地方公共団体が営む簡易水道事業につき，水道料金の改定を内容とする条例の制定行為は，行政処分に該当する。
3　都市計画法の規定に基づき都道府県知事が行う用途地域の指定は，行政処分に該当する。
4　（旧）関税定率法の規定に基づき税関長が行う「輸入禁制品に該当する貨物と認めるのに相当の理由がある」旨の通知は，行政処分に該当しない。
5　地方公共団体の設置する保育所について，その廃止を定める条例の制定行為は，行政処分に該当する。

**解　説**

本問は，行政機関の行う一定の行為が取消訴訟の対象となる「処分性」を備えているかどうか，について判例の見解を問うものです。処分性を有するかどうか（「行政処分」に該当するかどうか）の限界的な事例については，自分で考えて正答を導き出すのは困難ですから，主要な判例の結論を具体的に覚えておくことが必要です。

1　×　行政処分に該当します（最判平17・7・15）。
2　×　行政処分に該当しません（最判平18・7・14）。
3　×　行政処分に該当しません（最判昭57・4・22）。
4　×　行政処分に該当します（最判昭54・12・25）。
5　○　行政処分に該当します（最判平21・11・26）。

**正解　5**

## 実戦過去問　　行政書士　令和2年度

狭義の訴えの利益に関する次のア～エの記述のうち，最高裁判所の判例に照らし，正しいものの組合せはどれか。

ア　森林法に基づく保安林指定解除処分の取消しが求められた場合において，水資源確保等のための代替施設の設置によって洪水や渇水の危険が解消され，その防止上からは当該保安林の存続の必要性がなくなったと認められるとしても，当該処分の取消しを求める訴えの利益は失われない。

イ　土地改良法に基づく土地改良事業施行認可処分の取消しが求められた場合において，当該事業の計画に係る改良工事及び換地処分がすべて完了したため，当該認可処分に係る事業施行区域を当該事業施行以前の原状に回復することが，社会的，経済的損失の観点からみて，社会通念上，不可能であるとしても，当該認可処分の取消しを求める訴えの利益は失われない。

ウ　建築基準法に基づく建築確認の取消しが求められた場合において，当該建築確認に係る建築物の建築工事が完了した後でも，当該建築確認の取消しを求める訴えの利益は失われない。

エ　都市計画法に基づく開発許可のうち，市街化調整区域内にある土地を開発区域とするものの取消しが求められた場合において，当該許可に係る開発工事が完了し，検査済証の交付がされた後でも，当該許可の取消しを求める訴えの利益は失われない。

1　ア・イ　2　ア・ウ　3　イ・ウ　4　イ・エ　5　ウ・エ

**解　説**

ア　×　この判決（最判昭57・9・9）では，原告適格は認められたものの訴えの利益が消滅したと判断されました。

イ　○　原状回復が社会通念上不可能であっても，必ずしも訴えの利益が失われるわけではありません（最判平4・1・24）。

ウ　×　建築確認に関して判断した有名な判例です（最判昭59・2・6）。

エ　○　市街化調整区域内の開発許可については，開発工事が完了し検査済証の交付がなされた後でも，その取消訴訟における訴えの利益は失われません（最判平27・12・14）。

以上より，正しいものはイおよびエであり，4が正解となります。

**正解　4**

## 実戦過去問　　行政書士　平成18年度

保健所長がした食品衛生法に基づく飲食店の営業許可について，近隣の飲食店営業者が営業上の利益を害されるとして取消訴訟を提起した場合，裁判所は，どのような理由で，どのような判決をすることとなるか。40字程度で記述しなさい。

**解　説**

解答例

① 営業許可の取消しを求める法律上の利益がなく，原告適格を欠くことを理由に訴えを却下する。(43字)

② 営業許可の取消しを求める法律上の利益がなく，不適法として訴えを却下する。(36字)

本問では，まず思考の順序として，新たになされた飲食業の営業許可について，その近隣で営業している飲食業者にその取消しを求める「法律上の利益」が認められるかどうかを判断しなければなりません。飲食業の営業許可は，「食品衛生法」という法律を根拠としてなされます。この法律は，飲食に起因する衛生上の危害の防止と国民の健康保護を目的とするものであり，既存の営業者の営業上の利益保護を目的とするものではありません。そうすると，新規の営業許可に対して，既存の飲食業者が自己の営業上の利益が害されることを主張して，その取消しを求めることはできません。したがって，この訴えは不適法却下を免れないということになります。

この問題では，「どのような理由で」「どのような判決」をするかが問われていますから，「法律上の利益を欠く」という理由と「訴えを却下する」という判決形式の２つが明確に記述されていなければ，完全とはいえません。

原告適格という用語まで入れなくても，点数を取れると思われますが，一応キーワードですから書いておくほうが無難でしょう。

# 16 取消訴訟の審理手続，執行停止，判決の種類・効力等

## 学習ナビゲーション

行政事件訴訟に関し，行政事件訴訟法に定めがない事項については「民事訴訟の例による」こととされています。民事訴訟の例によるとは，行政事件訴訟の本質に反しない限りにおいて，民事訴訟法の規定を借用（準用）するということです。したがって，取消訴訟についても，その審理手続を理解するためには，ある程度民事訴訟手続に関する知識が必要となります。そこで，本講では，取消訴訟の理解に必要な範囲で民事訴訟手続に言及します。訴訟は，訴えの提起からその終了まで一連の手続によって構成されるものですから，訴えの提起からその終了までを時間的な流れに沿って把握していくと理解しやすいでしょう。

さらに，本講では，執行停止，判決の種類・効力，教示等についても説明します。これらも，試験対策上軽視できない重要事項です。

## 1　取消訴訟の審理

**設例34**

甲県知事から宅地建物取引業の免許を受けたAは，宅地建物取引業に関して不当な行為を行い，情状が特に重いことを理由として，甲県知事から宅地建物取引業者免許の取消処分を受けた。Aは，この処分に納得がいかない。

### (1) 取消訴訟の開始・請求の特定・訴訟の終了――処分権主義

民事訴訟においては，訴えを提起するかしないか，また誰を相

手に，何について，どのような裁判を求めるかといった事項について，当事者（原告）が自由に決めることができます。さらに，訴えを終了させることについても，原告の自由が認められています。これは，処分権主義と呼ばれる民事訴訟の大原則ですが，取消訴訟においても基本的にこの原則が採られています。

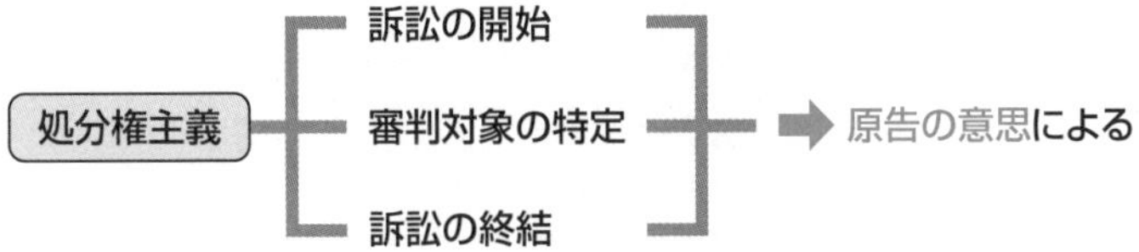


**設例34**では，Aが訴えを提起しない限り，訴訟が開始されることはありません。またAは，訴状という書面に当事者および法定代理人，請求の趣旨・原因を記載し，誰を相手にどのような裁判を求めるのかを特定しなければなりません。これにより，Aが誰を相手に，何についてどのような判決を求めているのかが明らかとなります。さらにAは，訴えを取り下げることにより，自らの意思で判決によらずに訴訟を終わらせることもできます。＊

＊取消訴訟の第一審である地方裁判所における訴訟代理人の資格は弁護士に限定されます。つまり，弁護士でないと取消訴訟の代理人となることはできません。

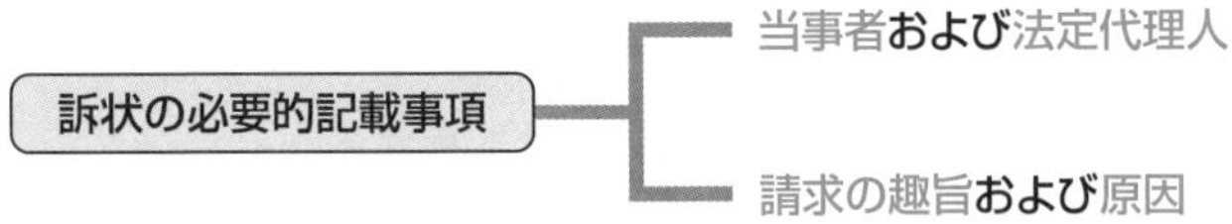


**Check**

**「訴えの併合」「訴えの変更」**

訴えの併合とは，一個の訴訟手続で複数の請求を審理することをいいます。これには，同一当事者間で複数の請求を審理する場合と複数の当事者間で同一の請求を審理する場合があります。前者を訴えの客観的併合，後者を訴えの主観的併合といいます。

また，訴えの変更とは，訴訟の係属中に，原告が請求の趣旨や請求の原因を変更することです。つまり，当初の審判対象を変更することです。これらを十分に理解するためには，民事訴訟法に関する一定程度の体系的知識を必要としますから，あまり深入りするのは得策ではありません。ここでは，重要度の高い訴えの客観的併合と訴えの変更について簡単に説明しておきます。

民事訴訟では，訴えの客観的併合が相当広く認められますが，取消訴訟においては，行政事件訴訟法13条に列挙された関連請求に限定して併合することが認められます（16条）。関連請求を一個の手続で審理することにより，二重の審理から生ずる無駄を省くことができ，また矛盾した判断を避けることもできますから，当事者および裁判所にとってメリットが大きいわけです。

関連請求としては，次の６つが列挙されています。一応頭に入れておいてください。

**①　当該処分または裁決に関連する原状回復または損害賠償の請求**
**②　当該処分とともに一個の手続を構成する他の処分の取消しの請求**
**③　当該処分に係る裁決の取消しの請求**
**④　当該裁決に係る処分の取消しの請求**
**⑤　当該処分または裁決の取消しを求める他の請求**
**⑥　その他当該処分または裁決の取消しの請求と関連する請求**

例えば，**設例34**で，Ａが，免許取消処分の取消しとともに，国家賠償法に基づき営業できなかった期間についての損害賠償を請求する場合は，免許取消処分の取消しとそれに関連する損害賠償を併せて求めるものですから①の場合にあたります。また，土地収用における事業認定と収用裁決は，一連の手続を構成するものであり，事業認定の取消しに加えて，収用裁決の取消しを求める場合は②にあたります。

取消訴訟における訴えの変更は，請求の基礎に変更がないことを要件として，取消訴訟を国または公共団体に対する損害賠償請求に変更する場合に認められます（21条）。例えば，**設例34**で，原告Ａが，免許取消処分取消しの訴えを甲県に対する損害賠償請求の訴えに変更する場合がこれにあたります。請求の基礎に変更がないことを要件としますから，取消訴訟の審理を損害賠償請求の審理に生かすことができ，効率的な訴訟運営が可能となるわけです。

### (2)　裁判資料の収集とその提出――弁論主義

裁判は，一定の事実に法を適用して一定の法的結論に至り，それが判決として示されることにより，紛争の解決策が示されます。つまり，裁判をするためには，法適用の前提となる一定の事実を必要とし，その事実について争いがあるときは，証拠によってその事実の真偽が判定されることになります。

この，裁判に必要な事実と証拠を集め，これを口頭弁論に提出し主張するのは当事者の権能であり，またその責任でもあります。

用語の説明
**「口頭弁論」**
口頭弁論とは，簡単にいえば，訴訟の当事者が裁判官の面前で自分の主張を述べ合い，また証拠によって自分の主張を基礎づけることです。

裁判所は，当事者の主張しない事実を裁判にあたって斟酌したり，当事者の主張した事実について自ら証拠収集をすることは禁止されているわけです。つまり，裁判所は，**当事者の主張した事実と証拠**だけを判断の基礎としなければならないのです。これは，**弁論主義**と呼ばれる民事訴訟の根幹を成す原則です。弁論主義の原理から，①当事者の主張しない事実を判決の基礎としてはならない，②当事者間に争いのない事実は当然に判決の基礎としなければならない，③当事者間で争いのある事実について職権で証拠調べをしてはならない」という3つの法理が導かれます。＊

＊②の法理は次のような意味です。例えば，AがBに貸金返還請求の訴えを提起したところ，Bが「確かにAから金を借りたが，もう返した」と主張した場合，「カネを借りた」という事実関係について両者間に争いはありません。この場合，裁判所は，両者間に金の貸し借りがあったことを当然の前提として判決しなければならない，というわけです。

**裁判のプロセス**

訴えの提起（処分権主義）→ 事実認定（弁論主義）→ 法の適用（裁判所の職責）→ 判決

**一歩前進**

弁論主義は，訴訟の内容面に関する原則です。一方，口頭弁論期日の指定，口頭弁論の終結時期等，訴訟手続をどのように進めるかすなわち訴訟の進行面に関しては，裁判所の職権による判断に委ねられています。これを「**職権進行主義**」といいます。

取消訴訟においても，基本的に弁論主義が採られています。ただしかし，一般の民事訴訟と異なり，取消訴訟においては行政処分が取り消されるべきか否かが焦点となり，公益に関わる面が大きいので，**証拠調べについては職権で行う**ことが認められています（**職権証拠調べ**，24条本文）。そういう意味では，弁論主義の一部（上記③の法理）について修正がなされているといえるでしょう。ただ，職権証拠調べは裁判所の義務ではないので，それをしなくても違法ではありません。職権証拠調べの結果については，裁判所が独善に陥るのを防ぐため，**当事者の意見を聴かなければならない**とされています（同条ただし書）。

**設例34**では，Aが宅地建物取引業に関して不当な行為をしたかどうかが審理の争点になるでしょう。原告Aとしては，「自分は宅地建物取引業に関して不当な行為はしていない」と主張し，この主張に対し被告甲県の側は，不当な行為に該当する具体的事実を挙げて，Ａの主張を否定しようとするのが通常です。この甲県の挙げた具体的事実について，Ａが「それは真実ではない」と争うのであれば，甲県の側がその事実が真実であることの証明をする必要があります。この局面では，裁判所が職権で証拠調べをすることも認められるのです。

**一歩前進**

弁論主義と反対に，判決の基礎となる事実や証拠を，当事者が提出したものに限らず，当事者の提出しなかったものまで判決の基礎として採用できるという原則を**職権探知主義**といいます。行政不服審査の場合と異なり，取消訴訟においては職権探知主義までは認められていません。

**ステップアップ**

**「証明責任」**

**設例34**で，仮に，甲県の側が，Ａに不当な行為に該当する事実があったことを証明できなかった場合，**その事実はなかった**ものとして扱われ，結局，Ａの免許取消処分は違法として取消判決がなされることになります。このように，一定の事実が**真偽不明**の場合に，**当事者の一方が負う不利益**を「証明責任」あるいは「立証責任」といいます。「挙証責任」という言い方もあります。これについては，あまり踏み込んだ学習をする必要はありませんが，一応の意味と用語だけでも覚えておいてください。

**Check**

**「釈明処分の特則」**

弁論主義を形式的に貫くならば，裁判所は，当事者の主張する事実だけを取り上げ，当事者の提出する証拠だけを取り調べていれば足りるはずですが，それでは本来であれば勝訴できたはずの者が，訴訟のやり方がまずかったために敗訴するということになりかねません。そこで，民事訴訟における弁論主義の下においても，裁判所には，当事者の不明瞭な主張に**質問を発し**，また**立証を**

促す権能が認められています（民事訴訟法149条）。これは釈明権と呼ばれます。また，裁判所が，訴訟関係を明瞭ならしめるため，口頭弁論期日への出頭命令，陳述命令，文書提出命令，検証・鑑定命令，調査の嘱託等の行為をすることも認められています（民事訴訟法151条）。これを裁判所の釈明処分といいます。取消訴訟においても，裁判所がこれらの釈明権を行使し，また釈明処分をすることは妨げられません。

しかし，公益性の色濃い取消訴訟においては，一般の民事訴訟よりも真実発見の要請が強く，また原告である私人と被告である行政主体の立証能力に差があること等から，行政事件訴訟法は，民事訴訟法上の釈明処分に加えてその特則を設けています。その内容は，裁判所が訴訟関係を明瞭にするため必要であると認めるときは，被告である国等の行政庁に対し，処分または裁決に関する資料であって当該行政庁が保有するものの全部または一部の提出を求め，あるいは当該行政庁以外の行政庁に対し，その保有する資料の全部または一部の送付を嘱託すること等です（23条の２）。

### (3) 審理の対象

民事訴訟や取消訴訟の審理の対象を訴訟上の請求あるいは訴訟物といいます。取消訴訟は，行政庁の行った処分が違法であるときにその処分を取り消すというものですから，その訴訟物は処分の違法性一般ということになります。違法とは，処分が法に違反することです。例えば，処分事由に該当しないのに処分を行った，法律上の要件が備わっているのに申請拒否処分をした，あるいは法律上要求されている聴聞の手続を経ずに不利益処分をしたなど処分の法令違反事由はさまざまです。行政庁の裁量が認められている行為であっても，行政庁が裁量の範囲を逸脱し，または裁量の濫用があったときはその処分は違法となります（30条）。すなわち，個別の法令違反とはいえない場合でも，処分が平等原則や比例原則といった法の一般原則に反するときや処分が法律の目的に適合していないときは，違法となり得ます。＊

＊裁量行為の違法性判断については，第5講P99以下の記述を確認してください。

**一歩前進**

原告は，処分の違法性に関する一切の事由を主張して取消しを求めることができるのが原則ですが，例外として「自己の法律上の利益に関係のない違法を理由として取消しを求めることができない」とされています（10条1項）。これは，原告に法律上の利益が帰属している（原告適格が認められる）ことを前提として，本案審理における原告の主張を原告の法律上の利益の範囲に制限するものです。例えば，国税徴収法に基づく公売処分の取消しを求めるについて，原告（滞納者）は，同法に定められた担保権者に対する通知がなかったことを理由として公売処分の違法を主張することはできません。担保権者に対する通知は，担保権者の利益に関わるものであって，原告の法律上の利益とは何の関係もないからです。取消訴訟は，原告の権利利益の救済を第一の目的とするところから，原告の法律上の利益と関係のない違法の主張を許すことは適当でないという考慮によるものです。

Check

**「違法判断の基準時」**

取消訴訟は違法な処分または裁決の取消しを求める訴えですが，その違法性の判断は，その処分または裁決がなされた時を基準とすべきか，あるいは訴訟の最終段階である判決時とすべきかが問題となります。例えば，法令に基づく営業許可の申請に対し法定の要件を満たしていないとして不許可処分がなされた後，判決をする時までに法令が改正され許可基準を満たしたとしましょう。この場合，処分時の法令を基準に不許可処分をした行政庁の行為は適法ですが，判決時の法令を基準に判断するなら，行政庁の処分は違法ということになります。また，これと逆に処分時には違法であったが，判決時には適法となるというケースも想定できます。この問題について判例は，取消訴訟はすでになされた処分の事後審査という性格をもつものであるから，その違法判断は，原則として処分時を基準とすべきであるとしています。

もっとも，この立場に立つとしても，不作為の違法確認の訴えあるいは義務付け訴訟の係属中に，行政庁が求められている処分をした場合等については，過去の不作為状態を確認しても無意味ですから，判決時を基準として適法・違法の判断をするのが妥当と解されています。

**ステップアップ**

**「処分理由の差替え・追加」**

処分理由の付記が義務づけられている処分が取消訴訟で争われている場合に，被告の行政側が，処分の際に明示した処分理由を**他の理由に差し替え**，または**他の理由を追加**して自己の行った処分の適法性を主張することは許されるでしょうか。

取消訴訟は処分の違法性一般を訴訟物とするのですから，処分理由の差替えやその追加を自由に認めることも差し支えないようにも思われます。しかし，これを無制約に認めると，処分理由の付記を要求して処分の相手方の利益を保護しようとする法の趣旨を損なうことになりかねません。この問題について判例は，情報公開条例に基づく公文書の非公開決定において，「ひとたび非公開決定通知書に（非公開の）理由を付記したとしても，行政庁が当該理由以外の理由を非公開決定の取消訴訟において主張することも**許されないわけではない**」と判示しています（最判平11・11・19）。

## (4) 訴訟参加

**設例35**

建築会社Aは，大規模な分譲マンションを建築するために，甲市の建築主事に対して建築確認を申請したところ，建築確認がなされた。これによって法律上保護された利益を害される近隣住民が，甲市を被告として建築確認処分の取消しの訴えを提起した。

民事訴訟では，訴訟当事者以外の第三者が訴訟に参加する形態として共同訴訟参加や補助参加等が認められていますが，取消訴訟では，これらによる参加に加えて，次のような特有の形態による参加が認められています。すなわち裁判所は，**訴訟の結果により権利を害される第三者**があるときは，当事者またはその第三者の**申立て**により，あるいは**職権**でその第三者を**訴訟に参加**させることができます（22条１項）。＊

**設例35**では，建築確認の取消しを求める近隣住民が原告，甲市が被告となります。つまりこの訴訟では，建築主であるAは，訴訟当事者ではない第三者ということになります。この訴訟で，

＊条文上は，「権利」を害される第三者とありますが，具体的な権利といえなくても「法律上の利益」を害される第三者であれば，参加適格が認められます。

近隣住民の主張が認められ，建築確認の取消判決がなされたとすると，その効力は訴訟当事者でない**第三者Aにも及びます**から(32条1項)，Aの受けた建築確認の効力は失われてしまいます。そうなると，Aとしては，いったん建築確認を受けたにもかかわらず，マンションを建築することができなくなります。これでは訴訟に関与していない第三者Aの利益が害される結果となります。そこで，Aにも**権利利益を守る機会**を与えるために，上記のような**訴訟参加**の制度が設けられているのです。

また，裁判所は，他の行政庁を訴訟に参加させることが必要であると認めるときは，当事者またはその行政庁の申立てにより，あるいは職権でその**行政庁を訴訟に参加させる**ことができます(23条1項)。

## 2　執行停止

### (1) 執行不停止の原則

行政不服審査法による不服申立てがなされた場合と同様，処分の取消しの訴えが提起されても，**処分の効力，処分の執行**または**手続の続行**は妨げられないのが原則です（25条1項)。

**設例35**で，近隣住民が建築確認の取消しの訴えを提起しても，建築確認の効力が停止されることはありません。したがって，Aは予定通りマンションの建築を進めることができます。しかし，そうすると取消訴訟が行われている最中にマンションが完成してしまうことも考えられ，その場合は訴えの利益がなくなってしまい，取消しの訴えは却下されてしまうことになります。そこで，このような事態を防止するため，いわば**仮の救済**として**執行停止**の制度が設けられています。

**一歩前進**

民事訴訟においては，原告は，民事保全法に規定された仮処分という制度により，自己の権利を保全する手段が認められています。この仮処分は，債権者が民事訴訟を提起するに当たり，債務者の財産的処分を禁止すること等により債務者の財産状態等を現状のままに保っておく制度です。例えば，建物明渡請求の訴えを提起するに際して，当該建物の「処分禁止の仮処分」をしておけば，本案判決で勝訴した原告の明渡執行が確実かつ容易に行い得るわけです。しかし，取消訴訟においては，この仮処分の制度が排除されていますから（44条），その代償措置としての執行停止の制度が重要な意義をもってくるのです。

## (2) 執行停止

### ① 執行停止の要件

取消訴訟の提起があった場合において，処分，処分の執行または手続の続行により生ずる重大な損害を避けるため緊急の必要があるときは，裁判所は，申立てにより，決定をもって，処分の全部または一部の停止をすることができます（25条２項）。＊

しかし，公共の福祉に重大な影響を及ぼすおそれがあるとき，または本案について理由がないとみえるときは，執行停止をすることができません（同条４項）。

＊執行停止の決定に対して不服がある場合，行政庁は，高等裁判所に対して即時抗告（１週間以内の不服申立て）をすることができますが，即時抗告には執行停止決定を停止する効力はありません（25条７項・８項）。つまり，即時抗告をしたからといって，原処分の執行は停止されたままです。

**一歩前進**

「重大な損害」とは，社会通念上その回復が容易でないと認められる程度の損害です。裁判所は，重大な損害を生ずるか否かを判断するにあたっては，損害の回復の困難の程度を考慮するものとし，損害の性質および程度ならびに処分の内容および性質をも勘案するものとされています（25条３項）。

### ② 執行停止の手続

執行停止は，取消訴訟が提起され裁判所に係属していることを前提に，原告の申立てにより，取消訴訟の被告を相手方として，取消訴訟の係属する裁判所に申し立てます。つまり，執行停止の申立ては，本案訴訟が係属していないときは，不適法となります。

執行停止の要件である事実の存在については，原告が疎明《そめい》しなければなりません（25条５項）。執行停止の決定は，口頭弁論を経ないですることができますが，あらかじめ当事者の意見を聴かなければならないこととされています（同条６項）。

用語の説明

**「疎明」と「証明」**
疎明とは，ある事実の存否について裁判官が一応確からしいとの心証を得た状態のことです。一方，「証明」は事実の存否について裁判官が合理的な疑いをはさまない程度の確信のある心証を得た状態をいいます。

**ここが狙われる**

行政不服審査法に基づき行政庁の行う執行停止は，申立てによるほか，職権で行われる場合がありますが，裁判所の行う執行停止は，**申立てによってのみ**行われます。つまり，裁判所の職権による執行停止はできません。

### ③　執行停止の内容

**設例35**で，Aの建築確認の効力が停止されたとき，建築確認がなされていないと同様の状態に戻りますから，Aは，マンションの建築に着手することができません。執行停止の効果は処分時にさかのぼらず，**将来に向かってのみ**生じます。

行政不服審査法上の執行停止と同様，処分の効力の停止は，処分の執行または手続の続行の停止によって目的を達することができる場合にはすることができません（同条２項ただし書）。

### ④　執行停止の取消し

執行停止の決定が確定した後に，その理由が消滅し，その他事情が変更したときは，裁判所は，**相手方の申立て**により，決定をもって，執行停止の決定を取り消すことができます（26条１項）。

**ここが狙われる**

取消訴訟における執行停止の規定は，**無効等確認訴訟**，民衆訴訟または機関訴訟で**処分または裁決の取消し等を求めるもの**に準用されています（38条３項，43条１項）。

### ⑤　内閣総理大臣の異議

#### （ｉ）どのような制度か

処分の執行が停止され，それによって公共の利益に重大な影響が生ずると考えられる場合，内閣総理大臣は，**執行停止に異議を述べて執行の停止を排除**することができます。例えば，デモ行進の申請に対して公安委員会が不許可処分をしたが，この不許可処分の取消訴訟の原告の申立てにより，裁判所が不許可処分の効力を停止したとき，原告は一応デモ行進をすることができることになります。この執行停止決定に対し，デモ行進が行われることにより公共の福祉に重大な影響を生ずると考えて，内閣総理大臣が異議を述べたときは，いったん効力の停止された不許可処分が再び息を吹き返し，原告はデモ行進をすることができなくなります。つまり，執行を停止するかどうかの**最終の決定権が内閣総理大臣に委ねられている**ことになります。

**一歩前進**

執行停止の決定により，行政処分は将来に向かって**原状を回復**することになります。例えば，不利益処分である営業免許取消処分に対して執行停止決定がなされると，取消処分がなされていなかったと同様の状態を回復し，いちおう営業の継続が認められることになります。しかし，新規の許認可申請に対する拒否処分は，それによって許可がなされていない状態が続くだけで，何の積極的な効果も生じません。したがって，これに対する執行停止は無意味ですから，**新規の許可申請拒否処分に対する執行停止は認められない**と解されています。

そうすると，上記のようなデモ行進許可申請拒否処分についての執行停止は論理的には認められないはずです。しかし下級審の判例には，デモ行進の許可制は実質的に届出制と異ならないというロジックを用いて申請拒否処分の執行停止を認め，結果としてデモ行進を可能としたものがあります。＊

＊デモ行進の許可制を届出制と同視するなら，申請拒否処分は実質的に中止命令としての性格をもつことになります。したがって，その執行を停止することにより，申請通りのデモ行進が可能になるという理屈です。

### (ⅱ) 異議を述べることができる場合とその効果

内閣総理大臣は，執行停止の**申立てがあったとき**，または執行停止の**決定があったとき**は，裁判所に対し異議を述べることができます（27条1項）。申立てがあっただけで，つまり**執行停止決定のなされる前**でも異議を述べることができることに注意してください。ただし，**やむを得ない場合**でなければ，この異議を述べてはならないこととされています（同条6項）。

内閣総理大臣が異議を述べたときは，裁判所は，執行停止をすることができません。すでに執行停止の決定をしているときは，これを取り消さなければなりません（同条4項）。異議には**理由を付す**必要があり，その理由において，処分の効力の存続等をしなければ，**公共の福祉に重大な影響を及ぼすおそれのある事情**を示さなければならないこととされています（同条2項・3項）。

裁判所には，異議に理由があるかどうかを実質的に審理する権限は認められていません。つまり，異議に公共の福祉に関する理由が付されているときは，裁判所は，**執行停止をすることはできない**のです。すでに執行停止決定をしているときは，必ずこれを取り消さなければなりません。

内閣総理大臣は，異議を述べたときは，次の常会で**国会にこれを報告**しなければなりません（同条6項）。

内閣総理大臣の異議

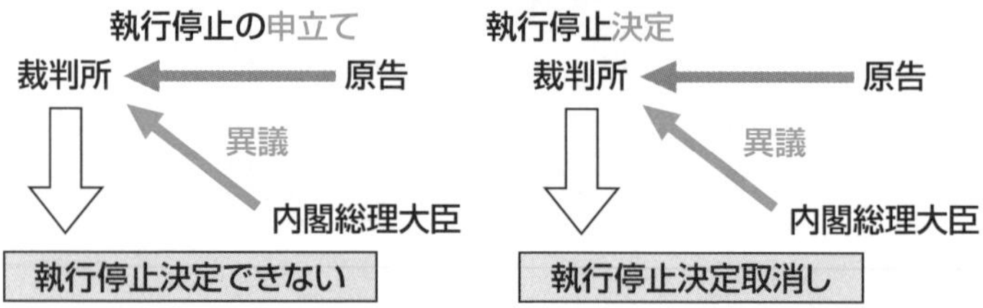


### ここが狙われる

内閣総理大臣の異議は，無効等確認の訴え，仮の義務付け，仮の差止めについて準用されています（38条3項，37条の5第4項）。

### 閑話休題

司法機関である裁判所に対して，行政府の長である内閣総理大臣が異議を述べ，その判断を左右することができるという制度について，「そんな制度，三権分立に反するんじゃないか？」と疑問をもたれた方は，相当に鋭い憲法感覚をおもちです。この内閣総理大臣の異議の制度は，世界的にもあまり類をみない制度であって，三権分立に反すること等を理由としてその合憲性に強い疑義がもたれています。しかし判例は，執行停止は本来的に行政作用に属し，ただ政策的に裁判所に権限が委譲されているに過ぎないとして合憲の結論を導いています。学生運動の盛んであった昭和40年代前半までは，集団示威行進（デモ行進）の不許可処分に対する執行停止決定等に対して異議が述べられていたようですが，先に述べたような違憲であるとの主張に配慮してか，その後は全く異議が述べられていません。

# 3　取消訴訟の判決

## (1)　判決の種類

訴訟の審理を経て，裁判所に十分な訴訟資料が得られ，判決をするに熟したときは，裁判所は，終局判決をすることになります。

取消訴訟の終局判決には，基本的な類型として，**訴え却下**，**請求認容**，**請求棄却**の３つがあり，請求棄却判決の特殊な形態として**事情判決**があります。＊

＊終局判決とは，訴訟をその審級について完結させる判決です。例えば，地方裁判所に取消訴訟が提起され，訴え却下判決または本案判決（請求認容または請求棄却）がなされた場合，それらの判決は第一審裁判所における終局判決となります。

なお，判決は**言渡し**によってその効力を生じ（民事訴訟法250条），判決書は当事者に**送達**されます（同法255条１項）。

**一歩前進**

具体的な訴訟において，訴訟要件が備わっているかどうかの審理を**要件審理**，これが備わっていることを前提に，原告の請求に理由があるかどうかの審理を**本案審理**といいます。

訴訟要件が欠けていることを理由とする訴え却下判決は**訴訟判決**，本案審理を経て請求内容の当否を判断する判決を**本案判決**といいます。本案判決は，原告の「勝ち」を意味する**請求認容**判決，逆に原告の「負け」となる**請求棄却**判決があります。

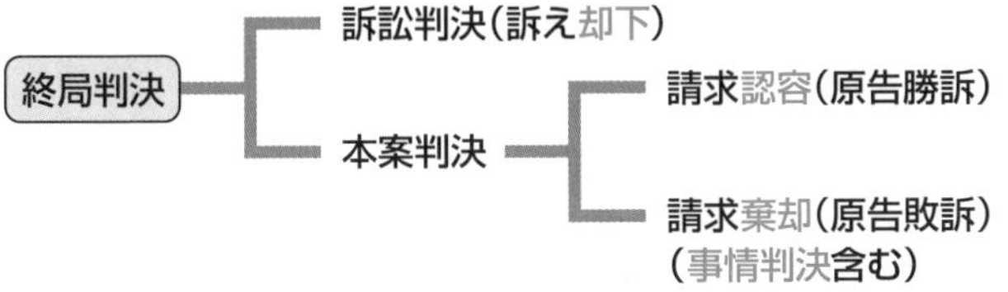


### ①　訴え却下判決――訴訟要件が欠ける場合は門前払い

訴え却下判決とは，例えば，処分性または原告適格を欠く，あるいは出訴期間が経過している等，取消訴訟の**訴訟要件を欠き不適法**であることを理由として，**原告の訴えを排斥する判決**です。前講で説明したとおり，訴訟要件は裁判所が原告の請求内容に立ち入った判決（本案判決）をするための要件であり，その１つでも欠けると訴えは不適法となり，却下されることとなります。

判決主文には「原告の訴えを却下する」と表示され，原告の請求の当否に立ち入った判断はなされません。要するに，「門前払い判決」です。訴え提起の時点で訴訟要件を満たしていても，訴訟係属後に訴訟要件を欠くこととなった場合，たとえば訴えの利益を欠くことになれば，この場合も訴え却下判決がなされます。

訴訟判決

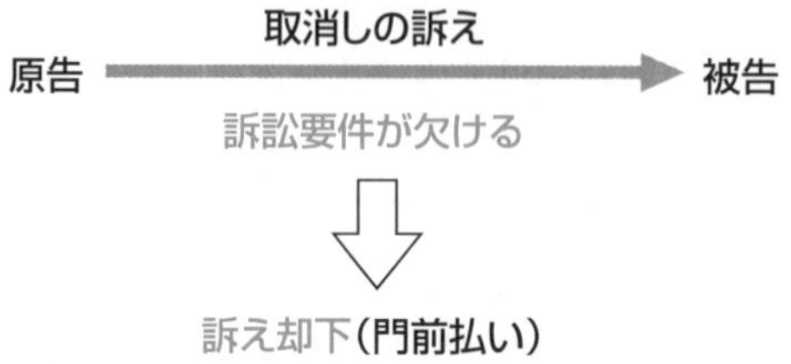


② 請求認容判決（取消判決）――原告の請求を認める

本案審理の結果，原告の請求に理由があることを認め，処分等を取り消す判決です。「取消判決」とも呼ばれます。これは，いわゆる原告勝訴判決であり，判決主文に「本件○○処分を取り消す」と表示されます。

③ 請求棄却判決――原告の請求を認めない

本案審理の結果，原告の請求に理由がない，つまり処分は適法であることを理由として，原告の請求を排斥する判決です。これは，いわゆる原告敗訴判決であり，判決主文に「原告の請求を棄却する」と表示されます。

本案判決

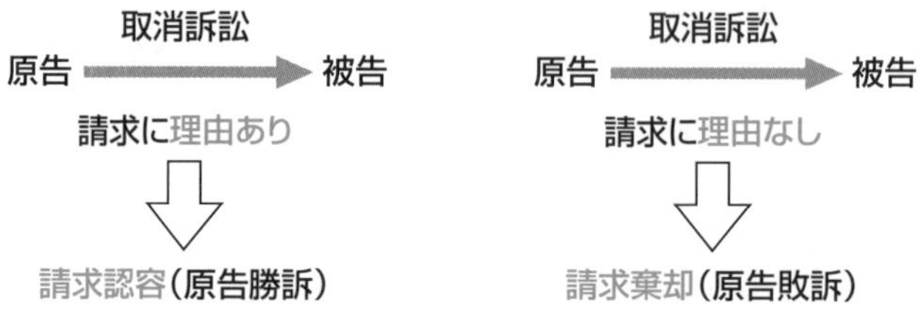


④ 事情判決――処分の違法性を宣言するが請求は棄却する

事情判決は請求棄却判決の特殊な形態であり，一般の民事訴訟にはない制度です。

取消訴訟においては，処分が違法であるときは，裁判所はその処分を取り消さなければならないのが原則ですが，その処分を取り消すことが公共の福祉に適合しないときは，裁判所は，この処分を取り消すことなく，原告の請求を棄却することができるのです。このような判決が事情判決です。事情判決をする場合には，当該判決の主文において，処分または裁決が違法であることを宣言しなければなりません（31条１項後段）。＊

＊裁判所は，相当と認めるときは，終局判決前に，処分または裁決が違法であることを宣言する判決（中間違法宣言判決）をすることができます（31条2項）。この判決がなされると，当該処分等が違法であることを前提に，終局判決としての事情判決がなされます。

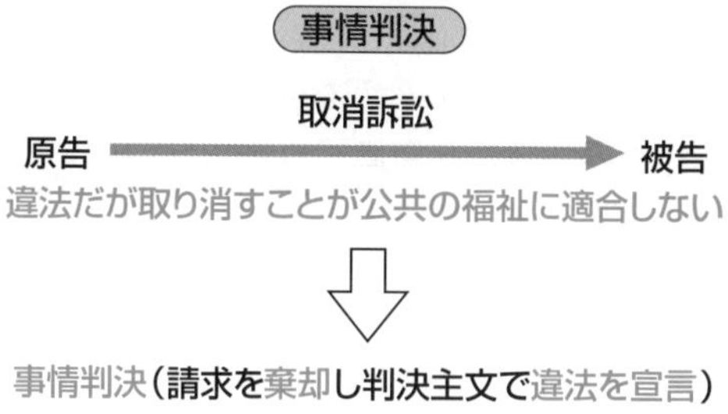


**一歩前進**

事情判決が具体的にどのような場合になされるのかをみておきましょう。例えば，土地区画整理事業は，公共施設の整備改善および宅地の利用の増進を図るために行われる土地区画の変更や公共施設の新設などに関する事業で，事業の中間段階で仮換地指定処分が行われ，これにより施行地区内の多数の土地の利用関係に変更を生じます。その際に，一人の権利者が仮換地指定処分の違法を理由として処分の取消しの訴えを提起し，その違法が認定されて取消判決がなされると，通常利害関係人が多数に上ることから，他の権利者にも多大な影響を及ぼすことになり，すでに相当程度進行している事業計画自体が大幅な修正を余儀なくされる可能性があり，そうなると，収拾のつかない混乱が生ずることが予想されます。そこで，このような場合には，公共の利益を維持するため，判決主文において処分が違法であることを宣言したうえで，原告の請求は棄却するのです。憲法で学ばれたかと思いますが，衆議院議員定数不均衡事件（最大判昭51・4・14）でも，最高裁は，選挙が違法であることを認めながら，選挙を無効とすることから生ずる不可避的な混乱を避けるため，事情判決の手法を用いて，選挙を無効とはしませんでした。事情判決の制度は，積み重ねられてきた既成事実を尊重し，取消しによる私人の個人的利益の保護よりも公益を優先する制度といえるでしょう。

事情判決がなされた場合，原告としては，処分が違法であることは認められたのに，自分の請求自体は拒絶される（棄却される）のですから，これで納得しろといわれても，なかなか承服できないでしょう。ただ，処分の違法性は認められたのですから，訴えの変更により取消訴訟に代えて損害賠償を請求する場合（21条1項），その請求は容易に認められる可能性が高いといえます。

### (2) 取消訴訟の判決の効力

取消訴訟の判決には，既判力，形成力，拘束力といった3つの効力が認められます。**設例35**の事例に即してその内容を説明していきましょう。＊

＊既判力および形成力は，いずれも民事訴訟法を根拠とする効力であり，行政事件訴訟法に明文規定はありません。行政事件訴訟法に明文規定があるのは拘束力だけです。

#### ①　既判力――紛争を強制的・最終的に解決するための効力

取消訴訟の判決が確定すると，同一の事項が別の訴訟で問題となった場合，**当事者は判決内容に反する主張**をすることができず，**裁判所もその判決内容に反した判断**をすることができなくなります。確定判決に認められるこのような効力を**既判力**《きはんりょく》といいます。例えば，**設例35**で，近隣住民が提起した建築確認の取消しの訴えにおいて，請求棄却判決により建築確認は適法であるとの判断が確定すると，その点について既判力が生じ，近隣住民は，同一の違法事由を主張して再度取消しの訴えを提起することができません。

逆に，建築確認が違法であることを理由として建築確認の取消判決（請求認容判決）がなされ，これが確定した場合，建築確認が違法であるとの判断に既判力が生じます。確定判決にこのような効力を認めておかないと，同一の紛争が何度も蒸し返される可能性があり，確定判決に期待される紛争の強制的・終局的解決を図ることができなくなります。言い換えると，この既判力の作用によって，**紛争の実効的解決を図り得る**のです。

#### ②　形成力――処分の効力を当然に失わせる

取消判決（請求認容判決）の確定によって，当該処分または裁決は，行政庁があらためて取消しをするまでもなく，**処分または**

裁決の時にさかのぼって当然にその効力を失います。このように，処分の効力を当然に失わせる効力を形成力といいます。設例35で，建築確認の取消判決が確定すると，甲市建築主事による取消しを待つまでもなく，建築確認は当初にさかのぼって無効となります。

この形成力は第三者にも及び，第三者との関係でも処分または裁決は効力を失います。設例35では，第三者である建築会社Aとの関係でも，建築確認の効力は消滅しますから，Aは，マンションの建築はできなくなります。当然のことながら，建築確認が適法であると判断され，原告の請求が棄却されたとき，すなわち原告敗訴判決には，形成力は生じません。＊

＊この場合は，①で説明したとおり，建築確認は適法であるとの判断に既判力が生じるだけです。

### ③　拘束力――行政庁を判決の内容どおりに拘束する

確定した取消判決は，その事件について，処分または裁決をした行政庁その他の関係行政庁を拘束します（33条1項）。これを取消判決の拘束力といいます。上記のとおり，取消判決の形成力によって処分・裁決は効力を失うことになりますが，それだけでは，原告の権利救済として十分とはいえません。そこで，取消判決の実効性を確保するために，この拘束力が認められています。

この拘束力は，（ⅰ）取り消された行政処分と同一の事情のもとで，同一理由，同一内容の処分を行うことの禁止，（ⅱ）行政庁は，取消判決の趣旨に従ってあらためて措置を執るべき義務を負う，という2つの内容をもっています。設例35で，A会社が，取消判決確定後に同一内容の建築確認を申請した場合，甲市建築主事は，建築確認をしてはならない義務を負うことになるわけです。しかし，取消判決の後に事情が異なるに至った場合には，同一の理由で同一の処分をすることも妨げられません。例えば，設例35で，A社がマンションの規模を縮小すること等により近隣住民の不利益が解消され，その同意を取り付けることができたような場合には，再度建築確認の処分をすることができるでしょう。なお，（ⅱ）の効果は，申請に対して拒否処分がなされた場合に主に問題となります。例えば，都道府県知事が，宅地建物取引業者免許の申請に対して拒否処分をし，それに対して取消判決がなされたとすると，当該都道府県知事は，免許申請をあらためて審査し，処分をやり直さなければならない義務を負うことになります。

**ここが狙われる**

取消判決の拘束力は，判決主文が導き出されるのに必要な事実認定および法律判断，すなわち判決理由中の判断に及びます（最判平４・４・28）。

**Check**

**「判決の確定」と「確定判決」**

終局判決に対しては，上訴の提起という形でその判決内容を争うことができるのが原則です。例えば，取消訴訟の第一審である地方裁判所で取消判決がなされた場合，被告はその判決書の送達を受けた日から２週間以内に高等裁判所に控訴することができます（民事訴訟法285条）。しかし，被告が控訴することなく２週間が経過してしまうと，その判決は上訴による変更の可能性がないものとなります。第一審の請求棄却判決に対して原告が控訴しなかった場合も同じです。また，高等裁判所での控訴審判決に当事者が上告を提起しなかった場合も，その判決は変更の可能性がなくなります（同法313条）。これを判決の確定といい，このような状態になった判決を確定判決といいます。取消訴訟の判決の効力は，確定判決に生じることに注意してください。

**ステップアップ**

**「訴えの三類型と判決」**

民事訴訟においては，訴えの類型は，「給付の訴え」「確認の訴え」「形成の訴え」の３つに区分されます。「給付の訴え」とは，例えば，金銭の支払いや不動産の明渡しを求める訴えであり，「確認の訴え」とは，土地の所有権が自分にあるとか，債務は存在しないことの確認を求めるものです。「形成の訴え」は，例えば，離婚の訴えのように，離婚すなわち婚姻関係の解消という新たな法律関係の形成を求めるものです。会社法上の株主総会決議取消しの訴えもこの形成の訴えに属します。以上の訴えの類型に対応して，原告勝訴判決は，それぞれ「給付判決」「確認判決」「形成判決」となります。

取消訴訟は，処分や裁決の取消しによる法律関係の形成を求める訴えですから，上の分類では，形成の訴えに属することになります。なお，行政事件訴訟のうち，無効等確認の訴えや不作為違法確認の訴えは，その名のとおり確認の訴えに属します。当事者訴訟には，給付の訴えと確認の訴えの２つが存在します。例えば，免職処分を受けた公務員Aが，その免職処分の無効を理由として実質的当事者訴訟を提起する場合，処分後の給料の支払いを請求する場合は「給付の訴え」となり，現在も公務員としての地位にあることの確認を求める場合は「確認の訴え」ということになります（次講２参照）。

## 4　判決によらない取消訴訟の終了

取消訴訟は，判決により終了するほか，原告による訴えの取下げ，請求の放棄，被告による請求の認諾，当事者の合意による裁判上の和解により終了します。＊

＊請求の放棄とは，原告が自分の請求に理由がないことを認めることです。請求の認諾とは，被告が原告の請求に理由があることを認めることです。ともに，調書への記載が確定判決と同一の効力を生じ，訴訟は当然に終了します。

### (1)　訴えの取下げ

原告は，判決の確定に至るまでは，いつでも訴えの全部または一部を取り下げることができます（民事訴訟法261条１項）。訴えの取下げにより，訴訟は初めから係属しなかったことになり，訴訟は終了します。訴えの取下げは，原則として書面で行わなければなりません（同条３項本文）。

### (2)　裁判上の和解

裁判上の和解とは，原告・被告双方が互いにその主張を譲り合って合意を形成し，その合意内容を和解調書に記載することであり，その記載は，確定判決と同一の効力を有するものとされ（民事訴訟法267条），訴訟は当然に終了します。

一般の民事訴訟と異なり取消訴訟においては，裁判上の和解を無制約に認めてよいかという疑問がありますが，この点については立ち入る必要はありません。

## 5　教示

行政庁が取消訴訟を提起することができる処分または裁決をする場合，その相手方に対して行政事件訴訟に関する次の事項の教示を書面ですることが義務づけられています（46条）。この教示は，処分を行おうとする行政庁が取消訴訟に関する一定の事項を示し，国民に対して裁判により救済を受ける機会を保障しようとする趣旨に基づくものです。処分を口頭でする場合には，教示の義務はありません。

教示すべき事項は次のとおりです。

① 取消訴訟を提起することができる処分または裁決をする場合（46条1項）

（ⅰ）当該取消訴訟の被告とすべき者

（ⅱ）当該取消訴訟の出訴期間

（ⅲ）審査請求前置主義の定めがあるときは，その旨

② 処分についての審査請求に対する裁決に対してのみ取消訴訟を提起することができる旨の法律の定めがある場合（裁決主義）において，その処分をするときは，その定めがある旨

③ 形式的当事者訴訟（次講2の（1）参照）を提起することができる処分または裁決をする場合（同条3項）

（ⅰ）当該訴訟の被告とすべき者

（ⅱ）当該訴訟の出訴期間

**一歩前進**

行政不服審査法と異なり，行政事件訴訟法には，行政庁が教示を怠りまたは誤った場合の効果は，規定されていません。しかし，行政庁に対して教示義務が明確に課されている以上，行政庁が教示すべき事項を教示しなかったり，誤った教示をした場合は，一定の救済措置が執られるべきと考えられます。例えば，出訴期間について誤った教示がなされた場合および教示がなされなかったような場合については，出訴期間を徒過しても，そのことにつき「正当な理由」（14条1項・3項）があると判断すべきと考えられます。その他，被告とすべき者，裁決主義，審査請求前置主義について，教示をしなかった，あるいは誤った教示をした場合についても，原告となるべき者に有利な方向でそれぞれの救済規定を解釈すべきと考えられています。

## 実戦過去問　　行政書士　平成25年度

取消訴訟に関する次の記述のうち，正しいものはどれか。

1　取消訴訟の原告は，処分行政庁に訴状を提出することにより，処分行政庁を経由しても訴訟を提起することができる。

2　裁判所は，必要があると認めるときは，職権で証拠調べをすることができるが，その結果について当事者の意見をきかなければならない。

3　取消訴訟の訴訟代理人については，代理人として選任する旨の書面による証明があれば誰でも訴訟代理人になることができ，弁護士等の資格は必要とされない。

4　裁判所は，処分の執行停止の必要があると認めるときは，職権で，処分の効力，処分の執行又は手続の続行の全部又は一部の停止をすることができる。

5　取消訴訟の審理は，書面によることが原則であり，当事者からの口頭弁論の求めがあったときに限り，その機会を与えるものとされている。

**解　説**

1　×　取消訴訟については，処分行政庁を経由して訴えを提起することはできません。審査請求は処分庁等を経由してすることができる場合がありますが（行政不服審査法21条１項），これと混同しないようにしましょう。

2　○　裁判所は，必要があると認めるときは，職権で証拠調べをすることができますが，その証拠調べの結果について，当事者の意見をきかなければならないとされています（行政事件訴訟法24条）。

3　×　民事訴訟では，訴訟代理人の資格は弁護士に限られ（民事訴訟法54条１項），この規定が取消訴訟に準用されますから（行政事件訴訟法７条），弁護士でなければ取消訴訟の訴訟代理人となることができません。

4　×　裁判所は，申立てがあった場合に限り，執行停止をすることができます（行政事件訴訟法25条２項）。職権で執行停止をすることはできません。

5　×　取消訴訟の審理については，民事訴訟と同様，対審による口頭弁論を経なければならないのが原則です（行政事件訴訟法７条，民事訴訟法87条１項）。当事者からの求めがなくても，口頭弁論を行わなければなりません。

**正解　2**

**実戦過去問**　　行政書士　令和元年度

抗告訴訟に関する次の記述について，正しいものはどれか。

1　裁判所は，処分または裁決をした行政庁以外の行政庁を訴訟に参加させることが必要であると認めるときは，当事者または当該行政庁の申立てを待たず，当該行政庁を職権で訴訟に参加させることができる。

2　処分の取消しの訴えにおいて，裁判所は職権で証拠調べをすることができるが，その対象は訴訟要件に関するものに限られ，本案に関するものは含まれない。

3　取消訴訟の訴訟物は，処分の違法性一般であるから，取消訴訟を提起した原告は，自己の法律上の利益に関係のない違法についても，それを理由として処分の取消しを求めることができる。

4　裁判所は，処分の取消しの訴えにおいて，当該処分が違法であっても，これを取り消すことにより公の利益に著しい障害を生ずる場合において，原告の受ける損害の程度，その損害の賠償または防止の程度および方法その他一切の事情を考慮した上，当該処分を取り消すことが公共の福祉に適合しないと認めるときは，当該訴えを却下することができる。

5　行政庁に対して一定の処分を求める申請を拒否された者が，処分の義務付けの訴えを提起する場合，重大な損害を避けるため緊急の必要があるときは，処分の義務付けの訴えのみを単独で提起することができる。

1　○　行政庁の訴訟参加は，当事者や当該行政庁の申立てによるほか，裁判所が職権で参加させることもできます（行政事件訴訟法23条１項）。

2　×　職権での証拠調べ（同法24条本文）は，訴訟要件に限定されません。

3　×　取消訴訟においては，自己の法律上の利益に関係のない違法を理由として取消しを求めることはできません（同法10条１項）。

4　×　事情判決をする場合，裁判所は，当該処分を取り消すことなく，原告の請求を棄却します（同法31条１項前段）。「却下」ではありません。

5　×　申請拒否処分がなされた場合，義務付けの訴えを提起するには，その処分の取消しの訴え等を併合提起しなければなりません（同法37条の第３項）。この点については，P304以下の記述を参照してください。

**正解　１**

## 実戦過去問　　行政書士　平成21年度

Xは，外務大臣に対して旅券の発給を申請したが拒否処分を受けたため，取消訴訟を提起した。これについて，裁判所は，旅券法により義務づけられた理由の提示が不十分であるとして，請求を認容する判決をなし，これが確定した。この場合，行政事件訴訟法によれば，外務大臣は，判決のどのような効力により，どのような対応を義務づけられるか。40字程度で記述しなさい。

### 解　説

解答例

取消判決の拘束力により，判決の趣旨に従ってあらためて措置を執らなければならない。(40字)

本問では，外務大臣の旅券発給拒否処分に対して，申請者Xが拒否処分取消しの訴えを提起し，裁判所は，Xの請求を認容する判決をし，この判決が確定しています。

拒否処分取消しの確定判決の効力として，既判力，形成力のほか，拘束力が生じます。拘束力は，①取り消された処分と同一の事情のもとで，同一理由，同一内容の処分を行うことの禁止，②行政庁は，取消判決の趣旨に従ってあらためて措置を執るべき義務を負う，という２つの効果をもつことになります。

本問で記述すべきは，②の効果です。つまり，本問の場合，外務大臣は，取消判決の拘束力の効果として，判決の趣旨に従ってあらためて措置を執らなければならなくなります。具体的にいうと，外務大臣は，Xの旅券発給申請をあらためて審査し，処分をやり直さなければならなくなるということです。

# 17 その他の抗告訴訟と当事者訴訟，民衆訴訟・機関訴訟

## 学習ナビゲーション

行政事件訴訟はその種類が多く，やっと取消訴訟の部分を終えても，「まだこんなに残っているのか」とウンザリしてしまいますが，その他の訴訟についても，基本的事項はしっかり押さえておきたいところです。

取消訴訟以外の抗告訴訟や当事者訴訟，民衆訴訟，機関訴訟等については，取消訴訟に関する規定が準用されている場合が多く，それ自体の訴訟手続について覚えるべき事項は多くはありません。ただ，義務付けの訴え，差止めの訴えについては，要件が混み入っていますから，ポイントを正確に把握しておきましょう。

## 1　取消訴訟以外の抗告訴訟

### (1)　無効等確認の訴え

無効等確認の訴えとは，処分もしくは裁決の存否またはその効力の有無の確認を求める訴訟です（３条４項)。この訴えは，当該処分または裁決に続く処分により損害を受けるおそれのある者その他当該処分または裁決の無効等の確認を求めるにつき法律上の利益を有する者で当該処分もしくは裁決の存否またはその効力の有無を前提とする現在の法律関係に関する訴えによって目的を達することができないものに限り提起することができます（36条)。無効等確認の訴えの「等」には，有効確認の訴え，存在確認の訴え，不存在確認の訴えも含まれますが，中心的に問題となるのは，無効確認の訴えですから，以下では無効確認の訴えだけ

をテーマとして説明していきます。

まずは，無効確認の訴えには，①**予防的無効確認の訴え**および②**補充的無効確認の訴え**という目的を異にする２つの類型があることを念頭に置いてください。＊1

### ①　予防的無効確認の訴え

この類型の無効確認の訴えは，「当該処分または裁決により**損害を受けるおそれ**のある者」，例えば，無効な課税処分に引き続き行なわれる滞納処分により損害を受けるおそれのある者が提起することができます（最判昭51・４・27）。この場合，原告は課税処分の無効確認判決を得ることによって納税義務を免れ，滞納処分による損害の発生を防止（予防）することができます。つまり，損害の発生を予防すると言う意味合いから，予防的無効確認の訴えと呼ばれます。＊2

### ②　補充的無効確認の訴え

一方，補充的無効確認の訴えは，原告に処分の無効確認を求める法律上の利益が帰属していることを前提に，**現在の法律関係に関する訴えによって目的を達することができない**場合にのみ提起することができます。換言すると，この類型の無効確認の訴えは，現在の法律関係に関する訴えにより目的を達することができるときは，提起することができないのです。そのような意味で，この類型の訴えは，補充的な救済手段として位置づけることができますから，補充的無効確認の訴えと呼ばれるわけです。

そこで，「現在の法律関係に関する訴えによって目的を達することが「できる」あるいは「できない」とは，具体的にどのような場合かが問題となります。この点について，次の２つの具体例で考えてみましょう。いずれの場合も，処分に**重大かつ明白な瑕疵がある**ことを前提にします。

**（イ）　公務員Ａは，懲戒免職処分を受けた。**

**（ロ）　Ｂは，営業許可の申請をしたが，不許可処分を受けた。**

＊1　36条の条文中の「現在の法律関係に関する訴えによって目的を達することができない」という要件は，②の補充的確認の訴えについてのみ要求されます。

＊2また，例えば，無効な建物除却命令に続く代執行により，建物を除却され損害を被る可能性のある者もこの訴えを提起することができるでしょう。

まず，（イ）の例では，懲戒免職処分が無効であるのなら，Aは，現在も依然として公務員の地位にあるはずです。そうすると，わざわざ過去の免職処分の無効の確認を求めなくても，「公務員であることの地位の確認」という**現在の法律関係の確認**を求め，その訴訟の過程で免職処分の無効を主張すれば，その目的を達することができます。したがって，（イ）の事例のAは，「懲戒免職処分無効確認の訴え」を提起することはできません。この場合Aは，後述する**実質的当事者訴訟**（本講2の（2）P309参照）により，「公務員であることの地位の確認」を求めることができます。同様に，土地を収用された者が，収用裁決に無効事由があることを理由として，土地所有権が自分にあると主張する場合も，起業者を被告として**「土地所有権確認の訴え」**という**現在の法律関係の確認を求める訴え**でその目的を達することができるのですから，収用裁決の無効確認の訴えを提起することはできません。この場合の「土地所有権確認の訴え」は通常の民事訴訟ですが，処分の効力が前提問題として争われているため，行政事件訴訟法に規定された**「争点訴訟」**にあたります（次頁 Check 参照）。

用語の説明
**「起業者」**
土地収用は一定の公共的事業を行うのに必要な土地を強制的に取得する手続ですが，その事業を行う者が起業者です。起業者は，事業認定，収用裁決を経て私人の土地を取得します。

**一歩前進**

上記のとおり，実質的当事者訴訟や争点訴訟などで原告の目的を達することができる場合，すなわち処分無効の法律関係をこれらの訴えに還元する（置き換える）ことのできる場合が，**「現在の法律関係に関する訴えによって目的を達することができる」**典型例です。したがって，これらの訴えの提起ができるときは，原則的には無効確認の訴えの提起はできないと理解しておきましょう。＊

＊これらの訴えの提起が可能な場合であっても，無効確認の訴えの提起を認めた判例もわずかながら存在しますが，試験対策上は，この点に踏み込んだ学習をする必要はありません。

次に（ロ）の例では，不許可処分により，Bは現在も，許可申請前と全く同一の「営業できない」地位にあるのですから，現在の法律関係（許可がなされていないこと）の確認を求めても何の意味もありません。要するに，（ロ）の事例のBは，**現在の法律関係に関する訴え**によっては**目的を達することができない**のですから，過去になされた不許可処分の「無効確認の訴え」を提起することができるわけです。つまり，この類型の訴えが**補充的無効**

**確認の訴え**ということになります。

**Check**

「争点訴訟」

争点訴訟とは，私法上の法律関係に関する訴訟（民事訴訟）において，処分もしくは裁決の存否またはその効力の有無が**前提問題として争われている訴訟**のことです（45条１項）。先に記述した例のように，収用裁決の無効を理由として，土地所有者が起業者に対して土地所有権の確認を求め，あるいは土地の返還請求をする訴えは，処分もしくは裁決の存否または効力の有無を前提問題とする**現在の法律関係に関する訴訟**となりますから，この争点訴訟に該当します。争点訴訟は，私法上の法律関係に関する訴訟ですから民事訴訟手続により審理されますが，その訴訟の最も重要な争点は行政庁の処分または裁決の効力の有無です。そこで，この訴訟が提起されたときは，裁判所から行政庁に対して**通知がなされる**とともに，**行政庁の訴訟参加**が認められる（45条，39条，23条１項）等，一般の民事訴訟とは多少異なった扱いとなっています。

**一歩前進**

**「取消訴訟の排他的管轄」**という言葉を覚えていますか。これは，取消事由たる瑕疵のある行政行為の効力は**取消訴訟**の手続によらなければ争うことができない，ということを意味するものでした（P111参照）。そこで，行政行為に無効事由となる瑕疵がある場合と取消事由となるに過ぎない瑕疵がある場合とで，訴訟における争い方にどのような差異を生ずるかについて整理しておきましょう。先に挙げた「公務員Ａが懲戒免職処分を受けた」という例で説明します。

Ａの懲戒免職処分に無効事由となる瑕疵（重大かつ明白な瑕疵）があるときは，先に説明したように，処分は最初から無効であって何の効力も生じないのですから，Ａは，現在も従前どおり**公務員の地位にあることの確認の訴え**を提起することができ，その確認判決を得ることによって直接的に目的を達することができます。また，処分の無効を前提として，処分の時から現在までの**未払給料の支払いを求める訴え**を併合して提起することもできます。

しかし，懲戒免職処分に取消事由となる瑕疵があるに過ぎないときは，取消訴訟の排他的管轄により，「公務員たる地位の確認の訴え」や「給料支払請求の訴え」を直ちに提起することはできません。Ａは，まず懲戒免職処分取消しの訴えを提起し取消判決を得て，これを前提として上記２つの訴えを提起するというルートをたどらなければなりません。また，取消訴訟には出訴期間の制約があるが，裁判で行政行為の無効主張をするには，その制約がないという点も重要です。行政行為の瑕疵の軽重によって，裁判手続上このような差異が生ずることをしっかり把握しておいてください。なお，重大かつ明白な瑕疵のある無効な行政行為について，取消訴訟の出訴期間内に取消訴訟を提起した場合，その訴えは不適法となることはなく，取消訴訟として審理されることになります。

**ここが狙われる**

無効等確認の訴えには，被告適格，裁判所の管轄，原処分主義，執行停止，判決の効力等取消しの訴えに関する規定の多くが準用されています（38条1項）。しかし，事情判決や判決の第三者効の規定は準用されていないことに注意してください。また，出訴期間に関する規定も準用されていません。つまり，「知った日から６ヶ月」「処分または裁決の日から１年」の制約はありません。さらに，不服申立前置に関する規定（8条1項ただし書）の準用もありませんから，不服申立ての前置が要求されている場合でも，不服申立ての裁決を経ることなく訴えを提起することができます。

### (2) 不作為の違法確認の訴え

不作為の違法確認の訴えとは，行政庁が法令に基づく申請に対し，相当の期間内に何らかの処分または裁決をすべきであるにかかわらず，これをしないことについての違法の確認を求める訴訟です（３条５項）。例えば，建築主事に対して建築確認の申請をしたのに，いつまで経っても放置されるような場合（建築確認に要する相当の期間を経過した場合）に，申請をした者は，不作為の違法確認の訴えを提起できます。

ただ，この不作為の違法確認の訴えで勝訴したとしても，その判決は，単に不作為の違法状態を確認し，不作為庁に対して申請に対する何らかの応答をせよという命令としての意味をもつに過ぎません。つまり，建築確認についての不作為違法確認判決がなされても，建築主事に対して直接建築確認を義務づけるという効力はないのです。そこで，次に説明する義務付けの訴えが実効性を発揮することになります。

**一歩前進**

ここでいう「相当の期間」とは，その処分をするのに通常必要とする期間ということです。ただ，その期間は行政手続法６条の定める標準処理期間と当然に一致するものではなく，標準処理期間を経過したからといって直ちに不作為の違法の問題が生じるというわけではありません。＊

＊不作為違法確認訴訟の係属中に，行政庁が申請に対する応答をすれば訴えの利益は消滅し，その訴えは不適法却下されることになります。

**ここが狙われる**

不作為の違法確認の訴えは，処分または裁決についての申請をした者に限り，提起することができます（37条）。また，行政庁の不作為が続いている限り，申請をした者は，いつでもこの訴えを提起することができます。

### (3) 義務付けの訴え

義務付けの訴えとは，一定の場合に，行政庁に対してその処分または裁決をすべき旨を命ずることを求める訴訟です（３条６項）。これも抗告訴訟の一種ですから，訴えを提起する者に法律上の利益が帰属することが要件となります（37条の２第３項）。

この訴えには，①申請を前提としない場合と②申請または審査請求を前提とする場合の２つの類型があります。

#### ① 申請を前提としない義務付けの訴え

この訴えは，行政庁が一定の処分をすべきであるにかかわらず，これがされないとき（３条６項１号）に，提起することができます。例えば，ある工場が規制限度を超えて危険な有害物質を排出しているのに監督官庁が何の処置も執らない場合に，周辺住民が，

その生命・身体の安全を守るため，その工場の操業停止命令を求める訴えを提起するような場合を想定できます。＊

この類型の義務付けの訴えを提起するためには，原告が，義務付けを求めるにつき「法律上の利益」を有し，かつ「一定の処分がされないことにより重大な損害を生ずるおそれがあること」，さらに「その損害を避けるために他に適当な方法がないこと」という相当に厳格な要件を満たすことが要求されています（37条の2第3項・1項）。これらの要件のいずれかを欠く訴えは却下されることになります。

また，この訴えにおいて，原告の請求が認められるため，言い換えると原告が勝訴するためには，「行政庁がその処分をすべきことが明らかであること」，または「行政庁がその処分をしないことが裁量権の逸脱・濫用となると認められること」，このいずれかの要件を満たす必要があります（同条5項）。要件を満たさない訴えは棄却されます。

＊①の類型の義務付けの訴えは，行政庁に対し第三者に対する規制権限の発動を求めるという性質をもっています。行政手続法上は，行政機関に申し出て一定の処分または行政指導を求める制度が設けられていますが（同法36条の3第1項，P154参照），それでも行政側の対応が鈍いときは，この訴えが実効性を発揮することになるでしょう。

### ②　申請等を前提とする義務付けの訴え

**設例36**

Aは，一戸建住宅を建てるために甲県の建築主事に対して建築確認の申請をしたのに，相当の期間が経過しても建築確認がなされない。

**設例37**

甲県乙市に居住するBは，病気のために働くことができず生活に困窮しているため，乙市の福祉事務所長に対して生活保護の申請をしたところ，福祉事務所長は拒否処分をした。

この訴えは，行政庁に対し一定の処分または裁決を求める旨の法令に基づく申請または審査請求がされた場合において，当該行政庁がその処分または裁決をすべきであるにかかわらず，これがされないとき（3条6項2号）に，法令に基づく申請または審査請求をした者に限り，提起することができます（37条の3第2項）。

この場合は，①の場合と違って行政庁に対する申請がなされたことを前提とするものですから，「申請型」の義務付けの訴えと呼ばれることがあります。この類型の義務付けの訴えには，さらに次の２つの場合が考えられています（37条の３第１項）。

（ｉ）当該法令に基づく申請または審査請求に対し相当の期間内に何らの処分または裁決がなされないこと（同条同項１号）

この場合は，申請等に対する行政庁の不作為を前提としますから，不作為違法確認の訴えを併せて提起しなければならないとされています（同条３項１号）。例えば，**設例36**で，Ａは，甲県建築主事の建築確認をしないという不作為に対して，その違法確認の訴えと併せて建築確認を義務づける訴えを提起することができます。

（ii）当該法令に基づく申請または審査請求を却下しまたは棄却する旨の処分または裁決がなされた場合において，当該処分または裁決が取り消されるべきものであり，または無効もしくは不存在であること（同条１項２号）

この場合は，処分または裁決がなされていますから，その処分または裁決の取消しまたは無効確認の訴えを併せて提起しなければならないとされています（同条３項２号）。例えば，**設例37**では，Ｂは，福祉事務所長の生活保護拒否処分の取消しまたは無効確認の訴えと併せて生活保護処分の義務付けの訴えを提起することができます。＊

＊併合提起された義務付けの訴えと本文（ｉ）（ii）の訴えに係る弁論および裁判は分離して行うことができません（37条の３第４項）。両者を別個に審理の対象とすると，例えば，**設例37**で生活保護拒否処分の取消しが認められなかったのに，他方で生活保護の決定を義務付けるという矛盾した判決がなされる可能性があるからです。

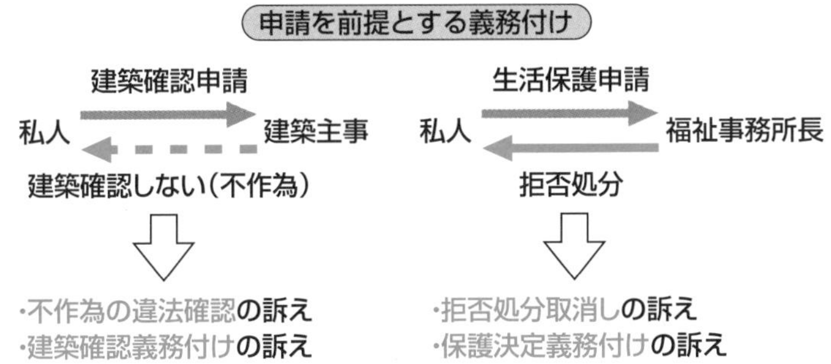


以上（ｉ）（ii）の類型の訴えにおいて，原告の請求が認められるためには，併合提起された不作為違法確認訴訟，取消訴訟，無効確認訴訟等にかかる原告の請求に理由があると認められ，かつ「行政庁がその処分等をすべきことが明らかであること」または「行政庁がその処分をしないことが裁量権の逸脱・濫用となる

と認められること」のいずれかの要件を満たす必要があります(同条５項)。＊

＊原告の請求を認容する判決（原告勝訴判決）には拘束力が認められますから（38条1項，33条），被告は，判決内容に従い一定の処分をしなければなりません。

## (4) 差止めの訴え

差止めの訴えは，行政庁が一定の処分または裁決をすべきでないにもかかわらず，これがされようとしている場合において，行政庁がその処分または裁決をしてはならない旨を命ずることを求める訴訟です（３条７項)。この訴えは，行政庁による違法な不利益処分等がなされる前の事前的な救済手段という性格をもっています。例えば，Ａの所有する建物について，違法建築物でないにもかかわらず，行政庁が違法建築物であるとして除却命令を発しようとしているような場合に，その除却命令の発布を差し止めるという事例を想定できるでしょう。

差止めの訴えを提起するためには，差止めを求めるについて原告に法律上の利益があり，かつ「一定の処分または裁決がなされることにより重大な損害を生ずるおそれがあること」および「その損害を避けるために他に適当な方法がないこと」といった要件を満たす必要があります（37条の４第３項・１項)。これらの要件は訴訟要件であり，これを欠くときは，訴えは不適法却下となります。

さらに，この訴えにおいて，原告の請求が認められるためには，「行政庁がその処分等をすべきでないことが明らかであること」または「行政庁がその処分等をすることが裁量権の逸脱・濫用となると認められること」のいずれかの要件を満たさなければなりません（同条５項)。つまり，これらの要件は，本案において原告が勝訴判決（請求認容判決）を得るための要件ということになります。

**Check**

**「仮の義務付け」「仮の差止め」**

取消訴訟が提起された場合に，いわば仮の救済手段として執行停止の制度が設けられているのと同様の趣旨から，義務付けの訴えが提起された場合は「仮の義務付け」，差止めの訴えの提起があった場合は「仮の差止め」の制度が設けられています（37条の５第１項・２項)。いずれも，義務付けの訴えあるいは差止めの訴えの提起があったことを前提とし，その手続としては，申立てにより，決定をもってなされます。裁判所の職権で行うことはできません。また，その要件は「償うことのできない損害を避けるため緊急の必要があり」かつ「本案について理由があるとみえるとき」の２つです。もっとも，この要件を満たしたとしても，公共の福祉に重大な影響を及ぼすおそれがあるときは，仮の義務付け，仮の差止めともにすることができません（同条３項）。さらに，内閣総理大臣の異議の制度が準用されるという点でも共通しています（同条４項）。

## 2　当事者訴訟

**設例38**

Aは，土地収用法に基づく権利取得裁決により，その所有する土地の所有権を起業者Bに移転することとなった。その補償額について，Aは１億円が妥当と考えているが，裁決による補償額は8000万円とされた。Aは，これに不満である。

**設例39**

国家公務員Cは，任用権者である行政庁Dから，免職処分を受けた。Cは，この免職処分は無効であると考えている。

当事者訴訟とは，①当事者間の法律関係を確認しまたは形成する処分または裁決に関する訴訟で法令の規定によりその法律関係の当事者の一方を被告とするもの，および②公法上の法律関係に関する確認の訴えその他の公法上の法律関係に関する訴訟です（４条）。

この条文を読んだだけでは，何のことかさっぱりわかりませんから，上の２つの事例で具体的に解説していきます。当事者訴訟には，形式的当事者訴訟と実質的当事者訴訟の２つの類型があります。上の条文でいえば，①の部分が形式的当事者訴訟（４条前段），②の部分が実質的当事者訴訟（４条後段）にあたります。以下，順に説明していきます。

### (1) 形式的当事者訴訟

**設例38**では，Aの土地の収用裁決が行われ，収用に必要な手続は，一応完了したことになります。この場合，仮にAが収用採決そのものを違法と考えるのなら，Aは，収用委員会の属する都道府県を被告として収用裁決取消しの訴えを提起することができます。しかし，Aは収用そのものには納得しているものの，補償額について不服があるだけです。そこで，Aが補償額についてだけ訴訟で争うのであれば，収用委員会を被告とする収用裁決取消しの訴えではなく，起業者Bを被告とする**補償額増額の訴え**によることになります。逆に，起業者Bが補償額は高すぎると主張する場合は，Aを相手方として**補償額減額の訴え**を提起することになります（土地収用法133条２項・３項）。

このように，訴えの実質的な争点は**行政庁の行った処分の効力**であるが，その争いについて行政庁を被告とするのではなく，事件に関係する**一方当事者を被告**として解決するという方式の訴訟が形式的当事者訴訟です。**設例38**のような，補償額に関する紛争を解決するには，行政庁を相手方として処分や裁決の効力を争わせるよりも，直接の利害関係ある**当事者間で補償額について争わせ，決着をつけるほう**がより適切であるとの考慮に基づくものです。形式的当事者訴訟は，**個別の法律にその旨の定めがある場合**に認められる訴訟類型であり，土地収用法のほか，著作権法や特許法，自然公園法等にもその例があります。

行政庁は，形式的当事者訴訟を提起することができる処分等をする場合，その相手方に対し，当該訴訟の**被告とすべき者**，**出訴期間**等について教示義務を負います（P294参照）。

参照条文

「土地収用法133条2項」

収用委員会の裁決のうち**損失の補償に関する訴え**は，裁決書の正本の送達を受けた日から6月以内に提起しなければならない。

「同条3項」

前項の規定による訴えは，これを提起した者が起業者であるときは土地所有者または関係人を，土地所有者または関係人であるときは起業者を，それぞれ被告としなければならない。

補償額をめぐる争い（形式的当事者訴訟）

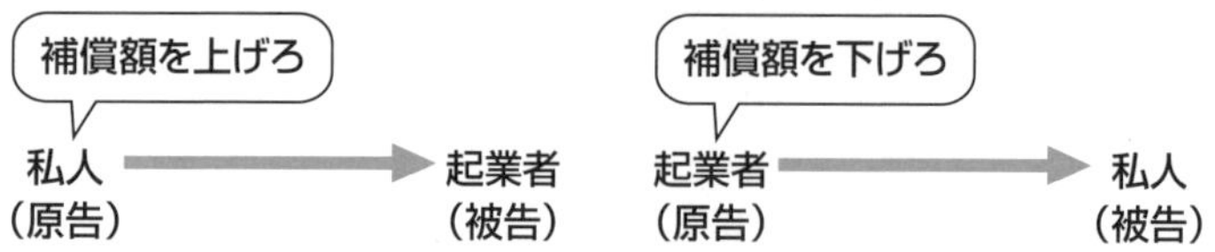


一歩前進

形式的当事者訴訟が提起された場合，裁判所は，当該処分または裁決をした行政庁にその旨を通知するものとされています（39条）。これは，処分・裁決に関する資料を保有している行政庁に訴訟参加の機会を与えるためです。

### (2) 実質的当事者訴訟

設例39では，Cは，免職処分の無効を前提に「公務員の地位確認訴訟」や免職処分後の「給料支払請求訴訟」を提起することができます。この訴えは，被告となる者が国であるというだけで，その構造・手続は一般の民事訴訟と異なりません。ただ，国と公務員という公法上の法律関係が問題となる点から，行政事件訴訟法に規定が設けられているに過ぎないのです。この点について，一般の民事訴訟の場合と対比して考えてみましょう。

例えば，会社を解雇された人が，不当解雇であることを主張する場合は，解雇が無効であることを前提に会社に対し「従業員（被用者）たる地位の確認訴訟」という民事訴訟を提起することになります。この訴えと設例39のような公務員の免職処分を前提とする地位確認訴訟は本質的に異なるところはありません。ただ，行政庁の訴訟参加（23条），職権証拠調べ（24条），判決の拘束力（33条）その他取消訴訟に関する一定の規定が準用されることになります（41条）。

**ここが狙われる**

実質的当事者訴訟の例としては，上記本文のような訴訟のほか，除名処分の無効を前提として議員がその地位の確認を求める訴え，国籍の確認の訴え，憲法29条３項を直接の根拠とする損失補償請求の訴えなどがあります。

## 3　民衆訴訟と機関訴訟

民衆訴訟および機関訴訟は，抗告訴訟や当事者訴訟とはその本質を異にし，原告となるべき者の個人的利益の保護を目的とする訴訟ではなく，法令の適正な適用を確保し，客観的な法秩序の維持を目的とする訴訟類型です。抗告訴訟と異なり，訴え提起の要件として「法律上の利益」が要求されていないのは，この点に基づくものです。

### (1) 民衆訴訟

民衆訴訟は，国または公共団体の機関の法規に適合しない行為の是正を求める訴訟で，かつ，選挙人たる資格その他自己の法律上の利益に関わらない資格で提起する訴えです（5条）。

その例としては，地方自治法上の住民訴訟（地方自治法242条の2）や公職選挙法の定める選挙の効力に関する訴訟（公職選挙法203条）があります。＊

＊住民訴訟は，地方自治法上の住民監査請求を行った住民が提起することができます（地方自治法242条の2第1項）。当該地方公共団体の住民であれば足り，納税者である必要はありません。詳しくは，後述します(P419以下参照)。選挙訴訟は，選挙人や候補者が当選の効力を争うという本来の目的のほか，衆議院・参議院のいわゆる議員定数不均衡を争う手段として活用されています。

### (2) 機関訴訟

機関訴訟は，国または公共団体の機関相互間における権限の存否またはその行使に関する紛争についての訴訟です（6条）。

国や公共団体の機関の権限についての紛争が生じた場合は，訴訟以外の方法で解決を図るのが通常です。例えば，主任の大臣の間における権限についての疑義は，内閣総理大臣が閣議にかけて裁定することとされ（内閣法7条），また普通地方公共団体の執行機関相互の間の権限についての疑義は，その長が調整する（地方自治法138条の3第3項）とされています。しかし，裁判所による紛争解決が適当と考えられる種類の紛争については，この機関訴訟によることとされているのです。機関訴訟の例としては，地方公共団体の長と議会の間での議決または選挙に関する訴訟（地方自治法176条7項）があります。この両者間の法的紛争については，中立的な裁判所の判断を待つのが適当と考えられるため，機関訴訟による解決が図られているのです。また，地方公共団体に対する国の関与に関する訴え（地方自治法251条の5）も機関訴訟の類型に属します。

**ここが狙われる**

民衆訴訟および機関訴訟は，法律に定める場合において，法律に定める者に限り，提起することができます（42条）。

## 実戦過去問

行政書士　平成23年度

A県収用委員会は，起業者であるB市の申請に基づき，同市の市道の用地として，2000万円の損失補償によってX所有の土地を収用する旨の収用裁決(権利取得裁決)をなした。この場合についての次の記述のうち，妥当なものはどれか。

1　Xが土地の収用そのものを違法として争う場合には，収用裁決の取消しを求めることとなるが，この訴訟は，B市を被告とする形式的当事者訴訟となる。
2　収用裁決が無効な場合には，Xは，その無効を前提として，B市を被告として土地の所有権の確認訴訟を提起できるが，この訴訟は，抗告訴訟である。
3　Xが収用裁決に示された損失補償の額に不服がある場合には，A県を被告として，損失補償を増額する裁決を求める義務付け訴訟を提起すべきこととなる。
4　Xが収用裁決に示された損失補償の増額を求める訴訟を提起する場合については，裁決書が送付された日から法定の期間内に提起しなければならない。
5　収用裁決に示された損失補償の額について，高額に過ぎるとしてB市が不服であるとしても，行政機関相互の争いで，法律上の争訟には当たらないから，B市が出訴することは許されない。

**解　説**

1　×　収用裁決の取消しを求める訴訟は，形式的当事者訴訟ではなく，処分の取消訴訟です。
2　×　この訴訟は抗告訴訟ではなく，いわゆる争点訴訟です。
3　×　補償額の増額を求める訴訟は，Xを原告，B市を被告として提起する形式的当事者訴訟です。
4　○　収用委員会の裁決のうち損失の補償に関する訴えは，裁決書の正本の送達を受けた日から6月以内に提起しなければなりません（土地収用法133条2項）。
5　×　この場合B市は，補償額の減額を求めて形式的当事者訴訟を提起することができます。

正解　4

## 実戦過去問

行政書士　平成19年度

行政事件訴訟法上の訴訟類型の選択に関する次の記述のうち，正しいものはどれか。

1　Ｘの家の隣地にある建築物が建築基準法に違反した危険なものであるにもかかわらず，建築基準法上の規制権限の発動がなされない場合，Ｘは，当該規制権限の不行使につき，不作為違法確認訴訟を提起することができる。

2　Ｘらの近隣に地方公共団体がごみ焼却場の建設工事を行っている場合，建設工事は処分であるから，Ｘらは，その取消訴訟と併合して，差止め訴訟を提起し，当該地方公共団体に対して建設工事の中止を求めることができる。

3　Ｘが市立保育園に長女Ａの入園を申し込んだところ拒否された場合において，Ｘが入園承諾の義務付け訴訟を提起する場合には，同時に拒否処分の取消訴訟または無効確認訴訟も併合して提起しなければならない。

4　Ｘが行った営業許可申請に対してなされた不許可処分について，同処分に対する取消訴訟の出訴期間が過ぎた後においてなお救済を求めようとする場合には，Ｘは，公法上の当事者訴訟として，当該処分の無効の確認訴訟を提起することができる。

5　Ｘ所有の土地について違法な農地買収処分がなされ，それによって損害を生じた場合，Ｘが国家賠償請求訴訟を提起して勝訴するためには，あらかじめ，当該買収処分の取消訴訟または無効確認訴訟を提起して請求認容判決を得なければならない。

**解　説**

1　×　申請を前提としない不作為違法確認訴訟は，認められません（行政事件訴訟法３条５項）。

2　×　建設工事には処分性がなく，取消訴訟の提起は認められません。

3　○　申請に対して拒否処分がなされた場合の義務付け訴訟では，あわせて拒否処分の取消訴訟または無効確認訴訟を提起しなければなりません。

4　×　処分の無効確認訴訟（行政事件訴訟法３条４項）は，抗告訴訟の一種であり，当事者訴訟（同法４条）とは，別の訴訟類型です。

5　×　この場合，あらかじめ当該処分の取消しまたは無効確認の判決を得る必要はありません（最判昭36・４・21）。

**正解　３**

## 実戦過去問

行政書士　平成27年度

行政事件訴訟法に関する次の記述のうち，正しいものの組合せはどれか。

ア　処分の差止めの訴えの審理中に当該処分がなされた場合，差止めの訴えは，当該処分の取消しの訴えとみなされる。
イ　取消判決は，その事件について，処分庁その他の関係行政庁を拘束すると定められているが，同規定は，公法上の当事者訴訟に準用されている。
ウ　不作為の違法確認の訴えは，処分又は裁決についての申請をした者に限り，提起することができ，それ以外の第三者が提起することは許されない。
エ　裁判所は，必要であると認めるときは，職権で，処分をした行政庁以外の行政庁を訴訟に参加させることができるが，その行政庁から申し立てることはできない。
オ　行政庁は，取消訴訟を提起することができる処分をする場合には，相手方に対し，取消訴訟の被告とすべき者等を教示しなければならないが，審査請求に対する裁決をする場合には，それに対する取消訴訟に関する教示の必要はない。

1　ア・イ　　2　ア・オ　　3　イ・ウ　　4　ウ・エ　　5　エ・オ

**解　説**

ア　×　処分の差止めの訴えの審理中に当該処分がなされたとき，訴えの利益は失われますが，当該訴えが取消訴訟とみなされる旨の規定は存在しません。

イ　○　取消判決の拘束力の規定は，公法上の当事者訴訟に準用されます（行政事件訴訟法41条１項，33条１項）。

ウ　○　不作為の違法確認の訴えは，処分または裁決についての申請をした者に限り，提起することができます（行政事件訴訟法37条）。

エ　×　裁判所は，処分または裁決をした行政庁以外の行政庁を訴訟に参加させることが必要であると認めるときは，当事者もしくはその行政庁の申立てにより又は職権で，決定をもって，その行政庁を訴訟に参加させることができます（行政事件訴訟法23条１項）。申立てによる訴訟参加も認められています。

オ　×　行政庁は，処分のみならず，裁決をする場合であっても，その相手方に対し，取消訴訟の被告とすべき者等を書面で教示しなければなりません（行政事件訴訟法46条１項）。

以上より，正しいものはイおよびウです。

**正解　3**

# 18 国家補償――公権力の行為に起因する賠償・補償

## 学習ナビゲーション

前講まで，争訟による救済の制度をみてきましたが，本講では，公権力の行為によって国民が現実に損害を被り，または損失を受けた場合の金銭による救済の制度を説明します。

公権力の主体である国や地方公共団体等の違法な行為によって国民が損害を受けたときは国家賠償，適法な行為によって国民の財産に損失が生じたときは損失補償という制度が用意されています。この２つの制度は，あわせて国家補償と呼ばれることがあります。まず，この２つの制度の意義と要件・効果を正確に理解してください。また，この分野では，判例が重要な意義をもっています。判例が，どのような事案について，どのような判断をしたのかも正確に押さえていくことが必要です。

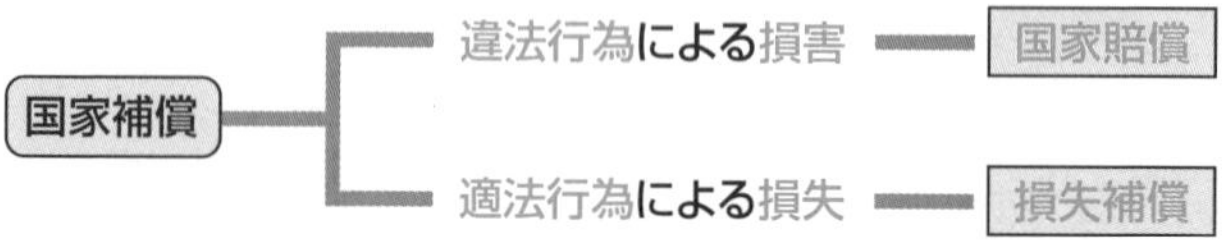


## 1　国家賠償

憲法17条は，「何人も，公務員の不法行為により，損害を受けたときは，法律の定めるところにより，国又は公共団体に，その賠償を求めることができる」と規定しています。

これを受けて，国家賠償法という法律が制定され，公権力の行使にあたる公務員の違法行為や公の営造物の瑕疵によって損害を

＊本講では，文章末尾の（　）内に引用した条文は，特にことわりがなければ，国家賠償法の条文を表しています。

受けた私人は，公権力の主体である国や地方公共団体に対して損害賠償を求めることができます。＊

国家賠償法に基づく国または公共団体の責任には，同法１条に規定された「公権力の行使にあたる公務員の違法行為」に基づく責任と同法２条に基づく「公の営造物の設置・管理の瑕疵」に基づく責任の２つの類型があります。以下，順に説明していきます。

＊明治憲法の下では，公権力の行使に基づく官吏の行為により国民に損害を生じたときは，国家による賠償は全く与えられず，公権力の行使とはいえないような官吏の行為について，民法の不法行為規定によりその個人責任の追及が可能であったに過ぎません。

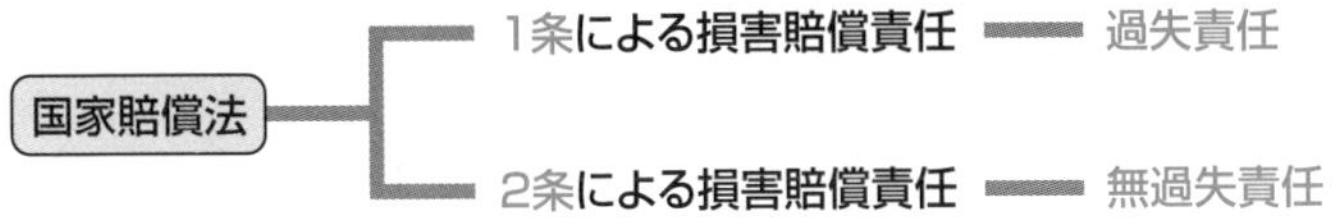


## (1) 国家賠償法１条に基づく責任

**設例40**

Aは，甲市保健所長から，飲食業の営業許可を受けて食堂を営んでいたが，食中毒を発生させたことを理由として3ヶ月間の営業停止処分を受けた。その後，食中毒の原因は，Aではなく他にあることが判明した。

国家賠償法１条１項は，「国又は公共団体の公権力の行使に当たる公務員が，その職務を行うについて，故意又は過失によって違法に他人に損害を加えたときは，国又は公共団体が，これを賠償する責に任ずる」と規定しています。そこでまず，国家賠償法１条に基づく責任が生ずるための要件を個別にみていくことにしましょう。

**Check**

「国家賠償責任の法的性質」

国家賠償法１条に基づく国または公共団体の責任の法的性質については，本来公務員が負うべき責任を国・公共団体が代わって負うこととしたとする見解（代位責任説）と国・公共団体自身の責任を認めたものとする見解（自己責任説）が主張されています。代位責任説が判例を含めた主流的見解です。したがって，代位責任説の考え方を正確に理解しておけば十分です。なお，国家賠償請求訴訟は，裁判実務においては通常の民事訴訟として扱われています。

### ①　要件

### （ⅰ）公権力の行使にあたる公務員の行為であること

#### （イ）公務員

公務員とは，地方公務員，国家公務員のほか，公社，公団，公庫等のいわゆる特殊法人の職員を含み，さらに加害行為を行った者が**私人であるとき**でも，その行為が**公権力の行使**にあたるものであれば，その私人は，ここでいう「公務員」に該当します。例えば，弁護士会の懲戒委員会の委員は，一種の公権力の行使権限を委ねられていますから，国家賠償法１条１項の「公務員」にあたり，懲戒委員会の委員の行為については，弁護士会が「公共団体」としての責任を負うわけです。

もっとも，公務員の行為であれば何でもかんでも，国家賠償の対象となるわけではなく，その行為が**「公権力の行使」**に該当することが必要です。

#### （ロ）公権力の行使

「公権力の行使」とは何を意味するのかという点について，判例・通説は，国家賠償法2条の対象となるもの（公の営造物の設置・管理）および**私経済作用を除くすべての行政作用**であるとして，これを相当に広く解する考え方を採っています。この考え方によれば，**設例40**の業務停止処分のような権力的な行政行為は当然のこととして，**行政指導**や**国公立学校の教育活動**のような非権力的行政作用も公権力の行使にあたることになります。＊

＊最近の地裁判例では，公立高校の部活動の顧問が，部活動に関連して特定の部員（主将）に度を越えた体罰・暴言を繰り返し，それを苦にした部員が自殺したという痛ましい事件で，両親等による国家賠償請求を認めたものがあります（東京地判平28・2・24）。

また，判例は，**民間の指定確認検査機関**の行う建築確認は，国家賠償責任との関係では，「公権力の行使」に該当するとしています（最決平17・６・24）。

さらに，「公権力の行使」には行政作用に限らず，**立法作用，司法作用**も含まれることに注意してください。この点は，後述するように国会の立法行為や裁判所の行う裁判に対して国家賠償を求めることができるか，という問題につながります（P320 Check 参照）。

**一歩前進**

公務員の行為が「公権力の行使」に該当しないときは，国家賠償責任が生ずることはなく，この場合は，民法の**不法行**

為責任の成否が問題となります。その意味で，「公権力の行使」という概念は，国家賠償法が適用されるのか，民法の不法行為規定が適用されるのかを区別する重要な標識となるわけです。被害者の側からすると，国家賠償法の規定に基づき損害賠償を求めることができないときは，民法の不法行為規定による救済を受けることができることになります。＊

＊「公権力の行使にあたる公務員の行為」には，公務員が積極的に何かをする場合のほか，法律上要求された行為をしないこと，つまり不作為も含みます。例えば，警察官が職務上要求される行為を怠ったことにより，犯罪被害が生じたような場合も含まれます（最判昭57・1・19）。

判例は，拘置所の職員である医師が拘置されている患者に対して行った医療行為は，公権力の行使に該当し，それに起因して患者が被った損害については国家賠償責任の対象となり得ると判断しています（最判平17・12・8）。しかし，国立医大病院に勤務する医師の医療ミスによって生じた損害の賠償については，国家賠償法１条ではなく民法715条１項を適用しています（最判昭36・２・16）。病院とそこに来院する一般の患者との間の医療行為は，医療契約に基づくものであって公権力の行使に該当しないと考えられるからです。

ところで，民法715条は，被用者の不法行為に基づく使用者の責任を定めていますが，同条１項ただし書で，使用者が被用者の選任監督上の注意義務を怠らなかったことを証明したときは，使用者の責任は生じないとしています。一方，国家賠償責任においては，使用者に相当する国や公共団体が公務員の選任監督上の注意義務を怠らなかったことを証明しても免責されません。つまり，少なくとも理論上は，国家賠償法によるほうが被害者の救済に厚いことに注意してください。

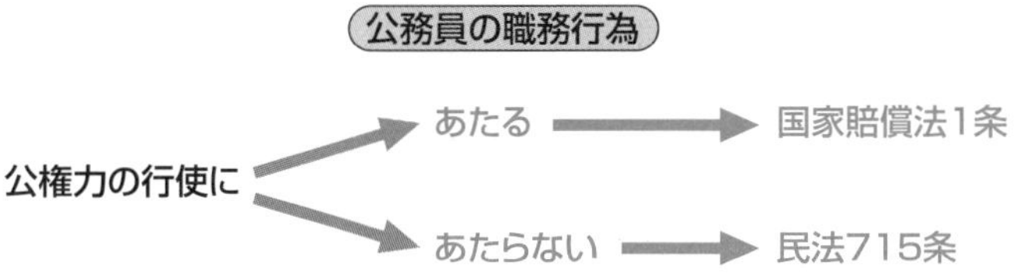


**ここが狙われる**

県知事が児童福祉法の規定に基づいて要保護児童を社会福祉法人の設置する児童養護施設に入所させたところ，当該児童が同施設に入所していた他の児童から暴行を受け，重大な障害を負ったというケースで，当該児童に対する当該施設の職員による養育監護行為を県の公権力の行使に当たる公務員の職務行為と認め，当該福祉事務の帰属する県の国家賠償責任が認められています（最判平19・1・25)。この場合，使用者である社会福祉法人および被用者である職員個人も損害賠償責任を負うことはありません。

**(ⅱ) 公務員が「職務を行うについて」行った行為であること**

公務員がその職務とまったく無関係に行った行為については，国家賠償の対象とならず，その公務員自身の個人的な責任が問題となるだけです。

「職務を行うについて」とは，職務行為そのものおよびこれと関連する行為のほか，加害行為が**客観的にみて職務執行の外形を備えているとき**は，「職務を行うについて」という要件を満たすと考えられています。つまり，加害行為を行った公務員に職務執行の意思がなくても，**職務の執行とみられる客観的な外形**を備えている行為があれば足りるということです。この点について判断した有名な判例を紹介しておきます。事案は，ある警察官が非番の日に，金銭を奪う目的で同僚の拳銃をもち出し，制服制帽を着用のうえ，職務質問を装って通行人を呼び止め，預かった金品をもち逃げしようとしたところ，被害者に騒がれたために，これを射殺したというものです。裁判所は，加害者である警察官にはまったく職務を行う意思はないが，制服制帽を着用して職務質問を装ったということから，**外形上は職務執行とみられる行為**があるから，「職務を行うについて」の要件を満たすと判断し，遺族による国家賠償請求を認めました（最判昭31・11・30)。＊

＊当然のことながら，警察官でない一般の人が警察官の拳銃や制服制帽を盗み出し，それを使って強盗行為を行ったような場合は，国家賠償法1条の責任が生じる余地はありません。

**(ⅲ) 公務員に故意または過失があること**

国家賠償責任が生ずる前提として，**加害行為を行った公務員自身に不法行為が成立**することを要しますから（代位責任説)，公務員の行為が故意・過失に基づくものであることは当然の要件となります。ただ，ここでいう過失については，その公務員自身の注意能力を基準とした主観的過失ではなく，**公務員一般に職務上要求される標準的な注意義務**に違反して結果を発生させたかどうか，いわば**客観的過失**があったかどうかで判断すべきとする考え方が有力となっています。この考え方によれば，過失を認定するに際して，加害行為者である個人の主観に立ち入る必要がないため，多数人の関与により加害行為がなされたときでも，加害者を特定する必要がなくなります。いわば，組織としての過失も認められやすくなります。判例は，複数の公務員の一連の職務上の行為の過程で他人に被害を生ぜしめた場合，具体的な加害行為および加害者を特定できなくても，国または公共団体はその責任を免れることはできないとしています（最判昭57・4・1）。

用語の説明

「故意・過失」
例えば，車の運転者が，通行人にぶつかることがわかっていながら，あえて赤信号を無視して交差点に進入する場合は「故意」，漫然と赤信号を見落として交差点に進入して通行人に衝突した場合は「過失」。つまり，故意とは，ある結果が発生することがわかっていながら，わざと行うこと，過失とは，注意義務に違反する不注意によりある結果を発生させることです。

### （ⅳ）公務員の行為が違法であること

**設例40**　では，甲保健所長が，営業停止命令の原因となる事実がないにもかかわらず，Aの飲食業の営業停止処分をしています。この甲の行為は，明確な法令違反です。このように，違法とは，公務員の行為が法令に客観的に違反する場合が典型です。

しかし，このように明確な法令違反の場合に限らず，公務員がその裁量の範囲を逸脱・濫用した場合，さらに公務員の行為が社会的相当性を欠く場合も違法ということができます。例えば，交通違反車両をパトカーで追跡する行為は，警察官職務執行法上は適法な行為ですが，逃走車両の追跡により道路交通に危険を生じさせることが明らかであるのに，その点に配慮せず不相当な方法で行った追跡行為は違法となります（最判昭61・2・27）。

**ここが狙われる**

公権力の行使にあたる公務員の行為が違法であるとして取り消された場合であっても，それによって国家賠償法上も直ちに違法と評価されるとは限りません。例えば，判例は，税務署長が行った所得税の更正処分が，所得金額を過大に認定したものであるとして取消訴訟で取り消されたとしても，当該税務署長が資料を収集し，これに基づき課税要件事実を認定・判断する上において職務上尽くすべき注意義務を尽くしていた場合は，国家賠償法1条1項の適用上違法とされることはない，と判断しています（最判平5・3・11）。また，刑事事件において無罪の判決が確定した場合であっても，起訴前の逮捕・勾留について，その時点で犯罪の嫌疑について相当の理由があり，かつ必要性が認められる限りは，国家賠償法上直ちに違法となるわけではない，と判断した判例も存在します（最判昭53・10・20）。これらの判例は，取消訴訟や刑事手続の違法性と国家賠償における違法性を別個の判断枠組みで相対的に捉える立場を前提とするものですが，この点に関する理論上の問題点に深く立ち入る必要はありません。

**一歩前進**

公権力の行使に当たる公務員が，法律上与えられた権限を行使しなかった（規制権限の不行使）ことに起因して損害が発生した場合，その権限の不行使はどのような要件の下で違法となるかが問題となります。＊
この点に関し，規制権限を行使するかどうかについては広い効果裁量が認められ，当該公務員が規制権限を行使しなくても違法の問題は生じないとする考え方もあります。これを行政便宜主義といいます。積極的な規制をなるべく控えて，規制の相手方（規制対象者）の利益を侵害しないようにとの配慮を背景とするものです。しかし，規制権限の不行使により規制対象者の利益は守られる反面，規制対象者以外の第三者に被害が生じるケースがあり得ることから，一定の場合に規制権限の不行使が違法となると考えられます。どういう場合がそれに当たるかについて判例は，水俣病公害訴訟において，「公務員による規制権限の不行使は，その権限を定めた法令の趣旨，目的や，その権限の性質等に照らし，具体的事情の下において，その不行使が許容される限度を逸脱して著しく合理性を欠くと認められるときは，その不行使により損害を受けた者との関係において，国家賠償法１条１項の適用上違法となると解するのが相当である」と判示し，この事件について違法の結論を導いています（最判平16・10・15）。この判例の論理を踏襲して最高裁は，アスベスト（石綿）関連疾患に関する事案において，労働大臣（当時）の規制権限の不行使を違法と判断しています（最判平26・10・9）。

＊この問題は，公務員の行為によって相手方に直接的に被害を生じる場合ではなく，公務員が法律上与えられた規制権限を行使することを怠ったために，いわば間接的に被害を生じるケースであることに注意してください。

**Check**

違法であるといえるかどうかの限界的な場合として，国会の立法行為，裁判官の行った具体的な争訟の裁判が問題となります。これらの点について，判例は次のような見解を打ち出しています。

### (イ) 国会の立法行為

事案は，国会が公職選挙法を改正して，重度身体障害者のための在宅投票制を廃止し，その後も同制度を復活させないことにより，投票の機会を奪われたと主張する身体障害者Ａが，このような国会の立法行為は，違法な公権力の行使にあたるとして，国家賠償法１条に基づき，損害賠償を請求したというものです。この訴えに対して，最高裁は次のような判断を下しています。

「国会議員の立法行為は，立法の内容が憲法の一義的な文言に違反しているにもかかわらず国会があえて当該立法を行うというごとき，容易に想定し難いような例外的な場合でない限り，国家賠償法１条１項の規定の適用上，違法の評価を受けない」（最判昭60・11・21）

この判決は，結果的にＡの国家賠償請求を否定していますが，立法行為であってもきわめて限定的な範囲で違法となり得ることを認めるものです。その後，最高裁は，外国在住の日本国民の選挙権行使を制約した公職選挙法について，上記判例の趣旨を基本的に踏襲しながらも，「国民に憲法上保障されている権利行使の機会を確保するために所要の立法措置を執ることが必要不可欠であり，それが明白であるにもかかわらず，国会が正当な理由なく長期にわたってこれを怠る場合などは，例外的に，国会議員の立法不作為は，国家賠償法１条１項の規定の適用上違法の評価を受ける」と判断し，立法不作為による国の賠償責任を認めています（最大判平17・9・14）。*

### (ロ) 裁判官による争訟の裁判

例えば，刑事事件で被告人として起訴され有罪判決を受けた場合，被告人当人やその家族が多大な精神的苦痛を受けることは容易に想像できるでしょう。その後，高等裁判所（控訴審）あるいは最高裁判所（上告審）で有罪判決が取り消され，無罪が確定したような場合，その有罪判決を下した裁判が違法であるとして，その精神的苦痛に対する損害賠償（慰謝料）を請求できるでしょうか。このような問題について，最高裁判所は，次のように判断しています。

「裁判官がした争訟の裁判に上訴等の訴訟法上の救済方法によって是正されるべき瑕疵が存在したとしても，これによって当然に国家賠償法１条１項の規定による違法な行為があったものとして国の損害賠償責任が生ずるものではなく，当該裁判官が違法又は不当な目的をもって裁判をしたなど，裁判官がその付与された権限の趣旨に明らかに背いてこれを行使したものと認め得るような特別の事情がある場合にはじめて右責任が肯定されると解すべきである」（最判昭57・３・12）

この判決も，裁判官の争訟の裁判がきわめて例外的にではあれ，違法となり得ることを認めるものです。要するに裁判官が「話にならないほどひどい裁判」をしたときだけ，国が賠償責任を負うということですから，実際上は国家賠償請求が認められる余地はほとんどないというに等しいでしょう。実際，これまでのところ，裁判官の争訟の裁判に対して国家賠償請求が認められた例は皆無です。

＊法律の廃止は「消極的立法」ということができます。また，法律を制定して一定の制度を創設する義務があるのに，その立法措置を講じないことは「立法不作為」にあたります。在宅投票制の廃止は，この両者が，在外日本国民の選挙権行使の制約は後者が問題となります。

### （ｖ）損害が発生したこと

損害には，**財産的損害**のほか**精神的損害**も含まれます。加害行為と損害の発生との間には，**相当因果関係**がなければなりません。

用語の説明
**「相当因果関係」**
ある行為と結果との間に，その行為からその結果が通常生ずるであろうという関係があることです。損害賠償の範囲を適切に限定するために，このような考え方が用いられるわけです。

### ②　効果

以上の要件を満たして，国家賠償法１条の責任が成立すると，被害者は，その**公務員の属する国または公共団体**に対して加害行為と**相当因果関係に立つ損害**の賠償を請求することができます。**設例40**では，Ａは，甲市に対し営業停止の期間中営業できなかったことによる金銭的損害と併せて，違法に営業停止処分を受けたことによる精神的損害（慰謝料）についても賠償請求することができます。公務員の選任・監督にあたる者と給料等の費用を負担する者が異なるときは，**費用負担者に対しても損害の賠償を請求**することができます（３条１項）。例えば，公立小中学校の教員は市町村の教育委員会が監督しますが，その給料は都道府県が負担します。したがって，市立の小中学校の教育活動から生じた損害については，市のほか県に対しても損害賠償請求できることになります。＊

＊この場合，損害を賠償した者は，内部関係でその損害を賠償する責任ある者に対して求償権を有するとされています（同条２項）。例えば，費用負担者である県が被害生徒に損害を賠償したとき，県は，賠償した損害の全額を中学校設置者である市に対して求償することができます（最判平21・10・23）。

国または公共団体が損害を賠償した場合には，国または公共団体は，その公務員に**故意**または**重過失**があったときに限って，その公務員に対して**求償権を行使**することができます（１条２項）。

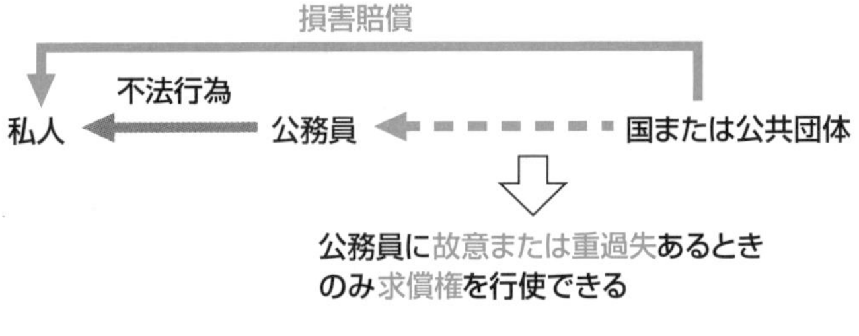

**一歩前進**

被害者が，加害行為を行った公務員に対して直接損害賠償を請求できるか，という点について明文の規定はありませんが，これを**否定するのが通説・判例**です。公務員の個人的責任まで認めるとなると，公務員が損害賠償請求をおそれて萎縮し，公務の適正な執行が妨げられる可能性があるというのがその理由です。＊

＊国や公共団体が損害賠償責任を負う場合，公務員個人に対する損害賠償請求は**棄却**されることになります（最判昭30・4・19）。

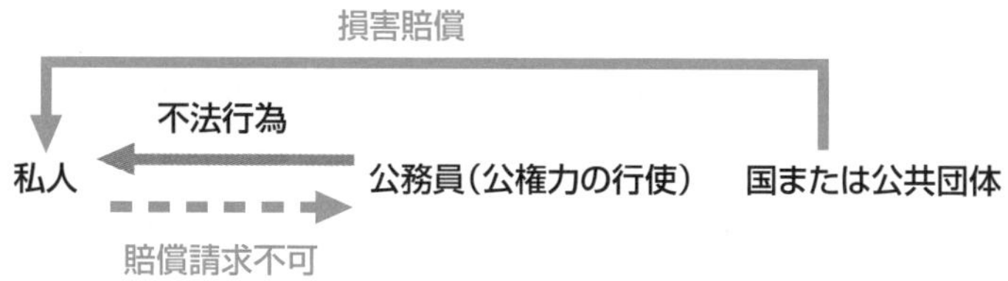


**ここが狙われる**

行政処分が違法であることを理由として国家賠償を求めるに際して，**当該行政処分の取消しまたは無効の判決**を得る必要はありません（最判昭36・4・21）。**設例40**で，Aは，営業停止処分について取消判決を得なくても，甲市に対して損害賠償を請求することができます。

## (2) 国家賠償法2条に基づく責任

**設例41**

Aは，車を運転して甲県内の山あいの国道を走行中，落石の直撃を受けて死亡した。

国家賠償法2条1項は，「道路，河川その他の公の営造物の設置又は管理に瑕疵があったために他人に損害を生じたときは，国又は公共団体は，これを賠償する責に任ずる」と規定しています。以下，まずその要件からみていきましょう。

**用語の説明**
**「瑕疵」**
「かし」と読みます。ここでは，「欠陥」という意味に理解してください。

### ①　要件

#### (i)「公の営造物」であること

「公の営造物」とは，例示されている道路，河川等の自然公物のほか，公の目的に供されている有体物および物的設備を広く含みます。港湾，水道，下水道，官公庁の庁舎，学校の建物，プール等はもとより，公園に設置された遊具，航空機，公用自動車，ピストルなどの動産も含まれます。＊

＊講学上「営造物」とは，学校や病院など，公の目的に供される人的手段と物的設備の総体を指す概念ですが，ここでいう公の営造物は，物的設備のみつまり公物を指します。私人が所有し，国または公共団体が公の目的で管理する他有公物もここにいう公の営造物に含まれます。

| | |
|---|---|
| 自然公物 | 河川,湖沼,海浜等 |
| 人工公物 | 道路,上下水道,庁舎・校舎,公用車,拳銃等 |

**一歩前進**

公物として国や公共団体が法律上の権原に基づき正規に管理している行政財産でなくても，事実上市によって管理されている河川などの公有地についても「公の営造物」として，国や公共団体の管理責任が及びます（最判昭59・11・29）。

### (ⅱ)「設置または管理の瑕疵」があったこと

公の営造物の「設置または管理の瑕疵」とは，その営造物が「通常有すべき安全性を欠いていること」です。注意していただきたいのは，この責任が成立するためには，公の営造物に客観的な瑕疵が存在することで足り，損害の発生に関して設置者・管理者の過失は要件とされていないことです。つまり，この責任は無過失責任です。**設例41**で，道路管理者が，「ちょっと危ないかもしれないが，たぶん大丈夫だろう」などと考えていながら放置しておいたときは，過失があるといえますが，このような管理者の過失がなくても，道路に設置または管理上の瑕疵があったという事実だけでこの責任は生じるのです。もっとも，純粋な自然災害のような不可抗力から損害が生じた場合は，責任は生じません。

**一歩前進**

民法で学ばれたと思いますが，民事上の不法行為に基づく損害賠償請求においては，原告（被害者）が，被告（加害者）に故意または過失があったことを証明しなければならないのが原則です。しかし，国家賠償法上の管理者の責任が無過失責任とされていることから，原告は，管理者の過失を証明する必要がなく，その負担はきわめて軽減され，ひいては被害者の救済に役立つことになります。

**設例41**のような事案で，最高裁は，当該道路には従来からしばしば落石や崩土があったにもかかわらず，国からその道路の管理を委託されていた甲県は，危険な岩石の除去はもとより，防護柵，金網等による防止策さえとらず，単に「落石注意」等の標識を立て，あるいは赤い布切れで注意を促す程度の対策を講じたに過ぎないという点を考慮し，甲県にはこの道路の**管理に瑕疵があった**と認定して，国家賠償法２条に基づく損害賠償請求を認めました（最判昭45・８・20）。＊

＊この判例は，被告行政側の「予算がなかったので，落石防止等の対策ができなかった」という言い訳を抗弁として認めていません。この点，河川管理に瑕疵があった場合と多少ニュアンスが異なります（P327 **ステップアップ** 参照）。

さらに判例のなかには，物自体に客観的な瑕疵がないときでも，公物管理者の**管理行為に過誤があった**場合には，管理の瑕疵に起因する損害として国または公共団体の賠償責任を認めるものもあります。例えば，集中豪雨による土砂崩れにより，観光バスが川沿いの国道に立ち往生していたところ，山側で生じた土石流の直撃を受け，バスが川に転落して多数の死亡者を出したという事案でも，通行止めなど当然なすべき危険予防措置を執らなかったことを理由として国の賠償責任を認めています（飛騨川バス転落事件，名古屋高判昭49・11・20）。

その一方で，物の欠陥に起因する損害であっても，管理者側に**安全確保義務違反が認められなければ，その責任を問い得ない**として，その責任範囲を限定する判例もあります。この判例の事案は，県道工事現場の赤色灯が先行する車によって倒され消えていたため，後から来た車が運転を誤り，死亡事故が生じたというものです。この場合，赤色灯の転倒と後続車の通過に時間的余裕がなく，安全を確保する措置を執ることが不可能であったということから，県の損害賠償責任は否定されています（奈良赤色灯事件，最判昭50・６・26）。＊

＊この判例は，安全確保義務違反という言葉を用いていることから管理者の過失を問題としているようにみえますが，「安全確保措置を執ることが不可能であった」との表現から事故の発生を**不可抗力**によるものと解していると考えられます。

**一歩前進**

営造物の設置・管理の瑕疵の意味について，最高裁判例は，「当該営造物の構造，用法，場所的環境および利用状況等諸般の事情を総合考慮して具体的個別的に判断すべき」ものとしています（最判昭53・7・4）。この基準によれば，道路管理者が設置した防護柵に6歳の幼児が後ろ向きに腰掛け，誤って転落した場合のように，被害者が通常予測できない行動をとったことにより損害が生じたような場合は，その設置・管理に瑕疵はないと判断されることになります。また，北海道内の高速道路で自動車の運転者がキツネとの衝突を避けようとして自損事故を起こしたという事案では，小動物の侵入防止対策が講じられていなかったとしても，動物注意の標識により運転者に適切な注意喚起がなされていたことなどから，当該道路に設置または管理の瑕疵があったとはいえないとされています（最判平22・3・2）。

Check

**「営造物の機能的（供用関連）瑕疵」**

例えば，航空機の離発着に伴う騒音・振動等によって損害を被る空港周辺住民は，国家賠償法2条1項に基づく損害賠償を求めることができるでしょうか。というのは，このようなケースで生じる損害は，当該営造物そのものの物理的瑕疵から生ずるのではなく，営造物の本来の目的に即した利用に供されていることから生じ，またその損害は営造物の利用者ではなく周辺住民などの第三者に生じるという特殊性があるからです。これが営造物の機能的瑕疵の問題です。この問題について判例は，次のような見解を示しています。

「国家賠償法2条1項の営造物の設置または管理の瑕疵とは，営造物が通常有すべき安全性を欠いている状態をいうのであるが，そこにいう安全性の欠如，すなわち，他人に危害を及ぼす危険性のある状態とは，ひとり当該営造物を構成する物的施設自体に存する物理的，外形的な欠陥ないし不備によって危害を生ぜしめる危険性がある場合のみならず，その営造物が供用目的に沿って利用されることとの関連において危害を生ぜしめる危険性がある場合をも含み，また，その危害は，営造物の利用者に対してのみならず，利用者以外の第三者に対するそれをも含むものと解すべきである（最大判昭56・12・16）」

以上の論理を前提として，上記事案について瑕疵の存在を肯定し，損害賠償請求を認容しています。

**ステップアップ**

**「河川管理の瑕疵」**

河川は，道路とともに公の営造物として明示されています（２条１項）。したがって，河川が通常有すべき安全性を欠いていたため，河川が氾濫して損害が生じたような場合，国または公共団体には，国家賠償法２条に基づく責任が発生することになります。ただ，道路は，当初から人工的に安全性を備えた物として，管理者による公用開始行為によって公共の用に供されることになりますが，河川は，自然の状態ですでに公共の用に供され，もともと洪水等の自然的原因による災害をもたらす危険性をもっており，防災対策により徐々にその安全性を高めていく必要があります。

道路と河川のこのような特質に着目して，判例は，道路については，上で説明したような基準でその瑕疵の判断をしていますが，河川については，未改修の河川と改修済みの河川を区別し，異なった判断基準を用いているようです。すなわち，未改修の河川については，「河川管理は道路管理とは違い，財政等の制約があるのであり，すでに改修計画があり同計画にもとづき現に改修中である河川については，その計画が格別不合理なものでなければ，早期の改修工事を施工しなければならない特段の事情が生じない限り改修がまだ実施されていないというだけで河川管理に瑕疵があるとはいえない」との一般論を述べたうえで，改修中の河川については，「過渡的な安全性」を備えていれば瑕疵はないと結論づけています（大東水害訴訟，最判昭59・１・26）。要するに，河川については，その改修の段階に応じてその段階に対応したレベルの安全性を備えていれば「通常有すべき安全性」を備えているから，瑕疵はないということです。改修済み河川については，その後の判例で，未改修の河川よりも高い安全性が要求されると判断しています（多摩川水害訴訟，最判平２・12・13）。

### ②　効果

以上の要件を満たして，国家賠償法２条の責任が成立すると，被害者は，営造物の帰属する国または公共団体に対しその損害の賠償を請求することができます。国または公共団体が損害を賠償したときは，他に損害の原因について責めに任ずべき者があるときは，国または公共団体は，これに対して求償権を行使することができます（２条２項）。

営造物の設置者または管理者と費用の負担者が異なるときは，費用負担者に対しても損害賠償を請求することができます（３条

１項)。**設例41**では，国は，甲県に国道の管理を委託し，その費用の全部または一部を負担していたと考えられますから，Aは，その両者に損害賠償請求が可能となるでしょう。

Check

「国家賠償請求に対する民法の適用」

国家賠償法４条は，「国又は公共団体の損害賠償の責任については，前３条の規定によるの外，民法の規定による」と規定しています。これには，次のような２つの意味があります。

まず，公務員の違法な職務執行行為により生じた損害であっても，その行為が「公権力の行使」といえない場合は，国家賠償法１条の規定は適用されず，民法715条の使用者責任の規定が適用されるということです。また，国や公共団体が所有している土地の工作物の設置または保存の瑕疵によって生じた損害であっても，それが「公の営造物」に該当しないときは，国家賠償法２条の規定の適用はなく，民法717条の工作物責任の規定が適用されます。

次に，国家賠償法が適用される場合であっても，国家賠償法に規定がない事項については，民法の規定が適用されます。これにより，胎児の損害賠償請求（同法721条），損害賠償の方法・過失相殺（同法722条），消滅時効（同法724条）その他多数の民法規定の適用があり得ます。さらに，民法の付属法規についても一般に国家賠償に適用されると解されています。しかし，不法行為責任に関して民法の特則を定めた「失火の責任に関する法律」の規定が国家賠償に適用されるか，については問題があります。同法は，失火による損害賠償責任を，行為者に故意または重過失があった場合に限定して認めています（同法１条)。この規定を国家賠償にも適用するとなると，消防署職員が（通常の）過失によって鎮火の判断を誤ったことにより，一度鎮火したはずの火災が再燃して家屋が全焼したような場合，被害者は，国家賠償法1条に基づき損害賠償を請求することはできないということになります。判例（最判昭53・７・17）は，これを肯定していますが，多少の違和感を覚える判決ではないでしょうか。

「相互保証主義」

国家賠償法は，外国人が被害者である場合には，相互の保証があるときに適用されます（６条)。これを相互保証主義といいます。つまり，日本国内で外国人が損害を受けた場合，その外国人が国家賠償法により賠償を受けられるのは，日本国民がその外国人の本国で国家賠償を受けることができるという制度がある場合に限られるということです。

## 2　損失補償

**設例42**

甲県では，治水事業の一環として大規模なダム建設を計画し，事業予定地の土地所有者等と交渉し，必要な用地の確保に努めているが，土地所有者の一部がどうしても土地の売却に応じない。

**設例43**

Aは，奈良県内でため池の堤とうを所有し，父祖の代からその堤とうを耕作してきたところ，奈良県は，ため池の破損・決壊を防止するため「ため池の保全に関する条例」を制定し，ため池の堤とうの耕作を禁止した。

### (1)　財産権の保障とその限界

憲法29条１項は，土地の所有権をはじめとして，国民が現に有する財産権が公権力によって侵害されないことを保障しています。しかしその反面，同条３項では，私有財産も**正当な補償の下に，これを公共のために用いる**ことができるとしています。つまり，私有財産権は，それとして十分尊重されなければならないのが原則であるが，公共のために必要な範囲内においては，私有財産権についても，その**収用や利用の制限が可能**であることがここに示されています。**設例42**は財産権の収用，**設例43**は財産権の制限の例です。＊

＊損失補償の問題は，その大部分が憲法の財産権保障の問題と関連していますから，憲法の解説書に記述されている事項を理解しておけば，必要事項は大体カバーできます。ここでは，憲法のおさらいのような形になりますが，具体例を用いて多少踏み込んだ説明をしておきましょう。

#### ①　財産権の収用

そこでまず，公共のために土地を収用する場合を考えてみましょう。**設例42**と異なり，民間の事業者がゴルフ場の建設を計画したとします。この場合，それに必要な用地を取得するためには，事業者が，予定地内の土地所有者と交渉し，売買契約により土地を確保することになります。もし，一部の土地所有者がどうしても売却に応じなければ，計画を縮小するか，それもできなければその計画は頓挫するほかありません。レジャー施設の建設のような目的では，「公共のために用いる」とはいえませんから，土地を強制的に取得する手段は認められないのです。

一方，道路，空港，ダム等を建設するための公共事業を行う場合も，それに必要な用地を確保するためには，通常，事業者が土地の権利者と交渉したうえ，売買契約により土地を取得することになります。この場合，土地の権利者が全員任意に売却に応じてくれれば何の問題も生じませんが，**設例42**の場合のように，権利者の一部が頑として売却に応じないという態度をとることもあり得ないことではありません。憲法29条３項は，このような場合でも，公共のために必要であればその**土地を強制的に取得できる**ということの根拠となります。そのための手続を定めた法律が「土地収用法」です。

**②　財産権の制限**

また，**設例43**では，Ａは，条例により所有地であるため池の堤とうでの耕作を禁止されることになります。これは，所有者であるＡの土地所有権を制限するという意味をもつことになります。このような制限も**憲法29条3項により正当化**されます。

ただ，公共のためとはいっても，**一般的に受忍すべき限度**を超えて**財産権に制約**を加える場合は，特定の国民に不利益を課することになりますから，他の国民との**実質的な公平**を実現する必要があります。そこで，受忍限度を超える財産権の制限に対しては，それらの者の受ける損失の補償を条件として**収用や利用の制限**が可能とされているのです。

### (2)　補償を要するのはどのような場合か

では，受忍限度を超えた財産権の制約として補償が必要となるのは，どのような場合でしょうか。

抽象的なレベルでいえば，補償が必要となるのは，私人に**「特別の犠牲」を課する**場合です。国民の誰もが受忍しなければならない負担や義務を課しても「特別の犠牲」とはなりませんから，補償の対象とはならないのです。そこで，「特別の犠牲」にあたる場合をどのような基準によって判定すべきかが問題となります。

この点についての通説的な考え方は，①その侵害が**特定の人のみを対象とする**ものかどうか（形式的基準），②侵害行為が社会生活において一般に要求される受忍限度を超えるほどの本質的制約であるかどうか（実質的基準）といった観点から判断し，この２つを満たす場合に「特別の犠牲」にあたり，補償を要するとしています。＊

＊学説上は，②の実質的基準を精緻化して補償の要否を判断する考え方が有力となっていますが，実際上の結論にはあまり差が生じないようですから，ここでは本文の考え方を理解しておいてください。

設例42のような土地収用の場合は，公共事業のために特定の人の土地について，その所有権をはく奪することになります。この場合は当然に①および②の基準を満たし，補償が必要となります。したがって，この場合土地収用法に基づき，土地売却に応じない人の土地を強制的に取得できますが，同法には補償に関する規定が整備されていますから，当然に補償がなされます。

設例43は，有名な「奈良県ため池条例事件」の事案ですが，判例は，ため池の堤とうの耕作禁止という財産権の制限について，「災害を防止し公共の福祉を保持する上に社会生活上やむを得ないものであり，そのような制約は，ため池の堤とうを使用し得る財産権を有する者が当然受忍しなければならない責務というべきものであって，憲法29条３項の損失補償は必要としない」と判断しています（最大判昭38・６・26）。この判例は，ため池の堤とうの使用禁止は，社会公共の安全を確保するための財産権に内在する制約であり，誰もが受忍しなければならない程度の制約であるから，②の要件を満たさないと判断したものと解することができます。＊

＊「奈良県ため池条例事件」では，条例によって財産権を制約できるか，という点も重要な論点ですが，判例はこれを肯定しています（P361参照）。

また判例は，道路管理者である国が行った地下道新設工事によって，石油会社Ａの所有するガソリンタンクが地下道からの離隔距離違反となり，Ａが当該ガソリンタンクを移転せざるを得なくなったという事案で，Ａに生じた損失は，道路工事によって警察規制に基づく損失がたまたま現実化するに至ったものに過ぎず，このような損失は道路法の定める補償の対象とならない，としています（最判昭58・２・18）。

**一歩前進**

損失補償に関しては，「損失補償法」というような一般法は存在せず，個別の法律に補償に関する規定が設けられるのが通常です。その典型が土地収用法における補償規定です。補償額が争いとなったときは，先に説明した形式的当事者訴訟によって解決が図られます（P308参照）。

**ここが狙われる**

補償を要すべき場合であるのに，個別の法律に補償規定が設けられていなかった場合，その法律は，憲法29条３項に反して違憲無効となるのでしょうか。判例は，このような場合でも，その法律は違憲無効とはならず，当該私人は憲法29条3項を直接の根拠として，国または公共団体に補償を請求することができるとしています（最大判昭43・11・27）。この場合の訴訟形式は，公法上の法律関係に関する訴訟として，実質的当事者訴訟となります（P309参照）。

**ステップアップ**

**「行政財産の目的外使用の取消し（撤回）」**

東京都が卸売市場の用に供するため取得した土地について，Ａがその目的外使用としての許可を受け，その土地の上に建物を建て飲食店営業を行っていたところ，東京都は，再びその土地を卸売市場として利用するため，その使用許可を取り消しました。Ａは，その取消しによって被る損失について，補償を求めることができるでしょうか。

このような事案で判例は，「行政財産の用途目的外使用許可が，当該行政財産本来の用途または目的上の必要に基づき，将来に向かって取り消されたときは，使用権者は，特別の事情がない限り，その取消しによる土地使用権喪失についての補償を求めることはできない」と判断しています（最判昭49・2・5）。

### (3) 正当な補償とはどのような意味か

補償を要すべき場合に，どの程度の補償を必要とするか，が次の問題です。これは，憲法29条３項の規定する「正当な補償」とは，どのような意味かということです。

この点について判断した判例には，「正当な補償とは，その当時の経済状態において成立することを考えられる価格にもとづき合理的に算出される相当な額」であるとするものがあります（最大判昭28・12・23）。この考え方は「相当補償説」と呼ばれます。これによると，具体的な補償額は，一般に時価よりもかなり低額となります。しかし，この判例は，戦後まもなく全国的規模で行われた農地改革を前提とした特殊なものであることに留意する必要があります。

**設例42**のような土地収用の場合は，**「完全な補償」**つまり収用される土地の**客観的価値の全額**の補償が原則とされています。判例は次のように述べています。「土地収用法における損失の補償は，特定の公益上必要な事業のために土地が収用される場合，その収用によって当該土地の所有者等が被る特別な犠牲の回復を図ることを目的とするものであるから，完全な補償，すなわち，**収用の前後を通じて被収用者の財産的価値を等しくならしめる**ような補償をなすべきであり，金銭をもって補償する場合には，被収用者が近傍において**被収用地と同等の代替地**を取得することを得るに足りる金額の補償を要する」（最判昭48・10・18）。

**一歩前進**

具体的な補償額の認定方法について，最高裁は，収用委員会の補償に関する認定判断に裁量権の逸脱濫用があるか否かを審理判断するのではなく，裁決時点における**正当な補償額を客観的に認定**し，裁決に定められた補償額がその認定額と異なるときは，これを違法として，**正当な補償額を確定**すべきである，としています（最判平9・1・28）。これは，具体的な補償額については，通常人の経験則や社会通念に従って客観的に認定できるものであり，これについて**収用委員会に裁量権は認められない**，との立場に立つものです。

補償は金銭によるのが原則ですが，例外的に金銭以外の補償が認められることもあります。例えば，土地収用法は，付近の**代替地の提供による補償**も認めています（同法82条）。

補償金の支払時期について，判例は，収用の目的である財産の供与と**同時履行の関係に立つことまで保障したものではない**としています（最判昭24・7・13）。もっとも，この点についても土地収用法は，「補償なければ，収用なし」の原則を採り，土地の収用に先立ち補償金の支払いを履行するものとしています。

用語の説明

**「農地改革」**

戦後，連合国総司令部（GHQ）の意向により，自作農を創設して日本の土地制度を民主化するために，日本全国の地主の土地を強制的に買い上げ，これを小作農に極めて低い価格で売り渡すという政策が採られました。これを「農地改革」または「農地解放」といいます。その根拠となった法律が「自作農創設特別措置法」という法律です。

**Check**

**「付随的損失」「精神的損失」**

完全補償といっても，例えば，土地自体の価格が１億円であったとして，１億円だけ支払えば，完全補償を実現したことになるのでしょうか。というのは，通常，土地を明け渡した人には，権利を喪失したことによる損失のほか，他に移転する際の移転料，営業上の損失などの付随的損失が生ずることになりますが，これも補償に含めないと完全な補償とはならないのではないかという問題があるからです。学説上は，これらの付随的損失についても，損失補償の対象とすべきとする考え方が有力です。土地収用法は，これらの損失も含めて補償することとしています。

さらに，住み慣れた土地を離れなければならないという精神的損失も補償の対象とすべきではないかという問題もあります。従来は，実務上このような精神的損失に対する補償もなされてきましたが，最近は補償の対象からはずされているようです。

**ステップアップ**

**「国家補償の谷間」**

国家補償の谷間とは，公権力の行為によって国民に被害が生じているにもかかわらず，国家賠償，損失補償のいずれの制度によっても，十分な救済を与えられないという問題です。これが認識されるに至ったのは，いわゆる予防接種禍がきっかけでした。

平成６年まで，伝染病を予防するために，予防接種法という法律に基づき国民に予防接種が義務づけられていました。ところが，予防接種は，一定程度の確率で深刻な副作用を生じ，接種を受けた一部の人に重い後遺障害が残ったり，時には死亡することさえあります。このような場合，現行の救済制度としては，国家賠償，損失補償のいずれかが考えられます。しかし，国家賠償は公権力の行使にあたる公務員の違法かつ過失ある行為によって生じた損害を賠償する制度ですが，予防接種は大量かつ反復的に行われるものですから，個別具体的に結果の発生を予見することには無理があり，個々の事例で過失を認定することが困難という問題があります。一方，損失補償は，国民の財産権の侵害に対して補償が与えられるものですから，本来，収用の対象とならない国民の生命・身体の損失についてそのまま適用し得る性格のものではありません。そこで，判例，学説によりその救済の方向性が模索されています。

一つの方向として，判例のなかにはこれを国家賠償の問題として扱い，公務員の過失を推定するなどして過失の要件を緩和し，損害賠償を認めたものがあります。他方, これを損失補償の問題として考える判例もあります。すなわち，国民の財産権に対する「特別な犠牲」に対しては，憲法29条３項を直接の根拠として補償が与えられるのだから，それよりも重要な生命や健康に対する侵害については，その「もちろん解釈」により損失補償を与えるべきとし，あるいは憲法29条3項の類推適用により補償が可能と判断しています。

上記のように，国家補償の谷間を埋めるための解釈論的努力が続けられていますが，その根本的解決のためには，立法による対応が必要という点では一致しているといってよいでしょう。

用語の説明

**「もちろん解釈」「類推解釈」**

ある広場の入り口に，「犬を連れての入場を禁ずる」との表示がしてあったところ，ある日そこに馬を連れた人が現れた，という例を念頭に置いてください。「もちろん解釈」も「類推解釈」も論理解釈という解釈の手法に属し，法規の趣旨を考慮して妥当な結論を得ようとするものです。

広場に犬を連れての入場を禁じるのは，犬がかみついたり，吠えたりして人に危害・迷惑を加える危険性があるからでしょう。この場合，犬を連れての入場が禁じられているのだから，それよりも危険性の高い馬の入場は当然に禁止されるとする解釈が「もちろん解釈」です。「当然に」と考えるところにこの解釈の特徴があります。類推解釈は，犬も馬も人に危害を加える危険があるという点では同じであるから，犬に対する禁止を馬にも及ぼすという論理を採ります。ただ，財産権に関する規定の趣旨を人の生命·身体にまで及ぼすのは，類推の範囲を超えるのではないかという疑問があります。

**実戦過去問**　　行政書士　令和2年度

国家賠償法に関する次のア～エの記述のうち，最高裁判所の判例に照らし，正しいものの組合せはどれか。

ア　同一の行政主体に属する複数の公務員のみによって一連の職務上の行為が行われ，その一連の過程で他人に損害が生じた場合，損害の直接の原因となった公務員の違法行為が特定できないときには，当該行政主体は国家賠償法1条1項に基づく損害賠償責任を負うことはない。
イ　税務署長が行った所得税の更正処分が，所得金額を過大に認定したものであるとして取消訴訟で取り消されたとしても，当該税務署長が更正処分をするに際して職務上通常尽くすべき注意義務を尽くしていた場合は，当該更正処分に国家賠償法1条1項にいう違法があったとはされない。
ウ　国家賠償法1条1項に基づく賠償責任は，国または公共団体が負うのであって，公務員個人が負うものではないから，公務員個人を被告とする賠償請求の訴えは不適法として却下される。
エ　国家賠償法1条1項が定める「公務員が，その職務を行うについて」という要件については，公務員が主観的に権限行使の意思をもってする場合に限らず，自己の利をはかる意図をもってする場合であっても，客観的に職務執行の外形をそなえる行為をしたときは，この要件に該当する。

1　ア・イ　2　ア・ウ　3　イ・ウ　4　イ・エ　5　ウ・エ

**解　説**

ア　×　損害の直接の原因となった公務員の違法行為が特定できない場合であっても，国家賠償法1条の責任を生じることがあります（最判昭57・4・1）。
イ　○　職務上尽くすべき注意義務を尽くしていれば，国家賠償法1条1項の損害賠償責任の発生要件である違法性は否定されます（最判平5・3・11）。
ウ　×　公務員個人を被告とする請求は棄却されます（最判昭30・4・19）。
エ　○　公務員の行為が客観的に職務執行の外形を備えていれば，「職務を行うについて」という要件を満たします（最判昭31・11・30）
以上より，正しいものはイおよびエであり，4が正解となります。

**正解　4**

**実戦過去問**　　行政書士　平成25年度

国の損害賠償責任についての国家賠償法と民法の適用関係に関する次の記述のうち，誤っているものはどれか。

1　公権力の行使に該当しない公務員の活動に起因する国の損害賠償責任については，民法の規定が適用される。

2　公権力の行使に起因する損害の賠償責任については，国家賠償法に規定がない事項に関し，民法の規定が適用される。

3　公の営造物に該当しない国有財産の瑕疵に起因する損害の賠償責任については，民法の規定が適用される。

4　国が占有者である公の営造物の瑕疵に起因する損害の賠償責任については，必要な注意義務を国が尽くした場合の占有者としての免責に関し，民法の規定が適用される。

5　公権力の行使に起因する損害についても，公の営造物の瑕疵に起因する損害についても，損害賠償請求権の消滅時効に関しては，民法の規定が適用される。

**解　説**

1　○　公務員の行為が「公権力の行使」に該当する場合は国家賠償法が適用され，該当しないときは民法の規定が適用されることになります。

2　○　公権力の行使に起因する国または公共団体の損害賠償の事件については，国家賠償法に規定がなければ，民法の規定が適用されることになります(国家賠償法４条)。

3　○　公の営造物の瑕疵から生じた損害賠償事件については，国家賠償法２条１項が適用されますが，公の営造物に該当しない国有財産の瑕疵に起因する損害の賠償責任については民法717条１項の規定が適用されることになります。

4　×　民法上の工作物責任の場合と異なり，公の営造物の瑕疵に起因する損害賠償責任については，占有者の無過失の立証による免責はありません（民法717条１項ただし書，国家賠償法２条１項参照)。この場合は，民法の規定は適用されません。

5　○　損害賠償請求権の消滅時効に関しては，国家賠償法に規定がないので，民法724条が適用されます（国家賠償法４条)。

**正解　4**

## 実戦過去問

行政書士　平成21年度

国家賠償法２条にいう公の営造物に関する次の記述のうち，妥当なものはどれか。

1　公の営造物とは，国や公共団体が所有するすべての物的施設をいうわけではなく，公の用に供しているものに限られる。
2　公の営造物の設置又は管理の瑕疵とは，公の営造物が通常有すべき安全性を欠いていることをいうが，賠償責任が成立するのは，当該安全性の欠如について過失があった場合に限られる。
3　河川・海浜等の自然公物は公の営造物に当たらないが，これに付随する堤防や防波堤は人工公物であり公の営造物に当たるので，賠償責任が成立するのは，堤防等に起因する損害の場合に限られる。
4　公の営造物の管理者と費用負担者とが異なる場合，被害者に対して損害賠償責任を負うのは，費用負担者に限られる。
5　公の営造物の設置又は管理に起因する損害について賠償を請求することができるのは，その利用者に限られる。

**解　説**

1　○　国家賠償法２条の公の営造物とは，特定の目的に供されている有体物すなわち公物のことです。
2　×　国家賠償法２条の責任は無過失責任であり，公の営造物の安全性の欠如について，過失があったことは要件とされません（最判昭45・８・20）。
3　×　河川・海浜等の自然公物も公の営造物にあたります。したがって，その設置・管理の瑕疵により損害を生じたときは，賠償責任が成立します。
4　×　管理者と費用負担者が異なる場合，管理者のみならず，費用負担者もその損害を賠償する責任を負うことになります（国家賠償法３条）。
5　×　公の営造物の設置または管理に起因する損害について賠償を請求することができるのは，その利用者に限られません。空港周辺の住民のように，公の営造物の利用者以外の第三者であっても，損害賠償請求は可能です（最大判昭56・12・16）。

**正解　1**

5

【第5章】

# 地方自治法

# 19 地方公共団体の意義とその種類

## 学習ナビゲーション

憲法に規定された地方自治の保障は，戦後に制定された地方自治法に具体化されています。したがって，地方自治法の学習を始めるにあたっては，まず憲法に規定された地方自治の意義を十分に理解しておく必要があります。これについては，憲法の学習範囲に属しますから，「地方自治の本旨」等の基本概念については憲法のテキストでしっかり確認しておいてください。

本講では，地方公共団体の種類を中心に説明します。地方公共団体のなかには，都道府県，市町村といったきわめてポピュラーなものから，地方公共団体の組合のように一般になじみの薄いものもあります。しかし，近時の地方分権改革の流れを受け，事務の広域化・効率化を実現するために，一部事務組合や広域連合といったものも広く活用されています。これらについては，多少踏み込んだ知識を習得しておく必要があります。

## 1　地方公共団体とは

地方公共団体は，国とは**別個の法人格**を有する法人であり（２条１項），一定の地域とそこに住む住民によって構成され，住民の福祉の増進を図ることを基本として，**地域における行政を自主的かつ総合的に実施する**役割を広く担うものとされています（１条の２第１項）。

＊本講から第24講まで，文章の末尾の（　）内に引用した条文は，特にことわりがない限り，地方自治法の条文を表しています。

## 2　地方公共団体の種類

憲法には，地方公共団体の種類についての定めがなく，これについては，地方自治法が定めています。

地方自治法上，地方公共団体は普通地方公共団体と特別地方公共団体に区別されています。そのうち，普通地方公共団体は都道府県および市町村とされ，特別地方公共団体は特別区，地方公共団体の組合および財産区とされています（1条の3）。

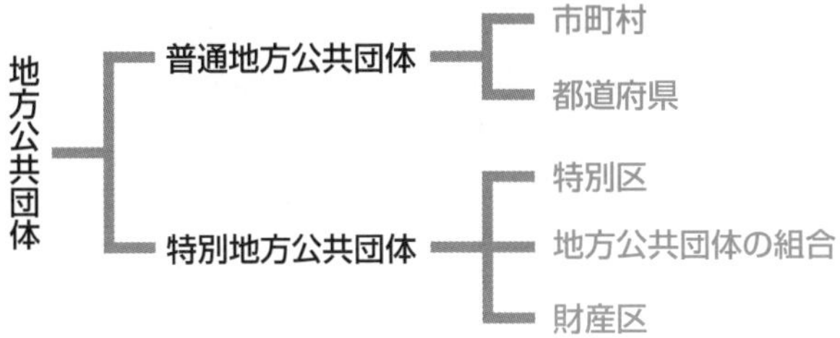


Check

「憲法上の地方公共団体」

憲法は，「地方公共団体」の種類については，何ら明らかにしていません。そこで，憲法でいうところの地方公共団体（憲法によってその存立が制度的に保障された地方公共団体）とは，どのようなものかが問題となります。

この点について，東京都の特別区が憲法上の地方公共団体といえるかどうかについて判断した判決（最判昭38・3・27）は，次のように述べています。

「地方公共団体といい得るためには，法律でそう取り扱われているだけでは足らず，事実上住民が経済的文化的に密接な共同生活を営み，共同体意識を持っているという社会的基盤が存在し，沿革的にみても，現実の行政上も，相当程度の自主立法権，自主行政権，自主財政権等の地方自治の基本的権能を付与された地域団体である必要がある」

この判例は，以上のような考え方を前提として，都道府県および市町村は憲法上の地方公共団体であるが，東京都の特別区をはじめとして，地方自治法で地方公共団体とされていても都道府県，市町村以外の他の地方公共団体は，憲法上の地方公共団体ではないとしています。そうすると，都道府県および市町村については，憲法93条1項によって，その長や議会の議員の直接選挙が保障されますが，地方自治法上のそれ以外の地方公共団体，例えば東京都の特別区については，その保障が及ばないということになります。つまり，特別区の議会の議員および長について住民の直接選挙を実施しなくても，憲法に違反するわけではありません。もっとも，議員や長の直接選挙を実施することが憲法上禁止されているわけではないので，東京都の特別区では，その長および議会の議員は住民の直接選挙で選出されています。

## (1) 普通地方公共団体

### ①　都道府県

都道府県は，市町村を包括する広域的な地方公共団体です（２条５項)。「市町村を包括する」とは，都道府県の区域は，これに含まれる市町村の区域の全部を合わせたものであるという意味であって，都道府県が市町村よりも「格上」の地方公共団体であるという意味ではありません。都道府県と市町村は，地方公共団体としての立場では全く同等であり，その間に上下，支配・被支配の関係はありません。

ただ，都道府県は広域的な地方公共団体として位置づけられるところから，都道府県内の行政を調和あるものとするための一定の機能を有しています。すなわち，都道府県と市町村は，その事務を処理するにあたっては，相互に競合しないようにしなければならないのを原則とし（同条６項)，市町村および特別区は，当該都道府県の条例に違反してその事務処理をしてはならず，これに違反したときは，その行為は無効とされます（同条16項・17項)。さらに，都道府県は，市町村の事務の処理について，「是正の勧告」という形で関与をすることも認められています（245条の６)。

### ②　市町村

市町村は，住民にとって最も身近で基礎的な地方公共団体であり，都道府県が処理するとされているものを除き，一般的に，地域における事務を処理するものとされています（２条３項)。

地方自治法には，市となるための要件，町となるための要件が規定されています（８条)。市となるためには，（ⅰ）人口5万人以上であること，（ⅱ）中心市街地にある戸数が全戸数の6割以上であって，かつ（ⅲ）商工業その他の都市的業態に従事する者およびその者と同一世帯に属する者の数が全人口の6割以上，（ⅳ）その属する都道府県の条例で定める都市的施設等を備えていることが必要です（同条１項)。＊

町となるための要件は，当該都道府県の条例で定める要件を備えていることが必要です（同条２項)。これに該当すれば，村は町になることができます。

市・町・村には，その基本的な権能に差異はありません。ただ，市のなかには，人口５万人そこそこの小規模なものもあれば，人

＊これは，あくまで市となるための要件であって，市となった後に，その要件を満たさなくなったとしても直ちに市でなくなるということではありません。

口が100万人をはるかに超えるような大規模なものもあります。そこで，市の規模や性質に応じて，処理することができる事務や権限に次のような特例が設けられています。

**(i) 指定都市**

指定都市とは，**人口50万以上**の市のうち**政令で定めるもの**をいいます（252条の19）。＊

指定都市については，都道府県が処理することとされている事務のうち，児童・身体障害者・知的障害者・高齢者等に関する福祉事務，都市計画，土地区画整理事業等の計画に関する事務などを処理する**「事務配分の特例」**が認められ，さらに都道府県知事の許認可その他の監督を受けず，あるいは都道府県知事の監督に代えて主務大臣の監督を受ける等の**「関与等の特例」**が認められます。

＊指定都市とされるのは，一般の市よりもはるかに規模が大きく，また都市としての事務処理能力が高いと考えられる大都市です。令和5年4月1日現在，横浜市，京都市，大阪市など20市が指定都市とされています。

Check

**指定都市の「行政区」と「総合区」**

指定都市は，市長の権限に属する事務を分掌させるため，条例で**行政区**を設置することが義務づけられています。(252条の20)。横浜市緑区，大阪市浪速区，神戸市灘区，北九州市小倉区など多数の行政区がそれぞれの指定都市に設けられていますが，この行政区は，東京都の特別区と異なり，**法人格を有するものではない**ことに注意してください。

さらに，指定都市においては，条例で定めることにより，従来の行政区に代えて「総合区」の設置が認められることになりました（252条の20の２）。この制度は，これまで住民票や戸籍謄・抄本の交付，税の納付といった単なる窓口業務中心であった行政区の権限を強化し，指定都市行政の円滑な業務運営を確保することを目的とするものです。総合区に置かれる総合区長は，市長が議会の同意を得て選任し（同条３項・４項），予算提案や職員の任命の権限も認められています（同条９項・10項）。もっとも，この総合区も行政区と同じく，特別区のような独立した法人格を持つわけではありません。

この制度を導入するかどうかは，各指定都市の判断に任されます。

**(ii) 中核市**

中核市とは，**人口20万以上**の市で**政令で定める市**をいいます。令和５年４月１日現在，県庁所在地である市を中心に54市が中核市として指定されています。

中核市においても，事務配分の特例，関与等の特例が認められていますが，中核市が処理できる事務は，社会福祉，保健衛生，都市計画等，指定都市が処理することができる事務のうち，政令で定めるものとされています（252条の22第１項）。

## (2) 特別地方公共団体

特別地方公共団体とは，普通地方公共団体を基礎として派生的に形成される特殊な団体です。P341 Check で説明したとおり，特別地方公共団体は憲法上の地方公共団体ではなく，普通地方公共団体の事務をより効率的・経済的に処理するために政策的に設置が認められるものです。＊

＊特別地方公共団体については，東京都の特別区を除いてなかなか明確なイメージをつかみきれないかと思いますが，要するに，普通地方公共団体がその事務の一部を共同で処理するために共同で事務処理機構を創設し，それに法人格が与えられたものと理解してください。

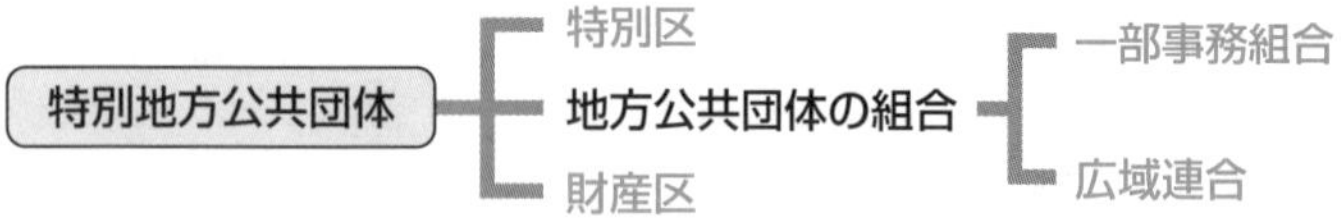


### ① 特別区

特別区とは，東京都の区，つまり東京都に設置された23区のことであり，固有の法人格を持ち，行政主体としては市に近い性格をもっています。したがって，特別区は，基礎的な地方公共団体として特別区の存する区域を通じて都が一体的に処理するものを除き，一般的に市町村が処理するものとされている事務を処理することとされています（281条の２第２項）。また，地方自治法の市に関する規定は，特別の定めがあるものを除き，特別区にも適用されることになっています（283条）。

当然のことながら，都と特別区の間に上下の関係はありません。ただ，都は，都と特別区および特別区相互間の財源の均衡を図り，並びに特別区の行政の自主的かつ計画的な運営を確保するため，政令の定めるところにより，東京都の条例で，特別区財政調整交付金を交付することとされています（282条1項）。この制度は，都と特別区の役割分担に応じた都区間の財源配分を行うととも

に，特別区間の税源の著しい偏在を是正し行政水準の均衡を図ることを目的とするものです。＊

＊現実に「豊かな区」と「貧しい区」の間には，著しい財源の格差が存在します。そこで，都が特別区の財政状況に応じた調整金を交付し，特別区相互間の格差を是正するわけです。

**一歩前進**

現在，特別区として存在するのは東京23区だけですが，特別法（大都市地域特別区設置法）により，他の道府県でも一定の人口要件を満たした指定都市においては市町村を廃止して特別区を設置することが可能となりました。特別区を設置した道府県は「都」と**みなされる**ことになります。これは，大都市地域における二重行政を解消して行政の効率化を図るとともに，区の権限を強化して住民に身近な行政を実現することを目的とするものです。ただ，その成立には，関係市町村の**住民投票で有効投票の過半数の賛成**を得ることが要件となっていますから，ハードルはかなり高いといえるでしょう。かつての「大阪都」構想でも，過去2回行われた住民投票でいずれもこの要件をクリアすることができず，結局その構想は挫折を余儀なくされています。

### ②　地方公共団体の組合

地方公共団体の組合は，都道府県，市町村および特別区が，**その事務の一部を共同処理**するために設ける特殊な自治体であり，**複数の普通地方公共団体**によって構成されます。これには，一部事務組合および広域連合の２種があります（284条１項）。

地方公共団体の組合は，その規約において共同処理の権能を有することとされた事務については，**本来の地方公共団体と同様の処理権能**を有することになります。しかし，その権能はあくまで共同処理の目的の範囲における限定的なものに過ぎません。

組合は，関係地方公共団体がそれぞれ議会の議決を経て，協議により規約を定めて設置されます。組合には，執行機関としての長（管理者），議事機関としての議会が置かれ，組合が設立されると，組合で処理されるべき事務はすべて組合に移管され，関係団体はその事務に関する権能を失い，**その事務を処理していた執行機関は消滅**します（同条２項）。

以下，一部事務組合および広域連合について説明します。

### (ⅰ) 一部事務組合――特定の事務を共同処理するため設置

**設例44**

甲県では，県内の複数の市町村が合同して，介護保険関係の事務の共同処理をしようとしている。

介護保険の認定や給付については，膨大な事務量があり，それぞれの市町村が別々に処理するよりも，その事務を１ヶ所にまとめて共同処理するほうが適切かつ効率的といえます。

一部事務組合は，このような**共同処理に適した特定の事務**を処理するために，普通地方公共団体および特別区が集まり構成する団体です（284条２項）。制度上は，都道府県も構成員となることができますが，主に関係市町村が，事務を共同処理するために，その構成員となって一部事務組合が設置されることが多いようです。現在，**設例44**のような介護保険関係の事務のほか，ごみ処理等の清掃事務，学校事務，消防，病院，福祉，さらにはプラネタリウムの設置・運営，図書館ネットワーク，公立大学の設置等のためにも，一部事務組合方式が広く活用されています。＊

＊例えば，東京の多摩地域に「多摩六都科学館」というプラネタリウムを備えた施設がありますが，これは多摩地方に属する西東京市，東久留米市等の６つの市が一部事務組合方式で設置・運営しています。

**一歩前進**

一部事務組合は，規約で定めるところにより，当該一部事務組合の議会を**構成団体の議会**をもって組織することができます（287条の２第１項）。つまり，一部事務組合の議会を廃止し，これに代えて一部事務組合を構成する普通地方公共団体の議会がその機能を果たす形態の導入も可能です。このような形態を採る一部事務組合を**特例一部事務組合**といいます。

**ステップアップ**

「複合的一部事務組合」

一部事務組合の事務は，例えば介護保険なら介護保険だけ，ごみ処理ならごみ処理だけというように，**共同処理する事務が１種類に限定**されます。複合的一部事務組合は，基本的な性格は一部事務組合と同様ですが，共同処理する対象を同一事務に限定することなく，市町村および特別区が「相互に関連するもの」を共同で処理することができるという特色をもっています（285条）。例えば，A市の上水道事務とB市の下水道事務を共同で処理するような場合です。複合的一部事務組合は，一部事務組合よりもより弾力的な事務の広域処理を可能にする方式といえるでしょう。最近は，この方式を採用する地方公共団体が増えています。なお，「複合的一部事務組合」は法令上の名称ではなく，一部事務組合の特殊な形態として地方自治法285条が規定しているものです。

### （ii）広域連合――さまざまな事務を共同処理するため設置

**設例45**

乙県内のA市，B市，C町は，ごみ処理事業や学校事務にかかる経費を節減し，かつ効率的にそれらの事務を処理するために，共同で事業を行おうと考えている。

ごみ処理事業については，A市，B市，C町がそれぞれ小規模な処理施設を自前で設置して，それぞれの区域だけの処理をするよりも，大規模な処理施設を１ヶ所設置して広域的に処理事業を行うほうが効率的であり，また経費も節減することができるでしょう。これに乙県の産業廃棄物処理事務も加えてその事務を共同処理することとすればさらに効率がアップすることになります。さらに，構成団体の公立学校の事務を共同で処理することとすれば，コストを削減して円滑な学校事務の処理が可能となるでしょう。広域連合とは，**設例45**のように，都道府県，市町村および特別区がその事務で広域にわたり処理することが適当と認めるものに関して広域計画を作成し，広域計画の実施のために必要な連絡調整を図り，協議により規約を定めて設置する組合です（284条３項）。＊

広域連合は，一部事務組合と異なり，同種の事務の共同処理に限定されず，共同処理に適した事務であれば関係団体が異なる事務をもち寄り，それを共同処理することができます。**設例45**のように隣接する市町村あるいは都道府県も加えて廃棄物処理事務，学校事務，高齢者福祉その他の事務の共同処理をするために広域連合を設立することも可能です。

＊広域連合は，行政の広域的ニーズに柔軟かつ効率的に対応できる制度として，その数は着実に増加しています。

広域連合は，住民に身近な行政はできる限り住民に身近な行政主体で処理すべきとする地方分権改革の考え方に沿って，直接国または都道府県から権限委譲を受けることができ，さらには国や都道府県に対して権限・事務を委任するよう要請することができます（291条の２）。

広域連合の長と議員は，一部事務組合の執行機関（管理者）のようないわゆる充《あ》て職による選任は認められず，構成団体の議会による間接選挙または構成団体の住民の直接選挙により選出されます（291条の５）。

さらに，広域連合には，その区域の住民の意思をその行政にできるだけ反映させるため，広域連合にかかる条例の制定・改廃，事務の監査，議会の解散，議会の議員・長等の解職請求等，構成団体の住民による直接請求の制度が認められています（291条の６）。

**用語の説明**

**「充て職」**

例えば，「○○一部事務組合の管理者は，△△市長とする」というように，一定の職にある者を当然に他の職につけることです。

**一歩前進**

広域連合においては，規約で定めるところにより，執行機関として長に代えて，理事をもって組織する理事会を置くことができます（291条の13，287条の３第２項）。これは，従来から複合的一部事務組合に認められていた制度を広域連合にも採り入れたものであり，独任制による長の権限の強大化を緩和することを目的とするものです。

**ここが狙われる**

一部事務組合と広域連合は，都道府県が加入するものについては総務大臣の許可，その他のものについては都道府県知事の許可を得て設立されます（284条２項・３項）。また，公益上必要がある場合においては，都道府県知事は，関係のある市町村および特別区に対し，一部事務組合または広域連合を設けるべきことを勧告することができます（285条の２第１項）。

**閑話休題**

埼玉県では，「彩の国さいたま人づくり広域連合」というユニークな名称と内容をもった広域連合が設立され活動しています。この広域連合には，埼玉県および同県内のすべての市町村が加入し，構成団体の職員の人材開発や人材の交流・確保に関する事務の処理を行っています。その他，インターネット上には，一部事務組合や広域連合のたくさんのホームページが開設されていますから，興味のある方は，一度検索してみてください。これらの団体のイメージをつかむためには，とても役に立ちます。

### ③　財産区

財産区は，市町村または特別区の一部の地区に存在する財産または公の施設に関する地区住民の利益を保障するために，その地区に財産の**権利主体**としての地位（法人格の付与）を認め，特別地方公共団体としての地位を与えたものです。財産区の管理は，通常，当該財産区が存在する市町村または特別区の長が行います(294条)。

この財産区の制度は，温泉，山林，ため池，墓地等かつて地域の共有財産であった不動産を維持・管理するため特別地方公共団体としての地位を付与するものです。その創設の沿革には興味深いものがありますが，試験対策的には，一応このようなものもある，という程度に覚えておけば足ります。

**一歩前進**

合併特例区は，市町村合併特例法という特別法に基づき，市町村合併の際に，一定期間に限って合併市町村を単位として設置された特別地方公共団体です。現在，この合併特例区は，その役目を終えてすべて消滅し，一部は**地域自治区**に移行しています。

**Check**

「地方公共団体の事務所の設定・変更」

地方公共団体の事務所としては，県庁，市役所，町村役場等のほか，図書館，福祉事務所，地域事務所，公民館その他さまざまなものがあります。これら事務所の位置を定めまたは変更するには，住民の利便性や他の官公署との関係等を考慮したうえ，**条例で定める**こととされ（4条1項・2項），しかも，その条例の成立には，議会の議員の**3分の2以上**の同意が必要とされています（同条

3項)。住民の公平な利用のための厳しい要件といえます。

「地方公共団体の区域の変更」

地方公共団体の区域は変更することが可能です。これについては，出題可能性は低いと思われますが，一応その種類と意味を押さえておきましょう。

①　廃置分合

地方公共団体の新設や廃止に伴って，区域が変更されることです。これには，次のような形態があります（7条)。

（ⅰ）合体　2つ以上の地方公共団体を廃止して，新たに1つの地方公共団体を誕生させる。

（ⅱ）編入　ある地方公共団体を廃止して，別の地方公共団体に組み入れる。

（ⅲ）分割　1つの地方公共団体を廃止して，いくつかの新たな地方公共団体に分ける。

（ⅳ）分立　1つの地方公共団体の一部地域を独立させて，新たな地方公共団体を置く。

②　境界変更

地方公共団体の法人格の変更を伴わない区域の変更のことです。例えば，甲県という地方公共団体はそのまま存続させつつ，単にその区域だけが変更されることです（7条)。

③　未所属地域の編入

これまでどこの地方公共団体にも属していない地域（未所属地域)，例えば，海底火山の噴火などによってできた島などを，新しくどこかの都道府県または市町村の区域に加えることです。これを定めるのは内閣の権限です（7条の２)。

**実戦過去問**　　行政書士　平成30年度

地方自治法の定める特別区に関する次の記述のうち，妥当なものはどれか。

1　特別区は，かつては特別地方公共団体の一種とされていたが，地方自治法の改正により，現在は，市町村などと同様の普通地方公共団体とされており，その区長も，公選されている。
2　特別区は，独立の法人格を有する地方公共団体である点においては，指定都市に置かれる区と相違はないが，議会や公選の区長を有すること，さらには条例制定権限を有する点で後者とは異なる。
3　特別区は，その財源を確保するために，区民税などの地方税を賦課徴収する権限が認められており，その行政の自主的かつ計画的な運営を確保するため，他の地方公共団体から交付金を受けることを禁じられている。
4　特別区は，地方自治法上は，都に設けられた区をいうこととされているが，新たな法律の制定により，廃止される関係市町村における住民投票などの手続を経て，一定の要件を満たす他の道府県においても設けることが可能となった。
5　特別区は，原則として，市町村と同様の事務を処理することとされているが，特別区相互間の事務の調整を確保する見地から，市町村と異なり，その事務の執行について，区長等の執行機関は，知事の一般的な指揮監督に服する。

**解　説**

1　×　特別区は，地方公共団体の組合および財産区とともに，地方自治法上，特別地方公共団体とされています（地方自治法1条の3第3項）。
2　×　指定都市に置かれる行政区は，東京都に置かれた特別区と異なり，独立の法人格が認められているわけではありません。
3　×　特別区は，東京都から特別区財政調整交付金の交付を受けています（同法282条1項）。
4　○「大都市地域における特別区の設置に関する法律」により，東京都以外の道府県でも一定の要件を満たした指定都市において，市町村を廃止して特別区を設置することが可能とされています。
5　×　都知事は，特別区に対して一定の関与をすることができますが（同法281条の6），一般的な指揮監督の権限を有するわけではありません。

**正解　4**

## 実戦過去問

行政書士　平成22年度

地方自治法が定める大都市制度に関する次の記述のうち，正しいものはどれか。

1　中核市は，指定都市と同様，市長の権限に属する事務を分掌させるため，条例でその区域を分けて区を設けることができる。
2　指定都市に置かれる区は，都に置かれる特別区と同様に，法人格が認められている。
3　指定都市の数が増加したことにともない，指定都市の中でも特に規模の大きな都市については，特に特例市として指定し，より大きな権限を認めている。
4　指定都市は，必要と認めるときは，条例で，区の議会を置くことができる。
5　指定都市は，地方自治法において列挙された事務のうち，都道府県が法律またはこれに基づく政令の定めるところにより処理することとされているものの全部または一部で政令で定めるものを処理することができる。

**解　説**

1　×　指定都市では，条例で区を設けなければならないとされていますが（地方自治法252条の20第１項），中核市には区を設けることはできません。
2　×　指定都市に置かれる区は，単なる行政区画であって，東京都に置かれる区のような法人格は認められません。
3　×　かつて存在した特例市は，平成27年施行の改正地方自治法により，中核市に統合されています。現在，特例市という制度はありません。
4　×　指定都市の区には，議会を置くことはできません。
5　○　指定都市は，地方自治法252条の19第１項に列挙された事務のうち，都道府県が法律またはこれに基づく政令の定めるところにより処理することができるとされているものの全部または一部で政令で定めるものを，政令で定めるところにより処理することができます。

**正解　5**

**実戦過去問**（問題文の一部を変更してあります）　行政書士　平成25年度

地方自治法の定める地方公共団体に関する次の記述のうち，誤っているものはどれか。

1　地方公共団体の組合としては，全部事務組合と役場事務組合が廃止されたため，現在では一部事務組合と広域連合の二つがある。
2　国と地方公共団体間の紛争等を処理する機関としては，自治紛争処理委員が廃止され，代わりに国地方係争処理委員会が設けられている。
3　大都市に関する特例としては，指定都市，中核市の二つに関するものが設けられている。
4　条例による事務処理の特例としては，都道府県知事の権限に属する事務の一部を条例に基づき市町村に委ねることが許されている。
5　特別地方公共団体である特別区としては，都に置かれる区のみがあり，固有の法人格を有する。

**解　説**

1　○　全部事務組合と役場事務組合は，平成23年施行の改正地方自治法により廃止され，現在は一部事務組合と広域連合の制度が存在しています（地方自治法284条１項）。
2　×　国と地方公共団体間の紛争等を処理する機関は，国地方係争処理委員会です（地方自治法250条の７）。また，自治紛争処理委員の制度も廃止されていません。これらの点については，P431以下を参照してください。
3　○　特例市の制度が廃止されたことにより，大都市に関する特例としては，現在，指定都市，中核市の２つがあります。
4　○　都道府県は，都道府県知事の権限に属する事務の一部を，条例の定めるところにより，市町村が処理することとすることができます（地方自治法252条の17の２第１項前段）。この「条例による事務処理の特例」については，P361 ステップアップ を参照してください。
5　○　東京都に置かれている23区は，特別地方公共団体として固有の法人格を有しています（地方自治法１条の３，２条１項）。この点が，指定都市に置かれる行政区とは本質的に異なります。

**正解　2**

# 20 地方公共団体の権能

## 学習ナビゲーション

憲法94条は，「地方公共団体は，その財産を管理し，事務を処理し，及び行政を執行する権能を有し，法律の範囲内で条例を制定することができる」と規定しています。これは，団体自治および住民自治の実現の観点から，地方公共団体に自主財政権，自主行政権，自主立法権を認める趣旨です。

これらの権能については，地方分権改革の流れを背景として，地方自治制度上も急激な変革が進んできました。地方分権改革とは，国から地方へ権限や財源を委譲することによって，中央集権的な行政システムを改め，地方自治を活性化することを目的とした改革です。その流れのなかで，平成12年に地方分権一括法が施行され，機関委任事務の廃止に象徴されるような国から地方への大幅な権限移譲が実現されました。この点は，国と地方公共団体を上下・主従の関係から対等・協力の関係へと移行させ，地方公共団体の自主性・自立性を確保するという視点から理解することが必要です。

本講では，地方公共団体の自主行政権の対象となる事務の種類および内容，自主立法権の内容としての条例および規則について説明します。

## 1　普通地方公共団体の事務

現在，普通地方公共団体が処理することとされている事務（仕事）は，**法定受託事務**と**自治事務**の２種類です。法定受託事務は，本来国などが実施すべき事務を法令により地方公共団体に委ねたものであり，自治事務は，法定受託事務以外の地方公共団体の事務をいいます。これは，本来的に普通地方公共団体の処理すべき事務です。かつては，普通地方公共団体の事務は，公共事務，団体委任事務，行政事務および機関委任事務の４つに区分されていましたが，平成12年４月１日より施行された地方分権一括法により機関委任事務が廃止されるとともに，他の３つの事務は自治事務に一本化されました。また，従来機関委任事務とされてきた事務は，自治事務または法定受託事務として存続させられることになるもののほか，国が直接執行する事務，事務自体が廃止されるものに再構成されています。

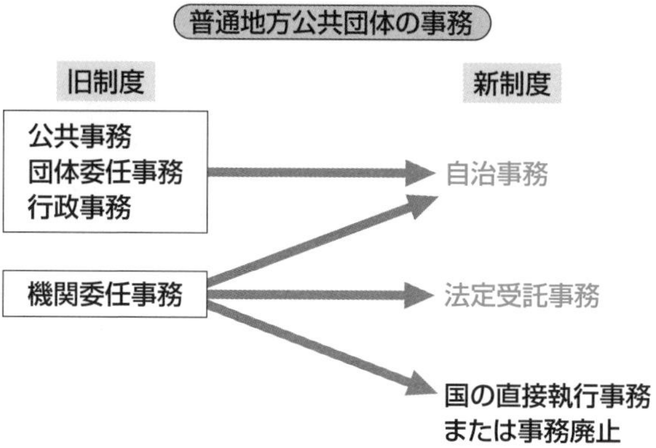


Check

**「機関委任事務の廃止」**

地方分権一括法施行前において存在した機関委任事務は，都道府県知事，市町村長といった普通地方公共団体の執行機関を国の機関として位置づけ，国の処理すべき多数の事務をこれらの機関に委任して行わせるというものでした。機関委任事務の執行に際しては，都道府県知事は主務大臣，市町村長は国の機関としての都道府県知事の指揮監督を受け，さらに職務執行命令等の制度により，国と地方公共団体の執行機関との間には，上級行政機関と下級行政機関の関係が形成され，地方公共団体の自主性・自立性を著しく阻害する要因になっていました。

地方分権改革の一環として，国と地方との対等・協力関係を築いていくために，機関委任事務が廃止され，地方公共団体の事務は，現在のような自治事務と法定受託事務に再構成されるに至ったわけです。その結果，従来の機関委任事務の約６割が自治事務とされ，約４割が法定受託事務へと移行しています。なお，法定受託事務については，「受託」という名称がついているものの，委託の結果として普通公共団体の事務となるのではなく，法令により初めから都道府県や市町村の事務として位置づけられているものと理解してください。

## (1) 市町村の事務と都道府県の事務

市町村と都道府県では，その規模や機能の差から，処理する事務の内容も当然異なります。地方自治法は，普通地方公共団体の一般的な権能として，①地域における事務のほか，②地域における事務以外の事務であって法律またはこれに基づく政令により処理することとされているものを挙げ（2条2項），市町村と都道府県の行うべき事務をそれぞれ次のように定めています。

### ①　市町村の事務

市町村において適切に処理し得る事務は，極力市町村が処理するとの建前から，市町村は，基礎的な地方公共団体として，**一般的に普通地方公共団体の事務を処理する**こととされています（2条3項）。

### ②　都道府県の事務

都道府県は，市町村を包括する広域の地方公共団体として，基本的に以下の事務を処理するものとされています（同条5項）。

#### (ⅰ)　広域事務

当該都道府県の区域内における総合開発計画の策定，道路，港湾，治水治山事業など。

#### (ⅱ)　連絡調整事務

国と市町村との間の連絡，あるいは市町村間の様々な問題に関する連絡，調整に関する事務。

#### (ⅲ)　補完事務

病院，高等学校等の大規模な公共施設の設置・運営，産業の指導・振興など一般の市町村が処理することが適当でないと認められる事務。この補完事務については，市町村にその事務を処理するに足りる規模・能力があるときは，市町村における処理が優先されることになります（同条4項）。例えば，市立高校や市立病院の設置・運営などがこれに当たります。＊

以上を基本的な前提として，自治事務と法定受託事務の区分が定められています。

＊都道府県と市町村は，その事務を処理するにあたっては，相互に**競合しないようにしなければならない**，とされています（2条6項）。

## (2) 自治事務

自治事務とは，地方公共団体が処理する事務のうち，**法定受託事務以外のもの**をいいます（２条８項）。このように，自治事務については，非常に素っ気ない定めがあるだけで，具体的な事務の種類は列挙されていません。

自治事務について，このような控除概念が採用されたのは，現実に地方公共団体が処理している事務が多種多様であるため，それを１つの概念で定義することが困難であるという理由のほかに，このような控除概念によるほうが，「地域における事務」を地方公共団体が広く担うとする考え方に合致するとの見方もできるでしょう。＊1

＊1例えば，市町村の自治事務としては，住民基本台帳法に基づく住民記録に関する事務，市町村税の徴収，公の施設や市町村道の設置・管理，ゴミ収集その他の事務を挙げることができます。

### (3) 法定受託事務

法定受託事務は，本来その実施が国または都道府県の義務に属する事務ですが，国民の利便性や事務処理の効率性などの観点から，国から都道府県または市町村に，あるいは都道府県から市町村に委ねられた事務をいいます（２条９項）。前者が第一号法定受託事務，後者が第二号法定受託事務です。

#### ①　第一号法定受託事務

**設例46**

市町村は，国会議員の選挙において，投票所の開設，開票その他の事務を行っているが，これはどのような仕組みによるものか。

第一号法定受託事務とは，「法律又はこれに基づく政令により都道府県，市町村又は特別区が処理することとされる事務のうち，国が本来果たすべき役割に係るものであって，国においてその適正な処理を特に確保する必要があるものとして法律又はこれに基づく政令に特に定めるもの」をいいます（２条９項１号）。

**設例46**のような衆議院議員や参議院議員など国会議員の選挙に関する事務は，本来は国の行うべき事務ですが，その事務のかなりの部分が第一号法定受託事務として市町村の事務とされています。そのほか，第一号法定受託事務として，地方自治法別表第１に数多くの事務が列挙されています。身近なところでいえば，国から都道府県に委託される旅券（パスポート）発券事務，市町村に委託されるものとして**設例46**のような国政選挙に関する事務のほか，戸籍事務等を覚えておきましょう。＊2

＊2つまり，市町村の扱う住民に関する事務のうち，戸籍事務は第1号法定受託事務，住民の記録に関する事務（住民票の作成・交付，転入・転出届の受理等）は自治事務となります。第1号法定受託事務を定めた別表第1には，膨大な数の事務が列挙されています。覚える必要はありませんが，ざっと目を通しておかれるとよいでしょう。

### ②　第二号法定受託事務

第二号法定受託事務とは，「法律又はこれに基づく政令により市町村又は特別区が処理することとされる事務のうち，都道府県が本来果たすべき役割に係るものであって，都道府県においてその適正な処理を特に確保する必要があるものとして法律又はこれに基づく政令に特に定めるもの」をいいます（同条同項２号）。

これは，都道府県の行うべき事務を市町村または特別区に委ねるものです。これに属する事務は，地方自治法別表第２に列挙されています。一例を挙げれば，都道府県の議会の議員または長の選挙について，市町村または特別区が処理している事務があります。

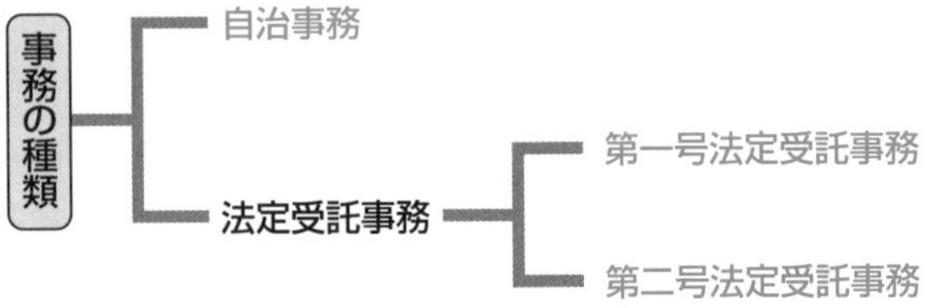


## 2　条例と規則

### (1)　地方公共団体が独自に定める法規範

条例と規則は，地方公共団体が，その自治立法権に基づいて定める法形式のことです。＊

＊広い意味では，長の制定する規則も条例に含まれますが，狭い意味では，地方公共団体の議会の議決によって成立する法形式を条例といいます。以下，条例という用語は狭い意味に用います。

条例は，地方公共団体の議会の議決によって成立します。国が法律を定める権能を有するのと同様に，地方公共団体もその事務に関して自ら法規範を定める権能を有しているわけです（憲法94条，地方自治法14条１項）。条例には，その違反者に対し，罰金，拘留，科料といった刑罰のほか，5万円以下の過料を科する旨の規定を設けることもできます（同条３項）。規則とは，地方公共団体の長や委員会などの執行機関がその権限に属する事務を処理するために定める自主法のことです（15条１項，138条の４第２項）。長の定める規則については，その違反者に対し5万円以下の過料を定めることができます（15条２項）。

条例および規則の制定権は，「地方公共団体は，……法律の範囲内で条例を制定することができる」と規定する**憲法94条の直接の授権**により地方公共団体に付与された権能ですから，条例，規則を定めるのに**法律の授権は不要**です。＊1

＊1条例は，当該地方公共団体の区域内であれば，住民であるか否かを問わず，原則としてすべての者に適用されます。

## (2) 条例と規則の所管事項

条例は，地方公共団体の自主法ですから，条例で規定できるのは，**その地方公共団体の事務に属する事項**に限られます。事務の性質上，国の法令で定めるべき事項，例えば，刑事犯の創設や刑罰の種類，物権の設定・変更などについては，そもそも条例による規律の対象となりません。国全体にわたって画一的な内容が求められる義務教育制度や社会保障制度，裁判制度等についても同様です。しかし，地方公共団体の事務であれば，**自治事務**はもちろん，**法定受託事務**についても国の法令に反しない限りにおいて，条例を制定することができます（14条１項）。

条例は，地方公共団体における最高の法形式ですから，地方公共団体の基本的事項と住民との関係は，条例で定めることを要し，規則で定めることはできません。すなわち，地方公共団体の組織，事務処理の方法，財政運営などの基本的な内部的事項については，原則として条例で定める必要があります。＊2

＊2例えば，地方公共団体の職員の給料，手当，旅費の額およびその支給方法は，条例で定めなければなりません（204条3項）。条例で定めれば，当該地方公共団体の「特別の休日」を設けることもできます（4条の2）。

さらに住民に**義務を課し**，または**権利を制限する**には，法令に特別の定めがある場合を除いて，原則として条例によらなければならないことが明示されています（同条２項）。また，地方税の賦課徴収，分担金，使用料，加入金，手数料に関する事項は条例で定めることが要求されています（228条１項）。これらについては，規則で定めることは許されません。

一方で，長の職務代理者の指定（152条３項）などのように，規則の専属的所管事項とされているものについては，条例で定めることはできません。条例と長の定める規則のいずれでも定め得る事項について両者が競合したときは，**条例が優先する**と解されます。

## (3) 条例の効力

### ①　国の法令との効力関係

憲法で学習されたとおり，国の法秩序は，憲法を頂点として，法律→命令→条例という階層構造を成し，上位の法に抵触する下位の法はその効力を否定されます。

法令の形式的効力関係

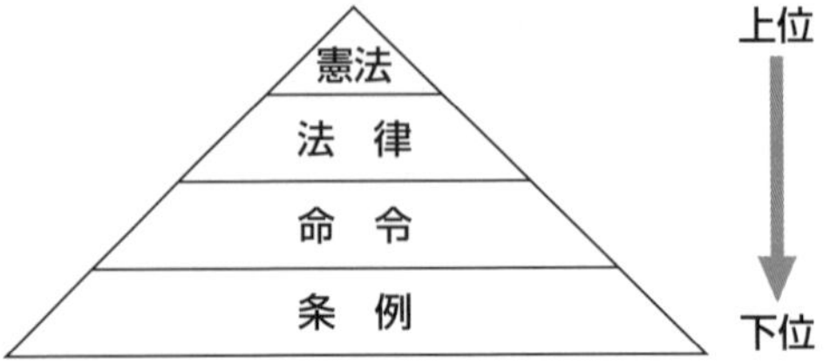


条例は，その形式的効力において，憲法はもとより法律や命令にも劣後しますから，憲法や法令に違反する条例は，その部分が無効となります。憲法94条が条例の制定について「法律の範囲内で」と定めているのは，そのことを確認するものです。もっとも，条例が法律に違反するかどうかの具体的判断については，後述するように一筋縄ではいかない問題があります（次頁（４）参照）。

用語の説明
「法令」
法令という用語は，一般に法律と命令をあわせて呼ぶときに用いられますが，それに加えて地方公共団体の条例や規則も含めて用いる場合もあります。本文では，この用語を前者の意味に用いています。

### ②　都道府県の条例と市町村の条例の関係

地方自治法上，都道府県と市町村は原則として相互に独立対等な関係にありますから，都道府県の条例と市町村の条例は，理論上は，上下の関係にあるわけではありません。ただ，都道府県と市町村の事務配分上の関係から，両者の調整が必要となることがあります。この点について，地方自治法は，市町村は当該都道府県の条例に違反して事務を処理してはならないとし（２条16項），これに違反した行為は無効とするとしています（同条17項）。

**ここが狙われる**

各地方公共団体に条例制定権が認められている結果，同一の行為に対して地方公共団体ごとに異なった規制がなされ得ることになります。そうすると，条例に罰則が規定されている場合，同一の行為であっても，地方公共団体ごとに罰則の軽重が生じ，これが法の下の平等（憲法14条１項）に違反するのではないかという問題が生じます。この点について，東京都の売春取締条例違反事件で，最高裁は，次のように述べて当該条例の合憲判決を出しています（最大判昭33・10・15)。

「憲法が各地方公共団体の条例制定権を認める以上，地域によって差別を生ずることは当然に予期されるから，売春の取締りについて各別に条例を制定する結果，その取扱いに差別を生ずることがあっても違憲とはいえない」

**ステップアップ**

**「条例による事務処理の特例」**

地方自治法252条の17の２は，「都道府県は，都道府県知事の権限に属する事務の一部を，条例の定めるところにより，市町村が処理することとすることができる」と定め，その場合，その事務は，その市町村長が管理執行することになります。これは，条例による事務処理の特例を定めたものといえます。

## (4) 条例制定の限界

条例には，２つの観点からの限界が問題とされます。

まず，憲法が一定の事項について，「法律で定める」旨の規定を置いている場合に，その事項について条例で規制することができるかが問題となります。

さらに，条例は，「法律の範囲内」で定めることができるとされているところから（憲法94条)，法律の定めに反してはならないという意味での限界があります。

### ① 法律で定めるとされている事項と条例との関係

#### (ⅰ) 条例で財産権を規制できるか

憲法29条２項は，「財産権の内容は，公共の福祉に適合するように，法律でこれを定める」と規定しているところから，財産権について条例で規制することができるかが問題となります。

この点については，条例は住民の代表機関である議会の議決によって成立する民主的立法であるから，実質的には法律に準ずるものとして，条例により財産権を規制することも許されるとする考え方が有力です。判例も，条例による財産権の規制を認めています（最判昭38・６・26)。

#### (ⅱ) 条例に罰則を設けることはできるか

憲法31条は，「何人も，法律の定める手続によらなければ，その生命若しくは自由を奪われ，又はその他の刑罰を科せられない」と規定しています。そこで，条例で罰則を設けることができるかという問題が生じます。この点について判例は，条例で罰則を設けるには法律の授権に基づくことが必要であるが，条例は行政機関の制定する命令と異なり，住民代表機関である議会の制定にかかる民主的立法であるから，その授権は相当な程度に具体的であり，限定されていれば足りるとの考え方を示しています（最判昭37・５・30）。

そして，地方自治法14条３項は，条例に違反した者に対し２年以下の懲役もしくは禁錮，100万円以下の罰金，拘留，科料もしくは没収の刑，または５万円以下の過料を科する旨の規定を条例に設けることができるとしています。＊

＊長の定める規則には，その規則に違反した者に対し，5万円以下の過料を科する旨の規定を設けることができます（15条2項）。規則では，条例と異なり行政刑罰を定めることはできず，秩序罰としての過料しか定めることはできないのです。

#### ②　「法律に反してはならない」という意味での限界

この点については，集団行進（デモ行進）に対する道路交通法の規制と公安条例による規制の競合が問題となった事案で，判例は次のように判断しています（徳島市公安条例事件，最判昭50・９・10）。この判例の考え方は広い支持を受けていますから，これを理解しておきましょう。

この判例は，「条例が国の法令に違反するかどうかは，両者の対象事項と規定文言を対比するのみでなく，それぞれの趣旨，目的，内容および効果を比較し，両者の間に矛盾抵触があるかどうかによってこれを決しなければならない」ということを基本的前提として，国の法令と条例との関係について，次のように定式化しています。

（ⅰ）ある事項について国の法令中にこれを規律する明文の規定がない場合，当該法令全体からみて，その規定の欠如が特に当該事項についていかなる規制も施すことなく放置すべきものとする趣旨であると解されるときは，これについて規律を設ける条例の規定は国の法令に違反することとなり得る。

（ⅱ）逆に，特定事項を規律する国の法令と条例が並存する場合でも，条例が国の法令と別の目的に基づく規律を意図するものであり，その適用によって国の法令の規定の意図する目的と効果を何ら阻害することがないときは，国の法令と条例との間に矛盾抵触は生じない。

上記判例は，道路交通法は道路交通秩序の維持，公安条例の規定は地方公共の安寧と秩序の維持を目的とするものであるから，両者は規制の趣旨・目的が異なり，本件条例が国の法令に違反するとはいえないと結論づけています。

(iii) さらに，国の法令と条例の規定が同一の目的に出たものであっても，国の法令が必ずしもその規定によって全国的に一律に同一内容の規制を施す趣旨ではなく，それぞれの普通地方公共団体において，その地方の実情に応じて，別段の規制を施すことを容認する趣旨であると解されるときは，国の法令と条例との間には何ら矛盾抵触はなく，条例が国の法令に違反する問題は生じ得ない。＊

そうすると，いわゆる上乗せ条例が法令に違反するかどうかを判断する場合，当該法令による規制が規制の最大限度を定めたものか，あるいは全国一律の最低限度（ナショナル・ミニマム）を定めたものかを検討して，具体的に判断することになります。また，いわゆる横出し条例の場合にも，法令が，条例によって規制項目を追加することを許容する趣旨かどうかを検討して判断されることになるでしょう。

＊この点について，河川法が管理の対象としていない普通河川の管理について，条例で河川法の適用河川以上に強力な河川管理の定めをすることは，河川法の趣旨に反し許されないとした判例があります（最判昭53・12・21)。

Check

「上乗せ条例」

国の法令が規制している事項と同一の事項を同一の目的でそれよりも厳しい基準で規制する条例。文字通り，国の定めた基準に「上乗せ」して，より厳しい規制を設けるわけです。例えば，ある汚染物質の排出基準が法令で５ppm以下とされている場合に，条例で３ppm以下に抑えることとするような規制がこれにあたります。

「横出し条例」

国の法令が規制の範囲外においている事項を規制の対象とする条例。「裾切り条例」というのも大体同じ意味です。例えば，国の法令で一酸化炭素の排出量を規制している場合に，二酸化炭素の排出量も規制の対象とする場合がこれにあたります。

## (5) 条例の制定

### ①　条例案の発案

原則として，議会の**議員**または**長**（都道府県知事・市町村長）のいずれからも条例案を提出することができます。ただし，議員が発案するには，**議員定数の12分の1以上の賛成**がなければなりません（112条2項）。なお，地方公共団体の住民も，条例の制定・改廃請求ができます（74条1項）。

### ②　条例案の議決

条例案は，議会で審議されたうえ，議決されることになります。議決は，**出席議員の過半数**で決し，**可否同数のときは議長**の決するところによります（116条1項）。

このように，条例は議会の議決によって成立するのが原則ですが，例外的に**長の専決処分**によって成立することもあります（179条1項）。これについては，P383を参照してください。

**Check**

「条例および規則の公布・施行」

条例の公布および施行は，成立した条例が**効力を生ずるための要件**です。公布とは，成立した条例を公表して，住民がそれを知り得べき状態に置くことです。施行とは，公布された条例を現実の効力をもつものとして実施することです。時間的な流れに沿って，その手続を覚えておいてください。

①　普通地方公共団体の議会の議長は，条例の制定または改廃の議決があったときは，**その日から3日以内**にこれを**長に送付**しなければなりません（16条1項）。

②　長は，議長から条例の送付を受けた場合，再議に付す等の措置を講じた場合を除き，**その日から20日以内**に，**当該条例の公布**をしなければなりません（同条2項）。

③　公布された条例は，条例に特別の定めがあるものを除くほか（通常は，条例に施行期日が明示されます），**公布の日から起算して10日を経過した日**から施行されます（同条3項）。

なお，規則についても，原則としてこれに準じることとされています（同条5項）。

## 実戦過去問

行政書士　平成30年度

地方自治法の定める都道府県の事務に関する次の記述のうち，正しいものはどれか。

1　都道府県は，自治事務については条例を制定することができるが，法定受託事務については条例を制定することができない。
2　都道府県の事務は，自治事務，法定受託事務および機関委任事務の3種類に分類される。
3　都道府県の自治事務については，地方自治法上，どのような事務がこれに該当するかについて，例示列挙されている。
4　都道府県の法定受託事務は，国が本来果たすべき役割に係るものであるから，法定受託事務に関する賠償責任は国にあり，都道府県に賠償責任が生じることはないものとされている。
5　都道府県の自治事務と法定受託事務は，いずれも事務の監査請求および住民監査請求の対象となることがある。

**解　説**

1　×　自治事務に限らず，法定受託事務も地方公共団体の事務なのですから，法定受託事務について条例を制定することができます（地方自治法14条1項）。
2　×　都道府県の事務は，自治事務および法定受託事務です（地方自治法2条）。地方公共団体の自治権を著しく制約するとして悪評高かった機関委任事務は，現在は廃止されています。
3　×　自治事務は，地方公共団体が処理する事務のうち，「法定受託事務以外のものをいう」とされています（地方自治法8条）。自治事務が地方自治法に個別に例示列挙されているわけではありません。
4　×　法定受託事務も地方公共団体の事務なのですから，その事務に起因して損害が生じたとき，当然，当該地方公共団体に責任が生じます。
5　○　事務の監査請求と住民監査請求の対象について，自治事務か法定受託事務かで差違は設けられていません。したがって，両事務ともに事務監査請求および住民監査請求の対象となります。

**正解　5**

## 実戦過去問　　行政書士　平成18年度

条例制定権の限界に関する次の記述のうち，法令および最高裁判所の判例に照らして，妥当なものはどれか。

1　河川法の適用されない普通河川の管理について，条例により河川法が同法の適用される河川等について定めるところ以上に強力な規制をすることは許されない。
2　財産権の行使については国の法律によって統一的に規制しようとするのが憲法29条２項の趣旨であるから，条例による財産権規制は，法律の特別な授権がある場合に限られる。
3　条例によって健全な風俗を害する行為を規制することは許されるが，規制の程度，態様等によっては，他の地方公共団体との関係で平等原則違反が問題になる。
4　故意に一定以上の騒音を発する者に対し，条例で騒音を発する行為の中止を命じる規定を設けた場合，併せて一定額の過料を科すことを通告して義務の履行を促すことができる。
5　条例によって地方公共の安寧と秩序を維持する規制を行うことは許されるが，国の法令による規制とその目的が同一であったり，部分的に共通するような規制を行うことは許されない。

**解　説**

1　○　判例は，普通河川の管理に関する条例で，河川法が定める以上に強力な規制を設けることは許されないとしています（最判昭53・12・21）。
2　×　条例による財産権の規制は認められます（最大判昭38・6・26）。
3　×　条例の規制により地域差が生じたとしても，直ちに平等原則違反とはなりません（最大判昭33・10・15）。
4　×　条例で執行罰としての過料を科すことはできません。この点については，P133 一歩前進 の記述を確認してください。
5　×　国の法令と同一の規制目的で条例を制定したとしても，その法令が地方の実情に応じて別段の規制をすることを容認する趣旨であるときは，条例による規制も許されます（最判昭50・9・10）。

**正解　1**

## 実戦過去問

行政書士　令和3年度

普通地方公共団体に適用される法令等に関する次の記述のうち，憲法および地方自治法の規定に照らし，正しいものはどれか。

1　国会は，当該普通地方公共団体の議会の同意を得なければ，特定の地方公共団体にのみ適用される法律を制定することはできない。
2　普通地方公共団体は，法定受託事務についても条例を制定することができるが，条例に反した者に対する刑罰を規定するには，個別の法律による委任を必要とする。
3　普通地方公共団体の長は，その権限に属する事務に関し，規則を制定することができ，条例により委任のある場合には，規則で刑罰を規定することもできる。
4　条例の制定は，普通地方公共団体の議会の権限であるから，条例案を議会に提出できるのは議会の議員のみであり，長による提出は認められていない。
5　普通地方公共団体の議会の議員および長の選挙権を有する者は，法定数の連署をもって，当該普通地方公共団体の長に対し，条例の制定または改廃の請求をすることができるが，地方税の賦課徴収等に関する事項はその対象から除外されている。

**解　説**

1　×　特定の地方公共団体にのみ適用される法律を制定するには，その地方公共団体の住民投票において，その過半数の同意を必要とします（憲法95条）。
2　×　個別の法律による委任がなくても，条例に違反した者に対する刑罰を規定することができます（地方自治法14条3項）。
3　×　普通地方公共団体の長は，規則を制定することができますが，規則には，その違反者に対する過料を定めることができるだけです（同法15条2項）。
4　×　条例案の議会への提出は，「議案の提出」として，議員のほか長にも認められています（同法149条1号）。
5　○　地方税の賦課徴収，分担金・使用料・手数料の徴収に関する条例は，住民による制定・改廃請求の対象から除外されています（同法12条1項）。この点については，P395 **ここが狙われる** を参照してください。

**正解　5**

# 21 地方公共団体の機関

## 学習ナビゲーション

国の場合と同じく，地方公共団体においても統治の基本的システムとして代表民主制が採用され，地方公共団体には，意思決定機関として議会が設置されています。ただ，議会と執行機関の関係については，国においては議院内閣制，地方公共団体においては首長制（大統領制）が採られているという大きな違いがあります。

また，地方公共団体においては，住民自治の貫徹という観点から，直接民主制的制度が相当広範に採り入れられているのに対し，国においては，直接民主制的制度は例外的なものとして位置づけられています。地方公共団体の統治制度を十分に理解するためには，これらの点を念頭に置いて学習を進めることが重要です。

## 1　地方公共団体の議会と長

地方公共団体には，その議事機関として議会を設置することが憲法により直接義務づけられ（憲法93条１項），これを受けて地方自治法は，普通地方公共団体に議事機関として，住民が選挙した議員をもって組織される議会を置くと規定しています（89条）。普通地方公共団体の議会は，**住民の意思を代表**する機関であるとともに，**地方公共団体の意思を決定する**機関です。

一方，普通地方公共団体の長とは，都道府県にあっては知事，市町村にあっては市町村長のことであり，当該普通地方公共団体の事務を管理・執行し，これを**統轄し代表する**機関です（147条）。*

すなわち，地方公共団体の運営は，住民の選挙によって選出された議員で構成される**議会を意思決定機関**とし，同じく住民が選

＊憲法は，地方公共団体の議会の議員および長について，住民の**直接選挙**によって選出すべきこととしています（憲法93条2項）。

んだ長を代表・執行機関として行われることになるわけです。

**二元的代表 ➡ 議員および長は住民の直接選挙で選出**

国における議院内閣制と異なり，長は，いわば地方公共団体の大統領ですから，議会と長は対等の関係にあります。つまり，わが国の地方自治制度においては，長と議会は独立対等の関係として位置づけられ，それぞれが独立して自主的にその権能を行使することができ，その相互の抑制と均衡により適正な地方自治の実現が期待されているわけです。もっとも，大統領制といっても，アメリカ合衆国の大統領制のように徹底したものではなく，議会には長に対する不信任の議決権が認められ，他方，長には，これに対抗する手段として議会の解散権が認められている等，議院内閣制の要素も取り入れられていることに注意が必要です(178条)。

**Check**

**「議院内閣制と大統領制」**

近代国家の統治組織は，立法，行政，司法といった国家の三権力がそれぞれ分離され，権力の集中が起こらないように構成されているのが一般です（三権分立の原理)。この三権分立の原理を前提としながらも，国家レベルの統治制度は国によって異なります。例えば，日本やイギリスは議院内閣制を採っていますが，アメリカ，フランスなどは大統領制を採っています。

日本の統治制度は，国における議院内閣制，地方公共団体における大統領制という際立った特色があります。この両制度を理解するために，アメリカ合衆国の大統領制と議院内閣制を比較して考えてみましょう。大統領制においては，立法（議会)，行政（大統領)，司法（裁判所）が厳格に分離され，それぞれの機関が独立・対等な立場でその権力を行使します。一般的には，議院内閣制の場合よりも，行政権（大統領）の権力が強いと考えて間違いではありません。一方，議院内閣制は，三権分立を前提としながらも，立法府と行政府を厳格に分離・独立させるのではなく，両者の間に相互の依存・信任関係をもたせ，行政府の権力行使を立法府の監視・監督のもとに置くことにより，行政府（内閣）の権力行使の適正を実現しようとする目的をもった制度です。行政府の権力があまりに強大すぎると，その暴走により，国の政治が不適正な方向に行ってしまうおそれがあります。例えば，戦前の日本では軍部（これも行政権の１つです)が強大な権力を行使して結局無謀な戦争にまで至りました。議院内閣制は，議会に行政府の行為に対するチェック機能をもたせることにより，国政をより民主的なものにすることを目的とする制度であるとイメージしておくと，この制度を理解しやすいと思います。わが国の地方自治制度は，基本的に大統領制を採用しながらも，議院内閣制の要素をも採り入れたものといえるでしょう。

## 2　地方公共団体の議会

### (1) 意義

地方公共団体の議会は，住民の意思を代表する機関であるとともに，当該地方公共団体の意思を決定する機関であり，憲法によって直接その設置が義務づけられています（同93条１項）。

住民代表たる議員によって組織される議会は，住民自治の実現のための重要な手段となります。

**ここが狙われる**

町村においては，議会を置かずに，その意思決定機関として選挙権を有する者の総会（町村総会）を設けることができます（94条）。かつては，極めて小規模な村でこの総会を設けた例があったようですが，現在ではその実例はありません。

### (2) 議会の組織

議会は，一定数の議員と議員の中から選任される各１名ずつの正・副議長によって構成されます。

#### ①　議員の定数

議員の定数は，都道府県議会，市町村議会ともに，条例で定めることとされています（90条１項，91条１項）。議員定数の上限の定めはありません。

#### ②　議員の地位

#### (i) 任期

議員の任期は4年です（93条１項）。ただし，いわゆる補欠選挙で選ばれた議員の場合は，前任者の残りの期間となります（同条２項，公職選挙法260条１項）。

#### (ii) 議員の兼職・兼業の禁止

##### (イ) 兼職の禁止

議員は，一定の他の公職と兼職（かけもち）をすることが禁じられています(92条)。地方自治法上，兼職を禁止されている職は，次のとおりです。議員がこれらの職に就いたときは，直ちに**議員としての身分を失う**ものと解されています。

| 兼職禁止職種 |
|---|
| 衆議院議員 |
| 参議院議員 |
| 他の地方公共団体の議会の議員 |
| 地方公共団体の常勤の職員* |
| 短時間勤務職員 |

＊1地方公共団体の非常勤の職員との兼職は禁じられていません。なお，他の法律で，裁判官，教育委員会の委員，都道府県公安委員会の委員との兼職も禁止されています。

##### (ロ) 兼業の禁止

議員は，その地方公共団体に対し**請負をする者やその支配人**あるいは主としてその地方公共団体に対し**請負をする法人の役員**（無限責任社員，取締役，執行役，監査役等）と兼ねることができません（92条の２）。これは，公共事業の発注側と受注側が同一人になるのを防止し，議員の職務の執行が常に公正に行われるようにするためです。＊2

＊2ここでいう請負とは，「業として」なされる仕事の完成その他の役務の給付等の取引であり，一会計年度の取引額の合計が**300万円を超える**ものに限られます。

この禁止に違反した議員は，議会が**出席議員の3分の2以上の多数**で議決したとき，議員の地位を失います（127条１項)。

### ③ 議員の権利

#### (i) 議案提出権

議員は，議決すべき案件について，議会に議案を提出することができます（112条１項本文)。議員が，議案を提出するにあたっては，**議員定数の12分の1以上の者の賛成**がなければなりません（同条２項)。なお，議会に議案を提出する権利は，議員および長のほか，議会の**委員会（109条6項本文）にも認められています**。

予算案の発案・提出は**長の専権事項**であり，議員に発案権は認められません（112条１項但書)。

#### (ⅱ) 報酬等を受ける権利

議員は，報酬や職務を行ううえで必要な旅費等の費用の弁償を受けることができます。その額や支給方法は，**条例**で定めなければなりません。条例で定めれば，期末手当や勤勉手当を支給することもできます（203条）。さらに，条例により，議員の調査研究その他の活動に資するため，**政務活動費**という名目の金銭を受けることが認められています（100条14項）。＊1

＊1政務活動費の額やその交付方法等については，条例で定めることとされています。

> **ここが狙われる**
>
> 国会議員に認められる免責特権は，地方公共団体の議会の議員には認められません（最判昭42・5・24）。

### ④　議長および副議長

普通地方公共団体の議会は，議員の中から議長および副議長を各１人選挙しなければなりません。議長および副議長の任期は，議員の任期によります（103条）。＊2

＊2議長に事故があるときまたは欠けたときは，副議長が議長の職務を行い，ともに事故があるときは仮議長を選挙して議長の職務を行わせます（106条1項・2項）。

議長および副議長は，**議会の許可**を得て辞職することができます（108条本文）。また，副議長は，議会の閉会中においては，**議長の許可**を得て辞職することができます（同条但書）。

### ⑤　委員会制度

議会における審議の徹底を図り，効率的な議事運営を可能とするため，条例で議会内部に**委員会を設置する**ことが認められています（109条１項）。委員会は，本会議における審議・議決をスムーズに行うための内部的な予備審査機関であって，議会と離れて独立の意思決定をする機関ではありません。＊3

＊3議会の意思決定は，議員全員で構成される本会議で行われます。委員会は，本会議の前に議会から付託された案件を事前に審議するための組織です。

委員会には，次のようなものがあります。

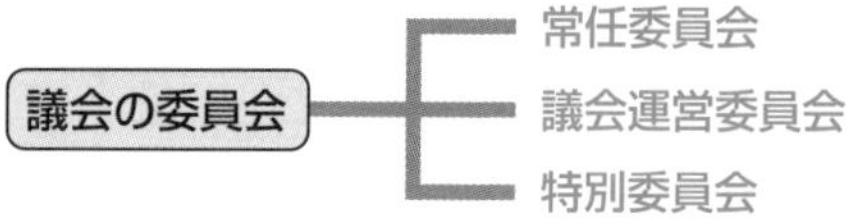


#### (ⅰ) 常任委員会

常任委員会は，それぞれ担当部門に関する調査を行い，議案，陳情等を審査します。常任委員会の数およびその種類については制限はありません。総務委員会，文教委員会，環境委員会その他さまざまな名称を持った委員会が設置されるのが通例です。議員は，**常任委員を複数兼ねる**こともできます。

**（ⅱ）議会運営委員会**

議会運営委員会は，議会の運営に関する事項，議会の会議規則，議長の諮問に関する事項などについて調査し，議案，請願などを審査します（109条３項）。

**（ⅲ）特別委員会**

特別委員会は，**議会の議決により付議された事件**を審査します（109条4項）。

**一歩前進**

いずれの委員会も，予算案を除き議会に**議案を提出**することが認められています（109条６項）。＊

委員会は，議会の議決により付議された事件については，議会の閉会中も審査することができます（同条8項）。

＊なお，地方公共団体に執行機関として設置される行政委員会には議案の提出権は認められていません。混同しないよう注意してください。

## (3) 議会の権限

### ① 議決権

地方公共団体の意思決定に係る議会の権限として，議決権が認められています。主なものとして次のような事件について議決しなければならないこととされています（96条）。

（ⅰ）**条例**の制定・改廃

（ⅱ）**予算**を定めること

（ⅲ）**地方税の賦課徴収**または**分担金**，**使用料**，**加入金**もしくは**手数料**の徴収に関する案件

（ⅳ）条例で定める重要な公の施設につき条例で定める**長期かつ独占的な利用**をさせる案件

その他，議会は，決算の認定，条例で定める重要な契約の締結，重要財産の取得・処分，財産の信託，**権利の放棄**，訴えの提起，和解の締結，損害賠償額の決定，その他当該地方公共団体の重要な個別案件につき議決する権限を有します（同条１項）。なお，議会の権限は，これらに限定されるわけではなく，これら以外でも条例で普通地方公共団体に関する事件につき議会の議決すべき

ものを定めることができます（同条２項）。＊

＊法定受託事務についても，国の安全に関することその他一定の例外を除いて，議会の議決事件として定めることができます。

これらの重要案件については，議会の参与によって個別案件ごとに地方公共団体の意思が決定されることになります。したがって，執行機関が**議会の議決**を経ないでこれらの行為を行った場合には，**その行為は無効**となります（最判昭35・７・１）。

### ②　選挙権

議会は，法律またはこれに基づく政令によりその権限に属する選挙を行わなければなりません（97条１項）。具体的には，**議長，副議長の選挙**（103条），選挙管理委員・補充員の選挙等です（182条１項・２項）。

### ③　監視権

住民の代表機関としての議会には，長その他の**執行機関の行為が適正に行われるよう監視し，けん制する**ためのいくつかの権限が認められています。その主なものは，頭に入れておきましょう。

#### (ｉ) 同意権

地方公共団体の長が，その権限に属する事務を執行するに際して，事務の内容により，**議会の同意を必要**とする場合があります。これには，**副知事，副市町村長，監査委員，教育委員会の委員，都道府県公安委員会の委員**などの選任，長の任期前の退職，職員の賠償責任の免除，条例で定める特に重要な公の施設について条例で定める長期かつ独占的な利用をさせる場合等があります（162条，196条１項，145条，244条の２第２項等）。

#### (ⅱ) 調査権

国会の各議院に国政調査権が与えられているのと同様，地方公共団体の議会にも，その重大な職責を十分に果たすことができるよう，調査権が認められています。これは，地方自治法100条に規定された権利なので，一般に**100条調査権**と呼ばれています。

調査権の内容は，当該地方公共団体の事務に関する調査を行い，当該調査を行うため特に必要があると認めるときは，選挙人その他の関係人の**出頭**および**証言**ならびに**記録の提出**を請求することです（同条１項後段）。関係人が，正当な理由なく出頭，証言，記録の提出等を拒んだときは，６ヶ月以下の禁錮または10万円以下の罰金が科せられます（同条３項）。このように，この調査権は強制力の裏づけのある強力な権限なのです。

なお，議案の審査や事務に関する調査のため必要があると認めるときは，会議規則の定めるところにより，**議員を派遣**することもできます（同条13項）。

**一歩前進**

監視権に属するその他の権利として，普通地方公共団体の事務に関する**書類の検閲・検査権**（98条１項），監査委員に対して**事務の監査**を求め，その結果に対する**報告を請求する**権利（98条２項），国会または関係行政庁への**意見書提出権**（99条），**長の不信任議決権**（178条）等が認められています。不信任議決権については，後述します。

**ここが狙われる**

議会の検閲・検査権および調査権は，自治事務については労働委員会および収用委員会の権限に属する一定の事務および法定受託事務については国の安全を害するおそれがある等の事由により議会の調査の対象とすることが不適当なものは，その**対象から除外**されます（98条１項かっこ書，100条1項かっこ書）。要するに，自治事務に限らず法定受託事務であっても，議会の検閲・検査権および調査権の対象となりますが，一定の事項についてはその対象から除外されていることに注意してください。

### ④　自律権

議会の自律権は，議会自らの意思で，その組織・運営を決定・処理する権利であり，会議規則の制定権，会期決定権，懲罰権などがあります。懲罰の種類としては，公開の議場における戒告，陳謝，一定期間の出席停止および除名があります。（135条1項）

除名については，当該普通地方公共団体の議会の議員の**3分の2以上の者の出席**と出席議員の**4分の3以上の者の同意**が必要とされています（同条3項）。そして，除名された議員がその後の選挙に再び立候補し当選したとき，議会はその議員を拒むことはできません（136条）。議会は「禊（みそぎ）のすんだ議員を受け入れざるを得ないのです。

**ここが狙われる**

議員の懲罰と司法審査の関係について最高裁判所は，従前から，除名は司法審査の対象となるが（最判昭27·12·4），出席停止については司法審査の対象とならないとしていました（最判昭35·10·19）。しかし，最近この判例が見直され，議員の地方議会への出席は住民の代表としての意思を表明する重要な責務であること等を理由として，**裁判所は常にその適否を判断することができる**とされるに至りました（最大判令2·11·25）。結局，現在は議員の除名および出席停止の**いずれについても司法判断の対象となる**わけです。

## (4) 議会の種類とその招集

### ①　議会の種類

議会の種類には，議会の審議期間に区切りを設ける**定例会**および**臨時会**の制度があり（102条1項），さらに，このような一般的な会期制度によらず，議会の活動を常時可能とする**通年会期制**を採ることも認められます（102条の2第1項）。

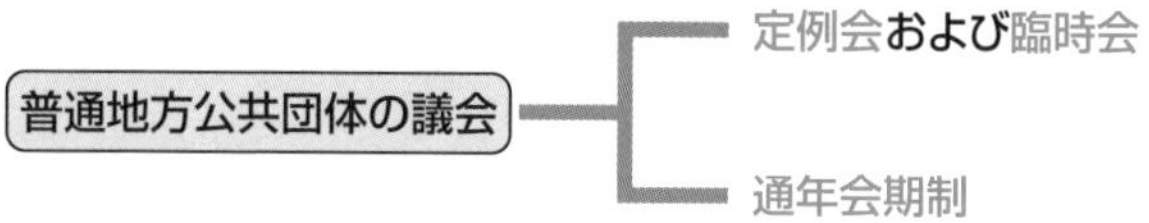


#### (ⅰ) 定例会および臨時会

定例会は，毎年，定期的に招集されるものであり，**条例で定める回数**を招集しなければなりません（102条2項）。＊

＊定例会では，臨時会と異なり，案件を特定する必要はありません。

臨時会は，必要がある場合に，長によってあらかじめ告示された特定の案件を審議するために招集されます（同条3項）。原則として，**長が必要と認めたとき**に招集されますが，後述するとおり，議長にも限定された範囲で招集権が認められています。

#### (ⅱ) 通年会期制

普通地方公共団体の議会は，条例で定めるところにより，定例会および臨時会とせず，毎年，**条例で定める日から翌年の当該日の前日**までを会期とすることができます（102条の2第1項）。この通年会期制による場合は，議会の活動期間に制約はない状態となりますから，条例で，**定期的に会議を開く日（定例日）**を定めなければなりません（102条の2第6項）。さらに，長は，議長に対し，会議に付議すべき事件を示して定例日以外の日に会議を開くことを請求することができ，その請求があったとき，議長は，一定期間内に会議を開かなければなりません（同条7項）。＊

＊「一定期間内」とは，請求のあった日から，都道府県および市にあっては7日以内，町村にあっては3日以内です。

**一歩前進**

この通年会期制度は，平成24年9月施行の改正法により認められた制度です。その目的とするところは，多様な層の幅広い市民参加を促し，地方議会の活性化を図ることにあります。この制度の創設により，普通地方公共団体は，その選択により従来の定例会，臨時会の制度によることもできるし，条例で定めれば，通年会期制の採用も可能になったわけです。

### ②　議会の招集

議会の招集とは，会議を開始するために議員を議場に呼び集めることです。議会の招集は，地方公共団体の**長の権限**に属しますが（101条1項），一定の場合には，**議長にも議会（臨時会）の招集権**が認められます（同条5項）。すなわち，議長は，議会運営委員会の議決を経て，長に対して**臨時会の招集を請求する**ことができ（同条2項），長が20日以内にこの請求に応じないときは，**議長が臨時会を招集する**ことができます。さらに，議員定数の**4分の1以上**の者による臨時会の招集請求があったにもかかわらず，請求のあった日から20日以内に長が臨時会を招集しないときは，議長は，当該請求をした者の申出に基づき，臨時会を招集しなければなりません（同条3項・6項）。

**閑話休題**

従来は，議会の招集権限は普通地方公共団体の長に専属することを前提に，議長は長に対して臨時会の招集を請求できるものとされていましたが，議長自ら臨時会を招集することまでは認められていなかったのです。ところが，九州の某市で，議会と長の対立が深刻化し，議長の度重なる議会の招集請求に長が応じないという事態が生じました。そこで，今後そのような事態を防止するため，平成24年9月施行の改正法により，議長にも限定された範囲で議会の招集権が認められることになったわけです。

## (5) 会議の運営

### ①　定足数

議会は，原則として，議員の定数の半数以上の議員が出席しなければ，会議を開くことができません（113条本文）。＊1

会議の開閉の権限は，議事を整理する議長にありますが，議員の定数の半数以上の者から請求があるときは，議長はその日の会議を開かなければなりません（114条１項）。

＊1ちなみに，国会の両議院の定足数は，総議員の3分の1以上です（憲法56条1項）。

### ②　会議公開の原則と秘密会

議会の会議は，公開して行うのが原則です。しかし，議長または議員3人以上の発議により，出席議員の3分の2以上の多数で議決したときは，秘密会を開くことができます（115条１項）。

### ③　表決数

議会の議事は，原則として出席議員の過半数で決定し，可否同数のときは，議長の決するところによります（116条１項）。＊2 この過半数表決の原則に対しては，次のような特別多数を要する例外があります。

＊2会期中に議決に至らなかった事件は，後会に継続しません（119条）。国会の会議と同様，会期不継続が原則とされています。

| 議員の半数以上の出席とその3分の2以上の多数の同意 |
|---|
| 事務所の設置・変更を定める条例の制定改廃（4条3項） |
| 秘密会開催の議決（115条1項但書） |
| 議員の失職,資格決定に関する議決（127条1項） |
| 条例の制定・改廃または予算に関する再議議決（176条3項） |
| 重要な公の施設の廃止・利用に関する同意（244条の2第2項） |
| **議員の3分の2以上の出席と過半数の同意** |
| 長に対する再度の不信任議決（178条3項後段） |
| **議員の3分の2以上の出席とその4分の3以上の多数の同意** |
| 役員の解職請求に対する同意（87条1項） |
| 議員の除名（135条3項） |
| 長に対する最初の不信任議決（178条3項前段） |

**ここが狙われる**

議会の議長および議員は，自己または父母，配偶者，子等の一身上に関する事件や自己またはこれらの者の従事する業務に直接関係のある事件については，議会の同意があった場合を除いて，その議事に参与することができません（117条）。

④　**会議録**

議長は，会議録を調製し，会議の次第および出席議員の氏名を記載しなければならず，会議録が書面で作成されているときは，**議長**および**議会において定めた2人以上の議員**が署名しなければなりません（123条1項・2項）。＊1

＊1会議録は，書面のほか電磁的記録で作成することもできます。

# 3　地方公共団体の執行機関

地方公共団体の執行機関は，住民の直接選挙によって選ばれる**長**および長から独立した**行政委員会・委員**によって構成されます。このように，地方公共団体の執行機関について多元的な構成が採られているのは，長から独立した行政委員会を設置することにより，**長への権力の集中を防止**し，**より住民の利益に適合した地方行政**を推進していくためです。

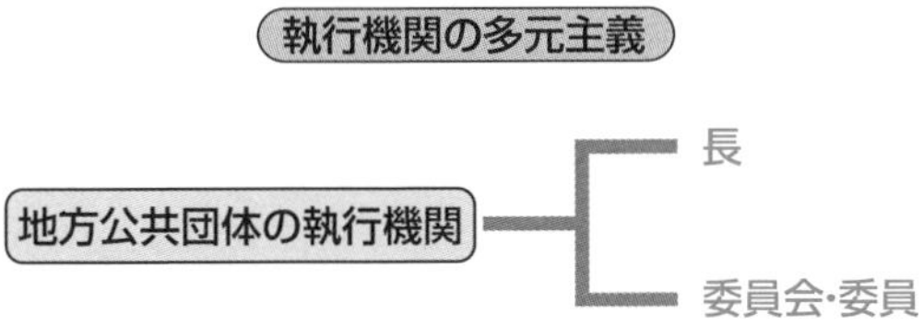


ただ，このような多元的な行政執行は，ときとして事務処理の円滑性，総合性を妨げる懸念があります。そこで，長が，執行機関としての**一体性を図ることについての中心的役割をになう**ものとされています（138条の3参照）。＊2

＊2執行機関相互の間で，その権限について疑義が生じたときは，長がこれを調整するものとされています。

## (1)　地方公共団体の長

### ①　長の地位

都道府県の長は知事，市町村の長は市町村長です（139条）。

長の任期は**4年**ですが（140条），解職請求に基づく罷免（81条，83条），議会の不信任議決による失職（178条）等の事由が生じたときは，任期前にその職を失います。その他長は，被選挙権の喪失，兼職禁止の職への就任，兼業禁止に該当することが決定された場合等にもその意思に反して失職します。自らの意思により退職することもできます。

### ②　長の兼職・兼業の禁止

#### （ｉ）兼職の禁止

長は，**衆議院議員**または**参議院議員**，地方公共団体の**議会の議員**，**常勤の職員**，**短時間勤務職員**との兼職（かけもち）が禁止されています（141条）。これらに該当するに至ったときは，長は**直ちに失職**します。

#### （ⅱ）兼業の禁止

長の公正な職務の執行を確保するため，長は，その地方公共団体に対し**請負をする者やその支配人**あるいは主としてその地方公共団体に対し**請負をする法人の役員等**と兼ねることができません（142条）。兼業禁止の場合に該当するかどうかは，**選挙管理委員会がこれを決定**し，その決定により長は失職します（143条１項）。

### ③　長の権限

#### （ｉ）統轄代表権

長は，地方公共団体の執行機関であるとともに，地方公共団体を**統轄し代表する機関**として位置づけられています（147条）。＊１

＊1つまり，株式会社の代表取締役の行為が会社の行為となるのと同様，長が地方公共団体を代表して行なった行為は当該地方公共団体の行為となります。

#### （ⅱ）長の担任事務

地方自治法は，長の担任する主な事務として，次のようなものを列挙しています（149条）。これらの事務は例示であって，長の担任事務がこれらに限定されるわけではありません。

（イ）議会の議決を経べき事件の**議案を提出**すること
（ロ）**予算を調製**し，およびこれを**執行**すること
（ハ）地方税を賦課徴収し，分担金，使用料，加入金，または手数料を徴収し，および**過料を科する**こと
（ニ）決算を議会の認定に付すること
（ホ）会計を監督すること
（ヘ）財産を取得し，管理し，および処分すること
（ト）公の施設を設置し，管理し，および廃止すること
（チ）証書および公文書類を保管すること
（リ）上記を除くほか，当該普通地方公共団体の事務を執行すること＊２

＊2長は，条例で，都道府県では支庁および地方事務所，市町村では支所または出張所を設けることができます（155条1項）。

**一歩前進**

長の担任する一定の事務（財務事務等）の管理・執行が適法かつ適正に行われることを確保するため，**内部統制に関す**

る方針を定め，これに基づき必要な体制を整備すべき義務が長に課せられています。(150条)。内部統制体制とは，簡単にいうと，長自らが行政サービスの提供等の事務上のリスクを評価しコントロールすることにより，事務の適切な執行を確保するための体制をいいます。この内部統制体制整備義務は，都道府県と指定都市については法的義務，その他の市および町村については努力義務とされています。

**ここが狙われる**

地方公共団体の長は，その管理に属する行政庁の処分が法令，条例または規則に反すると認めるときは，その処分を取り消し，または停止することができます（154条の2）。

### ④ 長の補助機関

長の補助機関とは，地方公共団体の長の職務執行を補助することを任務とする機関のことです。長の補助機関としては，副知事・副市町村長，会計管理者，職員，専門委員などがあります。

#### （ｉ）副知事・副市町村長

都道府県には副知事，市町村には副市町村長が置かれます。副知事・副市町村長は，長の最高の補助機関として，長を補佐し，職員の担任する事務を監督し，長の職務を代理すること等を職務とします（167条)。＊

＊副知事・副市長村長については，長に準じて兼職・兼業が禁止され，長は，副知事・副市長村長が兼業禁止に抵触する場合は，これを解職しなければなりません（166条3項）。

副知事・副市町村長の定数は条例で定めるものとされていますが，条例でこれを置かないことも認められています（161条)。

副知事・副市町村長は，長が議会の同意を得て選任します（162条)。その任期は４年ですが，長は，任期中でも副知事・副市町村長を解職することができます（163条)。

#### （ii）会計管理者

会計管理者は，その地方公共団体の会計事務をつかさどることを職務とする補助機関です。地方公共団体の会計事務については，その適正な処理を確保するため，命令機関を長，その執行機関を会計管理者とする体制が採られています（P409参照)。会計管理者は，都道府県･市町村にそれぞれ１人が置かれます(168条１項)。会計管理者は，長が，その補助機関である**職員のうちから選任**します（同条２項)。つまり，副知事・副市町村長は特別職，会計管理者は**一般職の公務員**ということになります。

会計管理者は，普通地方公共団体の会計事務という重大な職責を担う者ですから，長，副知事，副市町村長および監査委員と親子，夫婦，兄弟姉妹等一定の親族関係にある者はその地位に就くことができません（169条１項)。もし，これらの関係を生じたときは，会計管理者は当然にその職を失います（同条２項)。

### (ⅲ) 職員

職員とは，当該普通地方公共団体の一般職公務員のことであり，これも補助機関として位置づけられることになります（172条１項)。職員の定数は**条例**で定めることとされ，普通地方公共団体の**長**がこれを任免します（同条２項・３項)。＊

＊職員の任用その他の身分取扱いについては，地方自治法に定めがあるものを除いては，地方公務員法の定めによります（172条４項)。

## ⑤　長の権限の代行

長の権限は，長みずから行使するのが原則ですが，病気や長期旅行等の事由によりみずから行使できない場合もあり，また長に属する権限をすべて長が行使するのは実際上不可能です。そこで，**長の権限を他の者に代わって行使させる**ために，長の職務代理と権限の委任の制度が定められています。

### (ⅰ) 長の職務代理

職務代理とは，長の権限の**全部または一部**を他の者が長の名で代わって行使し，その行為は長が行ったと同じ効力を生じることをいいます。これには，法の定める事由の発生により，当然に代理関係を生ずる**法定代理**と長の**授権に基づく代理**とがあります。

法定代理には，**長に事故があるとき**，または**長が欠けたとき**に副知事または副市町村長が職務代理者になる**狭義の法定代理**(152条１項）と，副知事や副市町村長にも事故があるとき，または欠けたときなどに，**長の指定する職員**が職務を代理し（同条２項)，さらに長の指定する職員がないときは，**規則で定めた上席の職員**が代理する**指定代理**とがあります（同条３項)。

長の授権に基づく代理は，任意代理，臨時代理とも呼ばれ，長が自己の権限の一部について，必要に応じて，任意にその**補助機関である職員**に代理させることをいいます（153条１項)。この授権代理の場合は，長に指揮監督権が残り，またその責任も長に帰属しますから，法律の根拠は必ずしも必要ではありません。

**(ii) 長の権限の委任**

長の権限の委任は，法令の根拠に基づいて，長が自己の権限の一部を，その補助機関である職員またはその管理に属する行政庁に委ねることです（153条1項・2項）。＊1

長の権限が委任された場合，長は委任事項については自ら処理する権限を失い，その委任事項を処理する権限は受任者に帰属することになります。つまり，委任事項については，委任を受けた者が自らの名と責任においてその権限を行使します。しかし，長は当該事項の処理について指揮監督権を失うわけではありません。

＊1権限の委任は，法律上認められた権限の範囲を変更するものですから，法律の明文の根拠を必要とします。長の権限の委任の具体例として，P61**設例6**を思い出してください。

**⑥ 長の専決処分**

長の専決処分は，議会の権限に属する事項を長が代わって行うことを認める制度であり，法律の規定による専決処分と議会の委任による専決処分があります。

法律の規定による専決処分は，議会が成立しないとき，会議を開けないとき，緊急を要する事案のため議会を招集するいとまがないとき，議会が議決・決定すべき事案を議決・決定しないときなどに，長の判断による処分を認めるものです（179条1項）。その対象について副知事，副市長村長の選任の同意（162条）は除外されています（179条1項ただし書）。つまり，長は，副知事，副市長村長を単独の判断で選任することはできません。それ以外に特に制限はないので，長は，専決処分により条例を制定することもできます。＊2

＊2長は，専決処分を行った場合には，次の会議（専決処分後の最初の会議）で議会に報告し，その承認を求めなければなりません。

議会の委任による専決処分は，議会の権限に属する軽易な事項で，議会の議決により特に指定したものについて，長の判断による処分を認めるものです（180条1項）。

## (2) 長と議会の関係

本講の冒頭で説明したように，地方公共団体の議会と長はそれぞれ独立対等の立場で，法令によって定められた権能を行使することになります。ただ，そのため両者の意見が食い違い，対立を生じることもあり得ます。そこで，これを調整する制度として，

再議制度および議会の長に対する不信任議決とこれに対抗する手段としての長の議会解散権が認められています。＊

＊普通地方公共団体の長や後述する行政委員会の委員長等は，議会の審議に必要な説明のため議長から出席を求められたときは，議場に出席する義務があります（121条１項本文）。ただし，出席できないことに正当な理由があるときは，その旨を議長に届け出ることにより出席義務が免除されます（同条同項ただし書）。

### （ｉ）再議（拒否権）

再議は，長が議会の議決または選挙を拒否して，再度の審議および議決等を要求する制度です。長の拒否権ともいわれ，一般的拒否権と特別拒否権の２つがあります。

一般的拒否権は，議会における議決について長に異議がある場合に，長が理由を示して再議に付するものですが，その対象が条例・予算の議決の場合とそれ以外の議決の場合とでその要件等が異なっています。条例の制定改廃・予算に関する議決について長に異議がある場合には，長がその送付を受けた日から10日以内に，理由を示して再議に付し，再議の結果，出席議員の3分の2以上の多数で再議に付された議決と同じ議決がなされたときは，その議決は確定します（176条３項）。一方，条例・予算の議決以外の議決については，その議決の日から10日以内に，理由を示して再議に付し，再議の結果，出席議員の過半数で再議に付された議決と同じ議決がなされたときは，その議決は確定します（同条２項）。いずれの場合も議決がなされなかったときは，その議案は廃案となります。

特別拒否権は，違法な議決等に対して，長が必ず再議に付さなければならないというものです。すなわち，議会の議決または選挙が，その権限を超え，または法令・会議規則に違反すると認めるときは，長は理由を示してこれを再議に付し，または再選挙等を行わせなければなりません（同条４項）。

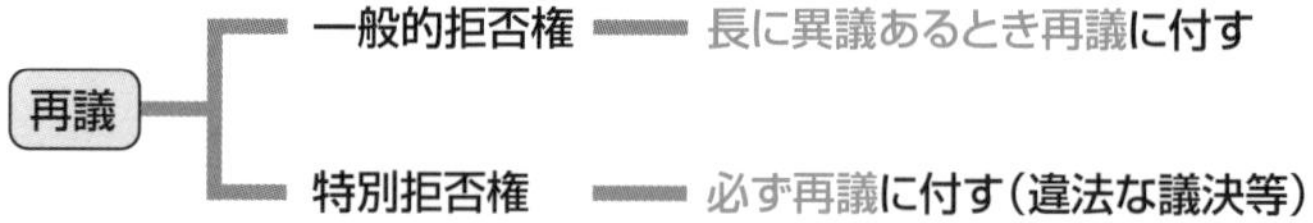


### （ii）議会による長の不信任議決と議会の解散

長と議会が対立し，その間に妥協点を見出せず対立が長引くことになると，行政の円滑な執行ができなくなります。そこで，このような場合には，議会は長に対して不信任案を議決し，長は，これに対抗する手段として解散権を行使することが認められています。これによって，最終的には住民の判断，すなわち**選挙で事態の解決を図る**ことになります。

不信任議決をする場合には，**議員数の3分の2以上**の者が出席し，**その4分の3以上の者の同意**が必要となります（178条３項）。議会が長の不信任議決をしたときは，議長は直ちにその旨を**長に通知**しなければなりません（同条１項前段）。長は，通知を受けた日から**10日以内に議会を解散**することができ（同条同項後段），もし10日以内に議会を解散しない場合は，その**10日間を経過した日に長は失職**します（同条２項）。

これに対し長が議会を解散した場合には，解散後初めて招集された議会において，**再度不信任議決が成立**したときは，**議長から長に対しその旨の通知があった日**に長は失職します（同条同項）。この場合の再度の不信任議決は，**議員数の3分の2以上の者が出席し，その過半数の同意**で成立します（同条３項）。＊

＊内閣の場合と異なり，信任決議案の否決による解散は明文の規定がありません。

不信任議決の効果

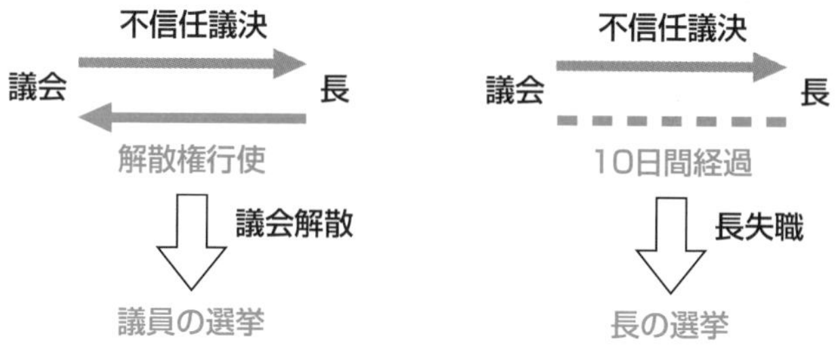


## 閑話休題

不信任議決がなされるのは，議会が，「こんな長には，もう行政運営を任せておけない」と愛想をつかしたような場合がほとんどです。これによって長と議会は，いわばバトル状態になります。

不信任議決に対して長が議会を解散すると，議員の選挙が行われ，新たに構成された議会がこのバトルに決着をつけることになります。不信任議決に対して長が何もしないで10日間を経過すると，長は自動的に失職しますから，この場合「長の負け」のように思われるかもしれません。しかし，失職後の出直し選挙でその長が再び当選すると，最終的には「長の勝ち」となります。結局，いずれの場合も，選挙の結果により勝敗が左右されるのですから，どちらに理があるか最終的には主権者たる住民によって判断されることになるわけです。以前，ある地方の市で，市長と議会（および市役所職員）との深刻な対立・緊張関係がマスコミの話題をにぎわせたことがありますが，感情的なレベルにまで対立がこじれてしまうと，住民に判断を委ねるしか解決の糸口は見出せないでしょう。

**ここが狙われる**

地方自治法上，普通地方公共団体の議会が自らの意思決定により解散（自主解散）できるとの規定は存在しませんが，「地方公共団体の議会の解散に関する特例法」により自主解散が認められています。

### (3) 行政委員会・行政委員

地方公共団体の執行機関としては，独任制の長のほか，法律の定めにより合議制の執行機関として各種委員会・委員が設置されます（138条の４第１項)。これは，政治的中立性や専門技術的判断の要求される事務領域について，長への権力の集中を防止し，公正かつ中立的な行政運営を推進することを目的とする制度です。そのため，これらの委員会・委員は，基本的に長から独立した地位をもち，定められた権限については長の束縛を受けることなく行使することができます。この長からの独立性を保つために，委員会は，その権限に属する事務に関し，条例や規則に反しない限度で規則その他の規程を定めることができます（同条２項)。

地方自治法上，行政委員会・委員は，次の表のとおり，都道府県・市町村ともに設置しなければならないもの，都道府県が設置しなければならないもの，市町村が設置しなければならないものに区別されています（180条の５)。

| |
|---|
| **都道府県・市町村に置かなければならないもの** |
| 教育委員会　選挙管理委員会　人事委員会*　監査委員 |
| **都道府県に置かなければならないもの** |
| 公安委員会　地方労働委員会　収用委員会<br>海区漁業調整委員会　内水面漁場管理委員会 |
| **市町村に置かなければならないもの** |
| 農業委員会　固定資産評価審査委員会 |

＊人事委員会を置かない場合は，公平委員会を置かなければなりません。ただし，都道府県，指定都市には必ず人事委員会を置かなければならないこととされています。

**ステップアップ**

本文の表に青ゴシックで示した委員会・委員についてその概要を説明しておきます。細かく暗記する必要はありませんが，一応どんなものか，頭に入れておくほうがよいでしょう。

① **教育委員会**

地域の実情や民意に即した教育を推進することを使命とする教育行政機関です。具体的には，学校その他の教育機関の管理，学校の組織編制，教育課程，教科書その他の教材および教育職員の身分取扱いに関する事務，社会教育その他教育，学術および文化に関する事務の管理執行を職務とします（180条の８）。

② **選挙管理委員会**

各種の国政選挙や住民投票も含めた地方選挙の事務を管理する合議制の行政機関です（181条）。委員は４人で，事務処理の公正を期するために，議会が選挙によって選任します（182条１項）。

③ **人事委員会・公平委員会**

どちらも人事行政の公平の確保を目的として設置される行政機関です（202条の２）。都道府県と指定都市は人事委員会，指定都市を除く人口15万人以上の市と特別区は人事委員会か公平委員会，人口15万人未満の市，町村と地方公共団体の組合は公平委員会の設置が義務づけられています（地方公務員法７条）。

④ **監査委員**

地方公共団体の財務に関する事務の執行やその経営に係る事業の管理を監査することを職務とする独任制の行政機関です（195条）。監査委員の定数・資格・選任・任期等については，P414で多少詳しく説明します。

⑤ **（都道府県）公安委員会**

警察活動の不偏不党，公正中立を確保することを目的に，都道府県警察を管理する行政機関です。機構上は，都道府県知事の下に置かれますが，職務のうえでは，知事から独立した立場にあります（180条の９）。

⑥ **収用委員会**

土地収用裁決等の事務を行う行政機関です（202条の２第５項）。委員は７人で，都道府県知事が議会の同意を得て任命します。その任期は３年です（土地収用法52条，53条）。

# 4　地域自治区

## (1) 意義

市町村は，市町村の権限に属する事務を分掌させ，および地域の住民の意見を反映させつつ事務を処理させるために，条例で，市町村の一定の区域ごとに地域自治区を設けることができます（202条の４第１項）。＊1

＊1地域自治区は，法人格を有しない行政区画であり，その基本的性格は，指定都市に設けられた区と同じです。

この制度は，市町村合併の推進によって市町村の規模が拡大する中，市町村の一定の区域を一単位とした区域を設け，地域内を分権化することにより，当該地域内の住民の意思を地域行政により反映させることを目的としています。地域自治区の行うべき具体的な事務としては，当該地域の福祉，防災，環境保護，地域づくりの計画の策定等多岐にわたる仕事が想定できます。

## (2) 地域自治区の組織

地域自治区には，事務所が置かれ，事務所の位置，名称，所管区域については条例で定め，事務所の長は，長の補助機関である職員をもって充てることとされています（同条２項･３項･４項）。

地域自治区には，その区域内に住所を有する者の中から，市町村長が選任する者を構成員とする地域協議会が設置され，会長および副会長が置かれます。その構成員は，地域自治区の区域内に住所を有する者の中から，市町村長によって選任されます（202条の５，202条の６）。＊2

＊2地域協議会の構成員の任期は4年以内において条例で定める期間です。構成員は無報酬とすることも可能です。

地域協議会は，地域自治区の事務所が所掌する事務に関する事項等一定の事項について審議したうえ，市町村長その他の市町村の機関に意見を述べることができます。これに対して，市町村長その他市町村の機関は，地域協議会の意見を勘案し，必要があると認めるときは，適切な措置を講じなければならないとされています（202条の７第１項・２項）。

**実戦過去問**（問題文の一部を変更してあります）　　行政書士　令和元年度

普通地方公共団体の議会に関する次の記述のうち，正しいものはどれか。

1　議会は，長がこれを招集するほか，議長も，議会運営委員会の議決を経て，自ら臨時会を招集することができる。

2　議員は，法定数以上の議員により，長に対して臨時会の招集を請求することができるが，その場合における長の招集に関し，招集の時期などについて，地方自治法は特段の定めを置いていない。

3　議会は，定例会および臨時会からなり，臨時会は，必要がある場合において，付議すべき事件を長があらかじめ告示し，その事件に限り，招集される。

4　議員は，予算を除く議会の議決すべき事件につき，議会に議案を提出することができるが，条例の定めがあれば，1人の議員によってもこれを提出することができる。

5　議会の運営に関する事項のうち，議員の請求による会議の開催，会議の公開については，議会の定める会議規則によるものとし，地方自治法は具体的な定めを置いていない。

**解　説**

1　×　議長は，議会運営委員会の議決を経て，長に対して臨時会の招集を請求することができ，長が20日以内にこの請求に応じないときは，議長が臨時会を招集することができます（地方自治法101条2項・6項)。

2　×　法定数以上の議員による臨時会の招集があった場合，長は，請求日から20日以内の招集が義務づけられています（同法101条4項)。

3　○　臨時会は，必要がある場合において，長によってあらかじめ告示された特定の案件を審議するために招集されます（同法102条3項・4項)。

4　×　議員が議案を提出するには，議員の定数の12分の1以上の賛成を必要とします（同法112条2項)。条例で定めれば1人の議員でも提出できるとの特例は認められていません。

5　×　地方自治法に，議員の定数の半数以上の者からの請求による会議の開催（同法114条1項)，会議公開の原則（同法115条1項）等に関して具体的な規定が設けられています。

**正解　3**

## 実戦過去問

行政書士　平成23年度

地方自治法の規定する普通地方公共団体の執行機関に関する次の記述のうち，正しいものはどれか。

1　地方自治法は，普通地方公共団体にその執行機関として普通地方公共団体の長の外，条例の定めるところにより，委員会又は委員を置くと規定している。
2　地方自治法における執行機関は，行政官庁の命を受け，実力をもって執行することを任務とする機関をいう。
3　執行機関として置かれる委員会は，法律の定めるところにより法令又は当該普通地方公共団体の条例若しくは規則に違反しない限りにおいて，規則その他の規程を定めることができる。
4　普通地方公共団体の長は，当該普通地方公共団体の執行機関相互の間にその権限の帰属につき疑義が生じたときは，自らその権限を行使することができる。
5　執行機関としての長，委員会及び委員は，一定の場合，議会において議決すべき事件について専決処分を行うことができる。

**解　説**

1　×　委員会または委員は，条例ではなく法律の定めるところにより設置されます（地方自治法138条の４第１項）。
2　×　地方自治法上は，議決機関である議会と対比して，長や委員会などを執行機関と呼んでいます（地方自治法第７章）。
3　○　普通地方公共団体の委員会は，条例や規則に反しない限りにおいて，その権限に属する事務に関し，規則その他の規程を定めることができます（地方自治法138条の４第２項）。
4　×　長は，委員会等に属する事務を自ら行うことはできません。一定の調整権限があるだけです（地方自治法138条の３第３項参照）。
5　×　専決処分を行い得るのは長だけであり（地方自治法179条），委員会や委員にそのような権限は認められていません。

**正解　３**

**実戦過去問**　行政書士　令和3年度

地方自治法が定める普通地方公共団体の長と議会の関係に関する次のア～オの記述のうち，正しいものの組合せはどれか。

ア　普通地方公共団体の議会による長の不信任の議決に対して，長が議会を解散した場合において，解散後に招集された議会において再び不信任が議決された場合，長は再度議会を解散することができる。
イ　普通地方公共団体の議会の議決が法令に違反していると認めた場合，長は裁量により，当該議決を再議に付すことができる。
ウ　普通地方公共団体の議会の議長が，議会運営委員会の議決を経て，臨時会の招集を請求した場合において，長が法定の期間内に臨時会を招集しないときは，議長がこれを招集することができる。
エ　普通地方公共団体の議会が成立し，閉会している以上，議会において議決すべき事件が議決されないことを理由に，長が当該事件について処分（専決処分）を行うことはできない。
オ　地方自治法には，普通地方公共団体の議会が長の決定によらずに，自ら解散することを可能とする規定はないが，それを認める特例法が存在する。

1　ア・イ　　2　ア・オ　　3　イ・エ　　4　ウ・エ　　5　ウ・オ

ア　×　再度の不信任議決があった場合，長は，その旨の議長からの通知があった日に失職します（地方自治法178条2項）。
イ　×　議会の議決が法令に違反していると認めた場合，長は再議に付さなければなりません（同法176条4項）。この場合，長に裁量は認められません。
ウ　○　本肢の場合，長が議長による臨時会の招集に応じないときは，議長が臨時会を招集することができます。（同法101条2項・5項）。
エ　×　議会において議決すべき事件が議決されない場合，長はその議決すべき事件を処分（専決処分）することができます（同法179条1項）。
オ　○　「地方公共団体の議会の解散に関する特例法2条」が根拠となります。
以上より，正しいものはウおよびオであり，5が正解となります。

**正解　5**

# 22 地方公共団体の住民とその権利

## 学習ナビゲーション

地方公共団体の住民は，住民自治の担い手として重要な役割を果たします。その意義および住民に認められる権利等については，正確に把握しておく必要があります。

地方公共団体の住民の権利として比較的出題率が高いものは，参政権，とりわけ住民の直接請求権です。直接請求権については，その要件，請求の相手先，請求後の手続等を混乱しないよう正確に覚えることが重要です。

## 1　住民とは

住民とは，地方公共団体の区域内に住所すなわち**生活の本拠を有する者**をいいます（民法22条参照）。市町村の区域内に住所を有する者は，当該市町村およびこれを包括する都道府県の住民となります（10条１項）。＊

＊市町村は，住民基本台帳法の定めるところにより，その住民につき，住民たる地位に関する正確な記録を整備しておかなければなりません（13条の2）。その記録が**個人を単位**とする住民票であり，住民基本台帳は住民票を**世帯ごと**に編成して作成されます。

その地方公共団体の区域内に住所を有していれば，自然人であると法人であるとにかかわらず住民として扱われます。自然人については，国籍，年齢，行為能力の有無も問いません。したがって，外国人であってもその区域内に住所を有している限り，当然住民となります。

住民は，その地方公共団体の構成員であるとともに，地方自治の運営の主体，いわば主権者としての地位をもつことになります。

**一歩前進**

市町村には住民基本台帳が備えられ，そこに住民登録をすることによって，選挙人名簿への登録がなされ，あるいは各種行政サービスを受けることができます。住民登録は，住民基本台帳法の規定により，出生届に基づきなされるほか，転出および転入の届出，転居の届出に基づきなされます。転入とは**市町村の区域内に新たに住所を定める**ことであり，転居とは**同一の市町村の区域内において住所を変更する**ことです。例えば，A市からB市に引越しをしたときは，A市への転出届（同法24条）をした後，B市への転入届をしなければなりません。A市の区域内で引越しをしたときは，転居届をすることになります。転入および転居の届出は，転入の日または転居の日からそれぞれ**14日以内**にすることが義務づけられ（同法22条，23条），その違反に対しては５万円以下の過料という罰則が規定されています（同法53条２項）。この過料は行政上の秩序罰であり，非訟事件手続法の規定により地方裁判所により科されます。

もっとも，住民登録をしていなくても，住民であることに変わりはありません。区域内に生活の本拠を有していることを証明すれば，地方公共団体から住民としての扱いを受けることができます。*

＊なお，外国籍の住民については，平成24年7月に外国人登録法は廃止され，３ヶ月を超えて在留する外国人については住民基本台帳に登録のうえ，住民票も発行されるという扱いになっています。

しかし，都市公園内にテントを張って生活しているホームレスについては，社会通念上そのテントの所在地が客観的に生活の本拠としての実体を備えているとはいえず，住所とみることはできないとされています（最判平20・10・3）。

### ここが狙われる

転入届があった場合，届出人に新たに当該市町村の区域内に住所を定めた事実があれば，法定事由以外の事由（本件では届出人が反社会的行為をした団体に所属しているという事由）を理由として転入届を受理しないという扱いは許されません（最判平15・６・26）。これを逆にいうと，届出人に居住の実態がないときは，市町村長は転入届の受理を拒否することができます。なお，**転入届の不受理は処分に該当**しますから，それに不服のある届出人は，処分取消訴訟を提起してその取消しを求めることができます（上記判例）。

# 2　住民の権利

住民には，役務の提供を受ける権利と地方公共団体の政治に参加する権利が認められます。

## (1)　役務《えきむ》の提供を受ける権利

住民は，その属する地方公共団体の役務の提供を等しく受ける権利を有しています（10条２項）。

「役務の提供を受ける権利」とは，道路，公園，学校，上下水道などの公の施設を利用したり，保険給付や様々な福祉サービスを享受するなど，いわゆる行政サービスを受ける権利のことです。

## (2)　政治参加の権利

憲法は，地方公共団体の長，議会の議員の選挙権を住民に保障し（憲法93条3項），これを受けて，地方自治法および公職選挙法が選挙権および被選挙権について具体的に定めています。

### ①　選挙権・被選挙権

#### (ⅰ) 選挙権

日本国民である年齢満18歳以上の者で，引き続き３ヶ月以上，同一の市町村の区域内に住所を有する者は，その属する地方公共団体の議会の議員および長を選挙する権利が認められます（18条，公職選挙法９条２項）。

#### (ⅱ) 被選挙権

被選挙権は，その属する地方公共団体の長または議会の議員として選挙される権利であり，立候補の自由として認められます。

被選挙権の要件は，選挙の種類によって次のように定められています（19条，公職選挙法10条）。

| 選挙の種類 | 被選挙権者 |
|---|---|
| 都道府県知事 | 年齢満30歳以上の者 |
| 都道府県議会議員 | その選挙権をもつ年齢満25歳以上の者 |
| 市町村長 | 年齢満25歳以上の者 |
| 市町村議会議員 | その選挙権をもつ年齢満25歳以上の者 |

**ここが狙われる**

都道府県知事・市町村長の被選挙権は，都道府県議会議員・市町村議会の議員と異なり，当該都道府県議会議員，市町村議会議員の選挙権を要件としていません。つまり，日本国籍を有する者で年齢要件を満たすものであれば，その地域の住民でなくても立候補し，長となることができます。

### ② 直接請求権

現行の地方自治制度は，国と同じく代表民主制を原則としていますが，住民自治をより実りあるものとするため，補完的に直接民主制的制度を採用しています。これには，次のようなものがあります。いずれも「日本国民たる普通地方公共団体の住民」にのみ認められる権利であり，外国人には認められないことに注意してください。

#### (ⅰ) 条例の制定・改廃請求

これは，住民が条例の制定，改正，廃止を請求することができる制度です（12条1項，74条)。

その請求は，当該地方公共団体の議員・長の選挙権を有する者が，その総数の50分の1以上の者の連署をもって，その代表者から長に対して行います（74条1項)。請求に際しては，議会の審議の対象となる条例案の添付が必要です。

この請求があると，長は請求の要旨を直ちに公表し，請求を受理した日から20日以内に議会を招集し，意見をつけて議会に付議します（同条3項)。付議された条例案は，議会で審議され，過半数で議決されることになります。*

当然のことながら，条例案が可決された場合は条例が成立しますが，否決された場合は，その条例は成立せず，改廃もされません。

＊審議に際しては，請求の代表者に意見を述べる機会を与え，審議結果は，長が代表者に通知し，公表します。

**ここが狙われる**

地方税の賦課徴収，分担金・使用料・手数料の徴収に関する条例は，直接請求の対象となりません。これらについても直接請求による条例の改廃対象とすると，負担軽減を求める住民からの改廃請求が頻発する懸念がある，というのがその理由です。

### (ⅱ) 事務の監査請求

これは，地方公共団体の事務執行の公正を確保するために，住民が，監査委員に対して事務執行の監査を請求する制度です（12条２項，75条）。

事務の監査請求は，その地方公共団体の議員・長の選挙権を有する者が，**その総数の50分の１以上の者の連署**をもって，その代表者から**監査委員**に対して行います（75条１項）。

この請求があると，監査委員は請求の要旨を公表します。そして，監査委員は請求事項について**監査を実施し，その結果に関する報告を決定**し，これを代表者に送付し，かつ公表するとともに，議会と長および関係のある委員会等に提出するものとされています（同条３項）。

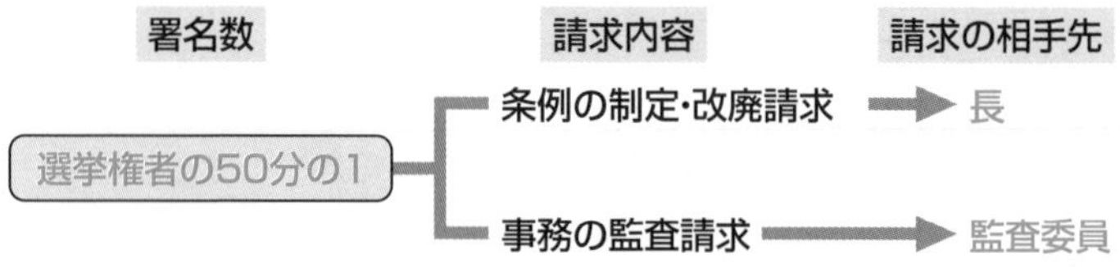


> **ここが狙われる**
>
> 事務監査請求の対象となる事務は，その地方公共団体の**事務全般**に及びます。後述の住民監査請求の場合と異なり，財務会計上の行為に限定されるわけではありません。なお，住民監査請求は外国人であってもすることができますが，事務の監査請求については，外国人はすることができません。混乱しやすいので注意しましょう。

### (ⅲ) 議会の解散請求

議会は，地方公共団体の意思決定機関であり，そこには住民の意思が適切に反映されなければなりません。しかし，ある争点について住民の多数意思とかけ離れた決定がなされたり，党派闘争などによって議会が機能不全に陥ることもあり得ます。住民による議会の解散請求の制度は，そのような場合の是正手段といえます（13条１項，76条）。

議会の解散請求は，その地方公共団体の議員・長の選挙権を有する者が，**その総数の3分の1以上の者の連署**をもって，代表者から**選挙管理委員会**に対して行います（76条１項）。

この請求があると，まず選挙管理委員会は請求の要旨を公表し，住民投票を実施します（同条３項）。その結果，有効投票の過半数の同意があれば，議会は解散することになります（78条）。

なお，この議会の解散請求は，その議会の議員の一般選挙のあった日から1年間および解散の投票のあった日から1年間は，することができないとされています（79条）。議会の仕事ぶりを判断するには，これくらいの期間は必要ということでしょう。

### (iv) 解職請求

これは，特定の議員や長，あるいは副知事，副市町村長，行政委員会の特定の委員等が不適任であると考えられる場合に，その者を住民の投票により辞めさせることができる制度です（13条２項，80条～88条）。

これには，選挙によってその地位に就く議員および長の解職請求と議会の同意に基づき長が任命する副知事，副市町村長，指定都市の総合区長，選挙管理委員会の委員，監査委員，公安委員会の委員の解職請求があります。議員や長の解職については，選挙人の投票次第で直接に失職の効果が生じますが，副知事や副市長村長その他選挙によらずにその職に就いた者については，請求後の議会の同意によって失職の効果が生じるという違いがあります。区別して覚えておきましょう。

#### (イ) 議員・長の解職請求

議会の議員と長の解職請求は，その地方公共団体の議員・長の選挙権を有する者が，その総数の3分の1以上の者の連署をもって，その代表者から選挙管理委員会に対して行います（80条，81条）。＊

＊議員の解職請求については，選挙区があるときは，その選挙区における選挙権者の総数の3分の1以上の者の連署を必要とします。

この請求があると，選挙管理委員会は，請求の要旨を公表し，選挙人の投票に付します。投票の結果，有効投票の過半数の同意があれば，解職請求の対象となった議員または長は失職することになります（83条）。なお，この解職の請求は，議員または長の就職の日から1年間および解職の投票の日から1年間はすることができません（84条）。

#### (ロ) 副知事・副市町村長その他委員の解職請求

副知事，副市町村長，指定都市の総合区長，選挙管理委員，監査委員，公安委員会の委員の解職請求は，その地方公共団体の議員・長の選挙権を有する者が，その総数の3分の1以上の者の連署をもって，代表者から長に対して行います（86条）。この場合の請求先は，選挙管理委員会ではなく，長とされていることに注意してください。

この請求があると，長は，請求の要旨を公表し，議会にこれを付議します。その結果，議会で，議員の3分の2以上の者が出席し，その4分の3以上の同意があれば，その者は失職します（87条）。

なお，副知事・副市町村長および指定都市の総合区長の解職請求について，就職の日から1年間，または議会の議決の日から1年間，他の委員については，それぞれ6ヶ月間，解職請求できないとされています（88条）。＊

＊住民の直接参政の制度として，本文の（ⅰ）～（ⅳ）の制度のほか，住民監査請求と住民訴訟の制度が設けられています。この2つの制度については後述します（P417以下参照）。

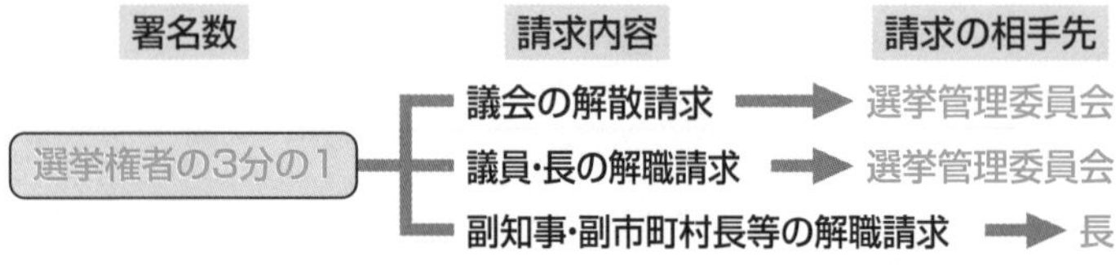


**一歩前進**

議会の解散請求，議員・長等の解職請求など有権者数の3分の1以上の者の署名を要する直接請求の制度については，選挙権を有する者の総数が40万を超える場合，40万を超え80万までは6分の1，80万を超える部分については8分の1に署名数の要件が緩和されています（76条1項，80条1項，81条1項，86条1項）。

選挙権を有する者の総数が大規模な地方公共団体では必要数の署名を集めることが困難であったことから，その総数が40万を超える地方公共団体について，平成14年の改正で，40万を超える部分については6分の1と請求要件が緩和されました。しかし，その改正後も，都市部においては必要数の署名を集めるのが困難であるため，平成24年9月施行の改正法でさらに署名数要件が引き下げられたものです。

## (3) 請願をする権利

請願とは，国や地方公共団体の機関に対して一定の事項について要望を陳述することです。憲法16条は，何人も平穏に請願をする権利を保障し，これを受けて国の機関に対する請願手続について請願法という法律が制定され，また地方自治法上も**議会に対して請願をする権利**が規定されています（124条）。

地方公共団体の議会に対して請願をするには，**議員の紹介**により**請願書**という書面を提出しなければなりません。議員の人数に制限はありませんから，１人の議員の紹介でも請願は可能です。この議員の紹介を欠く要望は，単なる陳情として扱われますから，次のような議会の**受理義務**，執行機関の**措置義務**等は生じません。

地方公共団体の議会に対して請願がなされた場合，議会には**請願を受理**し，これについて**採択・不採択の処置**を決定し，**誠実に処理する義務**が生じますが，それに拘束されたり，何らかの措置を講ずる義務まで生ずるわけではありません。ただ，その採択した請願でその地方公共団体の長，委員会等の執行機関において措置することが適当と認めるものは，長，委員会にこれを送付し，かつ，その請願の**処理の経過**および**結果の報告**を請求することができるとされています（125条）。

Check

**「地縁による団体」**

地縁による団体とは，自治会，町内会等の町または字の区域その他市町村の一定の区域に住所を有する者の地縁に基づいて形成された団体をいいます。

社会には，自治会，町内会をはじめ，草野球チームのようなスポーツ愛好団体，音楽サークルなど，無数の団体が存在します。民法を学ばれた方はご承知のとおり，団体に法人格が付与されるためには，それを認める法律の存在が必要です。上記のような団体については，代表者，管理者の定めがあるなど相当程度の組織性を備えていたとしても，法人格を取得していなければ，いわゆる権利能力なき社団として扱われます。権利能力なき社団については，その実態に即してなるべく法人に準じた扱いがなされますが，登記のような厳格な法的手続については，権利主体としての扱いを受けることができません。つまり，権利能力なき社団は，不動産をその所有名義で登記することはできず，一般的には，その団体の代表者の個人名義で登記することになります。

しかし，自治会，町内会の有する不動産についても，代表者の個人名義で登記しなければならないとすると，その権利関係が不明確となり，トラブルの元になります。そこで，これらの団体は，地域的な共同活動を円滑に行うため**市町村長の認可**を受けたときは，**規約に定める目的の範囲内で権利能力を取得**します（260条の２第１項)。つまり，認可を受けることによって，一定範囲の権利能力を取得しその団体名義で所有不動産を登記できることになるわけです。

認可地縁団体となるための要件としては，①良好な地域社会の維持および形成に資する地域的な共同活動を行なうことを目的とし，現にその活動を行なっていると認められること，②その区域が住民にとって客観的に明らかなものとして定められていること，③その区域に住所を有するすべての個人は，構成員となることができ，その相当数の者が現に構成員になっていること，④規約を定めていること，が定められています（同条２項)。認可地縁団体の規約は，当該規約に別段の定めがある場合を除き，総構成員の４分の３以上の同意があるときに限り変更することができますが（260条の３第１項)，その変更は**市町村長の同意**がなければ効力を生じません（同条２項)。

なお，認可を受けた地縁による団体は，民主的な運営の下に，自主的な活動を行い，①公共団体その他の行政組織の一部とすることを意味するものと解釈してはならない，②正当な理由がない限り，その区域に住所を有する個人の加入を拒んではならない，③特定の政党のために利用してはならない，④構成員に対して不当な差別的取扱いをしてはならない，とされています。

## 3　住民の義務

住民は，その所属する地方公共団体から役務の提供を受ける権利を有する反面，税金や分担金，使用料，手数料等の**負担を分任する義務**を負います（10条２項)。＊

＊分担金，使用料，手数料等の意味は次講を参照してください。

## 実戦過去問　　行政書士　令和2年度

住民について定める地方自治法の規定に関する次のア～オの記述のうち，正しいものの組合せはどれか。

ア　市町村の区域内に住所を有する者は，当該市町村およびこれを包括する都道府県の住民とする。
イ　住民は，日本国籍の有無にかかわらず，その属する普通地方公共団体の選挙に参与する権利を有する。
ウ　住民は，法律の定めるところにより，その属する普通地方公共団体の役務の提供をひとしく受ける権利を有し，その負担を分任する義務を負う。
エ　日本国民たる普通地方公共団体の住民は，その属する普通地方公共団体のすべての条例について，その内容にかかわらず，制定または改廃を請求する権利を有する。
オ　都道府県は，別に法律の定めるところにより，その住民につき，住民たる地位に関する正確な記録を常に整備しておかなければならない。

1　ア・ウ　　2　ア・オ　　3　イ・ウ　　4　イ・エ　　5　エ・オ

**解　説**

ア　○　市町村の区域内に住所を有する者は，当該市町村およびこれを包括する都道府県の住民となります（地方自治法10条1項）。例えば，神奈川県横浜市に住所を有する人は，横浜市の住民であるとともに，神奈川県の住民でもあるという当たり前の話です。

イ　×　普通地方公共団体における選挙権および被選挙権はともに日本国民であることが要件となります（18条，19条）。

ウ　○　地方自治法10条2項そのままの記述です。

エ　×　条例のうち，地方税の賦課徴収，分担金・使用料および手数料に関するものは，直接請求の対象から除外されています（同法12条1項かっこ書）。

オ　×　住民たる地位に関する正確な記録を常に整備しておかなければならないのは，都道府県ではなく，市町村です（同法13条の２）。

以上より，正しいものはアおよびウであり，1が正解となります。

**正解　1**

## 実戦過去問

行政書士　平成18年度

地方自治法における直接請求に関する次の記述のうち，正しいものはどれか。

1　直接請求として，地方税の賦課徴収，分担金，使用料，手数料の徴収に関する条例の制定改廃を求めることも可能である。

2　知事・市町村長のみならず，選挙管理委員，監査委員などの役員も，直接請求としての解職請求の対象となる。

3　条例の制定改廃を求める直接請求が成立した場合，首長は住民投票を行って過半数の同意が得られれば，議会の同意を経ることなく条例を公布することができる。

4　首長等の解職を求める直接請求は，あくまでも解職請求権の行使を議会に求めるものであり，直接請求が成立した場合においても，首長を解職するか否かの最終判断は議会が行う。

5　一般行政事務の監査請求は，他の直接請求とは異なり，選挙権者の50分の１以上の賛成という要件が不要なので，一人でも監査請求をすることができる。

### 解　説

1　×　地方税の賦課徴収，分担金，使用料，手数料の徴収に関する事項は，条例の制定改廃の直接請求の対象から除かれています（地方自治法74条）。

2　○　選挙管理委員，監査委員等についても，解職請求の対象とされています（地方自治法86条１項）。

3　×　条例の制定改廃については，住民投票ではなく，議会の議決を必要とします（地方自治法74条３項参照）。

4　×　長の解職について直接請求が成立した場合は，住民投票により過半数の同意があったときは解職されます（地方自治法83条）。

5　×　事務の監査請求は，選挙権者の50分の１以上の連署を必要とします（地方自治法75条１項）。住民監査請求と混同しないよう注意。

**正解　2**

**実戦過去問**（問題文の一部を変更してあります）　　　行政書士　平成25年度

住所に関する次の記述のうち，誤っているものはどれか。争いがある場合には，最高裁判所の判例による。

1　日本国民たる年齢満18歳以上の者で引き続き一定期間以上市町村の区域内に住所を有するものは，その属する普通地方公共団体の議会の議員及び長の選挙権を有する。
2　日本国民たる普通地方公共団体の住民は，地方自治法の定めにより，条例の制定又は改廃を請求する権利を有するが，日本国籍を有しない者であっても，そこに住所を有していれば，こうした権利を有する。
3　公職選挙法上の住所とは，各人の生活の本拠，すなわち，その人の生活に最も関係の深い一般的生活，全生活の中心を指す。
4　都市公園内に不法に設置されたテントを起居の場所としている場合，テントにおいて日常生活を営んでいる者は，テントの所在地に住所を有するということはできない。
5　地方自治法に基づく住民訴訟は，当該地方公共団体に住所を有する者のみが提起することができ，訴訟係属中に原告が当該地方公共団体内の住所を失えば，原告適格を失う。

**解　説**

1　○　日本国民で，「年齢満18年以上」および「引き続き3ヶ月以上市町村の区域内に住所を有すること」が要件となります（地方自治法18条）。
2　×　条例の制定改廃請求権は，「日本国民」たる普通地方公共団体の住民に認められます（同法12条1項）。
3　○　公職選挙法上の住所も，一般の住所概念と同じく，「各人の生活の本拠」ということになります。
4　○　都市公園内に不法に設置されたテントを起居の場所としても，社会通念上客観的に生活の本拠としての実体を有していないので，当該テントの所在地に住所を有するとはいえません（最判平20·10· 3）。
5　○　当該地方公共団体の住民であることは住民訴訟の訴訟要件です。この点については，P419以下を参照してください。

**正解　2**

# 23 地方公共団体の財務

## 学習ナビゲーション

憲法94条によって地方公共団体に保障された自主財政権を適正・円滑に処理するため，地方自治法には財務に関する細かい規定が多数設けられています。また，財務会計上の専門用語も散りばめられていますが，これらに深入りし過ぎるとキリがないので，その基本的な仕組みと基本的な用語の意味を押さえておけば十分です。住民監査請求および住民訴訟については出題頻度が高いので，制度相互の関連性や手続内容の正確な理解に努めてください。

## 1　地方公共団体の会計

会計とは，地方公共団体の現金と物品の出納・保管およびこれらに付随する事務を指し，財務の一部を成すものです。

### (1) 会計年度

地方公共団体の会計年度は，**毎年4月1日**に始まり，**翌年3月31日**に終わります（208条１項）。これは，国や独立行政法人の会計年度と同じです。

各会計年度における歳出（一会計年度内の一切の支出）は，その年度の歳入（一会計年度内の一切の収入）をもってこれに充てなければならないこととされています（同条２項）。これを**「会計年度独立の原則」**といいます。この原則は，ほかの年度にわたって支出を認めると財務関係が不明確になるので，これを防止することを目的とするものですが，継続費，繰越明許費，事故繰越等一定の例外が認められています。

### (2) 会計区分

地方公共団体の会計は，一般会計と特別会計に区分されます。一般会計とは，地方公共団体の基本となる会計のことです。特別会計とは，地方公共団体が特定の事業を行う場合などに，一般の歳入歳出と区分して独立の会計を設けて経理を行う必要があるときに条例で設けられる会計のことです（209条）。＊

＊特別会計の対象となる「特定の事業」とは，例えば市営バスの運行などの交通事業，市立病院の経営などの病院事業，水道事業などです。

**地方公共団体の会計**
- 一般会計（特別会計以外のものすべて）
- 特別会計（特定の事業を行う場合等）

## 2 予算

### (1) 意義

予算とは，一会計年度内における歳入歳出の見積もりのことです。歳入予算は単なる収入の見積もりに過ぎませんが，歳出予算は，支出の予定見積もりであると同時に，長に対して予算で定める目的および金額の範囲内で支出する権限を付与するとともに，支出の限度や内容を制限する拘束力をもちます。

### (2) 予算の内容

予算の内容は，次の７種類から成っています（215条）。以下，要点を説明しておきます。その要点を大まかにでも押さえておいてください。

#### ① 歳入歳出予算

一会計年度における一切の収入支出は，すべて歳入歳出予算に計上しなければなりません。これを総計予算主義といいます(210条)。これは，収支のバランスの把握を容易にするためです。

歳入歳出予算には，予算外の支出または予算超過の支出に充てるため一般会計に必ず予備費を計上しなければなりません。特別会計には予備費を計上しないこともできます（217条１項）。予備費の支出は，議会の議決を必要とせず，長の権限で行うことができますが，議会の否決した費途に充てることができません（同条

２項)。＊

＊国の予算については，予備費は「設けることができる」とされ（憲法87条1項），その設定は必ずしも義務的なものではありません。また，国の予備費の支出について，内閣は国会の事後承諾を得る必要がありますが（憲法87条2項），地方公共団体の予備費の支出については議会の承諾は必要ありません。

**②　継続費**

公の施設の建築工事などのように，事業の完了までに数年を要するものについては，予算の定めるところにより，その経費の総額および年割額を定め，数年度にわたって支出することができます（212条）。これを継続費といいます。

**③　繰越明許費**

例えば，橋の建設のために予算を計上したが，非常災害などの特別な事情のために，その予算の執行が遅延し，その年度内にその支出を終わらないものについては，翌年度に繰り越してその予算を使用することができます。このように，その性質上または予算成立後の事由に基づき年度内にその支出を終わらないものを繰越明許費といいます（213条）。

**④　債務負担行為**

歳出予算の金額，継続費の総額または繰越明許費の金額の範囲外において，地方公共団体が債務を負担する行為をするには，予算で債務負担行為として定めておかなければなりません(214条)。

**⑤　地方債**

地方債は，一定の経費を調達するための地方公共団体の借入金で，その償還が一会計年度を越えて行われるものです。地方債を起こすときは，起債の目的，限度額，方法，利率および償還方法を予算で定めなければなりません（230条）。

地方債は，地方公共団体の長期の借金ですから，財政の健全性を維持するため野放図な起債は許されず，起債に際しては，原則として総務大臣または都道府県知事との協議・同意が必要とされています（地方財政法5条の３）。

**⑥　一時借入金**

一時借入金とは，会計年度において歳出に計上した予算の現金に不足を生じた場合に，その不足を補うための単年度の借入金のことをいいます。借入れの最高限度額は，予算で定めるものとされ，その会計年度の歳入をもって償還しなければならないこととされています（235条の３）。

**⑦　歳出予算の各項の経費の金額の流用**

歳出予算の経費の金額は，各款の間または各項の間においては相互にこれを流用することができないのが原則ですが（220条2項本文），各項の経費の金額については，予算の執行上必要がある場合に限り，予算で定めるところに従って，これを流用することができます（同条同項ただし書）。

### (3) 予算に関する手続

#### ① 長の議会提出

地方公共団体の長は，毎会計年度ごとに予算を調製し，年度開始前に，議会の議決を経なければなりません（211条1項前段）。これは，いわゆる本予算ですが，長は，本予算に追加・変更を加える補正予算，本予算成立までのつなぎとしての暫定予算を調製し議会に提出することができます（218条1項・2項）。

長が提出した予算案について，議会は修正をすることができます。ただし，増額修正については，長の予算提出の権限を侵すことができないという限界があります（97条2項）。減額修正については明文の規定はありませんが，当然に可能と解されます。

**ここが狙われる**

予算案を作成し議会に提出できる権限は，長に専属するものです。議員や委員会には，予算の作成・提出権は認められません。

#### ② 予算の執行

地方公共団体の長は，政令で定める基準に従って予算の執行に関する手続を定め，これに従って予算を執行しなければなりません（220条1項）。

## 3 収入と支出

### (1) 収入

一会計年度内のすべての収入を歳入というのに対して，予算の執行の過程で財源となるべき現金・証券を個々に収納することを収入といいます。地方自治法が定める地方公共団体の収入としては，次のようなものがあります。

**地方公共団体の収入**
- 地方税
- 分担金
- 使用料（加入金を含む）
- 手数料
- 地方債

地方公共団体は，地方税法の定める規準に基づいて制定する条例により，各種の地方税を賦課徴収することができます（223条）。

分担金とは，例えば，地方公共団体のある一定地域の住民のために下水道工事をする場合に，受益者負担の見地により，その地域住民から徴収されるものです。使用料とは，例えば，市立体育館や野球場，公営住宅など公の施設の使用に際しての料金がこれにあたります。手数料とは，市町村が発行する住民票や印鑑証明，戸籍の謄抄本などの発行手数料のことです。

分担金，使用料，加入金および手数料に関する事項については，**条例**で定めなければなりません（228条１項）。これらの徴収に関しては，条例で５万円以下の過料を科する規定を設けることができます（同条２項）。督促を受けた納付義務者が期限までに納付しないときには，**滞納処分**の手続を経て，**強制的に徴収**することができます（231条の３第３項）。＊

＊滞納処分の手続については，P130の説明を確認しておいてください。

地方債は，先述したように，特定の使途に充てるための財源を確保するための会計年度を越えた借入れです（230条）。

**一歩前進**

その他の地方公共団体の収入としては，国からの**地方交付税**，**地方譲与税**，**国庫支出金**などがあります。地方交付税はその使途が特定されていませんが，地方譲与税については，その一部を除いて使途が特定されています。国庫支出金には，負担金，補助金，委託金等の種類があり，その使途が特定されています。そのため「ひも付財源」などと揶揄されることがあります。いわゆる「三位一体の改革」は，地方交付税を見直し，国庫補助負担金を削減し，その減収分を補うため，国から**一定の税源を地方公共団体に委譲**するものです。

## (2) 支出

歳出予算に基づいてその執行を命じる行為を支出といい，この命令に基づいて現金を支払う行為を支払いといいます。支払いは，長の支出命令を受け，会計管理者がその適法性を確認したうえで行います（232条の４）。つまり，会計管理者の独断で支出することはできず，支出するためには，長の命令が必要であることに注意してください。なお，地方公共団体は，その公益上必要がある場合においては，寄付または補助をすることができます（232条の２）。＊

＊逆にいえば，公益上必要のない寄付や補助は違法です。判例は，元県議会議員の親睦団体の内部的行事等に支出した補助金について，住民の福祉に直接役立つものでなく公益性が認められないことを理由として違法と判断しています（最判平18･1･19）。

**一歩前進**

公金の支出は，具体的には，支出負担行為すなわち支出の原因となるべき契約その他の行為があったことを前提に長の支出命令がなされることによって行われます。

これら支出負担行為，支出命令および支出は，公金を支出するために行われる一連の行為ですが，互いに独立した財務会計上の行為といえますから，後述の監査請求期間は，それぞれの行為があった日から各別に計算すべきとされています（最判平14・7・16）。

**ここが狙われる**

金銭の給付を目的とする地方公共団体の権利は，時効に関し他の法律に定めがあるものを除いて，その権利を行使することができる時から5年間行使しないときは，時効により消滅します。また，民法上の消滅時効と異なり，地方公共団体の金銭債権については，原則として時効の援用を必要とせず，また時効の利益を放棄することもできません。消滅時効の完成猶予や更新等については，原則として民法の規定が準用されます。地方公共団体に対する金銭債権すなわち地方公共団体の負担する金銭債務についても同様です（236条）。

## (3) 公金の収納・支払いの方法

公金の収納または支払いの事務を取り扱わせるために，都道府県は指定金融機関を置かなければならず，また，市町村は指定金融機関を置くことができるとされています（235条）。つまり，指定金融機関の設置は，都道府県の場合は義務的，市町村の場合は任意的です。

指定金融機関の設置は，公金を適正かつ安全に管理するためです。普通地方公共団体の現金の出納は，毎月例日を定めて監査委員がこれを検査しなければなりません（235条の２第１項）。

用語の説明

「出納」

「すいとう」と読みます。地方公共団体の現金の収入・支出をする作用のことです。出納は，翌年度の5月31日をもって閉鎖されます(235条の5)。

## (4) 決算

決算とは，毎会計年度の歳入，歳出について，当該会計年度の出納完結後に予算と実績を比べて作成する確定した計算のことです。決算は次の手続に従って行われます。

① 会計管理者は，毎会計年度，決算を調製し，出納の閉鎖後３ヶ月以内に，一定の付属書類とともに，これを長に提出します（233条１項）。

② 長は，会計管理者から提出された決算および付属書類を監査委員の監査に付した後，監査委員の意見を付けて，次の通常予算を議する会議までに議会の認定に付さなければなりません（同条２項・３項）。認定に付した決算の要領は住民に公表しなければなりません（同条6項）。

③ 長は，決算の認定に関する議案が否決された場合において，当該議決を踏まえて必要と認める措置を講じたときは，速やかに，当該措置の内容を議会に報告するとともに，これを公表しなければなりません（同条7項）。

## (5) 契約の方法

地方公共団体の行う売買，賃貸，請負その他の契約は，一般競争入札，指名競争入札，随意契約，せり売りの方法により締結されます（234条１項）。一般競争入札とは，入札参加者を限定せず不特定多数者の間で入札価格等を競わせ，そのうち地方公共団体にとって最も有利な内容を提示した者と契約を締結する方法です。この一般競争入札は，指名競争入札や随意契約よりも公正かつ合理的な内容の契約が可能となると考えられることから，地方公共団体の締結する契約は一般競争入札によるのが原則とされています。指名競争入札，随意契約，せり売りは政令で定める場合に該当するときに限り，これらの方法によることができます（同条2項）。

**一歩前進**

指名競争入札とは，資格要件等により入札参加者を限定する方法であり，随意契約は入札によらず契約の相手方を任意に決定する方法です。判例は，地方公共団体が指名競争入札に参加させようとする者を指名するにあたり，地元の経済の活性化にも寄与することを考慮して地元企業を優先的に指名することは合理的な裁量権の行使として許容される，としています（最判平18・10・26）。また，随意契約によることができない場合に該当するにもかかわらず，地方公共団体が締結した違法な随意契約であっても，私法上当然に無効とはならない，とされています（最判昭62･5･19）。

## 4　公《おおやけ》の施設

### (1)　住民の福祉の増進のために設置・供用される施設

公の施設とは，地方公共団体が住民の福祉を増進する目的をもって，その利用に供するために設ける施設をいいます（244条1項）。その例としては，道路，公園，体育館，運動場，図書館，公会堂，公民館，公立学校，公営住宅等があります。

アドバイス
公の施設は，財務と直接の関係はありませんが，地方公共団体の財産管理との関連がありますから，便宜上ここで説明します。案外，出題率が高いので，基本的事項は確実に押さえておきましょう。

**一歩前進**

公の施設は「住民の福祉を増進する目的」で設置されることが必要ですから，競輪場，競馬場，オートレース場のように，単に財政上の必要から設けられるものはこれに該当しません。また，「住民の利用に供する」ことが必要ですから，地方公共団体が直接使用する庁舎，利用者が限定される試験研究機関なども公の施設とはいえません。

### (2)　設置・管理・利用・廃止

#### ①　設置・管理

地方公共団体は，法律または政令に特別の定めがあるものを除くほか，公の施設の設置およびその管理に属する事項は，条例で定めなければなりません（244条の２第１項）。公の施設は，その地方公共団体の区域外においても，関係地方公共団体との協議により，設置することができます（244条の３第１項）。

### ②　指定管理者

地方公共団体は，公の施設の設置の目的を効果的に達成するために必要があると認めるときは，条例の定めるところにより，法人その他の団体で地方公共団体が指定するものに，公の施設の管理を行わせることができます(244条の２第３項)。この団体を「指定管理者」といいます。この指定管理者制度は，民間への単なる業務委託とは異なり，公の施設の管理・運営を公共団体のほか法人である民間事業者に委ねる制度です。その指定については，期間を定めて行うとともに，あらかじめ議会の議決を経ることが必要です（同条５項・６項）。

地方公共団体は，適当と認めるときは，指定管理者にその管理する公の施設の利用にかかる料金を当該指定管理者の収入として収受させることができます(同条８項)。その利用料金については，公益上必要があると認める場合を除いて，条例の定めにより，指定管理者があらかじめその地方公共団体の承認を得て定めることとされています（同条９項）。

**閑話休題**

指定管理者制度は，「民間でできることは民間に」というスローガンの下，平成15年の地方自治法改正によって導入され，現在，野球場，体育館，プール等のスポーツ施設，福祉施設，市民会館，図書館等地方公共団体の数多くの施設が指定管理者によって管理・運営されています。指定管理者となり得るのは，社会福祉法人や学校法人，ＮＰＯ法人などのほか，営利法人である会社でもＯＫです。この指定管理者制度を活用して施設の管理・運営権限を民間に委ねることにより，「お役所仕事」では実現できないような施設の効率的な活用と住民サービスの向上を図ることが期待されています。実際，プロ野球の球団を市営球場（千葉マリンスタジアム）の指定管理者としたり，プロサッカーチームの運営団体を県営サッカー場（カシマサッカースタジアム）の指定管理者として成功した例も散見されます。一方で，管理者が過度の効率化を追求するあまり，逆にサービス水準の低下を招いたり，いわゆる「官製ワーキングプア」を生み出す温床になっているとの問題性も指摘されています。

### ③　公の施設の利用・廃止

地方公共団体は，正当な理由がない限り，住民が公の施設を利用することを拒んではならず（244条２項），また，住民が公の施設を利用することについて，不当な差別的取扱いをしてはならないこととされています（同条３項）。

住民のほか，当該普通地方公共団体の区域内に別荘を所有し地方税を負担するなど「**住民に準ずる地位にある者**」についても，不当な差別的取扱いは許されません（最判平18･7･14）。もっとも，その地方公共団体の住民以外の利用者から**相当の範囲内**で住民よりも高額の使用料を徴収することは，不当な差別に当たらないと解されています。

**ここが狙われる**

地方公共団体は，条例で定める重要な公の施設のうち，**条例で定める特に重要なもの**について，これを**廃止**し，または**条例で定める長期かつ独占的な利用**をさせようとするときは，議会において**出席議員の3分の2以上の同意**を得なければなりません（244条の２第２項）。

### (3)　公の施設の利用に関する処分についての審査請求

公の施設の利用に関して普通地方公共団体の長がした処分については，長に審査請求をすることになります（行政不服審査法4条１号）。

長以外の機関がした処分については，指定管理者がした処分も含めすべてその地方公共団体の**長に対して審査請求す**べきものとされています（244条の４第１項）。この審査請求があったとき，長は，当該審査請求が不適法であり却下するときを除き，**議会に諮問**した上，当該審査請求に対する裁決をしなければなりません（同条２項）。

## 5　監査

地方公共団体における監査には，監査委員による監査と外部監査契約に基づく外部監査人による監査があります。

## (1) 監査委員による監査

### ①　監査委員の定数・資格・選任・任期

監査委員の定数は，都道府県と政令指定都市では４人，その他の市および町村は２人とされています。ただし，条例でその定数を増加することができます（195条）。

監査委員は，財務等の行政運営に関して優れた識見を有する者と議会の議員のうちから，長が議会の同意を得て選任します。もっとも，条例で定めれば，議員のうちから監査委員を選任しないものとすることができます（196条１項）。＊1

＊1監査委員は地方公共団体の常勤の職員および短時間勤務職員との兼職はできません（196条３項）。また，長・副知事・副市長村長と親子・夫婦・兄弟姉妹の関係にある者は監査委員となることができません（198条の2）。

監査委員の任期は，識見を有する者から選任される者は4年，議員のうちから選任される委員の任期は議員の任期によりますが（197条），その職務の公正を担保するための身分保障がなされています。すなわち，長は，監査委員が心身の故障のため職務の執行に堪えられない，あるいは職務上の義務違反その他監査委員たるに適しない非行があると認めるとき以外は，その意に反して罷免することはできません。また，罷免に際しては，議会の委員会における公聴会を経たうえ，議会の同意を得ることが要求されています（197条の２）。

### ②　監査の種類

監査委員の監査には，一般監査と特別監査があります。

#### (ⅰ) 一般監査

#### (イ) 財務監査

監査委員は，地方公共団体の財務に関する事務の執行および地方公共団体の経営にかかる事業の管理を監査します（199条１項）。

この監査は，毎会計年度少なくとも1回以上，期日を定めて行う必要があります（同条４項）。

#### (ロ) 行政監査

監査委員は，必要があると認めるときは，一定の場合を除いて，地方公共団体の事務の執行についても監査することができます（同条２項）。＊2

＊2自治事務については，労働委員会や収用委員会の権限に属する事務，法定受託事務については，国の安全を害するおそれがある事項に関する事務等はその対象外となります。

#### (ⅱ) 特別監査

特別監査は，住民の直接請求による事務監査（75条），議会の請求による事務監査（98条２項），長の要求による監査（199条６項），住民監査請求による監査（242条）等，他の機関からの要求があった場合に行う監査です。

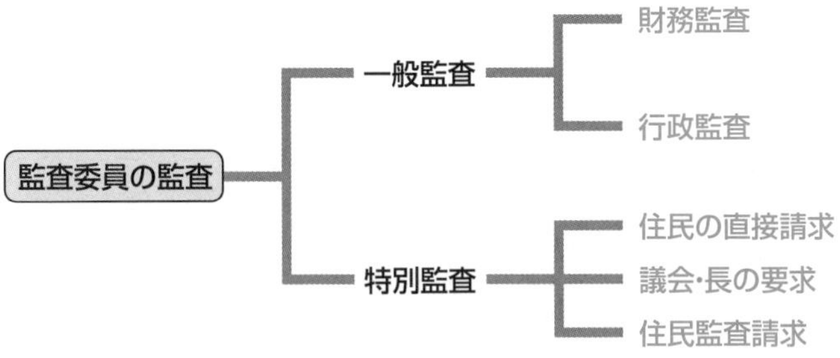


#### ③　監査基準の策定

監査委員は，監査基準を合議により定め，これを定めたときは，直ちに，議会，長，委員会および委員に通知するとともに，これを公表しなければなりません。監査基準を変更した場合も同様です（198条の４）。監査の職務を遂行するに当たっては，この監査基準に従い，常に公正不偏の態度を保持すべきことが要求されています（198条の３第１項）。

#### ④　監査の方法

監査委員は，監査のため必要があると認めるときは，関係人の出頭を求め，関係人について調査し，または関係人に対し帳簿，書類その他の記録の提出を求めることができます（199条８項）。もっとも，議会の調査権（100条）のような強制的な権限は認められていません。

監査を行ったときは，監査の結果に対する報告を決定し，これを地方公共団体の議会および長その他の関係機関に提出するとともに，公表しなければなりません（199条９項）。この報告に添えて，意見を提出することも認められています（同条10項）。

監査の結果に関する報告のうち，議会，長，委員会等において特に措置を講ずる必要があると認める事項については，理由を付して必要な措置を講ずべきことを勧告することができ，その勧告内容は公表されます（同条11項）。

### (2)　外部監査人による監査

#### ①　意義

監査委員は，議会の同意を得て長が任命するところから，監査委員による監査は，いわば「身内による監査」という性格をもたざるを得ません。そのため，どうしてもチェックが甘くなり，監査機能を適正に発揮できないことも生じ得ます。

外部監査人の監査は，監査委員による監査の限界を補い，監査の独立性，専門性を確保するため，外部の専門家との契約に基づき行われるものです。「外部の専門家」とは，地方公共団体の組織に属さず，その身分も地方公共団体の職員ではない者のことです。具体的には，地方公共団体の財務管理，事業の経営その他行政運営に関し優れた識見を有する者であって，弁護士，公認会計士，税理士および国の行政機関において会計監査に関する行政事務に従事した者であって，監査に関する実務に精通しているものとして政令で定めるものです（252条の28第１項・２項）。＊1

＊1弁護士，公認会計士，税理士となる資格を有する者も含まれます。

監査委員と外部監査人は，並列的な立場で監査を行います。

外部監査人は，監査を実施するにあたっては，監査委員にその旨を通知する等相互の連絡を図るとともに，監査委員の監査の実施に支障を来さないよう配慮しなければならないこととされ，他方，監査委員も監査を実施するにあたっては，外部監査人の監査の実施に支障を来さないよう配慮しなければなりません（252条の30）。

### ②　種類

外部監査には，包括外部監査と個別外部監査の２つがあります。

### (ⅰ) 包括外部監査

包括外部監査は，毎会計年度ごとに契約を締結し，外部監査人が費用対効果や事務の合理性の観点から必要と認める特定の事件に関し，財務監査を行うものです（252条の37第１項）。包括外部監査人は，契約期間中に少なくとも1回以上監査を行うことが義務づけられています（同条第３項）。

都道府県・政令で定める市については，包括外部監査契約を締結することが義務づけられています。その他の市町村については，外部監査を受けることを条例で定めれば，その締結を義務づけられることになります（252条の36）。＊2

＊2包括外部監査契約には，連続して4回以上同一の者と締結してはならないという制限があります（252条 の36第3項）。

### (ⅱ) 個別外部監査

個別外部監査は，事務監査請求（75条），議会からの監査請求（98条２項），長からの監査請求（199条６項），長からの財政的援助団体等に対する監査要求（同条７項），住民監査請求（242条１項）

等があった場合に，それらの個別事項ごとに契約を締結し，監査委員に代わって監査を行うものです（252条の27第３項）。

この監査は，監査委員の監査に代えて契約に基づく監査によることができることを条例で定めている地方公共団体が行うことができます（252条の39，252条の40，252条の41）。

**ここが狙われる**

包括外部監査と個別外部監査は異なる制度であって，並存することができます。

## (3) 住民監査請求と住民訴訟

**設例47**

甲市は，アメリカの乙市を提携都市とし，毎年多額の公費を使って市議会議員数名を行政視察の名目で，乙市に派遣している。しかし，行政視察の名目とは裏腹に，その実態は議員の慰労の性格の濃い観光旅行でしかない。

### ①　住民監査請求

#### (ⅰ) 財務会計上の行為に対する民主的統制手段

住民監査請求は，住民が地方公共団体の執行機関または職員の財務会計上の違法または不当な行為または職務を怠る事実について，その防止，是正，損害の填補等のため必要な措置をすべきことを監査委員に請求できる制度です（242条）。

住民監査請求は，住民の直接参政制度の一環として位置づけることができ，事務の監査請求制度（75条）に似ていますが，住民が一人でも請求できること，およびその対象が財務会計上の行為に限られるという点で，事務の監査請求と異なっています。

| | |
|---|---|
| 事務監査請求 | 地方公共団体の事務全般 |
| 住民監査請求 | 財務会計上の違法または不当な行為・不作為 |

#### (ⅱ) 住民であれば誰でも監査請求できる

住民であれば誰でも，住民監査請求をすることができます。年齢，国籍，納税の有無等を問いませんから，外国人であっても，また自然人だけでなく法人も請求することができます。

### (iii) 財務会計上の違法な行為のほか不当な行為も対象となる

住民監査請求の対象は，その地方公共団体の執行機関または職員の違法または不当な公金の支出，財産の取得・管理・処分，契約の締結・履行，債務その他の義務の負担，公金の賦課徴収を怠る事実，財産の管理を怠る事実です。住民は，これらの行為の防止，地方公共団体が被った損害の補填のために必要な措置を講ずべきことを監査委員に対して請求できます（242条１項）。

設例47のような事例は腹の立つ話ですが，洗い出せばいくらでも出てくるのではないでしょうか。この場合は，甲市の公金が違法または不当に支出されている可能性がありますから，甲市の住民は，会計管理者に対し支出の差止めを請求し，あるいは会計管理者が違法または不当に支出した議員の旅費，滞在費等の返還を求めて住民監査請求をすることができるでしょう。

**ここが狙われる**

住民監査請求は，違法または不当な財務会計上の行為があった日または終わった日から1年を経過したときは，正当な理由がない限り，することができません。

### (iv) 監査委員の措置

監査委員は，請求を受理したときは，60日以内に監査を行い，次のような措置をすることが義務づけられています(242条５項)。

監査の結果，請求に理由がないと認めるときは，理由を付してその旨を書面により請求人に通知するとともに，これを公表します。請求に理由があると認めるときは，議会，長，職員等に対し期間を示して必要な措置を執るべきことを勧告し，その結果を請求人に通知するとともに，これを公表しなければなりません（同条４項）。

## ②　住民訴訟

### (i) 財務会計上の違法な行為を追及する裁判上の手段

住民監査請求をしたにもかかわらず，その監査結果等に不服があるときや監査委員が監査または勧告を行わず，あるいは監査委員が勧告をしたが，議会，長その他の執行機関が勧告に従わないときは，住民監査請求をした住民は，裁判所に訴えを提起して，執行機関などの財務会計上の違法な行為または怠る事実についての差止め，取消し，損害賠償，不当利得の返還等を求めることができます（242条の２）。これが住民訴訟です。＊

この訴えは，「自己の法律上の利益にかかわらない資格で提起する」ものですから，いわゆる民衆訴訟の一種です（行政事件訴訟法５条）。

＊住民訴訟の管轄裁判所は，当該地方公共団体の事務所の所在地を管轄する地方裁判所です。

**ここが狙われる**

住民訴訟の対象は，地方公共団体の財務会計上の違法な行為に限られます。この点，住民監査請求が，違法な行為のほか不当な行為も対象とするのと異なりますから，注意してください。

### (ⅱ) 要件――出訴権者と出訴期間

#### (イ) 出訴権者――誰が訴えを提起できるか

住民訴訟を提起できるのは，訴訟の対象となる行為または怠る事実について住民監査請求をした住民に限られます。つまり，住民訴訟を提起するには，その前に住民監査請求をしておかなければなりません。これを住民監査請求前置主義といいます。

**一歩前進**

監査委員が適法な住民監査請求を不適法であるとして却下した場合，住民監査請求をした住民は，適法な住民監査請求を経たものとして，直ちに住民訴訟を提起することができます（最判平10・12・18）。

**設例47**においても，甲市の住民Ａが監査請求をしたとすると，Ａは，公金支出の違法性たとえば支出手続の法令違反により甲市に損害を生じまたはそのおそれがあることを理由として住民訴訟を提起することができます。Ａの提起した訴えが裁判所に係属しているときは，甲市の他の住民は別の訴えを提起して同一の請求をすることはできません（242条の２第４項）。なお，出訴権者として認められるのは「住民」ですから，原告が訴訟係属中（正確には口頭弁論終結時まで）に，転出等により住民でなくなった場合，その訴えは不適法として却下されることになります。また，訴訟係属中に住民である原告が死亡したときは，その訴訟は相続人に承継されず，当然に終了します（最判昭55・2・22）。

**ここが狙われる**

くどいようですが，住民監査請求および住民訴訟の提起は，外国人でもできることに注意してください。また，地方税の納税実績のない住民であっても，住民訴訟を提起することができます。

**(ロ)　出訴期間——いつまで訴えを提起できるか**

住民訴訟の出訴期間は，次のように区分できます（242条の2第2項）。

(ｉ) 監査の結果または勧告に不服がある場合は，監査の結果または勧告の通知があった日から30日以内

(ⅱ) 監査委員の勧告を受けた機関または職員等の措置に不服がある場合は，その措置に係る監査委員の通知があった日から30日以内

(ⅲ) 監査委員が，監査請求があった日から60日以内に監査または勧告を行わない場合は，その60日が経過した日から30日以内

(ⅳ) 勧告を受けた機関または職員等が必要な措置を講じない場合は，勧告に示された期間を経過した日から30日以内

**(ⅲ)　請求の内容**

住民訴訟の請求内容としては，次の4つの類型があります。

**(1号) 執行機関または職員に対する行為の全部または一部の差止請求**

違法な公金支出等を事前にやめさせることは，この規定を根拠として行うことができます。しかし，当該行為を差し止めることによって人の生命または身体に対する重大な危害の発生の防止その他公共の福祉を著しく阻害するおそれがあるときは，差止めをすることができません（同条6項）。

**(2号) 行政処分たる行為の取消しまたは無効確認の請求**

**(3号) 執行機関または職員に対する怠る事実の違法確認の請求**

「怠る事実」なんて変な日本語ですが，要するに「やるべきことをやってない」ということです。各種負担金や地方税等の賦課

徴収，金銭債権の行使等を怠っている場合の違法確認の請求は，この規定が根拠となります。

### （4号）執行機関等を被告として長，職員，相手方への損害賠償または不当利得の返還等の請求を行うことを求める請求＊1

＊1住民訴訟により，違法な公金の支出として金員の返還請求が認められた例として，議員の野球大会への参加費用，法令の根拠を欠く議員への退職記念品料の支払い，現職町長自らの胸像の建立費用などがあります。

**一歩前進**

住民訴訟は，その請求内容により，上から順に1号訴訟，2号訴訟，3号訴訟，4号訴訟といわれます。このうち4号訴訟は，従前は，住民が地方公共団体に代位して職員などに損害賠償や不当利得の返還を請求するものでしたが，平成14年の地方自治法改正により，執行機関または職員を被告として長，職員，その相手方等への損害賠償請求・不当利得返還請求をすることを**求める**形に変更されました。つまり，この4号訴訟は地方公共団体の執行機関等に対する義務付け訴訟なのです。この訴訟で，原告である住民が勝訴しその判決が確定した場合，敗訴した地方公共団体の長は，その判決が確定した日から60日以内に，判決内容に従い損害賠償または不当利得として金員の支払いを求めなければなりません（242条の3第1項）。この支払いがなされないときは，当該地方公共団体は，損害賠償請求または不当利得返還請求の訴えを提起しなければなりません（同条2項）。＊2

この4号訴訟に関連して，その職務を行うにつき**善意**でかつ**重大な過失**のない長や職員等の損害賠償責任の一部を**条例によって免責する**ことができる制度が設けられています(243条の2)。この制度は，長や職員等が損害賠償責任を恐れて過度に委縮することを防止し，その職務を円滑に全うできるよう配慮したものということができます。

＊2なお，住民訴訟を提起し勝訴した者は，当該地方公共団体に対し，弁護士または弁護士法人に支払うべき報酬額の範囲内で**相当額の支払い**を請求することができます（242条の2第12項）。

**閑話休題**

4号訴訟により，違法な公金支出を理由として長に対する損害賠償請求権または不当利得返還請求権が確定したにもかかわらず，あるいはその訴訟が裁判所に係属中に，当該地方公共団体の議会が議決によりその請求権を放棄するという事例が各地で頻発し，そのような議決の有効性が問題とされています。地方自治法96条1項10号は，議会の議決による権利の放棄を認めていますが，この規定を根拠として，過酷な損害賠償責任を負わされた長の救済策として利用されているわけです。しかし，このような議決が無制約に許されるなら，住民による地方公共団体の財務監視を目的とする住民訴訟制度の趣旨が骨抜きにされかねません。

この請求権放棄問題について最高裁は，地方公共団体の権利の放棄は，基本的には当該議会の裁量に委ねられているが，公金支出の性質や原因およびその影響，議決の趣旨，経緯，その他諸般の事情を総合的に考慮し，個々の事案ごとに「請求権の放棄が不合理で裁量権の逸脱・濫用に当たる場合は違法であり放棄は無効となる」と結論付けています（最判平24・4・20)。この問題に関し平成29年の地方自治法改正においては，議会が損害賠償請求権等の放棄の議決をするときは，あらかじめ監査委員の意見を聴かなければならない，との中途半端な策が示されるにとどまっています（242条10項)。

Check

「長の会計職員等に対する賠償命令」

会計管理者やその事務を補助する職員等が，その保管する現金，有価証券，物品等を亡失または損傷した場合には，原則として故意または重過失（現金については故意または過失）あるときに損害を賠償する義務を負うものとされています（243条の2の2第1項)。その場合，長は，監査委員に対し，その事実の有無の監査，賠償責任の有無・賠償額の決定を求め，その決定に基づき，賠償を命じることとされています（同条3項)。この制度は，民法上の債務不履行，不法行為による損害賠償責任よりも責任要件を加重する（職員等に軽過失あるに過ぎないときは免責される）とともに，長の賠償命令という方法により会計職員等の行為によって生じた損害の簡易かつ迅速な補てんを図ることを目的とします。

## 実戦過去問

行政書士　平成25年度

地方自治法の規定による住民監査請求と事務監査請求の相違について，妥当な記述はどれか。

1　住民監査請求をすることができる者は，当該地方公共団体の住民のみに限られているが，事務監査請求については，当該事務の執行に特別の利害関係を有する者であれば，当該地方公共団体の住民以外でもすることができるとされている。
2　住民監査請求については，対象となる行為があった日または終わった日から一定期間を経過したときは，正当な理由がある場合を除き，これをすることができないこととされているが，事務監査請求については，このような請求期間の制限はない。
3　住民監査請求の対象となるのは，いわゆる財務会計上の行為または怠る事実であるとされているが，こうした行為または怠る事実は，事務監査請求の対象となる当該地方公共団体の事務から除外されている。
4　住民監査請求においては，その請求方式は，当該行為の一部または全部の差止の請求などの4種類に限定されており，それ以外の請求方式は認められていないが，事務監査請求においては，このような請求方式の制限はない。
5　住民監査請求においては，監査の結果に不服のある請求者は，住民訴訟を提起することができることとされているが，事務監査請求においては，監査の結果に不服のある請求者は，監査結果の取消しの訴えを提起できることとされている。

**解　説**

1　×　住民監査請求および事務監査請求をすることができるのは，当該地方公共団体の住民に限られます（地方自治法12条2項，75条1項）。
2　○　住民監査請求については，期間的な制限が設けられていますが（地方自治法242条2項），事務監査請求には期間的な制限は規定されていません。
3　×　事務監査請求の対象となる行為に特に制限は設けられていません。財務会計上の行為や怠る事実についても監査を請求することができます。
4　×　住民監査請求においては，住民訴訟の場合と異なり，その請求内容が4種類に限定されているわけではありません。
5　×　事務監査請求において，監査の結果に不服のある請求者が監査結果の取消しの訴えを提起できるとの規定は存在しません。

**正解　2**

## 実戦過去問

行政書士　令和元年度

公の施設についての地方自治法の規定に関する次の記述のうち，誤っているものはどれか。

1　公の施設とは，地方公共団体が設置する施設のうち，住民の福祉を増進する目的のため，その利用に供する施設をいう。
2　公の施設の設置およびその管理に関する事項は，条例により定めなければならない。
3　普通地方公共団体は，当該普通地方公共団体が指定する法人その他の団体に，公の施設の管理を行わせることができるが，そのためには長の定める規則によらなければならない。
4　普通地方公共団体は，公の施設の管理を行わせる法人その他の団体の指定をしようとするときは，あらかじめ，当該普通地方公共団体の議会の議決を経なければならない。
5　普通地方公共団体は，適当と認めるときは，当該普通地方公共団体が指定する法人その他の団体に，その管理する公の施設の利用にかかる料金をその者の収入として収受させることができる。

**解　説**

1　○　公の施設とは，地方公共団体が住民の福祉を増進する目的をもって，その利用に供するために設ける施設をいいます（地方自治法244条1項）。
2　○　公の施設の設置およびその管理に属する事項は，法律または法律に基づく政令に特別の定めがある場合を除いて，条例で定めなければなりません（同法244条の２第1項）。
3　×　公の施設の管理は，いわゆる指定管理者に行わせることができますが，そのためには，条例の定めによらなければならず，規則で定めることはできません（同法244条の2第3項）。
4　○　指定管理者の指定をしようとするときは，あらかじめ議会の議決を経なければなりません（同法244条の2第6項）。
5　○　指定管理者が管理する公の施設の利用料金を当該指定管理者の収入として収受させることもできます（同法244条の２第8項）。

**正解　3**

## 実戦過去問

行政書士　令和2年度

地方自治法に基づく住民訴訟に関する次の記述のうち，法令および最高裁判所の判例に照らし，妥当なものはどれか。

1　住民訴訟を提起した者が当該訴訟の係属中に死亡したとき，その相続人は，当該地方公共団体の住民である場合に限り，訴訟を承継することができる。

2　住民訴訟を提起する者は，その対象となる財務会計行為が行われた時点において当該普通地方公共団体の住民であることが必要である。

3　住民訴訟の前提となる住民監査請求は，条例で定める一定数の当該地方公共団体の住民の連署により，これをする必要がある。

4　普通地方公共団体の議会は，住民訴訟の対象とされた当該普通地方公共団体の不当利得返還請求権が裁判において確定したのちは，当該請求権に関する権利放棄の議決をすることはできない。

5　住民訴訟を提起した者は，当該住民訴訟に勝訴した場合，弁護士に支払う報酬額の範囲内で相当と認められる額の支払いを当該普通地方公共団体に対して請求することができる。

**解　説**

1　×　住民訴訟の係属中に住民である原告が死亡したときは，その訴訟は相続人に承継されず，当然に終了します（最判昭55·2·22）。

2　×　住民訴訟の原告適格は，訴えを提起する時点で当該普通地方公共団体の住民である者に認められます（地方自治法242条の２第1項）。

3　×　住民訴訟の前提となる住民監査請求は，事務監査請求と異なり，当該普通地方公共団体の住民であれば，1人でもすることができます。

4　×　普通地方公共団体の議会は，法律若しくはこれに基づく政令又は条例に特別の定めがある場合を除くほか，権利を放棄することを議決することができます（同法96条1項10号）。つまり，特別の定めがなければ，住民訴訟で確定した不当利得返還請求権であっても放棄の議決をすることは可能です。

5　○　住民訴訟を提起し勝訴した者は，当該普通地方公共団体に対し，弁護士または弁護士法人に支払うべき報酬額の範囲内で相当額の支払いを請求することができます（同法242条の２第12項）。

**正解　5**

# 24 国と地方公共団体の関係，地方公共団体相互の関係

## 学習ナビゲーション

行政法の学習も，やっと最終講までこぎつけました。あと一息ですから，がんばりましょう。

本講では，国の地方公共団体に対する関与が学習の中心になります。関与とは，助言または勧告，資料の提出の要求，是正の要求，同意，許可・認可・承認，指示，代執行といった形で国が地方公共団体に対し，あるいは地方公共団体が他の地方公共団体に対して，一定の関わりをもち一定の影響力を行使することです。地方自治法には，具体的な関与の形態が列挙されています。関与については，地方自治法に枝番号付きの多数の条文が設けられ，しかも条文が抽象的で非常に理解しづらいものになっています。もっとも，関与については，細かい手続や内容が出題されるとは考えにくいので，その基本的な仕組みとその類型を押さえておきましょう。あとは，関与についての紛争処理制度の概要を理解しておけば十分です。

## 1　関与

### (1) 意義と基本原則

地方分権一括法により機関委任事務が廃止され，国と地方公共団体は，上下・服従の関係から**対等・協力の関係**へと転換されたのですから，地方公共団体の自主性・自立性を確保するために国の地方公共団体に対する関与は，できるだけ控えるのが望ましいといえます。

しかし，地方自治の制度は国の統治権に由来し，地方公共団体

の行政運営も広い意味での国家行政の一環をなすものですから，国の政策とまったく切り離して考えることはできません。したがって，地方公共団体の事務について，その統一性・一貫性を確保するためには，一定程度の関与の必要性を否定することはできません。ただ，国が地方公共団体に対して「ああしろ，こうしろ」とうるさく干渉すると，地方自治の本旨の実現が困難となりますから，国の関与を適正な範囲に限定する必要があります。また，都道府県と市町村の関係についても，基本的に同じことがいえますから，この間の関与についても度を越した関与を禁じ，その適正を確保する必要があります。

その目的を達するための基本原則として，関与には，法律またはこれに基づく政令の根拠を必要とし（法定主義），さらに関与はその目的を達するために必要最小限のものとするとともに，地方公共団体の自主性および自立性に配慮することを要し（比例原則），また，その公正・透明性を確保するため，書面の交付，審査基準・標準処理期間の設定・公表を義務づける（公正・透明の原則）などの規定が設けられています（245条の2，同条の3）。＊1

＊1これら関与の原則は，普通地方公共団体がその固有の資格で名あて人となる行為にのみ適用されます。つまり，民間等と同じ立場で対象となる行為には適用されません。

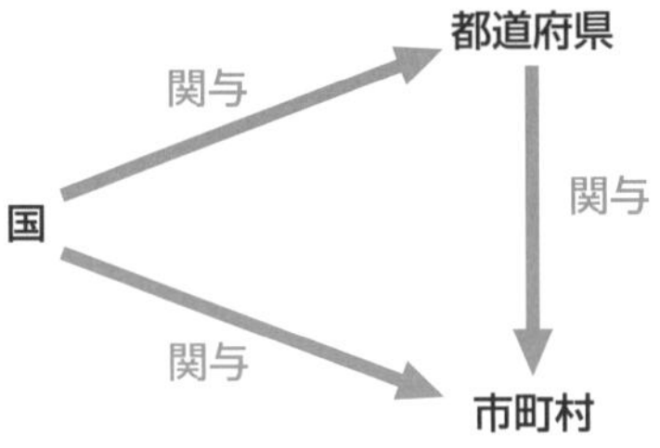


## (2) 関与の形態

関与の基本的な形態として地方自治法は，①助言または勧告，②資料の提出の要求，③是正の要求，④同意，⑤許可，認可または承認，⑥指示，⑦代執行および⑧協議の８つを定めています(245条１号・２号)。＊2

＊2本文の8つの基本的な形態のほか，一定の行政目的を実現するため，地方公共団体に対して具体的個別的に関わる行為（検査・監査等）も関与の形態として予定されています(245条3号)。

**一歩前進**

①の助言・勧告から⑦の代執行まで，おおむね，弱い関与（非権力的関与）から強い関与（権力的関与）の方向で並ん

でいるとみてよいでしょう。つまり，「こうした方がいいんじゃないですか」と助言をすることから，「こうしなさい」と要求または指示をすること，さらに最終的には地方公共団体がなすべきことをやっていないときに国が代わって行う代執行という順になっています。

基本的な考え方として，地方公共団体が本来的に行うべき事務とされている自治事務については，地方公共団体の権限を尊重し，強い関与（権力的関与）はできるだけ控えられ，他方，国が地方公共団体に委託して行わせる法定受託事務については国も強い利害関係をもっていますから，強い関与も広く認められるといってよいでしょう。

関与の法定主義の原則（245条の２）から，国・都道府県が上記の関与をするには，法令の根拠が必要とされます。

ただ，次の５つの形態の関与については，**地方自治法を直接の根拠**として行うことができるものとされています（245条の４～245条の８）。逆にいうと，下記の（ｉ）～（ｖ）以外の関与の場合には，個別法に根拠規定を置く必要があります。

**地方自治法を直接の根拠として行い得る関与**

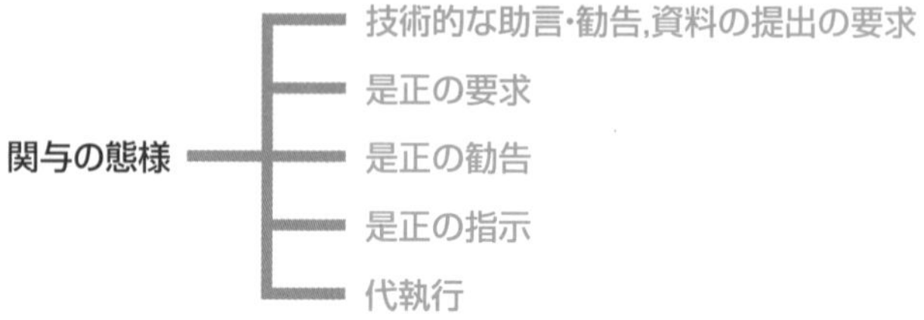


### （ｉ）技術的な助言・勧告，資料の提出の要求

国の各大臣は都道府県知事・市町村長に対し，また都道府県知事は市町村長に対し，自治事務・法定受託事務の運営等について，適切と認める**技術的な助言や勧告**をすることができ，またその助言・勧告や情報提供をするため**必要な資料の提出**を求めることができます（245条の４）。＊

＊「技術的」とは，主観的な判断や意思が入らないことという意味です。

### （ii）是正の要求

国の各大臣は，都道府県が処理する**自治事務**について，**是正の要求**をすることができ，また都道府県の知事・教育委員会・選挙管理委員会等の執行機関に対して，市町村の自治事務，第二号法定受託事務の処理について**是正の要求をするよう指示する**ことができます（245条の5第1項・2項）。

### （iii）是正の勧告

都道府県の知事・教育委員会・選挙管理委員会は，市町村の**自治事務**の処理について違反の是正・改善のため**必要な措置を講ずべきことを勧告**することができます（245条の6）。＊1

＊1これは，勧告ですから，勧告を受けた市町村に**尊重義務**が生じるだけであって，後述する係争処理手続の対象とはなりません。

### （iv）是正の指示

国の各大臣は，都道府県に対し，その**法定受託事務**の処理が法令に反している場合等について，その是正または改善のため講ずべき措置に関し，**必要な指示**をすることができます。また，市町村が行う第一号法定受託事務の処理については，都道府県の知事，教育委員会，選挙管理委員会等の執行機関に対し市町村への指示に関して**必要な指示**をすることができます（245条の7）。＊2

＊2つまり，国が第一号法定受託事務に関し市町村に対して是正の指示をするには，国が都道府県に指図して，都道府県に行わせるということです。もっとも，緊急の必要があるなどの場合は，国が直接市町村に対して指示することができます。

**一歩前進**

上記関与のうち，（ii）是正の「要求」は都道府県の自治事務の処理が法令に違反している等の場合に，「何とかしなさい」と是正を求める行為であり，どのような是正措置をとるかは都道府県の裁量に任されていると考えられます。他方，（iv）是正の「指示」は都道府県の法定受託事務の処理が法令に違反している等の場合に「こうしなさい」と是正措置を命じる行為であり，指示を受けた都道府県は，指示された措置内容に従わなければなりません。要するに，指示のほうが要求より強い内容ですが，これは，要求が自治事務，指示が法定受託事務に対するという差違に由来するものです。

### （v）代執行等

各大臣は，その所管する法律に係る都道府県知事の**法定受託事務**の執行等が法令に違反する場合，期限を定めて**是正の勧告・指示**等を行うことができ，その期限内に当該事項が行われないときは，**高等裁判所**に対し当該事項を**行うべきことを命ずる旨の裁判**

を請求することができます（245条の８第１項・２項・３項）。都道府県知事が，当該事項を行うべきことを命ずる旨の裁判を受けたにもかかわらず，その裁判に従わないときは，都道府県知事に代わって当該事項を行うことができます（同条８項）。＊1

＊1このように，関与の方法として代執行が認められるのは，法定受託事務についてだけであり，自治事務には認められないことに注意しましょう。

## (3)　関与の手続

私人に対する行政手続の整備が進んできているのと同様，関与についてもその公正・透明性を確保するため，行政手続法に準じた事前手続が定められています。

### ①　助言・勧告，資料の提出の要求等の方式

国・都道府県は，助言・勧告，資料の提出の要求等を書面によらないで行った場合において，その地方公共団体から書面の交付を求められたときは，書面を交付しなければなりません（247条，248条）。

### ②　是正の要求・是正の指示の方式

国・都道府県は，是正の要求，是正の指示をするときは，原則として同時にその内容・理由を記載した書面を交付しなければなりません（249条）。＊2

＊2是正の要求・是正の指示は権力的関与であり，一定の措置義務を生じさせるものですから，その明確性を保つために，書面の交付が要求されています。

### ③　許認可等の判断基準，標準処理期間の設定と公表

国・都道府県は，許認可等の判断基準を定め，原則としてこれを公表しなければなりません（250条の２）。また，申請等の処理に通常要すべき標準的な処理期間を定め，これを公表するよう努めることとされています（250条の３）。

### ④　許認可等の拒否・取消し等の書面主義

国・都道府県は，申請に係る許認可等を拒否するとき，あるいは許認可等の取消し等をするときは，その内容・理由を記載した書面を交付しなければなりません（250条の４）。

### ⑤　届出の到達主義

地方公共団体から国・都道府県への届出が形式上の要件に適合している場合は，その届出が法令により定められた提出先に到達した時に届出をすべき手続上の義務が履行されたものとされます（250条の５）。

### ⑥　国と地方公共団体が並行して事務を処理する場合

自治事務として地方公共団体が処理している事務と同一の事務

について，国の行政機関が，法令の定めるところにより自らの権限として処理するときは，原則として事前に，当該地方公共団体に対してその処理の内容・理由を書面により通知しなければなりません（250条の6）。

## 2 国と地方公共団体，地方公共団体相互の間の係争処理

### (1) 国と地方公共団体との間の係争処理

国と地方公共団体は，対等・協力の関係として位置づけられるに至っているのですから，その間で争いが生じた場合には，それを公平・中立に調整する仕組みが必要になってきます。

国地方係争処理委員会による係争処理は，その仕組みの一つです。その処理手続の流れは，大まかにでも押さえておきましょう。

#### ① 審査の対象

国地方係争処理委員会の審査の対象となるのは，

（ｉ）地方公共団体に対する国の関与のうち是正の要求，許可の拒否その他の処分その他公権力の行使にあたるもの

（ⅱ）不作為（申請等が行われた場合で，国の行政庁が相当の期間内に許可その他の処分その他公権力の行使にあたるものをすべきにもかかわらず，これをしないこと）

（ⅲ）協議（協議に係る地方公共団体の義務を果たしたと認めるにもかかわらずその協議が調わないとき）

以上の３つです（250条の13第１項・２項・３項）。

#### ② 審査の手続

普通地方公共団体の長その他の執行機関は，国の行政機関の上記の関与や不作為に不服があるときは，当該国の行政庁を相手方として，国地方係争処理委員会に対して審査の申出をすることができます。＊1

審査の申出は，国の関与があった日から原則として30日以内にしなければなりません。その際，相手方となるべき国の行政庁に，その旨をあらかじめ通知することが義務づけられています（同条４項・７項）。＊2

国地方係争処理委員会は，申出があった日から90日以内に，自治事務については当該関与の適法性および妥当性，法定受託事

＊1国の側から審査の申出をすることは認められません。

＊2不作為，協議に対する審査の申出があった場合も基本的に同様の処理がなされます。

務については適法性を審査します。そして，自治事務に対する関与が違法または不当と認めるときは，国の行政庁に対し必要な措置を講ずべきことを勧告するとともに，その内容を審査申出人に通知し，公表します。法定受託事務に対する関与が違法と認めるときも同様の手続を行います（250条の14第１項・２項）。自治事務に関する国の関与が違法または不当でないとき，および法定受託事務に対する関与が違法でないときも，通知公表されます。

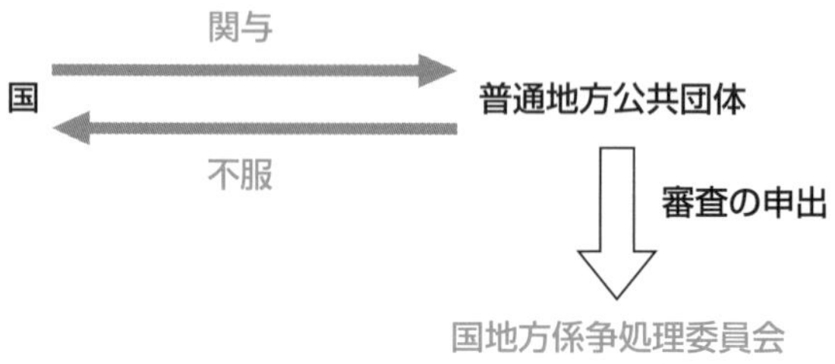


Check

「国地方係争処理委員会」

国地方係争処理委員会は，総務省に設置され，原則として非常勤の5人の委員（２人以内は常勤も可）によって構成されます（250条の７，250条の８）。委員は，優れた識見を有する者のうちから，両議院の同意を得て総務大臣が任命します（250条の９）。

## (2)　普通地方公共団体相互間の係争処理

国と地方公共団体の関係と同様，都道府県と市町村も対等・協力の関係にあることから，その間に生じた紛争を公平・中立な立場で審査し解決する制度が必要になってきます。

自治紛争処理委員の制度は，普通地方公共団体相互間の紛争を調停し，また都道府県の市町村に対する関与についての紛争を審査する制度です。

### ①　調停

普通地方公共団体相互の間または普通地方公共団体の機関相互の間に紛争があるときは，総務大臣または都道府県知事は，当事者の申請に基づき，または職権により，紛争解決のため**自治紛争処理委員の調停**に付すことができます（251条の２第１項）。例えば，市町村の境界に関し争論があるときは，都道府県知事は，関係市町村の申請に基づき，これを自治紛争処理委員の調停に付すことができます（９条１項）。

### ②　審査・勧告

市町村長その他の市町村の執行機関は，都道府県の機関の関与に不服があるときは，**総務大臣に自治紛争処理委員による審査の申出**をすることができます（251条の３）。委員会の審査・勧告の対象となるのは，国地方係争処理委員会が対象とするものと基本的に同じです。また，その審査の手続・勧告等についても，国地方係争処理委員会によるものとほぼ同じです（同条，251条の４）。

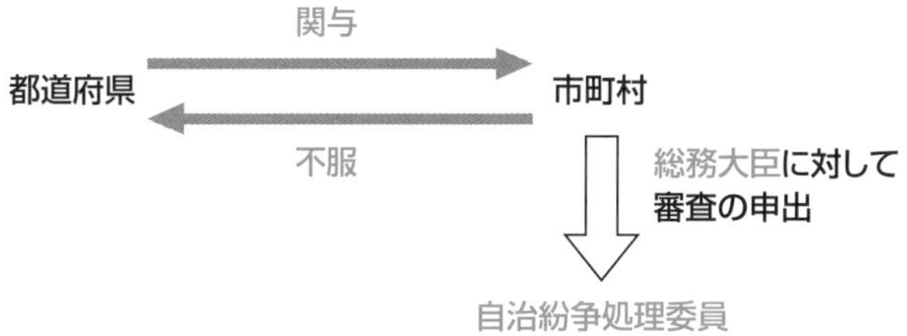


**Check**

「自治紛争処理委員」

自治紛争処理委員は，普通地方公共団体相互の**紛争の調停**および都道府県の市町村に対する**関与の審査等**を行う機関です。委員の数は**3人**とされ，**事件ごと**に優れた識見を有する者のうちから任命されます。任命権者は，都道府県または都道府県の機関が当事者となる場合は総務大臣，都道府県または都道府県の機関が当事者とならない場合は都道府県知事です。自治紛争処理委員は，非常勤かつ臨時の付属機関であり，個別の事件処理が終了すると委員は失職することになります。

## (3)　関与に関する訴訟

### ①　普通地方公共団体による取消訴訟，不作為違法確認訴訟

国地方係争処理委員会または自治紛争処理委員の判断に不服が

あるときは，審査の申出をした普通地方公共団体の長その他の執行機関は，高等裁判所に対し，審査の申出の相手方となった国または都道府県の行政庁を被告として，違法な関与の取消しまたは不作為の違法の確認の訴えを提起することができます（251条の5第１項）。[＊1]

＊1裁判所の判断の対象となるのは，関与の適法性だけであり，その不当性は対象となりません。

### ②　国等による不作為違法確認訴訟

国が自治事務に関する是正の要求または法定受託事務に関する是正の指示をした場合に，地方公共団体がこれに応じた措置を講じようとせず，かつ，国地方係争処理委員会への審査の申出もしないとき，国は，高等裁判所に対し，当該是正の要求または指示を受けた普通地方公共団体の行政庁を被告として当該不作為の違法確認訴訟を提起することができます（251条の７）。[＊2]

＊2この制度が活用された例として，いわゆる沖縄辺野古訴訟があります。事案は，沖縄県知事が公有水面埋立承認処分の違法を理由として同処分の職権取消しをしたところ，国土交通大臣が取消処分の違法を理由としてこれを取り消すよう是正の指示をしたが，沖縄県知事が同指示に従わなかった（不作為）ため，国が不作為違法確認訴訟を提起したというものです（最判平28･12･20）。同判決は，国土交通大臣の是正の指示を適法と認めたうえで，沖縄県知事の不作為を違法と結論付けています。

**一歩前進**

国による自治事務に関する是正の要求または法定受託事務に関する是正の指示について争いがある場合は，当該是正の要求等を受けた普通地方公共団体から，第三者機関である国地方係争処理委員会への審査申出や訴訟提起の手段が以前から制度化されています（251条の５）。一方で，国の是正要求等に対する普通地方公共団体の不作為については，これまで国からの審査申出や訴訟提起の手段は制度化されていませんでした。そこで，平成24年９月施行の改正法により，是正の要求等を受けた普通地方公共団体が，当該是正の要求等に応じず，かつ審査申出や訴訟提起等を行わない場合には，国から高等裁判所に対し，当該普通地方公共団体の不作為の違法確認訴訟の提起が可能とされました。また，市町村の不作為について，都道府県の執行機関が，高等裁判所に対し市町村の行政庁を被告として不作為違法確認訴訟を提起することも制度化されています（252条２項）。これらの訴訟は，行政事件訴訟法６条の機関訴訟となります。

## 実戦過去問

行政書士　平成14年度

地方自治法の定める自治事務と法定受託事務に関する次の記述のうち，正しいものはどれか。

1　都道府県知事が法律に基づいて行政処分を行う場合，当該法律において，当該処分を都道府県の自治事務とする旨が特に定められているときに限り，当該処分は自治事務となる。

2　都道府県知事が法律に基づいて自治事務とされる行政処分を行う場合，当該法律に定められている処分の要件については，当該都道府県が条例によってこれを変更することができる。

3　普通地方公共団体は，法定受託事務の処理に関して法律またはこれに基づく政令によらなければ，国または都道府県の関与を受けることはないが，自治事務の処理に関しては，法律またはこれに基づく政令によることなく，国または都道府県の関与を受けることがある。

4　自治紛争処理委員は，普通地方公共団体の自治事務に関する紛争を処理するために設けられたものであり，都道府県は，必ず常勤の自治紛争処理委員をおかなければならない。

5　都道府県知事は，市町村長の担任する自治事務の処理が法令の規定に違反していると認めるとき，または著しく適性を欠き，かつ明らかに公益を害していると認めるときは，当該市町村に対し，当該自治事務の処理について違反の是正または改善のため必要な措置を講ずべきことを勧告することができる。

**解　説**

1　×　自治事務は法定受託事務以外の事務です（地方自治法2条8項）。

2　×　法律に定められた要件を条例で変更できるとの根拠はありません。

3　×　法定受託事務，自治事務を問わず，法律またはこれに基づく政令によらなければ，国等の関与を受けることはありません（同法245条の２）。

4　×　自治紛争処理委員は，普通地方公共団体相互間またはその機関相互間の紛争の調停などを処理します（同法251条1項）。また，自治紛争処理委員は，非常勤とされています（同条3項）。

5　○　是正の勧告に関する正しい記述です（同法245条の6第1号）。

**正解　5**

## 実戦過去問

行政書士　平成24年度

国とＡ市との間の紛争に関する次の記述のうち，法令または判例に照らし，正しいものはどれか。

1　Ａ市長は，自治事務に関する国の関与に不服があるときは，地方裁判所に対し，当該関与を行った国の行政庁を被告として，その取消しを求める抗告訴訟を提起することができる。

2　Ａ市の法定受託事務に関する国の関与が違法であると認めるときは，国地方係争処理委員会は，当該関与を行った国の行政庁に対して，理由を付し，期間を示した上で，必要な措置を講ずべきことを勧告することになる。

3　国の所有地内にあるＡ市の物件の撤去を国が求める場合，担当大臣は，Ａ市長に対して地方自治法所定の国の関与としての代執行の手続をとることができる。

4　Ａ市情報公開条例に基づき，Ａ市長が国の建築物の建築確認文書について公開する旨の決定をした場合，当該決定について不服を有する国がこの決定に対して取消訴訟を提起しても，当該訴訟は法律上の争訟に該当しないとして却下されることになる。

5　Ａ市に対する国の補助金交付の決定について，それが少額であるとしてＡ市が不服を持っている場合，Ａ市が救済を求める際の訴訟上の手段としては，地方自治法に機関訴訟が法定されている。

**解　説**

1　×　国の関与に関する訴えは，抗告訴訟ではなく機関訴訟であり，高等裁判所に対して提起することができます（地方自治法251条の5）。

2　○　国地方係争処理委員会の勧告に関する正しい記述です（同法250条の14）。

3　×　地方自治法による国の代執行の対象となるのは，地方公共団体の長の管理・執行する法定受託事務に限られます（同法245条の8第1項・8項）。

4　×　判例は，本件訴えについて，法律上の争訟性は肯定しつつも，国の原告適格を否定して訴えを却下しています（最判平13·7·13）。

5　×「支出金の交付および返還に係るもの」は，関与の範囲から除外されていますから（同法245条かっこ書），関与に関する訴えの対象となりません。

**正解　2**

**実戦過去問**　　行政書士　平成14年度

地方自治法に関する次の記述のうち，正しいものはどれか。

1　自治事務については，関与は必要最小限のものとするとともに，普通地方公共団体の自主性と自立性に配慮しなければならないが，法定受託事務については，関与の必要最小限の原則だけが適用される。

2　自治事務については，助言または勧告，資料の提出要求，是正の要求の関与だけが，法定受託事務については，同意，許可・認可または承認，指示，代執行の関与だけが許される。

3　普通地方公共団体は，その事務を処理するに際し，法律または都道府県の条例に根拠があれば，国または都道府県の関与を受けることになる。

4　普通地方公共団体に対する関与については，その種類により，行政手続法に定める聴聞を経る処分の手続または弁明の機会を経る処分の手続が準用される。

5　国は，普通地方公共団体が自治事務として処理している事務と同一内容の事務であっても，法令の定めるところにより国の事務として直轄的に処理することができるが，この場合，原則として当該普通地方公共団体に対し通知をしなければならない。

**解　説**

1　×　普通地方公共団体への自主性・自立性への配慮は，法定受託事務の場合も要求されます（地方自治法245条の３第１項）。

2　×　自治事務についても，例外的に同意，許可・認可または承認，指示の関与が許される場合があります（地方自治法245条の３）。

3　×　関与は，法律または法律に基づく政令によることが必要です（関与の法定主義，地方自治法245条の２）。

4　×　普通地方公共団体に対する関与については，地方自治法の規定によるのであり（同法246条），行政手続法の規定は準用されません。

5　○　地方自治法250条の６第１項。

**正解　5**

# 用語索引

## く



## け

し

ふ



へ



ほ



み



む

め



も



よ



り



る



れ

著者紹介

**神余博史**（かなまる・ひろふみ）

1954年　香川県に生まれる。

1977年　早稲田大学法学部卒。

行政書士試験，宅建試験等の受験指導のキャリアが長く，解説書，問題集等の執筆多数。

主な著書に，「国家試験受験のためのよくわかる民法」「国家試験受験のためのよくわかる会社法」「国家試験受験のためのよくわかる民事訴訟法」（以上，自由国民社），「ビジネス実務法務検定試験２級テキスト＆問題集」（成美堂出版）などがある。

**国家試験受験のためのよくわかる行政法**

2007年７月20日　初版第１刷発行
2023年８月７日　第８版第１刷発行

著　者　　神余博史

発行者　　石井　悟

発行所　　株式会社　自由国民社

〒171-0033　東京都豊島区高田3－10－11

https://www.jiyu.co.jp/

電話03-6233-0781（代表）

印刷所　　プリ・テック株式会社

製本所　　新風製本株式会社